Kohlhammer

**Studien zur Interreligiösen Religionspädagogik**

Herausgegeben von

Martina Kraml
Zekirija Sejdini

In der Reihe „Studien zur Interreligiösen Religionspädagogik" erscheinen Bände zur Arbeit an den Grundlagen einer theologisch orientierten interreligiösen Religionspädagogik und Religionsdidaktik einerseits, sowie zur evidenzbasierten Analyse von interreligiösen Prozessen in der schul- und hochschuldidaktischen Forschung bzw. Bildungsforschung auf der anderen Seite. Die Bände zeichnen sich daher durch eine enge Verzahnung zwischen empirischer Analyse und theoriebildender Reflexion aus. Dabei sind die Identitätsperspektive („learning in religion"), der Wechsel zwischen inter- und intrareligiösen Phasen, die mehrdimensionale Aufmerksamkeit (Biografie, Interaktion, Kontextualität, Thematik), die Prozessorientierung, die Begegnungsorientierung sowie die Vernetzung von konkreten Lehr- und Lernprozessen mit der wissenschaftlichen Reflexionsebene zentrale Leitaspekte.

INTERRELIGIÖSE
RELIGIONSPÄDAGOGIK

Martina Kraml/Zekirija Sejdini/Nicole Bauer/Jonas Kolb

# Konflikte und Konfliktpotentiale in interreligiösen Bildungsprozessen

## Empirisch begleitete Grenzgänge zwischen Schule und Universität

Verlag W. Kohlhammer

EUROPA
INTEGRATION
ÄUSSERES
BUNDESMINISTERIUM
REPUBLIK ÖSTERREICH

Dieses Projekt wird durch das Bundesministerium für Europa, Integration und Äußeres finanziert.

1. Auflage 2020


Gesamtherstellung: W. Kohlhammer GmbH, Stuttgart

Print:
ISBN 978-3-17-035490-6

E-Book-Format:
pdf: ISBN 978-3-17-035491-3

# Inhalt

# Vorwort der HerausgeberInnen der Reihe

In den ersten beiden Bänden dieser Reihe lag der Fokus auf den Grundlagen einer interreligiösen Religionspädagogik bzw. der evidenzbasierten Analyse von interreligiösen Bildungsprozessen. Die aus dem bisherigen Prozess gewonnenen Einsichten zeigen, dass im Kontext der interreligiösen Bildung und des interreligiösen Dialogs Konfliktpotential vorhanden ist. Auch wenn es sich bei den Konfliktherden nicht immer um spezifisch (inter)religiöse Phänomene handelt, sondern um gesamtgesellschaftliche Konfliktdynamiken, werden diese aus verschiedenen Gründen selten thematisiert.

Zwei Ursachen scheinen für diese Tabuisierungstendenz besonders relevant: Zum einen beinhalten Konflikte Unverfügbares. Am Beginn eines Konfliktes kann das Risiko nur schwer abgeschätzt werden, der Ausgang ist nicht kalkulierbar und die Steuerungsmöglichkeiten sind begrenzt. Diese Faktoren bedingen Scheu vor einer offenen Thematisierung, Zurückhaltung und Unsicherheit, aber auch Angst vor Machtverlust. Die empirischen Analysen zeigen, dass hierbei implizite Regeln bzw. normative Zuschreibungen ebenso eine Rolle spielen wie die Vorstellungen von *political correctness*, verschiedene Interessensgemengelagen, persönliche Konzepte oder politische und gesellschaftliche Vorstellungen. Zum anderen ist die Zurückhaltung im Hinblick auf Konflikte in interreligiösen Kontexten auch von der Sorge getragen, dass diese Prozesse, die mühsam und in langwieriger Arbeit aufgebaut werden, durch Konfliktthematisierung Schaden nehmen könnten. Oft führen gescheiterte interreligiöse Initiativen nicht nur zu Kommunikationsstörungen, sondern lassen den latenten Verdacht erhärten, Religionen könnten keinen positiven gesellschaftlichen Beitrag leisten, da sie nicht imstande seien, einen Dialog miteinander zu führen. Auch wenn diese Sorgen nicht unberechtigt sind, darf das Konfliktpotential im Kontext interreligiöser Bildungsprozesse nicht ausgeblendet werden, wenn diese für alle Seiten fruchtbar gemacht werden sollen.

Vor diesem Hintergrund ist die Offenlegung und Analyse der ‚Konfliktlandschaft' in Bildungs- und Interaktionsprozessen einerseits dringend notwendig, anderseits jedoch heikel: Verletzlichkeit und Unsicherheit treten offen zutage, die eigenen Konzepte werden infrage gestellt, die ‚alten' Handlungs- und Kommunikationsmuster greifen nicht mehr selbstverständlich, das Gefühl des Ausgeliefertseins kann entstehen. Dennoch scheint die Arbeit an Konflikten im Kontext Bildung, speziell interreligiöser Bildung, unumgänglich. Ob dieses Wagnis der Thematisierung und Bearbeitung von Konflikten eingegangen werden kann, hängt jedoch vor allem von der subjektiven und kollektiven Bewertung von Konflikten ab: Wird der Konflikt als Erfahrungsfeld gesehen, das einen Lern- und Bildungszuwachs ermöglicht, führt dies zu gelassenerem und risikofreudigerem Handeln, als wenn in erster Linie die riskante und möglicherweise zerstörerische Seite des Konfliktes wahrgenommen wird.

Insbesondere am Beispiel der Konflikte und Konfliktpotentiale zeigt sich, dass eine vertiefte empirische Arbeit an diesem Themenkomplex die beste Voraussetzung für eine fundierte Einsicht in die Kommunikations- und Konfliktmuster interreligiöser Bildung, Begegnung und des interreligiösen Dialogs ist.

Vor diesem Hintergrund erscheint uns der vorliegende Band als wichtiger und notwendiger Beitrag für den interreligiösen Dialog und für die Gestaltung von interreligiösen Bildungsprozessen. Die bisherige wertschätzende interreligiöse Zusammenarbeit an der Universität Innsbruck hat uns dazu ermutigt, auch diesen wichtigen Aspekt in der interreligiösen Religionspädagogik zu erforschen und die Ergebnisse anderen zugänglich zu machen.

Unser Dank gilt dem Kohlhammer Verlag für die Betreuung und Veröffentlichung des Buches, dem Bundesministerium für Europa, Integration und Äußeres für die finanzielle Unterstützung sowie Katharina Fiedler für das umsichtige Lektorat. Besonders bedanken möchten wir uns zudem bei unseren Mitarbeiterinnen Julia Eitzinger und Petra Juen, die maßgeblich an der Analyse und Auswertung des empirischen Datenmaterials sowie an der Veröffentlichung des vorliegenden Bandes beteiligt waren; ebenso bei Clemens Danzl, Aykut Gelengec, Marina Moosbrugger und Hayriye Gül Sahan für die Transkriptionen und die empirischen Vorbereitungsarbeiten. Ebenfalls danken wir herzlich den befragten Studierenden, ReligionslehrerInnen und LehrveranstaltungsleiterInnen für die Zeit und die Bereitschaft, uns im Rahmen von Interviews Einblicke in ihre interreligiösen Praxiserfahrungen zu geben. Im Speziellen bedanken wir uns bei unseren MitautorInnen Nicole Bauer und Jonas Kolb für die eingebrachten Ideen und Impulse sowie für die gemeinsame Arbeit an diesem spannenden Projekt.

Innsbruck, im Januar 2020

Martina Kraml Zekirija Sejdini

# Einleitung

Interreligiöse Zusammenarbeit ist eine der wichtigsten Errungenschaften der letzten Jahre. Bedingt durch die Zunahme der religiös-weltanschaulichen Pluralität in unserer Gesellschaft hat Interreligiosität in immer mehr Bereichen an Gewicht gewonnen. Dies betrifft naturgemäß auch die Religionspädagogik, die sowohl im Hinblick auf interreligiöse Bildung wie auch bei der Entwicklung von Pluralitätsfähigkeit eine zentrale Rolle einnimmt. Interreligiöser Dialog, interreligiöse Bildung oder auch interreligiöses Lernen sind mittlerweile zu festen Bestandteilen der religionspädagogischen bzw. religionsdidaktischen Forschung im europäischen Kontext geworden.

Der vorliegende Band soll einen Beitrag zu den Debatten über interreligiöse Aus- und Fortbildung und interreligiöse Zusammenarbeit leisten, die in der Religionspädagogik und -didaktik im deutschsprachigen Raum gegenwärtig geführt werden. Er beschäftigt sich mit Konflikten und Konfliktpotentialen, die in interreligiösen Bildungssettings auftreten – einem Thema, das häufig ausgeblendet wird.

Die Studie widmet sich manifesten oder latent vorhandenen Spannungsfeldern. Als Forschungsgruppe legen wir mit der vorliegenden Arbeit eine empirische Analyse vor, die systematisch die interreligiöse Kooperation untersucht und reflektiert, die an der Universität Innsbruck bei der Ausbildung von katholischen und islamischen ReligionslehrerInnen seit 2013 besteht. Die Erfahrungen und Erkenntnisse dieser praktischen Arbeit speisen dieses Buch.

Unsere empirische Analyse hat dabei allerdings nicht nur Aussagekraft für zeitlich und räumlich begrenzte Kontexte. Zwar sind die beobachteten interreligiösen Settings, Spannungsfelder und Abläufe in der Ausbildungspraxis gebunden an lokal und situativ erhobene empirische Daten. Die Auswertung und Interpretation des Materials soll jedoch allgemein all jenen Empfehlungen und Perspektiven bieten, die in der interreligiösen Arbeit in verschiedenen Bildungskontexten aktiv sind.

Dass wir uns in der vorliegenden empirischen Untersuchung mit dem Thema ‚Konflikte und Konfliktpotentiale in interreligiösen Bildungssettings' beschäftigen, ist zugleich eine Neuheit und ein Wagnis. Eine Neuheit deshalb, weil zwar gegenwärtig viel über Interreligiosität gesprochen wird, es aber an Forschung zu interreligiösen Kooperationen in der religionspädagogischen und religionsdidaktischen Praxis sowie insbesondere an empirischen Studien mangelt.

Ein Wagnis ist das Buch deshalb, da Konflikte, Probleme, Spannungsfelder, Meinungsverschiedenheiten oder Unstimmigkeiten, die in interreligiösen Bildungssettings auftreten, nur selten in den Mittelpunkt gerückt werden. Es scheint vielmehr eine Art Unbehagen oder Zögerlichkeit – in manchen

Fällen eventuell auch eine Angst davor – zu bestehen, sich mit diesen Fragen auseinanderzusetzen. Es ist anzunehmen, dass solche Vorbehalte oftmals deshalb existieren, weil aufgetretene Konflikte und bestehende Konfliktpotentiale auch als Argumente gegen interreligiöse Kooperationen missinterpretiert werden und gegen interreligiöse Begegnungen in Bildungssettings ins Feld geführt werden könnten.

Dieser Unwägbarkeit nachzugeben und Spannungsfelder zu negieren, stellt aber eine große Gefahr dar, der wir mit der vorliegenden Arbeit entgegenwirken möchten. Wenn Konfliktherde nicht angesprochen, analysiert, offengelegt und entsprechende Schlüsse daraus gezogen werden, können interreligiöse Kooperationen in Bildungssettings leicht misslingen. Deshalb richten wir den Fokus unserer empirischen Studie bewusst auf Konflikte und Konfliktpotentiale.

Die Schwerpunktsetzung erfolgte nicht zuletzt auch aufgrund unserer persönlichen Sichtweisen. Denn unseres Erachtens stellt die interreligiöse Kooperation einen zukunftsträchtigen Bereich der Religionspädagogik und Religionsdidaktik in gegenwärtigen religiös-weltanschaulichen pluralen Gesellschaften dar. Interreligiöse Kooperationen und Begegnungen in diversen Bildungssettings sind uns deshalb ein Herzensanliegen. Aus diesem Grund thematisieren wir in der vorliegenden Studie explizit Aspekte, Prozesse und Fragen in den beobachteten interreligiösen Bildungssettings, die nicht reibungslos funktionierten, in denen unterschiedliche, widerstreitende Auffassungen bestanden, in denen konträre Ziele verfolgt wurden oder in denen Missstimmungen zu Tage getreten sind. Indem wir uns eindeutig und ausführlich den ‚Fallstricken', Hürden, Widerständen und möglichen Unstimmigkeiten zuwenden, möchten wir dazu beitragen, dass interreligiöse Kooperationen in Bildungskontexten in Zukunft gestärkt und verbessert werden können.

Konflikte oder Konfliktpotentiale, die in interreligiösen Settings auftreten, sind in vielen Fällen nicht eindeutig erkennbar. Nicht immer werden bestehende Unstimmigkeiten und latente Spannungsfelder in Form von manifesten Meinungsverschiedenheiten ausgetragen. Es ist daher unerlässlich, den Blick für Konflikte und deren Bestandteile zu schärfen. Unumgänglich ist dabei eine Reflexion des bisherigen Forschungsstandes, der sich mit dem Verhältnis von Konflikt und Religion beschäftigt.

Die Besonderheit und Relevanz unserer Studie erwächst jedoch nicht alleinig aus der Themenwahl. Zwei weitere Aspekte kommen ebenfalls zum Tragen: Zum einen stellt das empirische Forschen eine Ausnahme bei der Analyse interreligiöser Bildungssettings, Begegnungen und Kooperationen dar. Die vorliegende empirische Untersuchung, die dem Paradigma der qualitativen interpretativen Sozialforschung folgt, soll folglich auch dazu beitragen, dass das empirische Forschen als konstitutiver Forschungszweig in der interreligiösen Religionspädagogik und Religionsdidaktik verankert wird.

Denn erst durch eine solche methodologische Annäherung können Bildungssettings, Ausbildungsprozesse, Sichtweisen der beteiligten Subjekte und Akteursgruppen oder auftretende Spannungsfelder adäquat reflektiert werden.

Zum anderen besteht eine Besonderheit der Studie in der interdisziplinären Perspektive der Untersuchung. Unsere Auseinandersetzung mit dem empirisch erhobenen Datenmaterial wurde unter anderem dadurch bereichert, dass vier unterschiedliche disziplinäre Bezüge von uns AutorInnen eingebracht wurden. In den empirischen Analysen sind katholisch-religionspädagogische, islamisch-religionspädagogische sowie religionssoziologische und religionswissenschaftliche Perspektiven miteinander verknüpft. Diese Verflechtung verleiht den Befunden eine mehrperspektivische Vielschichtigkeit.

Die Gliederung des Buches gestaltet sich folgendermaßen: In **Teil A** erfolgt eine Auseinandersetzung mit Forschungsstand, Theorie und Methoden. Kapitel **1** beschäftigt sich dabei mit den bestehenden Arbeiten zum Forschungsthema. Ausgeführt werden hier zum einen Studien zur interreligiösen Religionspädagogik sowie zum anderen Arbeiten zum Verhältnis von Religion und Konflikt. Im Anschluss daran diskutiert Kapitel **2** theoretische Perspektiven auf die Phänomene Identität und Konflikt und schärft im Zuge dessen den Blick dafür, was unter Konflikten, Konfliktpotentialen und deren Bestandteilen zu verstehen ist. Kapitel **3** wiederum widmet sich der Forschungsmethodologie und dem methodischen Design der empirischen Studie.

In **Teil B** werden die empirischen Analysen der Konflikte und Konfliktpotentiale geschildert, die im Verlauf der interreligiösen Kooperation bei der Ausbildung von islamischen und katholischen ReligionslehrerInnen an der Universität Innsbruck aufgetreten sind. Vorgenommen wird eine grundsätzliche Unterteilung der Konfliktherde in solche, die sich am Schauplatz Schule (Kapitel **4**) zeigten, und jene, die sich am Schauplatz Universität (Kapitel **5**) manifestierten. An den beiden Schauplätzen werden zuerst die jeweiligen Konfliktsettings mit den beteiligten Akteursgruppen geschildert und im Anschluss daran die aufgetretenen Konfliktherde detailliert beschrieben.

Im abschließenden **Teil C** erfolgt eine inhaltliche und konzeptionelle Zusammenführung der beobachteten Spannungsfelder. In Kapitel **6** werden Anregungen ausgearbeitet, die sich für differierende interreligiöse Bildungssettings aus den präsentierten empirischen Befunden ergeben. Mit einem Ausblick auf die Zukunft interreligiöser Religionspädagogik wird die vorliegende Studie abgerundet.

# Forschungsstand, Theorien und Methoden

# 1 Forschungsstand

## *1.1 Zum Begriff und Forschungsgegenstand Interreligiosität*

### 1.1.1 Zur Definition von Interreligiosität

Die zunehmende religiöse Pluralisierung der österreichischen Gesellschaft infolge des Zuzugs von sogenannten ‚GastarbeiterInnen' führte bereits in den 1980er Jahren dazu, dass der Umgang mit nichtchristlichen Religionen im Religionsunterricht verstärkt thematisiert wurde.[1] Religiöse Pluralisierung wurde jedoch zu jener Zeit noch unter den Vorzeichen der Integrations- oder Assimilationspädagogik[2] oder der interkulturellen Pädagogik[3] betrachtet. Die zunehmende gesellschaftliche Diversifizierung und die wachsende Zahl der MuslimInnen führte in Österreich infolge der gesetzlichen Anerkennung der Islamischen Glaubensgemeinschaft in Österreich (IGGÖ) dazu, dass seit dem Schuljahr 1982/83 islamischer Religionsunterricht in Pflichtschulen abgehalten wird.

Ab den 1990er Jahren, insbesondere im Zuge der Jugoslawienkriege, flüchteten viele MuslimInnen aus Bosnien-Herzegowina und anderen Balkanstaaten nach Österreich, was eine Neuzusammensetzung der im Land lebenden Menschen mit Migrationshintergrund zur Folge hatte. Diese Struktur veränderte sich erneut durch die verschiedenen Fluchtmigrationen nach Ende des Kalten Krieges, die ihre Ursache in gewalttätigen politischen, ethnisch oder religiös motivierten Auseinandersetzungen hatten. Neben der bereits erwähnten Aufnahme geflüchteter Menschen aus Bosnien-Herzegowina migrierten zahlreiche MuslimInnen aus der Türkei, dem Nahen Osten, dem arabischen Raum sowie aus Nordafrika nach Österreich.[4] Diese Entwicklungen brachten auch einen markanten Anstieg von MuslimInnen unter den in

---

1 Vgl. *Hellmann, Christian*, Religiöse Bildung, Interreligiöses Lernen und interkulturelle Pädagogik. Eine religionsgeschichtliche Untersuchung zur religiösen und interkulturellen Erziehung in der Moderne. Frankfurt a. M. 2000, 1f.

2 Vgl. *Dickopp, Karl-Heinz*, Erziehung ausländischer Kinder als pädagogische Herausforderung. Das Krefelder Modell. Düsseldorf 1982.

3 Vgl. *Auernheimer, Georg*, Einführung in die interkulturelle Erziehung. Darmstadt 1990.

4 Vgl. *Ornig, Nikola*, Die Zweite Generation und der Islam in Österreich. Eine Analyse von Chancen und Grenzen des Pluralismus von Religionen und Ethnien. Graz 2006, 165; *Heine, Susanne / Lohlker, Rüdiger / Potz, Richard*, Muslime in Österreich. Geschichte – Lebenswelt – Religion – Grundlagen für den Dialog. Innsbruck 2012, 70f.

Österreich lebenden Menschen mit Migrationshintergrund und eine weitere Ausdifferenzierung der muslimischen Bevölkerung mit sich.[5]

Die religiöse Pluralisierung der Gesellschaft führte aber nicht nur dazu, dass sich das Angebot des Religionsunterrichts ausweitete, sondern hatte auch zur Folge, dass religionsdidaktische Formen, Modelle und Konzeptionen verstärkt diskutiert wurden. In den vergangenen Jahrzehnten rückte dabei vermehrt der Begriff der Interreligiosität in den Fokus.[6] Im Zusammenhang mit der zunehmenden religiösen Pluralisierung westeuropäischer Gesellschaften wurden zudem auch Stimmen laut, die für eine Abkehr von einem monolithischen Verständnis von Religion und stattdessen für eine Hinwendung zu einem möglichkeitsoffenen Ansatz plädierten.[7] Eine solche Wendung wurde als notwendig erachtet, damit sich religionspädagogische Ansätze den sozialen Entwicklungstendenzen entsprechend mitverändern. In aktuellen Debatten werden daneben auch die Konzepte des trialogischen Lernens[8] sowie der Transreligiosität verhandelt, mithilfe derer einem kontingenzsensiblen Zugang zur Religion bzw. Religiosität zusätzlich Rechnung getragen werden soll.[9]

Was unter Interreligiosität zu verstehen ist, präzisieren wir im Rahmen dieses Kapitels. Für eine erste Annäherung an den grundsätzlichen Bedeutungsgehalt des Begriffs erfolgt zunächst eine Auseinandersetzung mit dem Ausdruck Multireligiosität und im nächsten Schritt mit dem Begriff Transreligiosität.

---

5 Vgl. *Aslan, Ednan / Kolb, Jonas / Yildiz, Erol*, Muslimische Diversität. Ein Kompass zur religiösen Alltagspraxis in Österreich. Wiesbaden 2017, 33.

6 Vgl. *Fritsch-Oppermann, Sybille C.*, Globalisierung als Bedingung interreligiösen Lernens. In: Schreiner, Peter / Sieg, Ursula / Elsenbast, Volker (Hg.), Handbuch interreligiöses Lernen. Gütersloh 2005, 18–27; *Nusser, Barbara*, Kebab und Folklore reichen nicht. Interkulturelle Pädagogik und interreligiöse Ansätze der Theologie und Religionspädagogik im Umgang mit den Herausforderungen der pluriformen Einwanderungsgesellschaft. Oldenburg 2005.

7 Vgl. *Sejdini, Zekirija / Kraml, Martina / Scharer, Matthias*, Mensch werden. Grundlagen einer interreligiösen Religionspädagogik und -didaktik aus muslimisch-christlicher Perspektive. Stuttgart 2017, 113; *Kraml, Martina*, Religionspädagogik im Kontext der Rede von ‚transreligiös', ‚transversal' und ‚interreligiös'. In: Sejdini, Zekirija (Hg.), Islam in Europa. Begegnungen, Konflikte und Lösungen. Münster 2018, 175–194, hier 182; *Kraml, Martina*, Anderes ist möglich. Eine theologiedidaktische Studie zu Kontingenz in Forschungsprozessen. Ostfildern 2019.

8 Vgl. *Sajak, Clauß Peter* (Hg.), Trialogisch lernen. Bausteine für interkulturelle und interreligiöse Projektarbeit. Seelze 2010; *Langenhorst, Georg*, Trialogische Religionspädagogik. Interreligiöses Lernen zwischen Judentum, Christentum und Islam. Freiburg 2016.

9 Vgl. *Sejdini / Kraml / Scharer*, Mensch werden, 121–123; *Kraml*, Religionspädagogik im Kontext der Rede von ‚transreligiös', ‚transversal' und ‚interreligiös', 183; *Yildiz, Erol*, Ideen zu einer transreligiösen Bildung: Kontrapunktische Betrachtungen. In: Kraml, Martina / Sejdini, Zekirija (Hg.), Interreligiöse Bildung zwischen Kontingenzbewusstsein und Wahrheitsansprüchen. Stuttgart 2020 [*im Erscheinen*].

## Interreligiosität und Multireligiosität[10]

Unterschiede zwischen den Begriffen interreligiös und multireligiös können anhand der Arbeiten von Hans-Georg Ziebertz und Johannes A. van der Ven[11] verdeutlicht werden. Im Hinblick auf den Religionsunterricht differenzieren sie zwischen drei Modellen: einem monoreligiösen, einem interreligiösen und einem multireligiösen Modell. Unter der monoreligiösen Form des Religionsunterrichts verstehen Ziebertz und van der Ven den klassischen konfessionellen Religionsunterricht, der sich in ihren Augen durch einen theologischen Zentrismus auszeichnet und durch den die eigene Religion, so die Autoren, oftmals als in sich homogener und nach außen hin klar abgegrenzter Block behandelt wird. Ein möglichkeitsoffener und kontingenzsensibler Zugang zur eigenen Religion ist bei diesem Modell deshalb nur schwer zu erreichen. Nach Ansicht der Autoren tendiert die monoreligiöse Unterrichtsform zudem dazu, dass andere Glaubensformen oder Religionen primär aus der Binnensicht der eigenen Glaubensgemeinschaft heraus betrachtet werden, ohne die Perspektive des Gegenübers zu berücksichtigen.[12]

Vom monoreligiösen Modell grenzen Ziebertz und van der Ven ein multireligiöses Format ab, das stattdessen religionskundliche bzw. religionswissenschaftliche Züge trägt. In religionspädagogischer Hinsicht ist das Ziel einer solchen multireligiösen Bildung, so die Autoren, nicht die Suche nach einer

---

[10] Innerhalb der theologischen Wissenschaften gibt es verschiedene Begriffsverwendungen von ‚multireligiös', die sich voneinander unterscheiden. Aus religionsgemeinschaftlicher (z. B. evangelischer und katholischer) sowie in liturgiewissenschaftlicher Perspektive kommen beispielsweise Angehörige unterschiedlicher Glaubensgemeinschaften und Religionen bei multireligiösen Feiern neben- oder nacheinander zu Wort, ohne dass sie gemeinsame Gebete sprechen. Während ein gemeinsames Beten im gleichen Wortlaut – das als interreligiös zu klassifizieren ist – nicht als möglich erachtet wird, sei das multireligiöse Beten nebeneinander oder lediglich in Anwesenheit des anderen zu befürworten (vgl. *EKD – Kirchenamt der Evangelischen Kirche in Deutschland* [Hg.], Klarheit und gute Nachbarschaft. Christen und Muslime in Deutschland. Hannover 2006, 115; *DBK – Sekretariat der Deutschen Bischofskonferenz* [Hg.], Leitlinien für das Gebet bei Treffen von Christen, Juden und Muslimen. Eine Handreichung der deutschen Bischöfe. Bonn ²2008, 33). Aus religionspädagogischer Perspektive wiederum hat der Ausdruck ‚multireligiös' eine etwas andere Bedeutung. In der Religionspädagogik zeichnet sich ein multireligiöses Unterrichtsformat dadurch aus, dass zum einen zwar Angehörige unterschiedlichen Glaubens an den Lernprozessen teilnehmen, aber dass zum anderen ein ‚learning about religion' stattfindet, das überkonfessionelle, religionskundliche Züge trägt und die Dimension gemeinsamer religiöser Erfahrungen ausklammert (vgl. *Danzl, Clemens*, Interreligiös oder multireligiös? In: Kraml, Martina / Sejdini, Zekirija [Hg.], Interreligiöse Bildungsprozesse. Empirische Einblicke in Schul- und Hochschulkontexte. Stuttgart 2018, 35–47).

[11] Vgl. *van der Ven, Johannes A. / Ziebertz, Hans-Georg*, Religionspädagogische Perspektiven zur interreligiösen Bildung. In: Ziebertz, Hans-Georg / Simon, Werner (Hg.), Bilanz der Religionspädagogik. Düsseldorf 1995, 259–273.

[12] Vgl. ebd., 265.

religiösen Wahrheit oder nach einer religiösen Erkenntnis aus der Beteiligtenperspektive, sondern das Verstehen von Unterschieden und Gemeinsamkeiten zwischen verschiedenen Religionen aus einer BeobachterInnenperspektive. Demzufolge steht dieses Modell auf der einen Seite konträr zur Vorstellung von Religionen als monolithischen Blöcken, die mit markierten Grenzen eine fixierte Entität umreißen. Auf der anderen Seite ist jedoch für das multireligiöse Unterrichtsformat auch eine philosophische oder psychologische Perspektive charakteristisch, die eine Tendenz zu vermeintlich objektiven und abstrakten Bewertungen aufweist und damit zentralen Dimensionen von Religionen – wie Spiritualität oder religiöser Erfahrung – nicht gerecht wird.[13] Ein religionskundlicher multireligiöser Religionsunterricht hat sich beispielsweise in Großbritannien in Gestalt des überkonfessionellen Unterrichtsgegenstandes ‚Religious Education' herausgebildet.[14]

Von den beiden bisherigen Typen unterscheiden die Autoren mit dem interreligiösen Modell eine dritte Form. Kennzeichnend für diese sind Perspektivenwechsel, die im Unterrichtsgeschehen aktiv vorgenommen werden. Damit wird das Prinzip verfolgt, dass SchülerInnen nicht, wie in der klassischen konfessionellen Unterrichtsform, den eigenen Glauben nur aus der Perspektive der eigenen Religion heraus betrachten, sondern gleichsam auch die Perspektive anderer im Unterricht vertretener Glaubensgemeinschaften mitberücksichtigen. Somit werde in der Folge auch die „andere Religion nicht nur mit den eigenen Augen, sondern auch mit den Augen der anderen"[15] gesehen. Die Grenzen von Religionen verschwimmen im interreligiösen Format folglich nicht, wie es beim religionskundlichen Modell mitunter der Fall sein kann.[16] Gleichsam würden – so van der Ven und Ziebertz – die eigene und die andere Religion aber auch nicht im Sinne von klar voneinander zu unterscheidenden Entitäten rigide voneinander abgegrenzt, wozu häufig eine monoreligiöse Unterrichtsform tendiere.

## Interreligiosität und/oder Transreligiosität

Die Begriffe ‚interreligiös', ‚Interreligiosität' oder ‚interreligiöses Lernen' werden jedoch nicht nur einhellig befürwortet, sondern von verschiedenen

---

13 Vgl. *van der Ven / Ziebertz*, Religionspädagogische Perspektiven zur interreligiösen Bildung, 264.

14 Vgl. *Halstead, J. Mark*, Islamic Education in the United Kingdom. In: Aslan, Ednan (Hg.), Islamische Erziehung in Europa. Islamic Education in Europe. Wien 2009, 179–202.

15 Vgl. *van der Ven / Ziebertz*, Religionspädagogische Perspektiven zur interreligiösen Bildung, 264.

16 Vgl. hierzu auch: *Jäggle, Martin*, Religionen in der Schule – interreligiöser Ansatz oder Religionsunterricht für alle? In: Ucar, Bülent / Blasberg-Kuhnke, Martina / von Scheliha, Arnulf (Hg.), Religionen in der Schule und die Bedeutung des Islamischen Religionsunterrichts. Göttingen 2010, 179–188.

Seiten auch mit Skepsis betrachtet oder mit inhaltlichen Bedenken versehen. Die Motivation der kritischen Haltung gegenüber Interreligiosität ist unterschiedlich gelagert. Zum einen melden sich aufseiten religiöser Institutionen Bedenkenträger zu Wort, die aufgrund ihres institutionellen Interesses vor einer Vermischung religiöser Traditionen warnen und interreligiöse Tendenzen nicht begrüßen. Zum anderen wird aufgrund inhaltlicher Aspekte Kritik am Begriff Interreligiosität geäußert. Eine Beanstandung erfährt insbesondere das Präfix ‚inter'. Durch die Wortkonstruktion ‚inter-religiös' würden, so die Kritik, Interaktionen und Beziehungen zwischen Religionen bezeichnet, die ihrerseits wiederum als in sich geschlossene und homogene Blöcke gesehen werden könnten. Ein solches Verständnis stünde im Widerspruch zu dem bereits beschriebenen Grundgedanken der diesbezüglichen Debatten, auf die Gemeinsamkeiten und Unterschiede zwischen Religionen hinzuweisen und dabei einen möglichkeitsoffenen Zugang zu beschreiten.[17]

Befürwortet wird stattdessen die Vorsilbe ‚trans' in Anlehnung an die Debatten um Inter- bzw. Transkulturalität.[18] Der Ausdruck ‚transreligiös' biete die Möglichkeit, Gemeinsamkeiten und Verbindungslinien, die verschiedene Religionen miteinander in Beziehung setzen, in den Fokus zu rücken und zu thematisieren.[19] Dabei werde aber kein essentialistischer Standpunkt eingenommen, von dem aus betrachtet Religion als monolithische Entität erscheint. Ein transreligiöses Verständnis erlaube vielmehr, religiöse Wandlungstendenzen und durchlässige Grenzen unvoreingenommen und möglichkeitssensibel in den Blick zu nehmen.[20] Jedoch könnte der Begriff transreligiös auch durchaus so gedeutet werden, dass über die bestehenden

---

17 Vgl. *Sejdini / Kraml / Scharer*, Mensch werden, 121.

18 Nach Wolfgang Welsch steht Transkulturalität einem essentialistischen Verständnis von Kultur diametral gegenüber (vgl. dazu kritisch *Fuchs, Stephen*, Against Essentialism. A Theory of Culture and Society. Harvard 2001) und verfolgt stattdessen einen möglichkeitsoffenen und kontingenzsensiblen Zugang, der, so Welsch, der externen Vernetzung, dem internen Hybridcharakter sowie den dynamischen Wandlungsbewegungen ‚einer' Kultur vielmehr gerecht werde (vgl. *Welsch, Wolfgang*, Was ist eigentlich Transkulturalität? In: Kimmich, Dorothee / Schahadat, Schamma (Hg.), Kulturen in Bewegung. Beiträge zur Theorie und Praxis der Transkulturalität. Bielefeld 2012, 25–40). Der Begriff Interkulturalität wiederum leiste diesen evidenten Entwicklungsphänomenen von Kultur nicht Genüge, da hierbei, so der Autor, von Interaktionen zwischen zwei oder mehreren vergleichsweise in sich geschlossenen kulturellen Systemen ausgegangen werde (vgl. dazu auch *Langenohl, Andreas*, Inter- und Transkulturalität. In: Leggewie, Claus / Meyer, Erik (Hg.), Global Pop. Das Buch zur Weltmusik. Stuttgart 2017, 54–59).

19 Vgl. *Faber, Roland*, Der transreligiöse Diskurs. Zu einer Theologie transformativer Prozesse. In: polylog (2003) 1, 65–94; *Baier, Karl*, Transreligiöse Theorie und existentiale Interpretation. In: Interdisziplinäre Phänomenologie (2005) 1, 65–86; *Yildiz*, Ideen zu einer transreligiösen Bildung.

20 Vgl. *Sejdini / Kraml / Scharer*, Mensch werden, 122; *Kraml*, Religionspädagogik im Kontext der Rede von ‚transreligiös', ‚transversal' und ‚interreligiös', 187.

Religionen hinausgegangen wird und dass diese hinter sich gelassen werden.[21] Eine Konzeption des Transreligiösen steht jedoch noch am Anfang und bedarf zuerst einer systematischen Ausarbeitung und Ausformulierung, bevor der Begriff als analytischer Bezugspunkt für empirische Forschungen dienen kann.

Im Rahmen der vorliegenden Studie verwenden wir den Begriff interreligiös. Der Entwicklung einer interreligiösen Religionspädagogik wenden wir uns deshalb zu, da eine solche religiöse Bildung unserer Ansicht nach am besten den sich wandelnden gesellschaftlichen Herausforderungen und dem zunehmenden religiösen Pluralismus gerecht wird. Zudem sind wir auch der Ansicht, dass eine Offenheit für interreligiöse Tendenzen im Christentum und Islam von Grund auf besteht in dem Sinne, dass in jenen Religionen Interreligiosität bereits grundsätzlich angelegt ist und angestrebt wird.[22]

Den Begriff transreligiös verwenden wir hingegen deshalb im Rahmen unserer Analyse nicht, da dieser in der bisherigen Forschung noch nicht genügend ausgeleuchtet und ausgearbeitet wurde. Grundsätzlich greifen wir aber einige Aspekte aus der damit verbundenen Debatte auf und betrachten Religionen nicht als in sich geschlossene, klar abgegrenzte Einheiten, die in interreligiösen Prozessen miteinander in Interaktion und Austausch treten. Religionen verstehen wir als in sich uneinheitliche, unklar umrissene Gebilde, die sich durch verschwimmende Grenzen, nicht immer trennscharfe Abgrenzungen und umkämpfte Inhalte auszeichnen und die untereinander Gemeinsamkeiten, Verflechtungen und transversale Verbindungslinien aufweisen.

### 1.1.2 Forschungsstand Interreligiöse Religionspädagogik

Interreligiosität ist ein junges Forschungsgebiet, das in den vergangenen Dekaden eine rasant steigende Aufmerksamkeit erfahren hat. Beforscht werden in diesem Zusammenhang insbesondere die Themenfelder interreligiöser Dialog,[23] religiöser Pluralismus moderner Gesellschaften[24] sowie

---

[21] Vgl. *Baier*, Transreligiöse Theorie und existentiale Interpretation.

[22] Vgl. Sejdini / Kraml / Scharer, Mensch werden.

[23] Vgl. u. a. *Falaturi, Abdoldjavad*, Der Islam im Dialog: Aufsätze. Köln $^{4}$1992; *Neuser, Bernd* (Hg.), Dialog im Wandel. Der christlich-islamische Dialog. Anfänge – Krisen – neue Wege. Neukirchen-Vluyn $^{3}$2007; *Cornille, Catherine*, The Im-possibility of Interreligious Dialogue. New York 2008; *Sejdini, Zekirija*, Interreligiöser Dialog aus muslimischer Perspektive. In: Gmainer-Pranzl, Franz / Ingruber, Astrid / Ladstätter, Markus (Hg.), „... mit Klugheit und Liebe" (Nostra aetate 2). Dokumentation der Tagungen zur Förderung des interreligiösen Dialogs 2012–2015 (St. Virgil, Salzburg). Linz 2017, 241–251.

[24] Vgl. u. a. *Strutzenberger-Reiter, Edda*, Religion in der Schulentwicklung. Eine empirische Studie. Stuttgart 2016; *Klutz, Philipp*, Religionsunterricht vor den Herausforderungen religiöser Pluralität. Eine qualitativ-empirische Studie in Wien. Münster 2015; *Grümme, Bernhard*, Heterogenität in der Religionspädagogik. Grundlagen und

interreligiöse Bildung[25]. Die vorliegende Untersuchung verortet sich im Forschungsfeld interreligiöse Bildung. Sie analysiert dabei empirisch die interreligiöse Kooperation in der Ausbildung von ReligionslehrerInnen, die an der Universität Innsbruck seit 2013 besteht, beschäftigt sich mit deren praktischer Umsetzung und rückt insbesondere das Thema auftretender Konflikte und Spannungsfelder in den Mittelpunkt. Eine Auseinandersetzung mit den bisher publizierten Arbeiten zum Themenfeld interreligiöse Religionspädagogik ist an dieser Stelle notwendig, um die stattfindende Kooperation sowie die vorliegende empirische Begleitforschung entsprechend zu verorten.

Anhand ausgewählter Publikationen widmen sich die nachstehenden Abschnitte der Aufarbeitung des Forschungsstandes in diesem Bereich. Diesen stellen wir aufgegliedert in die miteinander in Beziehung stehenden folgenden Bereiche dar:

– Merkmale interreligiösen Lernens,
– Anwendungsfelder und Modelle interreligiösen Lernens,
– empirische Untersuchungen zur Wahrnehmung religiöser Differenz sowie
– interreligiöse Projekte aus der pädagogischen Praxis.

### Charakteristika interreligiösen Lernens

Interreligiöses Lernen stellt einen konstitutiven Bestandteil interreligiöser Bildung[26] dar. Die grundsätzliche inhaltliche Bestimmung interreligiösen

---

konkrete Bausteine. Freiburg 2017; *Stockinger, Helena*, Umgang mit religiöser Differenz im Kindergarten. Eine ethnographische Studie an Einrichtungen in katholischer und islamischer Trägerschaft. Münster 2017.

25 Vgl. u. a. *Leimgruber, Stephan*, Interreligiöses Lernen. München 2007; *Behr, Harry Harun*, Yusuf oder Joseph? Eine Probe dialogischer Didaktik in der Lehrerbildung. In: van der Velden, Frank (Hg.), Die heiligen Schriften des anderen im Unterricht. Bibel und Koran im christlichen und islamischen Religionsunterricht einsetzen. Göttingen 2011, 221–242; *Behr, Harry Harun*, Mit dem Vaterunser in den Islamunterricht. In: van der Velden (Hg.), Die heiligen Schriften des anderen im Unterricht, 83–101; *Schweitzer, Friedrich*, Interreligiöse Bildung. Religiöse Vielfalt als religionspädagogische Herausforderung und Chance. Gütersloh 2014; *Kraml / Sejdini* (Hg.), Interreligiöse Bildungsprozesse.

26 Differenziert wird in der Regel zwischen drei unterschiedlichen Bildungsverständnissen: einem materialen, einem formalen und einem kategorialen. Unter einer materialen Bildungstheorie ist zu verstehen, dass alleinig Wissensbestände als der absolute Maßstab fungieren. In didaktischer Hinsicht steht bei diesem Prinzip die Vermittlung eines möglichst umfangreichen Lernstoffs im Mittelpunkt. Auf welche Weise die Vermittlung stattfindet, rückt indes in den Hintergrund. Als ‚gebildet' gilt in dieser Denkweise, wer möglichst umfangreiche Lerninhalte beherrscht (vgl. *Jank, Werner / Meyer, Hilbert*, Didaktische Modelle. Berlin [10]2011, 209f.). Ein formales Verständnis von Bildung zeichnet sich wiederum dadurch aus, dass der Fokus auf der Beherrschung allgemeiner Methoden liegt, die für die Entwicklung der Lernenden als zweckmäßiger erachtet werden als die bloße Kenntnis von Inhalten. Bildung wird somit nicht als Aneignung von Wissensbeständen angesehen, sondern als selbsttätige

Lernens wurde durch den Religionspädagogen Folkert Rickers bereits umfangreich ausgearbeitet. Er versteht unter interreligiöser Bildung vorrangig ein Begegnungslernen zwischen Angehörigen verschiedener Religionen in schulischen Kontexten.[27] Kennzeichnend für interreligiöses Lernen sind nach Rickers fünf Aspekte:

Als ersten Gesichtspunkt nennt der Autor räumliche Bedingungen. Den passendsten Rahmen, der die besten Voraussetzungen für interreligiöses Lernen mitbringe, biete der schulische Religionsunterricht, denn darin seien zum einen aufgrund der langfristigen Kopräsenz interaktive Begegnungen und ein Austausch über Glaubensfragen zwischen Angehörigen verschiedener Religionen möglich. Zum anderen begegneten sich junge Menschen im Religionsunterricht in einer für sie alltäglichen Lebenssituation, die natürlichen (d. h. keinen künstlichen) Charakter aufweist. Grundvoraussetzung dafür, dass interreligiöses Lernen im Religionsunterricht stattfinden kann, sei selbstredend, dass SchülerInnen unterschiedlichen Glaubens daran teilnehmen.[28]

Ein zweites Moment interreligiöser Bildung besteht laut Rickers darin, dass es sich hierbei um eine Querschnittsmaterie handelt, die sich auf verschiedene Unterrichtsgegenstände erstreckt und die damit nicht ausschließlich auf den Religionsunterricht beschränkt ist.[29] Folglich grenzt sich der Autor damit von der Differenzierung von Ziebertz und van der Ven[30] ab, die von einem eigenständigen interreligiösen Unterrichtsformat sprechen und dieses von einem monoreligiösen sowie einem multireligiösen Modell unterscheiden.

Als drittes Charakteristikum führt Rickers an, dass interreligiöses Lernen als Prozess zu verstehen ist, den die beteiligten Angehörigen verschiedener Religionen selbstbestimmt durchlaufen. Erforderlich seien hierfür die

---

Formung der Heranwachsenden (vgl. *Stübig, Frauke / Stübig, Heinz*, Kategoriale Bildung und Kompetenzorientierung. Ist Wolfgang Klafkis Theorie noch zeitgemäß? In: Laging, Ralf / Kuhn, Peter (Hg.), Bildungstheorie und Sportdidaktik. Ein Diskurs zwischen kategorialer und transformatorischer Bildung. Wiesbaden 2018, 29–48, hier 31). Das Konzept der kategorialen Bildung indes wurde von Wolfgang Klafki entwickelt, indem er Elemente der formalen und der materialen Bildungstheorie dialektisch aufeinander bezog. In didaktischer Hinsicht sollten in Lehr-Lern-Konstellationen dabei primär solche Inhalte behandelt werden, die junge Menschen dazu befähigen, grundlegende Formen und Inhalte der Erkenntnis bzw. des Verstehens herauszubilden (vgl. *Kron, Friedrich W.*, Grundwissen Didaktik. München [2]1994, 73). Gebildet ist in dieser Perspektive folglich, wer sich sowohl bestimmte Wissensinhalte aneignet als auch die Methoden der Wissensaneignung beherrscht.

27 Vgl. *Rickers, Folkert*, Interreligiöses Lernen. In: Mette, Robert / Ders. (Hg.), Lexikon der Religionspädagogik. Band 1: A–K. Neukirchen-Vluyn 2001, 874–881, hier 875.

28 Vgl. ebd.

29 Vgl. ebd.

30 Vgl. *van der Ven / Ziebertz*, Religionspädagogische Perspektiven zur interreligiösen Bildung.

praktische Begegnung und der interaktive Austausch der Beteiligten untereinander.[31] Derartige selbsttätige Lern- und Bildungsprozesse könnten auch durchaus neue Perspektiven auf das religiös Eigene eröffnen. In Anlehnung an das Konzept des ‚Dritten Raumes' von Homi K. Bhabha[32] kann interreligiöses Lernen derart gedeutet werden, dass solche Bildungsprozesse Räume eröffnen, in denen das bestehende Wissen und Perspektiven auf das religiös Eigene und Andere modifiziert werden.

Die Grundform interreligiösen Lernens stellt demzufolge laut Rickers die sogenannte ‚authentische Begegnung' dar.[33] Dieser vierte Aspekt derartiger Bildungsprozesse zeichne sich dadurch aus, dass „jede Religion das ihr Eigene sagen und behaupten kann"[34].

Als abschließenden fünften Gesichtspunkt benennt Rickers, dass junge Menschen durch den Begegnungscharakter des interreligiösen Lernens einen direkteren Zugang zur „Gedanken-, Erlebnis- und Gefühlswelt"[35] einer für sie ungewohnten Religion finden können, als durch das Studium theologischer Schriften oder Quellen.

## Anwendungsfelder und Modelle interreligiösen Lernens

Während die Notwendigkeit und Bedeutung interreligiösen Lernens in der Religionspädagogik zumeist auf keinen grundsätzlichen Widerstand mehr stößt,[36] ist die Frage, wie die konkrete Praxis interreligiöser Bildungsprozesse auszusehen habe, keineswegs abschließend geklärt. Nachfolgend sollen einige

---

31 Vgl. *Rickers*, Interreligiöses Lernen, 875.

32 Homi K. Bhabha versteht unter dem Dritten Raum vor allem einen Ort, in dem kulturelle Differenzen hervorgebracht und ausgetragen werden können. Dritte Räume sind dabei nicht physisch gebunden oder real existierend. Nach Bhabha können Dritte Räume überall dort entstehen, wo Menschen mit unterschiedlichsten kulturellen Hintergründen und Erfahrungen zusammentreffen. Zentral ist dabei, dass Bestehendes verändert und neue Inhalte oder kulturelle Unterschiedlichkeiten geschaffen werden (vgl. *Bhabha, Homi K.*, The Location of Culture. London 1994, 37).

33 Vgl. *Rickers*, Interreligiöses Lernen, 875.

34 *Rickers, Folkert*, Interreligiöses Lernen. Die religionspädagogische Herausforderung unserer Zeit. In: Ders. / Gottwald, Eckart (Hg.), Vom religiösen zum interreligiösen Lernen. Wie Angehörige verschiedener Religionen und Konfessionen lernen. Möglichkeiten und Grenzen interreligiöser Verständigung. Neukirchen-Vluyn 1998, 119–139, hier 126.

35 *Rickers*, Interreligiöses Lernen, 876.

36 Vgl. *EKD – Kirchenamt der Evangelischen Kirche in Deutschland* (Hg.), Religionsunterricht für muslimische Schülerinnen und Schüler (Nachdruck des Originals von 1999). In: Schreiner, Peter / Wulff, Karen (Hg.), Islamischer Religionsunterricht. Ein Lesebuch. Münster 2001, 57–60; *Schweitzer, Friedrich*, Kooperativer Religionsunterricht: Hindernis oder Voraussetzung interreligiösen Lernens? In: Gottwald, Eckart / Mette, Robert (Hg.), Religionsunterricht interreligiös. Hermeneutische und didaktische Erschließungen. Festschrift für Folkert Rickers. Neukirchen-Vluyn 2003, 97–108.

Beiträge dargestellt werden, die sich mit konkreten Anwendungsfeldern beschäftigen. Dargelegt werden exemplarische Arbeiten, die interreligiöse Religionspädagogik bzw. Religionsdidaktik in der Primarschule sowie in der Universität und im Rahmen der Ausbildung von PädagogInnen beleuchten, da sich unsere empirische Analyse vorrangig mit diesen Feldern auseinandersetzt.[37]

Mit interreligiösen Bildungsprozessen in der schulischen Primarstufe beschäftigten sich in den vergangenen Jahrzehnten verschiedene internationale empirische Untersuchungen. Formuliert werden darin differierende Einschätzungen dessen, was interreligiöses Lernen in jener Schulstufe zu leisten vermag.[38] Neben kritischen Stimmen, wie der von Barbara Asbrand[39], die bezweifeln, dass sich interreligiöses Lernen in der Primarschule verwirklichen lässt, finden sich auch Untersuchungen, die sich beispielsweise mit interreligiösen Unterrichtsmodellen in den Niederlanden oder in Großbritannien befassen, die belegen, dass sich interreligiöse Lernprozesse in dieser Schulstufe realisieren lassen.[40]

---

37 Die Sekundarstufe wird aus diesem Grund in diesem Abschnitt nicht behandelt. An dieser Stelle soll jedoch auf wichtige Arbeiten verwiesen werden, insbesondere jene von Stephan Leimgruber, Andreas Obermann und Reinhard Kirste, die sich mit interreligiösen Bildungsprozessen in dieser Schulstufe beschäftigen (*Leimgruber,* Interreligiöses Lernen, 108–112; *Obermann, Andreas*, Religion unterrichten zwischen Kirchturm und Minarett. Entwürfe eines interreligiösen Religionsunterrichts an der Berufsschule. In: Schreiner / Sieg / Elsenbast (Hg.), Handbuch interreligiöses Lernen, 476–485; *Kirste, Reinhard*, Interreligiöses Lernen im Sekundarbereich (Sekundarstufe I und II). In: Schreiner / Sieg / Elsenbast (Hg.), Handbuch interreligiöses Lernen, 465–475).

38 Für einen stringenten Vergleich der differierenden Unterrichtsmodelle in der Primarschule wäre es notwendig, weitere Parameter – wie die Existenz einer Staatskirche (in Großbritannien) oder ein laizistisches Verhältnis von Staat und Religion (in den Niederlanden) – zu berücksichtigen. Derartige Vergleiche streben wir nicht an. Stattdessen möchten wir uns mit dem Hinweis begnügen, dass es durchaus erprobte Unterrichtsmodelle mit einer interreligiösen Ausrichtung in der Primarschule gibt, die sich selbstredend aufgrund ihrer unterschiedlichen Verfasstheit und rechtlichen Bedingungen voneinander unterscheiden.

39 *Asbrand, Barbara*, Zusammen Leben und Lernen im Religionsunterricht. Eine empirische Studie zur grundschulpädagogischen Konzeption eines interreligiösen Religionsunterrichts im Klassenverband der Grundschule. Frankfurt a. M. 2000.

40 Vgl. *Grimmitt, Michael / Grove, Julie / Hull, John / Spencer, Louise*, A Gift to the Child. Religious Education in the Primary School. London 1991; *Hull, John*, How can we make children sensitive to the values of other religions through religious education? In: Lähnemann, Johannes (Hg.), Das Projekt Weltethos in der Erziehung. Hamburg 1995, 301–314; *ten Broek, Bart*, Die interkulturelle und interreligiöse Juliana van Stolbergschule in Ede in den Niederlanden. In: Rickers, Folkert / Siedler, Dirk C. (Hg.), Interreligiöses Lernen in den Niederlanden. Ein Beitrag zur Vergleichenden Religionspädagogik. Berlin 2001, 11–19; *Dommel, Christa*, Interreligiöses Lernen im Elementarbereich: Kindertagesstätten und Kindergärten. In: Schreiner / Sieg / Elsenbast (Hg.), Handbuch interreligiöses Lernen, 434–452, hier 445–451.

Als zentrale Aspekte, die für ein Gelingen des interreligiösen Lernens in der Primarstufe ausschlaggebend sind, hebt die Religionspädagogin Dietlind Fischer vier Punkte hervor:

– Zuerst erfolge in der Primarschule stets eine basale religiöse Alphabetisierung der Kinder. Gemeint ist damit die Einführung und schrittweise Annäherung der Heranwachsenden an grundlegendes religiöses Wissen, an religiöse Rituale sowie an Formen des Glaubens und der Spiritualität.[41] Kinder in dieser Schulstufe dürften demzufolge keinesfalls als ExpertInnen ihrer eigenen Religion betrachtet werden.[42] Zu berücksichtigten sei aber in diesem Zusammenhang, und darauf weisen insbesondere Ulrike Lingen-Ali und Paul Mecheril hin, dass Kinder in der Primarstufe vonseiten der Lehrperson nicht zu stark auf eine vermeintliche Religionszugehörigkeit festgelegt werden und ihnen „[k]eine religiöse Identität im Sinne eines Wesens zugeschrieben wird“[43].
– Neben der religiösen Alphabetisierung sei zweitens das Kennenlernen von Unterschieden zwischen Religionen erforderlich. Erfolgen sollte dies in religionskundlicher Manier.[44]
– Als dritten Aspekt konkretisiert die Autorin die Inhalte, die sich für das interreligiöse Lernen in der Primarschule anbieten. Als Themen schlägt sie religiöse Feste, Religionsstifter, die Vätergeschichten von Abraham/Ibrahim, den Umgang mit Sterben und Tod, die Erkundung sakraler Stätten, die Heiligen Schriften sowie Schöpfungsmythen vor, da an diesen jeweils konkret Wahrnehmung, Erfahrung, Auseinandersetzung und Wissenserwerb ermöglicht werden könne.[45]
– Mit der Frage, wie sich diese Themen in der Praxis didaktisch umsetzen lassen, befasst sich der vierte Aspekt. Grundsätzlich müssten, so Fischer, Unterrichtsmethoden den Maßstäben genügen, dass sie anregend, vielseitig und erfahrungsnah seien.[46] Denkbar seien in dem Zusammenhang Erkundungen von Orten der praktizierten Religion, Begegnungen mit Angehörigen unterschiedlicher Glaubensgemeinschaften, Teilhabe an religiösen Feiern oder die Praxis gelebter Rituale. Vor allem aber komme es darauf an, Kinder am Unterrichtsgeschehen aktiv zu beteiligen, selbstständiges Lernen durch die Gestaltung der Unterrichtspraxis zu ermöglichen und Wahlmöglichkeiten bei der Auseinandersetzung mit dem religiösen Gegenüber zu lassen.[47] Derartige didaktische Ansätze, die

---

[41] Vgl. *Fischer, Dietlind*, Interreligiöses Lernen in der Grundschule. In: Schreiner / Sieg / Elsenbast (Hg.), Handbuch interreligiöses Lernen, 453–464, hier 455.
[42] Vgl. ebd., 460.
[43] *Linger-Ali, Ulrike / Mecheril, Paul*, Religion als soziale Deutungspraxis. In: Österreichisches Religionspädagogisches Forum (2016) 2, 17–24, hier 22.
[44] Vgl. *Fischer*, Interreligiöses Lernen in der Grundschule, 459.
[45] Vgl. ebd., 460.
[46] Vgl. *Fischer*, Interreligiöses Lernen in der Grundschule, 461.
[47] Vgl. ebd.

erfahrungsnah, vielseitig und anregend sind, unterscheiden sich stark von instruktionistischen Konzepten, die nach dem Vorbild des Frontalunterrichts SchülerInnen gewissermaßen zu passiven EmpfängerInnen von vorgefertigtem Wissen degradieren.

Neben der Primarstufe in den Schulen stellt auch die Universität sowie die in deren Rahmen stattfindende Ausbildung von ReligionslehrerInnen ein Betätigungsfeld für interreligiöse Zusammenarbeit dar. Curricula der universitären LehrerInnenbildung in Regionen, insbesondere in Staaten und Bundesländern, in denen ein konfessioneller bzw. monoreligiöser Religionsunterricht vorgesehen ist,[48] weisen dabei oftmals hinsichtlich des interreligiösen Lernens Defizite auf. Ulrike Baumann plädiert aus diesem Grund dafür, dass interreligiöse Ausbildungsbestandteile auch in den universitären theologischen Fakultäten angeboten werden sollten, um zu gewährleisten, dass ReligionslehrerInnen über ein Mindestmaß an Grundkenntnissen über andere Religionen verfügen. Anzustreben sei zudem, dass in den Schulen tätige ReligionslehrerInnen in der Unterrichtspraxis „ihre Kenntnisse über andere Religionen im Stil forschenden Lehrens allmählich erweitern“[49]. Dafür, dass sich unter den PädagogInnen jedoch überhaupt eine solche dialogische Motivation einstelle, sei es erforderlich, dass interreligiöses Lernen bereits in der Ausbildung an den Universitäten seinen Platz habe.[50] Karl Ernst Nipkow plädiert deshalb dafür, die universitäre Religionspädagogik – auch im Sinne einer Migrationspädagogik[51] – „stärker analytisch und empirisch im kulturwissenschaftlichen interkulturellen Kontext zu betreiben“[52].

---

48 Während in den österreichischen Bundesländern durchgehend ein konfessioneller Religionsunterricht üblich ist, der von den verschiedenen anerkannten Religionsgemeinschaften angeboten wird, stellt sich die Situation in Deutschland anders dar. So ist beispielsweise in Hamburg und Bremen, wo ein ‚Religionsunterricht für alle‘ bzw. das Unterrichtsfach ‚Religion‘ Bestandteil des schulischen Curriculums ist, das interreligiöse Lernen bereits von Grund auf ein konstitutives Merkmal der Ausbildung von ReligionslehrerInnen (vgl. *Weiße, Wolfram*, Der Hamburger Weg eines dialogischen „Religionsunterrichts für alle“ im Kontext gegenwärtiger Debatten. Eine Einführung. In: Ders. [Hg.], Dialogischer Religionsunterricht in Hamburg. Positionen, Analysen und Perspektiven im Kontext Europas. Religionen im Dialog – Band 2. Münster 2008, 9–18; *Lott, Jürgen / Schröder-Klein, Anita*, Religion unterrichten in Bremen. In: Theo-Web. Zeitschrift für Religionspädagogik [2006] 1, 68–79).

49 *Baumann, Ulrike*, Interreligiöses Lernen in der Aus- und Fortbildung von Pädagoginnen und Pädagogen. In: Schreiner / Sieg / Elsenbast (Hg.), Handbuch interreligiöses Lernen, 533–542, hier 534.

50 Vgl. *Haußmann, Werner*, Universität und Lehrerausbildung als Orte interreligiösen Lernens. In: Schreiner / Sieg / Elsenbast (Hg.), Handbuch interreligiöses Lernen, 508–519, hier 516.

51 Vgl. *Mecheril, Paul*, Migrationspädagogik – ein Projekt. In: Ders. (Hg.), Handbuch Migrationspädagogik. Weinheim 2016, 8–30.

52 *Nipkow, Karl Ernst*, Multikulturelle und multireligiöse Erziehung in der Schule. In: Zeitschrift für Pädagogik und Theologie (2002) 2, 101–118, hier 117.

Mit Blick auf die Begegnung von Christentum und Islam fasst Baumann folgende Thematiken als Lernfelder, die in der religionspädagogischen Ausbildung für die interreligiösen Bildungsanforderungen von besonderer Bedeutung sind: das Verhältnis von Bibel und Koran, der Glaube an einen Gott, das Menschenbild, ethische Fragen sowie Erziehungsverständnisse.[53]

Die didaktische und methodische Frage, wie interreligiöses Lernen in der Aus- und Fortbildung von ReligionspädagogInnen in der Praxis umgesetzt werden kann, stellt jedoch nach wie vor ein vernachlässigtes Gebiet dar.

### Empirische Untersuchungen zur Wahrnehmung religiöser Differenz

In diesem Abschnitt werden Studien betrachtet, die interreligiöses Lernen in Bildungskontexten sowie die Wahrnehmung religiöser Differenz empirisch untersuchen und die in den vorangegangenen Abschnitten noch keine Erwähnung gefunden haben. Hervorheben möchten wir an dieser Stelle die Arbeit von Andrea Betz zur Verbreitung von Vorurteilen und Stereotypen gegenüber religiöser Differenz unter Studierenden[54] sowie die Analysen, die im Rahmen des von Wolfram Weiße koordinierten Forschungsprojekts REDCo erfolgten.[55]

Andrea Betz setzt sich in ihrer Studie empirisch mit Fragen auseinander, die mit interreligiösem Lernen in Zusammenhang stehen und auch in unserer Untersuchung eine wichtige Rolle spielen. So rückt die Autorin Vorurteile und Stereotype gegenüber dem religiös Anderen unter angehenden Religionslehrerlnnen in den Mittelpunkt. In ihrer im Frühjahr 2018 erschienenen empirischen Studie beschäftigt sich die Religionspädagogin detailliert mit dem Zusammenhang von interreligiösen Bildungsprozessen und Vorurteilen gegenüber dem religiös Fremden und deren wechselseitiger Beziehung.

Die Studie basiert auf einer empirischen Erhebung, an der zukünftige ReligionspädagogInnen in Würzburg und München (Stichprobengröße N=557) mittels eines quantitativen Fragebogens teilgenommen hatten. Dabei zeigte sich unter anderem, dass insbesondere die Auseinandersetzung mit genuin theologischen Themen Reflexionsprozesse zur Folge haben kann, die

---

53 Vgl. *Baumann*, Interreligiöses Lernen in der Aus- und Fortbildung von Pädagoginnen und Pädagogen, 536–540.

54 Vgl. *Betz, Andrea*, Interreligiöse Bildung und Vorurteile. Eine empirische Studie über Einstellungen zu religiöser Differenz. Berlin 2018.

55 Vgl. *Knauth, Thorsten / Jozsa, Dan-Paul / Bertram-Troost, Gerdien / Ipgrave, Julia* (Hg.), Encountering Religious Pluralism in School and Society. A Qualitative Study of Teenage Perspectives in Europe. Münster 2008; *Weiße, Wolfram*, Interreligiöse Bildung in Europa. Neue Entwicklungen in der öffentlichen Debatte, in der Forschung und im Trialog an Schulen. In: Sajak (Hg.), Trialogisch lernen, 25–39; *Valk, Pille / Bertram-Troost, Gerdien / Friederici, Markus / Béraud, Céline* (Hg.), Teenagers' perspectives on the role of religion in their lives, schools and societies. A European quantitative study. Münster 2009.

einen aufgeschlosseneren Umgang mit religiöser Diversität und Pluralismus fördern.[56] Zudem stellte Betz in ihrer Untersuchung unter ChristInnen verbreitete kritische Haltungen gegenüber dem Islam fest. Dieser Befund deckt sich mit Ergebnissen anderer Untersuchungen. So kam etwa das Pew Research Center im Verlauf einer umfangreichen quantitativen Studie zu dem ähnlichen Ergebnis, dass ChristInnen mitunter stärkere Vorurteile gegenüber MuslimInnen oder EinwanderInnen pflegen als Angehörige anderer Religionsgemeinschaften oder Konfessionslose.[57] Diese Einstellungen, so Andrea Betz, resultierten aber in erster Linie daraus, dass die Befragten selbst eine individualisierte religiöse Praxis im Privaten lebten und deshalb eine autoritative Form von Religiosität, die sie muslimischen Gläubigen unterstellen, ablehnen. Auch zeigte sich in der Untersuchung, dass für die Ausprägung von Stereotypen, Vorurteilen und abwertenden Haltungen gegenüber dem religiös Anderen nicht ausschließlich der persönliche Glaube und die Ausprägung der Religiosität ausschlaggebend sind, sondern stärker kulturelle, ideologische, historische, soziale und/oder politische Faktoren.[58]

Neben der Studie von Betz gehen wir an dieser Stelle auf das groß angelegte, von Wolfram Weiße angeleitete REDCo-Projekt[59] ein, das zwischen 2006 und 2009 in acht unterschiedlichen Ländern in Europa untersuchte, wie Religionsunterricht in der Schule zum Dialog zwischen verschiedenen Bevölkerungsgruppen in religiöser, ethnischer, kultureller oder sozialer Hinsicht beitragen kann.[60] In dem Projekt wurde analysiert, inwiefern 14- bis 16-Jährige religiöse Vielfalt als Ausgangspunkt für Dialoge oder als möglichen Krisenherd wahrnehmen. Im Zuge einer Mixed-Methods-Studie erfolgte neben einem qualitativen Untersuchungsabschnitt auch eine quantitative Fragebogenerhebung, die aufzeigte, dass Heranwachsende religiöse bzw. kulturelle Heterogenität im Freundes- und Bekanntenkreis oftmals bewusst meiden und nur über wenige Erfahrungen mit anderen Religionen verfügen. Im schulischen Kontext bedeutet dies, dass eine religiös heterogene Zusammensetzung der SchülerInnen nicht zwingend zu interreligiösen Kontakten oder Begegnungen führt. Eine Auseinandersetzung mit dem religiösen

---

56 Vgl. *Betz*, Interreligiöse Bildung und Vorurteile, 263.

57 *Pew Research Center* (Hg.) 2018: Christ sein in Westeuropa. In: http://assets.pewresearch.org/wp-content/uploads/sites/11/2018/05/24143201/Being-Christian-in-Western-Europe-FINAL-GERMAN.pdf, 10, [abgerufen am 10.09.2018].

58 Vgl. *Betz*, Interreligiöse Bildung und Vorurteile, 267.

59 REDCo ist ein Akronym des Projekttitels, der wie folgt lautet: ‚Religion in Education. A Contribution to Dialogue or a Factor of Conflict in Transforming Societies of European Countries'.

60 Vgl. *Jozsa, Dan-Paul / Knauth, Thorsten / Weiße, Wolfram*, Religion in der Schule. Eine Vergleichsstudie zwischen Hamburg und Nordrhein-Westfalen. In: Dies. (Hg.), Religionsunterricht, Dialog und Konflikt. Analysen im Kontext Europas. Münster 2009, 199–240.

Gegenüber erfolgt somit nicht innerhalb der Peergroup oder im Freizeitkontext, sondern in erster Linie im schulischen Religionsunterricht.[61] Aufgrund dessen, so die beteiligten ForscherInnen, komme diesem für den interreligiösen Austausch und das Kennenlernen religiöser Differenz eine maßgebende Rolle zu.[62]

Die quantitativen Analysen belegen zudem, dass – wenn religiöse Differenz thematisiert wird – für SchülerInnen das Recht auf Religionsfreiheit sowie die Gleichwertigkeit von Religionen selbstverständlich ist, während exklusive religiöse Wahrheitsansprüche oder missionarische Ansätze abgelehnt werden. Deutlich wird in den Daten zudem – ähnlich wie bereits in der Untersuchung von Andrea Betz –, dass Vorurteile, insbesondere vonseiten christlicher SchülerInnen, gegenüber dem Islam bestehen. Diese rührten aber, so die StudienautorInnen, in der Regel nicht von persönlichen Erfahrungen her, sondern resultierten zumeist aus der medialen Berichterstattung über die Themen Islam und MuslimInnen. Kontakte und Erfahrungen mit dem religiösen Gegenüber führten in der Regel hingegen zu einem Abbau von religiösen Vorurteilen und Vorbehalten gegenüber religiöser Differenz.[63]

Im Zuge qualitativer Erhebungen konnten die Einblicke in die Wahrnehmung religiöser Differenz durch junge Menschen im Rahmen des Projekts REDCo weiter vertieft werden. In Gruppeninterviews zeigte sich, dass Kontextfaktoren, die mit dem Religionsunterricht nicht in Verbindung stehen, die Wahrnehmung religiöser Differenz maßgeblich mitprägen. So kann bei Jugendlichen, die aus religionsfernen sozialen Milieus stammen, die Auseinandersetzung mit religiösen Minderheiten im Religionsunterricht statt zu mehr Toleranz zu mehr Unverständnis diesen gegenüber führen. In religiös geprägten Gegenden wiederum sei, so die beteiligten ForscherInnen, der Faktor Glaube bzw. Religiosität im Hinblick auf den Umgang mit MitschülerInnen nachrangig und fast zu vernachlässigen.[64]

Insgesamt weisen die empirischen Befunde des Forschungsprojekts darauf hin, dass sich unter SchülerInnen die Internalisierung von Toleranz als sozial erwünschte Form des Umgangs mit religiöser Differenz ausprägt. Zumeist ist diese Haltung aber nicht im eigenen praktischen Alltag verwurzelt, da die Heranwachsenden in der Peergroup nur über wenige Schnittpunkte mit Andersgläubigen verfügen.[65] Als Konfliktpotential gedeutet wird religiöse

---

61 Vgl. *Jozsa, Dan-Paul*, Religious Education in North-Rhine Westphalia: Views and Experiences of Students. In: Knauth / Ders. / Bertram-Troost / Ipgrave (Hg.), Encountering Religious Pluralism in School and Society, 173–206, hier 194.

62 Vgl. *Weiße*, Interreligiöse Bildung in Europa.

63 Vgl. *Jozsa, Dan-Paul / Friederici, Markus*, European Comparison: Personal Views and Experiences of Religion. In: Knauth / Jozsa / Bertram-Troost / Ipgrave (Hg.), Encountering Religious Pluralism in School and Society, 375–388.

64 Vgl. *Ipgrave, Julia*, Relationships between local patterns of religious practice and young people's attitudes to the religiosity of their peers. In: Journal of Beliefs & Values (2012) 3, 261–274.

65 Vgl. *Jozsa / Knauth / Weiße*, Religion in der Schule.

Differenz zudem tendenziell eher durch religionsferne junge Menschen, während stärker religiöse SchülerInnen dem religiösen Gegenüber aufgeschlossener gegenüberstehen. Gleichzeitig neigen letztere aber auch eher dazu, Andersgläubige von der Richtigkeit der eigenen religiösen Anschauungen überzeugen zu wollen.[66]

Insgesamt vermitteln die empirischen Analysen, die im Rahmen des REDCo-Projekts erfolgten, einen detaillierten Einblick in die Variationsbreite der Wahrnehmung religiöser Differenz von SchülerInnen in unterschiedlichen europäischen Bildungskontexten. Inwiefern sich diese Einstellungen im Verlauf interreligiösen Lernens verändern, entwickeln oder verstärken können, wurde indes im Zuge des Forschungsprojekts nicht beleuchtet. Im nachfolgenden Abschnitt widmen wir uns Untersuchungen, die dieser Fragestellung nachgehen.

### Interreligiöse Projekte aus der pädagogischen Praxis

Dieser Abschnitt gibt Einblicke in interreligiöse Projekte, die in der (religions-)pädagogischen Praxis bereits umgesetzt und empirisch beforscht bzw. begleitet wurden. Vorgestellt werden ein Projekt, das von der ForscherInnengruppe um Friedrich Schweitzer und Reinhard Boschki initiiert und begleitet wurde,[67] sowie ein laufendes Projekt der Kirchlichen Pädagogischen Hochschule (KPH) Wien/Krems.[68] In diesem Zusammenhang wird zudem auf ein Projekt des Religionspädagogen Wolfgang Weirer an der Universität Graz hingewiesen.[69]

Eine erste Untersuchung, die sich empirisch mit der Umsetzung eines interreligiösen Bildungsprojekts auseinandersetzt, stammt von Friedrich Schweitzer, Magda Bräuer und Reinhold Boschki. Diese Studie, die das Ergebnis eines von 2013 bis 2017 laufenden Forschungsprojekts darstellt,

---

66 Vgl. *Béraud, Céline*, The role of religion in students' lives and their surroundings. In: Valk / Bertram-Troost / Friederici / Dies. (Hg.), Teenagers' perspectives on the role of religion in their lives, schools and societies, 397–408.

67 Vgl. *Schweitzer, Friedrich / Bräuer, Magda / Boschki, Reinhold* (Hg.), Interreligiöses Lernen durch Perspektivenübernahme. Eine empirische Untersuchung religionsdidaktischer Ansätze. Münster 2017.

68 Vgl. *Garcia Sobreira-Majer, Alfred / Abuzahra, Amani / Hafez, Farid / Ritzer, Georg*, Interreligiöses Lernen in Begegnung – Evaluation von Begegnungslernen in der ReligionslehrerInnenausbildung. In: Krobath, Thomas / Ritzer, Georg (Hg.), Ausbildung von ReligionslehrerInnen. Konfessionell – kooperativ – interreligiös – pluralitätsfähig. Wien 2014, 155–184; *Garcia Sobreira-Majer, Alfred*, „Das Kennenlernen des Fremden baut Vorurteile ab". Interreligiöse Studierenden-Begegnungen an der KPH Wien/Krems und der IRPA. In: Schluss, Henning / Tschida, Susanne / Krobath, Thomas / Dansgen, Michael (Hg.), Wir sind alle »andere«. Schule und Religion in der Pluralität. Göttingen 2015, 139–144.

69 Vgl. *Eklaude, Dagmar*, Koran in der Klasse. In: Unizeit. Das Forschungsmagazin der Karl-Franzens-Universität Graz (2018) 2, 8–9.

beschäftigt sich vorrangig mit der Wirksamkeit und dem Lernerfolg interreligiösen Lernens.[70] Der Lernerfolg wurde dahingehend definiert, inwiefern religiöse Kompetenzen oder eine Bereitschaft für eine religionsbezogene Perspektivenübernahme[71] gefördert und religiöse Einstellungen weiterentwickelt werden. Um die Effekte pädagogischer Ansätze zu untersuchen, wurde das Forschungsdesign einer Interventionsstudie gewählt. In der Studie konnte insgesamt eine Stichprobe von N=1105 SchülerInnen erreicht werden. Durchgeführt wurde die Erhebung in Klassen des ersten und zweiten Ausbildungsjahres kaufmännischer Berufsschulen im Bundesland Baden-Württemberg in Deutschland. Im Laufe des Projekts wurden zwei Unterrichtsblöcke entwickelt, die sich mit den Themenbereichen ‚Religion und Gewalt'[72] sowie ‚Islamic Banking'[73] auseinandersetzten. Die Blöcke umfassten jeweils insgesamt sechs Unterrichtseinheiten und beinhalteten „Komponenten, bei denen der Wissenserwerb, die Einübung der Perspektivenübernahme und die Auseinandersetzung mit eigenen und fremden Werthaltungen ermöglicht werden"[74] sollten.

Nach verschiedenen Pretests wurden die Unterrichtsblöcke mit einer Reihe von Schulklassen (Experimentalgruppe) umgesetzt. Im Anschluss erfolgten empirische Analysen in Form von Fragebogenerhebungen, an denen sowohl die SchülerInnen der Experimentalgruppe teilnahmen als auch Schulklassen, mit denen die Unterrichtseinheiten nicht durchgeführt wurden (Kontrollgruppe).[75] Auf der Basis dieses Designs untersuchten die StudienleiterInnen, inwiefern die Interventionen zu einer Zunahme oder Veränderung

---

70 Vgl. *Schweitzer / Bräuer / Boschki* (Hg.), Interreligiöses Lernen durch Perspektivenübernahme.

71 Unter Perspektivenübernahme wird in der Studie verstanden, inwiefern die Befragten dazu neigen, sich in Standpunkte von Menschen mit anderer Glaubenszugehörigkeit hineinzuversetzen. Als Vergleichsmaßstab für diesen Perspektivenwechsel fungiert die Selbstbeschreibung bzw. Selbsteinschätzung der Befragten (vgl. *Schweitzer, Friedrich*, Interreligiöse Kompetenz: Stand der Diskussion – Aufgaben der Forschung – Ausgangspunkte für die empirische Untersuchung. In: Schweitzer / Bräuer / Boschki (Hg.), Interreligiöses Lernen durch Perspektivenübernahme, 56–69, hier 66f.).

72 Vgl. hierzu *Gronover, Matthias / Schnabel-Henke, Hanne*, Möglichkeiten der didaktischen Umsetzung – Einführung in die Unterrichtseinheiten. In: Schweitzer / Bräuer / Boschki (Hg.), Interreligiöses Lernen durch Perspektivenübernahme, 70–80, hier 77–80; *Gronover, Matthias / Hiller, Simone*, Religionen und Gewalt. In: Schweitzer / Bräuer / Boschki (Hg.), Interreligiöses Lernen durch Perspektivenübernahme, 186–232.

73 Vgl. hierzu *Gronover / Schnabel-Henke*, Möglichkeiten der didaktischen Umsetzung, 72–76; *Märkt, Claudia / Schnabel-Henke, Hanne*, Islamic Banking – Zum Umgang mit Geld in Christentum und Islam. In: Schweitzer / Bräuer / Boschki (Hg.), Interreligiöses Lernen durch Perspektivenübernahme, 147–185.

74 *Gronover / Schnabel-Henke*, Möglichkeiten der didaktischen Umsetzung, 72.

75 *Schweitzer, Friedrich / Bräuer, Magda / Losert, Martin*, Einführung und zusammenfassende Darstellung des Forschungsprojekts. In: Schweitzer / Bräuer / Boschki (Hg.), Interreligiöses Lernen durch Perspektivenübernahme, 11–29, hier 18f.

von interreligiösen Kompetenzen sowie zu einer religionsbezogenen Perspektivenübernahme führten, indem sie die Experimentalgruppen und Kontrollgruppen miteinander verglichen.

Die Befunde der empirischen Untersuchung zeigten, dass die Teilnahme an den entwickelten Unterrichtseinheiten die Ausbildung religiösen Wissens und entsprechender Kompetenzen klar förderte. Eine religionsbezogene Perspektivenübernahme erfolgte jedoch nur in wenigen Fällen.[76] Anhand der Studienergebnisse lässt sich erkennen, dass interreligiöses Lernen im Religionsunterricht Wirkungen zeigen kann, die empirisch eindeutig nachweisbar sind. In der Untersuchung wurde aber auch sichtbar, dass ein Zusammenhang zwischen Lernerfolgen und einem an der Lebenssituation der SchülerInnen ausgerichteten didaktischen Ansatz nicht zwingend besteht. So führte insbesondere die Unterrichtseinheit zu Islamic Banking unter angehenden Bankkaufleuten nicht zu einer Zunahme interreligiöser Kompetenzen oder zu einer religionsbezogenen Perspektivenübernahme. Dieser Befund hinterfragt die weitverbreitete Annahme, ein erfahrungsnaher Lebensweltbezug sei eine Voraussetzung für Lernerfolg.[77] Zudem belegt die empirische Untersuchung, dass die Teilnahme an den interreligiösen Lernmodulen nicht zwingend Effekte auf der Einstellungsebene zur Folge hat. So zeigten sich SchülerInnen, nachdem sie ihr Wissen über Islamic Banking oder über das Verhältnis von Religionen und Gewalt im Zuge der Unterrichtseinheiten erweitert hatten, weder signifikant offener noch ablehnender gegenüber dem religiös Anderen als vor der Intervention.[78]

Hervorzuheben ist neben dem interreligiösen Projekt der Forschungsgruppe um Schweitzer und Boschki zudem eine Initiative der KPH Wien/Krems, die Begegnungen von muslimischen und christlichen Studierenden fördert.[79] Das Projekt verfolgte das Ziel, „dass Studierende befähigt werden, in ihrem zukünftigen Berufsfeld als ReligionslehrerInnen interreligiöse Lernprozesse zu ermöglichen“[80]. Ähnlich wie das weiter oben beschriebene Projekt zeichnet sich das Vorgehen an der KPH Wien/Krems dadurch aus, dass die interreligiösen Prozesse nicht nur initiiert und durchgeführt, sondern auch wissenschaftlich begleitet und evaluiert wurden.

---

76 Vgl. *Schweitzer / Bräuer / Losert*, Einführung und zusammenfassende Darstellung des Forschungsprojekts, 24.

77 Vgl. ebd., 29.

78 Vgl. *Schweitzer, Friedrich / Boschki, Reinhold*, Zur Bedeutung der Befunde – Konsequenzen für religionsdidaktische Forschung und religionspädagogische Theoriebildung. In: Schweitzer / Bräuer / Boschki (Hg.), Interreligiöses Lernen durch Perspektivenübernahme, 133–138, hier 134–138.

79 Realisiert wurden die Begegnungstreffen zu einem Zeitpunkt, als der Private Studiengang für das Lehramt für Islamische Religion an Pflichtschulen in Wien (IRPA) noch nicht in die KPH Wien/Krems eingegliedert worden war. Dieser Schritt erfolgte im Jahr 2016.

80 Garcia Sobreira-Majer / Abuzahra / Hafez / Ritzer, Interreligiöses Lernen in Begegnung, 155.

Als Theorierahmen fungierten die Ansätze von Stephan Leimgruber und Folkert Rickers, die den Begegnungscharakter interreligiösen Lernens[81] und die Zentralität eines Dialogs mit dem religiösen Gegenüber betonen.[82] Angelehnt an das Modell religiöser Kompetenzen[83] wurden die Resultate interreligiöser Begegnungsprozesse an vier Dimensionen – ‚Interesse an der anderen Religion', ‚Wissen über andere Religionen', ‚Toleranz' sowie ‚Fähigkeit zur Perspektivenübernahme' – festgemacht.[84] Es wurden mehrere Begegnungstreffen durchgeführt, an denen muslimische und christliche Studierende teilnahmen und sich gemeinsam mit inhaltlichen Fragen zum Thema Ethik oder mit der Bedeutung Abrahams (aus christlicher und aus islamischer Perspektive) auseinandersetzten.

Evaluiert wurden die Begegnungstreffen einerseits mit einem quantitativen Fragebogen, der die verschiedenen Dimensionen interreligiöser Kompetenzen operationalisierte und den die teilnehmenden Studierenden sowohl vor als auch nach den Treffen ausfüllten. Eine Kontrollgruppe, die an den Begegnungstreffen nicht teilnahm, wurde ebenfalls befragt. An die quantitative Erhebung schloss sich eine qualitative Befragung an, mittels derer im Verlauf von Gruppeninterviews die in der interreligiösen Begegnung gesammelten Erfahrungen durch die Beteiligten reflektiert wurden. Für die Befragungen wurden nach Religionen getrennte Gruppen aus zwei bis fünf Personen gebildet.[85]

Bei der Analyse zeigte sich, dass die Begegnungstreffen Bewusstseinsprozesse, Lernerfahrungen und einen Wissenszuwachs in Bezug auf das religiöse Gegenüber sowie hinsichtlich der eigenen Religion ermöglichten. Deutlich wurde in den empirischen Daten auch, dass die interreligiöse Begegnung nicht zu einer Sättigung, sondern zu einer Steigerung des Interesses am religiösen Gegenüber führt. Zudem reflektierten die teilnehmenden Studierenden, dass ihre früheren Vorstellungen des religiös Anderen meist durch negative mediale Darstellungen beeinflusst waren.[86] Im Verlauf der Begegnungstreffen erfolgte ein Abbau derartiger Vorurteile oder verzerrender Klischees. An deren Stelle etablierte sich eine Haltung der Toleranz und des Respekts gegenüber dem religiös Anderen.[87] Es zeigte sich auch, dass viele der teilnehmenden Studierenden in der Auseinandersetzung mit dem religiös

---

81 Vgl. *Leimgruber*, Interreligiöses Lernen, 101.

82 Vgl. *Rickers*, Interreligiöses Lernen, 875.

83 Vgl. *Willems, Joachim*, Interreligiöse Kompetenz. Theoretische Grundlagen – Konzeptualisierungen – Unterrichtsmethoden. Wiesbaden 2011; *Schambeck, Mirjam*, Interreligiöse Kompetenz. Basiswissen für Studium, Ausbildung und Beruf. Göttingen 2013.

84 Vgl. *Garcia Sobreira-Majer / Abuzahra / Hafez / Ritzer*, Interreligiöses Lernen in Begegnung, 157.

85 Vgl. ebd., 159f.

86 Vgl. ebd., 180f.

87 Vgl. *Garcia Sobreira-Majer*, „Das Kennenlernen des Fremden baut Vorurteile ab".

Fremden zu einer religionsbezogenen Perspektivenübernahme befähigt wurden und sich darauf einließen, „sich empathisch in die andere ‚Glaubenswelt' hineinzuversetzen"[88].

Ein weiteres Vorhaben, das konkretes interreligiöses Lernen in der pädagogischen Praxis beobachtet und begleitet, ist das an der Universität Graz von Wolfgang Weirer angeleitete Forschungsprojekt mit dem Titel ‚Integration durch interreligiöse Bildung'. Neben quantitativen Erhebungen, die 1300 Schulleitungen untersuchen und den Ist-Zustand des Islamischen Religionsunterrichts in der Steiermark und in Kärnten analysieren, werden insbesondere interreligiöse Unterrichtseinheiten für die Primärstufe sowie für die Sekundarstufe I und II entworfen.[89] Das Projekt soll in einer Fortbildung für islamische ReligionspädagogInnen münden.[90]

In der Zusammenschau des Forschungsstandes wird deutlich, dass in der Auseinandersetzung mit interreligiösen Bildungsprozessen bisher einseitige Schwerpunkte gelegt wurden. Während es an programmatischen Arbeiten nicht mangelt und die Ausarbeitung differierender Ansätze für interreligiöses Lernen in unterschiedlichen Schulstufen und Bildungskontexten bereits erfolgt ist, wurde die Auseinandersetzung mit Inhalten, die Planung von konkreten Unterrichtsprozessen, der Verlauf interreligiösen Lernens sowie die Beschäftigung mit den beteiligten AkteurInnen bis dato weniger berücksichtigt.

In der vorliegenden Untersuchung rücken wir deshalb eine dieser Forschungslücken in den Mittelpunkt: Wir beschäftigen uns mit den AkteurInnen, die in interreligiösen Lern- und Begegnungsprozessen im Zuge der ReligionslehrerInnenausbildung beteiligt sind. Besonders widmen wir uns im Rahmen unserer Analyse den Konflikten und den verschiedenen Konfliktpotentialen, die zwischen den AkteurInnen bzw. den Personengruppen auftreten.

Grundsätzlich bedarf das Thema Konflikte einer vertieften Aufmerksamkeit, da es in der bisherigen Forschung und in den Arbeiten zu interreligiösem Lernen nicht im Fokus stand. In programmatischen Arbeiten wurden zu Konflikten in der Theorie aber bereits Hypothesen aufgestellt, die auf die Relevanz dieser Frage hinweisen.[91] Vernachlässigt wurden in der bisherigen Forschung zu interreligiösen Bildungsprozessen hingegen die Fragen, welche Konflikte in interreligiösen Bildungsprozessen bestehen, eine relevante Rolle spielen oder auch erst in deren Verlauf entstehen können. Auch aus diesem

---

[88] Garcia Sobreira-Majer / Abuzahra / Hafez / Ritzer, Interreligiöses Lernen in Begegnung, 181.

[89] Vgl. *Eklaude*, Koran in der Klasse.

[90] Vgl. *Institut für Katechetik und Religionspädagogik der Universität Graz* (Hg.), Islamischer Religionsunterricht im Süden Österreichs: Präsentation der ersten Studienergebnisse. Presseerklärung vom 22. März 2018.

[91] Vgl. *Nipkow, Karl Ernst*, Ziele interreligiösen Lernens als mehrdimensionales Problem. In: Schreiner / Sieg / Elsenbast (Hg.), Handbuch interreligiöses Lernen, 362–380, hier 364; *Schweitzer*, Interreligiöse Bildung, 60.

Grund widmen wir uns im Rahmen der vorliegenden Studie der systematischen Untersuchung von Konfliktherden und Spannungsfeldern, deren unterschiedlichen Ausprägungen sowie deren Bestandteilen in interreligiösen Lernprozessen.

Für die Klärung der Frage, was konkret in diesem Zusammenhang unter einem Konflikt oder unter Konfliktherden zu verstehen ist, beleuchten wir im nachfolgenden Abschnitt das Verhältnis der beiden Begriffe ‚Religion' und ‚Konflikt'. Ausgehend von der Analyse ausgewählter Arbeiten, die sich mit dieser Beziehung auseinandersetzen, entwickeln wir anschließend in Kapitel **2** Impulse dahingehend, wie wir Konflikte im Rahmen unserer empirischen Untersuchung verstehen.

## *1.2 Das Verhältnis von Religion und Konflikt – Forschungstrends*

Das vielschichtige Themengebiet ‚Religion und Konflikt' soll in diesem Band nicht ausgespart werden. Gleichzeitig handelt es sich inhaltlich um ein weites Feld, das aus dem Blickwinkel der unterschiedlichsten Wissenschaften disparat und mitunter auch umstritten behandelt wurde – insbesondere auch aus der theologischen Perspektive der (monotheistischen) Religionen. Ziel dieses Abschnittes ist es, einen Einblick in sozialwissenschaftliche, politische und religionswissenschaftliche Diskurse zu geben.

Auf welche Art und Weise momentan die Debatte um MuslimInnen und den Islam geführt wird, zeigt sich am 2018 erschienenen Buch des umstrittenen deutschen Autors und Politikers Thilo Sarrazin: ‚Feindliche Übernahme. Wie der Islam den Fortschritt behindert und die Gesellschaft bedroht'.[92] Unabhängig von den Mängeln inhaltlicher Natur weist das Buch auf einen rezenten Diskurs hin, der mittels Zuschreibungen und Verallgemeinerungen, die nicht zuletzt von politisch rechten AkteurInnen rezipiert werden, eine konfliktgeladene gesellschaftspolitische Atmosphäre forciert. Zudem greift der Autor Argumentationsmuster auf, die, wenngleich aus kulturwissenschaftlicher Sicht längst überholt, nicht neu sind. Religion, in diesem Fall der Islam, wird mit Gewalt, Bedrohung und Konflikt gleichgesetzt. Dass ein Zusammenhang zwischen Konflikt und Islam a priori jedoch zurückzuweisen ist, dass Religionen per se weder konfliktfördernd sind noch zu Konflikten führen, gilt es hier aufzuzeigen.

Indes ist nicht von der Hand zu weisen, dass sowohl innerhalb von Religionen als auch zwischen Religionen Konfliktpotentiale bestehen und sich daher Konflikte herausbilden können. Dies bedarf einer eingehenden wissenschaftlichen Analyse auf Makro-, Meso-, und Mikroebene. Im Verlauf des

---

92 *Sarrazin, Thilo*, Feindliche Übernahme: Wie der Islam den Fortschritt behindert und die Gesellschaft bedroht. München 2018.

Kapitels werden daher der Forschungsstand und die Forschungstrends zum Verhältnis von Religion und Konflikt in unterschiedlichen Disziplinen wiedergegeben, um einen Grundstein für die empirische Analyse des vorliegenden Buches zu legen. In der folgenden Darstellung beziehen wir uns zunächst auf Religion und Konflikt aus der sozialwissenschaftlichen Perspektive, um dann in weiterer Folge aus religionswissenschaftlicher, theologischer und religionspädagogischer Sichtweise das Verhältnis der beiden Begriffe zu betrachten.

### 1.2.1 Religion und Konflikt als sozialwissenschaftlicher Forschungsgegenstand

#### Einblick in die Friedens- und Konfliktforschung

Das Thema ‚Konflikt' als Forschungsgegenstand findet in den letzten Jahren zunehmend Beachtung in unterschiedlichen akademischen Disziplinen. Besonders in der Politik- und Sozialwissenschaft, aber auch in der Psychologie, Kulturwissenschaft, Rechtswissenschaft, Theologie, Geschichte, sowie in zahlreichen naturwissenschaftlichen Fächern werden Konflikte aus den jeweiligen Perspektiven analysiert und zahlreiche Theorien zum Verständnis von Konflikten entwickelt.[93]

Aus der gesamtgesellschaftlichen Auseinandersetzung mit Konflikten hat sich in der zweiten Hälfte des 19. Jahrhunderts eine interdisziplinäre Friedens- und Konfliktforschung entwickelt, die zum einen den normativen Anspruch verfolgt, den „Wert Frieden über andere Interessen"[94] zu stellen, und zum anderen zur Analyse von konfliktfördernden bzw. friedensstiftenden Prozessen beizutragen. Forschungsgegenstände sind unterschiedliche gesellschaftliche Konfliktkonstellationen, wie beispielsweise Bevölkerungsentwicklung und Konfliktdynamiken,[95] gesellschaftliche Geschlechterverhältnisse oder Arbeitsbeziehungen als Konfliktfeld[96] sowie die Konfliktanalyse von Terro-

---

93 Einen Überblick über die unterschiedlichen Konflikttheorien aus psychologischer bzw. sozialwissenschaftlicher Perspektive bietet das Kapitel **2.2**.

94 *Koppe, Karlheinz*, Zur Geschichte der Friedens- und Konfliktforschung im 20. Jahrhundert. In: Imbusch, Peter / Zoll, Ralf (Hg.), Friedens- und Konfliktforschung. Eine Einführung. Wiesbaden $^{5}$2010, 17–66, hier 17.

95 Vgl. *Bös, Matthias*, Konfliktdynamiken der Bevölkerungsentwicklung in Deutschland nach dem Zweiten Weltkrieg. In: Imbusch / Zoll (Hg.), Friedens- und Konfliktforschung, 383–404.

96 Vgl. *Kißler, Leo*, Arbeitsbeziehungen – Die ‚Konfliktpartnerschaft' zwischen Kapital und Arbeit. In: Imbusch / Zoll (Hg.), Friedens- und Konfliktforschung, 459–484; *Sturm, Gabriele*, Das gesellschaftliche Geschlechterverhältnis als Konfliktfeld. In: Imbusch / Zoll (Hg.), Friedens- und Konfliktforschung, 405–440.

rismus, Fundamentalismus, Krieg und Völkermord oder von Energiekonflikten als Folge des Klimawandels.[97] Seit den Gründungsjahren in den späten 1950er Jahren haben sich in Europa sowie auf globaler Ebene einige interdisziplinär arbeitende Forschungszentren entwickelt,[98] die mit unterschiedlichen Schwerpunktsetzungen Konfliktforschung betreiben. Neuere Ansätze in der Konflikt- und Friedensforschung treten für die kritische Analyse gesellschaftlicher Elitenbildungsprozesse und deren ökonomischen Bedingungen ein, die zu Ungleichheit, Migration sowie Flucht und Tod führen.[99]

Die Konfliktforschung befasst sich zum einen mit soziologischen und psychologischen Charakterisierungen von Konflikten. Hierbei werden psychologische Modelle sowie sozialwissenschaftliche Konflikttheorien herangezogen. Zum anderen werden Ursachen, Faktoren und mögliche Funktionen von Konflikten und deren Verlauf erforscht sowie Lösungen und Interventionsstrategien daraus abgeleitet.[100] Religion(en) als Faktor und Ursache von Konflikten und/oder deren Lösungen werden im Rahmen der Friedens- und Konfliktforschung nur implizit, beispielsweise im Rahmen der Auseinandersetzung mit islamischem Fundamentalismus oder Migration,[101] thematisiert und finden als expliziter Forschungsgegenstand über die genannten Themenfelder hinaus kaum Berücksichtigung.

Die Vernachlässigung religiöser Themen in sozialwissenschaftlichen Arbeiten, so auch in der Friedens- und Konfliktforschung, ist laut dem Politologen Mathias Hildebrandt dadurch bedingt, dass SozialwissenschaftlerInnen die ‚Säkularisierungsthese' verfechten, der zufolge

> „der Einfluss der Religion(en) bzw. religiöser Phänomene auf politisches und soziales Handeln von Personen, gesellschaftliche Organisationen und staatlich-politische Einheiten im Rahmen eines welthistorischen Prozesses in zunehmendem Maße marginalisiert [wird]"[102].

Tiefgreifende Erschütterungen erfuhr dieser Topos der säkularen Moderne nicht zuletzt durch Ereignisse wie die islamistisch motivierten Anschläge auf

---

97 Eine Zusammenstellung einiger systematischer Konfliktanalysen sind bei *Imbusch / Zoll* (Hg.), Friedens- und Konfliktforschung, 221–354 nachzulesen.

98 Vgl. *Koppe*, Zur Geschichte der Friedens- und Konfliktforschung im 20. Jahrhundert, 31.

99 Vgl. ebd., 54.

100 Vgl. *Simon, Fritz B.*, Einführung in die Systemtheorie des Konflikts. Heidelberg $^{3}$2015.

101 Für einen kurzen Überblick über die Themen Migration und islamischer Fundamentalismus in der Friedens- und Konfliktforschung siehe: *Ruf, Werner*, Islamischer Fundamentalismus. In: Imbusch / Zoll (Hg.), Friedens- und Konfliktforschung, 309–332; *Nuscheler, Franz*, Migration als Konfliktquelle und internationales Ordnungsproblem. In: Imbusch / Zoll (Hg.), Friedens- und Konfliktforschung, 273–286.

102 *Hildebrandt, Mathias*, Einleitung: Unfriedliche Religionen? Das politische Gewalt- und Konfliktpotenzial von Religionen. In: Ders. / Brocker, Manfred (Hg.), Unfriedliche Religionen? Das politische Gewalt- und Konfliktpotenzial von Religionen. Wiesbaden 2005, 9–38, hier 9.

das World Trade Center in New York und das Pentagon in Washington am 11. September 2001. Die noch von Luckmann forcierte „unsichtbare Religion“[103] wurde durch die Gewalttaten religiös motivierter AkteurInnen zum sichtbaren Ausdruck eines neuen Paradigmas im Hinblick auf die gesellschaftliche Relevanz religiöser Themen.

Das Gewalt- und Konfliktpotential von Religion(en) steht seither in besonderer Weise im Fokus sozialwissenschaftlicher Publikationen und es „deute[t] [sich] eine tendenzielle Verabschiedung des Säkularisierungsparadigmas an“[104]. Insgesamt wird diese Entwicklung in den Wissenschaften, auch in der Theologie und Religionspädagogik, kontrovers diskutiert.

### Die politische Dimension von Religion und Konflikt

Eine Vielzahl von Publikationen stellen eben diesen Konflikt- und Gewaltaspekt von Religion in den Vordergrund – so auch der bereits genannte von Mathias Hildebrandt und Manfred Brocker herausgegebene Sammelband ‚Unfriedliche Religionen? Das politische Gewalt- und Konfliktpotential von Religionen‘[105]. Darin wird im ersten Teil das Gewalt- und Konfliktpotential politischer Theologien anhand der Beispiele Islamismus[106], Marxismus, Nationalismus[107] sowie das allgemeine Gewaltpotential monotheistischer Offenbarungsreligionen[108] diskutiert. In den weiteren Teilen werden verschiedene Dimensionen und Fallbeispiele politisch-religiös motivierter Konflikte beleuchtet. Der politischen Ideologie des Islamismus in verschiedenen nationalen Kontexten[109] kommt in dieser Publikation eine hervorgehobene Rolle zu.

Die Notwendigkeit einer differenzierten Bestandsaufnahme verschiedener Diskurse geht aus der gesellschaftspolitischen Relevanz dieser Themen

---

103 *Hildebrandt*, Einleitung, 9.

104 Ebd.

105 *Hildebrandt / Brocker* (Hg.), Unfriedliche Religionen?

106 Vgl. *Jung, Dietrich*, ‚Der Islam gegen den Westen‘. Zur Genealogie eines internationalen Konfliktparadigmas. In: Hildebrandt / Brocker (Hg.), Unfriedliche Religionen?, 39–66.

107 Vgl. *Hansen, Hendrik*, Ein Strukturvergleich von Sayyid Qutbs Islamismus mit Marxismus und Nationalismus. In: Hildebrandt / Brocker (Hg.), Unfriedliche Religionen?, 67–94.

108 Vgl. *Walther, Manfred*, Strategien der politischen Neutralisierung des Gewaltpotenzials monotheistischer Offenbarungsreligionen. In: Hildebrandt / Brocker (Hg.), Unfriedliche Religionen? 95–117.

109 Vgl. *Derichs, Claudia*, ‚Form follows function?‘ Popular Islamic Discourse in Malaysia. In: Hildebrandt / Brocker, Unfriedliche Religionen?, 121–138; *Pfahl-Traughber, Armin*, Vom Aufbau von Parallelgesellschaften bis zur Durchführung von Terroranschlägen. In: Hildebrandt / Brocker (Hg.), Unfriedliche Religionen?, 153–178; *Hubel, Helmut*, Wie viel Religion ist in den Konflikten des Vorderen Orients?, In: Hildebrandt / Brocker (Hg.), Unfriedliche Religionen?, 179–192.

hervor, weshalb in jüngster Zeit Sozial- und Politikwissenschaftler den Fokus auf die Frage nach den Ursachen politisch-religiöser Konflikte richten. Hier wird zwischen den sogenannten ‚endogenen' und ‚exogenen' Ursachen bzw. Gewalt- und Konfliktpotentialen politischer Theologien unterschieden. Während Hildebrandt als endogen die den Religionen inhärenten Ursachen versteht, bezeichnen exogene Ursachen jene Faktoren, die von außen auf Religionen einwirken und dadurch Konflikte verursachen.

Das Gewalt- und Konfliktpotential politischer Theologien kann, so Hildebrandt, bereits in den „endogenen Strukturen religiöser Erfahrungen"[110] bzw. in den aus den Transzendenzerfahrungen hervorgehenden Theologien begründet sein. Der Wahrheitsanspruch und Anspruch auf quasi göttliche Definitionsmacht, der den unterschiedlichen politischen Theologien zugrunde liege, berge die Gefahr des Fanatismus und der Ausgrenzung des Anderen in sich. In weiterer Konsequenz beinhalte die Aushandlung von religiöser Identität und die Identifikation mit der ‚Ingroup', die wiederum mit Abgrenzung vom ‚religiös Anderen' bzw. einer ‚Outgroup' einhergehe, ein erhebliches Maß an Konfliktpotential.[111]

Um die Ursachen politisch-religiöser Konflikte verstehen zu können, müssen jedoch auch deren exogene Hintergründe berücksichtigt werden. In zahlreichen sozialwissenschaftlichen Fallanalysen konnten unterschiedliche Ursachen bzw. meist ein Zusammenspiel von verschiedenen Ursachen identifiziert werden.[112] Wenn man von einer „Pluralität von Motivlagen"[113] in scheinbar religiös motivierten politischen Konflikten ausgeht, stellt Religion einen von vielen möglichen Faktoren dar, die diesen Konflikt bedingen. Die Identifikation eines genuin religiösen Konfliktmotives bedarf daher einer äußerst differenzierten Bestandsaufnahme und Analyse aller Motivlagen der beteiligten AkteurInnen. Da zumeist eine Überlappung von verschiedenen Motiven, wie politischen, ethnischen, sozialen und religiösen Anliegen vorliege bzw. Religion häufig als Konfliktargument instrumentalisiert werde, schlägt Hildebrandt vor, den Begriff ‚Religionskonflikt' durch die Bezeichnung ‚politisch-religiöser Konflikt' zu ersetzen.[114] Hildebrandt weist hiermit jedoch keineswegs Religion als Auslöser für gegenwärtige Konflikte zurück und betont, dass Religionen meist in jenen Kontexten Konflikte provozieren bzw. verstärken, wo entweder ein Monopolanspruch gegenüber Andersgläubigen erhoben oder sozial-politischer Vorrang angestrebt wird. Darüber hinaus macht er auf den Umstand aufmerksam, dass Religion in zahlreichen Konflikten zu politischen Zwecken instrumentalisiert wird.[115]

---

110 *Hildebrandt*, Einleitung, 17.
111 Vgl. ebd., 19f.
112 Vgl. *Hildebrandt / Brocker* (Hg.), Unfriedliche Religionen?
113 *Hildebrandt*, Einleitung, 27.
114 Vgl. ebd., 27f.
115 Vgl. ebd.

Auch andere AutorInnen haben in den letzten Jahren das Thema Religion und Konflikt in den Fokus der Forschung gerückt. Ausgelöst durch die Ereignisse des 11. September 2001 änderte sich die Wahrnehmung von Religion in der Forschung zunehmend. Insbesondere religiös motivierte Gewalt wird in verschiedenen wissenschaftlichen Analysen vermehrt thematisiert.[116] Dabei wird Religion meist als Ursache religiös motivierter Konflikte oder Gewaltakte genannt. Zahlreiche Beispiele hierfür finden sich in der aktuellen Weltpolitik, darunter die Konflikte zwischen Juden/Jüdinnen und MuslimInnen im Nahen Osten, ProtestantInnen und KatholikInnen in Nordirland, Hindus und MuslimInnen in Indien, selbst zwischen den meist als friedfertig dargestellten BuddhistInnen und Hindus in Sri Lanka. Es ist die Rede von der „Macht der Religionen“, den „Glaubenskonflikte[n] in der Weltpolitik“[117] oder dem „Terror im Namen Gottes“[118]. Im (sozial-)wissenschaftlichen Diskurs über die gesellschaftspolitische Funktion gegenwärtiger Religionen wird der Religion häufig eine konfliktfördernde Rolle zugeschrieben. Gleichzeitig zeigen aber auch VertreterInnen der entgegengesetzten Position den friedenstiftenden oder deeskalierenden Aspekt von Religion in gesellschaftspolitischen Dynamiken auf.[119]

Bereits 1996 trug Samuel P. Huntington mit seiner Theorie des ‚Clash of Civilizations‘ zur negativen Wahrnehmung von Religion im öffentlichen Diskurs bei.[120] Wenngleich seine These, dass sich zukünftige Konflikte entlang acht religiös-kulturell definierter Räume entwickeln würden,[121] als umstritten und empirisch nicht haltbar gilt, hat sein Ansatz bis heute weitreichenden Einfluss auf die Darstellung und Wahrnehmung von Religion, insbesondere des Islam, als konfliktauslösendem Faktor in der Weltpolitik.[122] Huntington unterscheidet zwischen dem sinischen, japanischen, hinduistischen, islamischen, christlich orthodoxen, christlich westlichen, lateinameri-

---

116 Vgl. *Nehring, Andreas*, Religion und Gewalt. Ein leerer Signifikant in der Religionsbeschreibung. In: Schweitzer, Friedrich (Hg.), Religion, Politik und Gewalt. Kongressband des XII. Europäischen Kongresses für Theologie. München 2006, 809–821.

117 *Röhrich, Wilfried*, Die Macht der Religionen: Glaubenskonflikte in der Weltpolitik. München 2004.

118 *Juergensmeyer, Mark*, Terror im Namen Gottes. Freiburg 2004.

119 Vgl. *Brocker, Manfred / Hildebrandt, Mathias* (Hg.), Friedensstiftende Religionen? Religion und die Deeskalation politischer Konflikte. Wiesbaden 2008.

120 Vgl. *Huntington, Samuel P.*, Der Kampf der Kulturen. Die Neugestaltung der Weltpolitik im 21. Jahrhundert. München 1996.

121 Huntington orientiert sich an der sogenannten Kulturkreislehre, die vom deutschen Ethnologen Leo Frobenius geprägt wurde.

122 Vgl. *Brocker, Manfred*, Einleitung: Friedensstiftende Religionen? Religion und die Deeskalation politischer Konflikte. In: Ders. / Hildebrandt, Mathias (Hg.), Friedensstiftende Religionen?, 9–25, hier 9.

kanischen und afrikanischen Kulturraum.[123] Zentraler Identifikationsmarker eines jeden Kulturraumes sei Religion. Konfliktpotential sieht Huntington insbesondere zwischen dem christlichen Westen und dem Islam und forciert dabei die Idee eines durch den Islam bedrohten Westens.[124]

Kritik erfuhr Huntingtons Ansatz insbesondere durch den Religionssoziologen Martin Riesebrodt. In seinem 2000 erschienenen Buch ‚Die Rückkehr der Religionen' analysiert er das Wiedererstarken von Religion exemplarisch an gegenwärtigen fundamentalistischen Gruppen und grenzt sich mit seinen differenzierten Thesen von Huntingtons monolithischem Kulturverständnis ab.[125] Er kritisiert Huntingtons Verständnis von Kulturräumen bzw. Zivilisationen, die sich durch „Blut, Sprache, Religion, Lebensweise"[126] voneinander abgrenzen würden. Riesebrodt bemängelt das einseitige, monokausale Erklärungsmodell religiös-politischer Konflikte, welches Huntingtons ‚Kampf der Kulturen' impliziert, und weist darauf hin, dass es hier einer differenzierten und methodisch reflektierten, auf empirischer Faktenlage beruhenden Herangehensweise bedarf, um gegenwärtige religionspolitische Konflikte und Konfliktpotentiale zu verstehen.

Neben den religiösen und kulturellen Einflüssen auf Werthaltungen spielen wirtschaftliche, politische und soziale Faktoren sowie der Einfluss von Massenmedien eine bedeutende Rolle.[127] Im Gegensatz zu Huntington weist Riesebrodt auf die förderlichen Aspekte von Religion als „Potential der Identitätsbildung und Solidarisierung"[128] hin.

## Religion als Deeskalationspotential von Konflikten?

Was den Zusammenhang von Religion und Konflikt anbelangt, so haben sich sozialwissenschaftliche Arbeiten, wie bereits aufgezeigt, meist mit den konfliktauslösenden und -fördernden Faktoren von Religion beschäftigt. Vernachlässigt wurde in aktuellen Studien jedoch die Erforschung von konfliktverhindernden und deeskalierenden Wirkungen von Religion.

In diesem Zusammenhang ist die Publikation ‚Friedensstiftende Religionen? Religion und die Deeskalation politischer Konflikte'[129] besonders hervorzuheben. Der Band, der sich in drei Teile gliedert, schließt im ersten Teil an theologische Diskurse an. Hier wird aus der Sicht der jeweiligen Theologien den Voraussetzungen nachgegangen, die Religionen im Hinblick auf konfliktlösendes und friedensstiftendes Potential mitbringen. Autoren wie

---

123 Vgl. *Riesebrodt, Martin*, Die Rückkehr der Religionen: Fundamentalismus und der „Kampf der Kulturen". München 2000, 17.

124 Vgl. ebd., 26.

125 Vgl. ebd.

126 *Huntington*, Der Kampf der Kulturen, 52.

127 Vgl. *Riesebrodt*, Die Rückkehr der Religionen, 14.

128 Ebd.

129 *Brocker / Hildebrandt*, Friedensstiftende Religionen?

Mathias Hildebrandt, Thomas Fuchs, Uwe Voigt und Reinhard Sonnenschmidt stellen anhand unterschiedlicher Beispiele Religionsdialoge in der europäischen Religionsgeschichte und Gegenwart dar. Hildebrandt weist im ersten Beitrag auf die christliche Auseinandersetzung mit anderen Glaubensvorstellungen im Mittelalter durch schriftliche Religionsdialoge hin. Die schriftlichen Zeugnisse zeigen Strategien und Zweck der Religionsdialoge auf. Sie dienten, so Hildebrandt, der Verteidigung und Stärkung christlicher Lehren mittels rationaler Argumente gegenüber anderen konkurrierenden Glaubensüberzeugungen (insbesondere gegenüber dem Judentum, dem Islam und christlichen ‚Häresien').[130]

Am Beispiel der Reformation beschäftigt sich Thomas Fuchs mit der Frage des Dialogs als Konfliktbewältigungsstrategie.[131] Auch Uwe Voigt setzt sich in diesem Band mit Religionsdialogen bzw. dem interreligiösen Dialog auseinander und weist am Fallbeispiel des Theologen Johann Amos Comenius auf die Notwendigkeit der Kenntnis der eigenen wie der fremden Religion hin, um in den Dialog treten zu können.[132] Im Unterschied zu den ersten drei Autoren, die sich aus einer historischen Perspektive mit Konflikten und Frieden beschäftigen, analysiert Reinhard Sonnenschmidt im letzten Beitrag die Problematik des Dialogs mit gegenwärtigen religiösen FundamentalistInnen.[133]

Im zweiten Teil des Buches wird die Dialogfähigkeit von Religionen auf theoretischer Ebene analysiert. Peter Koslowski knüpft hier an theologische Diskussionen über die Philosophie der Offenbarungen an und verortet die Ursache für Religion im Bedürfnis des Menschen nach Kontingenzbewältigung. Er unterscheidet dabei zwischen zwei Grundkategorien von Religion, nämlich ‚Retribution' und ‚Offenbarung'.[134] Retribution bezieht sich auf das Bedürfnis des Menschen nach Vergeltung für erlebte Ungerechtigkeiten, während sich diese Hoffnung wiederum durch die Offenbarung begründet. Ausgehend von der Sichtweise, dass diese beiden Aspekte den abrahamitischen Religionen zugrunde liegen, diskutiert der Autor verbindende und ausgrenzende Merkmale dieser Religionen: Während die Idee des einen

---

130 Vgl. *Hildebrandt, Mathias*, Mittelalterliche Religionsdialoge: Auf der Suche nach einer interreligiösen Hermeneutik. In: Brocker / Hildebrandt (Hg.), Friedensstiftende Religionen?, 29–70.

131 Vgl. *Fuchs, Thomas*, Reformatorische Auseinandersetzungen in der Stadt. Das Religionsgespräch der Reformationszeit als Konfliktlösungsstrategie. In: Brocker / Hildebrandt (Hg.), Friedensstiftende Religionen?, 71–84.

132 Vgl. *Voigt, Uwe*, ‚Allen alles auf allseitige Weise lehren' (Johann Amos Comenius). Das Menschenrecht auf Bildung als Bedingung und Inhalt eines interreligiösen Dialogs. In: Brocker / Hildebrandt (Hg.), Friedensstiftende Religionen?, 85– 97.

133 Vgl. *Sonnenschmidt, Reinhard W.*, Dialog der Religionen? Das Modell Eric Voegelins: ‚The Christian idea of mankind' oder ‚Gnostizismus als Wesen von Modernität'? In: Brocker / Hildebrandt (Hg.), Friedensstiftende Religionen?, 98–107.

134 Vgl. *Koslowski, Peter*, Der Dialog der Weltreligionen und die Philosophie der Offenbarungen. In: Brocker / Hildebrandt (Hg.), Friedensstiftende Religionen?, 111–122.

Gottes, der sich zu unterschiedlichen Zeiten und in unterschiedlichen Kontexten manifestiert habe, als interreligiöser Identifikationsmarker herangezogen werden könne, stehe auf der anderen Seite die Problematik des Absolutheitsanspruchs, der den jeweiligen monotheistischen Theologien innewohne und eine Herausforderung im interreligiösen Dialog darstelle.[135]

Eine politik- bzw. sozialwissenschaftliche Perspektive stellen die Beiträge von Mark Arenhövel und Andreas Hasenclever dar. Gängigen Diskursen in den Sozialwissenschaften folgend, knüpft Arenhövel an den Begriff ‚postsäkular' an und diskutiert die Problematik divergierender Weltanschauungen aufgrund der diagnostizierten wachsenden religiösen Pluralität in gegenwärtigen westlichen Gesellschaften.[136] Dabei betont er die Wichtigkeit der aktiven Beteiligung religiöser AkteurInnen an politischen Debatten zur Erhaltung des innerstaatlichen Friedens.[137]

Einen wichtigen Beitrag für das Verständnis religionspolitischer Konflikte leistet Andreas Hasenclever mit seiner empirisch ausgerichteten Analyse zum Verlauf politischer Konflikte.[138] Er zeigt auf, dass Kriegen, die als religiös motiviert gelten, in der Regel politische oder wirtschaftliche Faktoren zugrunde liegen. Religion oder religiöse Motive würden von den AkteurInnen konstruiert, um deren politische oder wirtschaftliche Interessen zu legitimieren. Religion, so Hasenclevers These, beeinflusse jedoch den Verlauf solcher politischen Auseinandersetzungen entweder gewalthemmend oder konfliktverschärfend. Besonders das Engagement friedensstiftender religiöser AkteurInnen beeinflusse empirischen Studien zufolge Konfliktverläufe positiv.[139]

Im dritten Teil des Buches wird das friedensstiftende Potential von Religionen an unterschiedlichen Fallbeispielen der Religionsgeschichte und Gegenwart wie dem Nordirlandkonflikt[140] oder dem Nahostkonflikt[141] verdeutlicht. Die oben genannten Autoren zeigen exemplarisch die Wechselwirkung von Religion und politischen Auseinandersetzungen auf und konkretisieren diese anhand zahlreicher empirischer Belege.

---

135 Vgl. *Brocker*, Einleitung: Friedensstiftende Religionen?, 15f.

136 Vgl. *Arenhövel, Mark*, Über das Befriedungspotential der Religion in den ‚postsäkularen Gesellschaften'. In: Brocker / Hildebrandt (Hg.), Friedensstiftende Religionen?, 158–178.

137 Vgl. *Brocker*, Einleitung: Friedensstiftende Religionen?, 18.

138 Vgl. *Hasenclever, Andreas*, Merkmale gewaltresistenter Glaubensgemeinschaften – Überlegungen zum Schutz religiöser Überlieferung vor politischer Vereinnahmung. In: Brocker / Hildebrandt (Hg.), Friedensstiftende Religionen?, 179–201.

139 Vgl. ebd.

140 Vgl. *Moltmann, Bernhard*, Irritationen des Friedens. Die nordirischen Kirchen auf der Suche nach ihrer Rolle als Friedensstifter. In: Brocker / Hildebrandt (Hg.), Friedensstiftende Religionen?, 246–268.

141 Vgl. *Scheffler, Thomas*, Dialog und Dialog, Frieden und Frieden: Zur Ambivalenz von interreligiösem Dialog und Friedensarbeit im Nahen Osten. In: Brocker / Hildebrandt (Hg.), Friedensstiftende Religionen?, 284–298.

Der Klärung der Frage, ob Religion eine friedensstiftende oder konfliktfördernde, desintegrierende Funktion hat, liegt ein ‚funktionales' Religionsverständnis zugrunde, das seinen Fokus darauf richtet, was Religion bewirkt oder welche gesellschaftliche Funktion Religion erfüllt.[142] Gleichzeitig impliziert die Frage nach religiösen Ursachen von Konflikten auch ein substantialistisches bzw. essentialistisches Religionsverständnis, das nach dem ‚Wesen von Religion' fragt. Aus religionswissenschaftlicher Sicht erfolgt in beiden Fällen eine Verengung des Religionsbegriffs, von dem man sich in jüngster Zeit in der religionswissenschaftlichen Forschung distanziert hat.[143] Aus theologischer Perspektive ist anzumerken, dass gerade hinsichtlich der Frage nach einer funktionalistischen oder einer substantialistischen Betrachtung die Konfliktlinien zwischen Religionswissenschaften, Soziologie und Theologie verlaufen.

### 1.2.2 Konflikte und Konfliktpotentiale aus theologischer und religionswissenschaftlicher Perspektive

#### Annäherungen an das Verhältnis von Religion und Konflikt

Der Frage des Zusammenhangs zwischen Konflikt und Religion aus theologischer und philosophischer Perspektive widmet sich der 2011 von Ingolf U. Dalferth und Heiko Schulz herausgegebene Sammelband ‚Religion und Konflikt. Grundlagen und Fallanalysen'[144]. Hierin wird die Thematik auf Grundlage der heiligen Schriften des Islams, des Christentums und des Judentums diskutiert. Insbesondere der Problematik des Absolutheitsanspruchs monotheistischer Religionen wird von den AutorInnen nachgegangen. Dalferth führt in den Sammelband mit konflikthermeneutischen Vorüberlegungen zu Religionen und Konflikten ein. Er weist auf unterschiedliche Perspektiven hin, aus denen heraus die Frage nach Religion und Konflikt zu stellen sei. Zum einen seien Religionen selbst Konfliktphänomene, sowohl „in ihrem äußeren Verhältnis zueinander", als auch „in ihrer inneren Struktur"[145]. Religionen, so Dalferth, hätten fast zwangsläufig Konflikte zur Folge, wenn sie als Werteorientierung für die Lebensführung wahrgenommen würden.[146]

---

142 Vgl. *Hock, Klaus*, Einführung in die Religionswissenschaft. Darmstadt ³2008, 16.

143 Umfangreiche Darstellungen über die religionswissenschaftlichen Begriffsbildungen und aktuelle Diskurse finden sich beispielsweise bei *Bergunder, Michael*, Was ist Religion? Kulturwissenschaftliche Überlegungen zum Gegenstand der Religionswissenschaft. In: Zeitschrift für Religionswissenschaft (2011) 1/2, 3–55.

144 *Dalferth, Ingolf U. / Schulz, Heiko* (Hg.), Religion und Konflikt. Grundlagen und Fallanalysen. Göttingen 2011.

145 *Dalferth, Ingolf U.*, Einleitung. Religionen und Konflikte. Konflikthermeneutische Vorüberlegungen. In: Dalferth / Schulz (Hg.), Religion und Konflikt, 9–22, hier 11.

146 Vgl. *Dalferth*, Einleitung, 11.

Die Koexistenz von Menschen unterschiedlicher Religionen führe in weiterer Folge unvermeidlich zu Konflikten. Aber auch interne Spannungen innerhalb einer Religion könnten Konflikte induzieren. Diese könnten sich zum einen zwischen religiösen und nichtreligiösen Alternativen auftun. Zum anderen begründe sich jede fundamentale Spannung von Religion in ihren Symbolisierungsakten einer transzendenten Macht, die sich auch in der Sprache der Religionen zeige:

> „Indem sie das Nichtbestimmbare im Rekurs auf Bestimmtes und Bestimmbares zur Sprache bringen, generieren Religionen Differenzen, Unterscheidungen, Spannungen und Paradoxe, die nicht Unterscheidungen im Bestimmbaren und zwischen Phänomenen sind [...], sondern die die Grundunterscheidung zwischen bestimmbaren Phänomenen und dem Nichtbestimmbaren im Bestimmbaren (in der Sprache und in den Handlungsvollzügen des Kultes) symbolisieren und variieren.“[147]

Der Umgang mit der Kontingenz des menschlichen Lebens durch die Religion und die Erfahrung des Unkontrollierbaren stellen hier einen Grundkonflikt dar.[148] Neben diesem Konflikt der Erfahrungswelt des Menschen und der Welt des Transzendenten seien die religiösen Gegenwelten ihrerseits bereits konfliktgeladen, was aus dem Beispiel der Diskrepanz zwischen dem christlichen Verständnis von Himmel und Hölle hervorgehe. Religionen seien infolgedessen durch unüberwindbare Spannungen gekennzeichnet, die internes Konfliktpotential implizierten.[149]

Theoretische Grundfragen zu Religion und Konflikt werden von verschiedenen Autoren auf unterschiedlichen Ebenen diskutiert. Heiko Schulz entwirft hier zunächst einen Rahmen für religiöse Konflikte auf der Grundlage der Klärung des Religionsbegriffs. Er unterscheidet dabei zwischen Religion als institutionellem Aspekt und Religiosität als Einstellungsaspekt.[150] Als Religion, so der Autor, „darf mithin phänomenologisch nur dasjenige gelten, was als Ausdruck oder Namen von etwas als Religion (alternativ: Gott, Christentum, wahrem Glauben oder ähnliches) gedeutet, gesagt oder getan wird“[151]. Wenn Erfahrungen, Einstellungen oder Handlungen als religiös bezeichnet werden, seien diese in weiterer Konsequenz auch als religiös zu betrachten. Zunächst einmal sei also die Unterscheidung zu treffen, ob ein Konflikt als genuin religiös eingestuft werden sollte oder nicht.[152] Voraussetzung hierfür sei jedoch, dass „die Wahrheit konfliktgenerierender

---

147 Ebd., 15.

148 Vgl. ebd., 16f.

149 Vgl. ebd., 20f.

150 Vgl. *Schulz, Heiko*, Sind Religionen konfliktfähig? Vorüberlegungen zum themenspezifisch relevanten Begriffsfeld. In: Dalferth / Schultz (Hg.), Religion und Konflikt, 23–46, hier 37.

151 Ebd., 39.

152 Vgl. ebd., 41.

Glaubensannahmen auch für die Konstitution der Eigenart des betreffenden Konflikts unerheblich sei“[153].

Eine handlungstheoretische Skizze entwirft Gesche Linde, die Religion als ‚implizite Sozialitätstheorie‘ theoretisch fundiert, welche so für das Verständnis von religiösen Konflikten und deren Regulation herangezogen werden kann.[154] Auf der Grundlage der semiotischen Handlungstheorie definiert die Autorin zunächst ihren Konfliktbegriff und beschreibt am Beispiel der christlichen Religionsgeschichte, inwiefern Religion ein Motiv oder einen Anlass für einen Konflikt dargestellt hat.

Auch Stephan Sellmaier sei hier zu erwähnen, der eine Theorie der ‚Ethik der Konflikte‘[155] entworfen hat, auf deren Grundlage auch die Frage des Zusammenhangs von Religion und Konflikt zu stellen sei und dabei zwischen einem engen und einem weiteren religiösen Dissens unterschieden werden könne.[156] Ein Dissens im engeren Sinn besteht gemäß Sellmaier, wenn

> „ein redliches, religiös gründlich durchdachtes und mit einem Wahrheitsanspruch versehenes normatives Urteil einer Religion mit einem ebensolchen Urteil einer anderen Religion hinsichtlich einer konkreten und klar bestimmbaren Entscheidungssituation im Widerspruch steht“[157].

Dieser sei jedoch in seiner idealtypischen Reinform selten in politischen Kontexten vorzufinden. Viel häufiger lasse sich ein „religiöser Dissens im weiten Sinn“[158] identifizieren – ein „Dissens über die angemessene Darstellung und Erfassung eines ethisch relevanten Sachverhalts“[159].

### Gewalt und Konflikt in den Religionen

Besonders in religionswissenschaftlichen Studien wird die Frage des Zusammenhangs zwischen Religion und Konflikt aus unterschiedlichen Perspektiven beleuchtet. Dabei steht häufig die Frage nach den religiösen Wurzeln von Konflikten im Zentrum. Bezugnehmend auf die Analyse des Religionswissenschaftlers Andreas Nehring[160] sollen im Folgenden die gängigsten Erklärungsmodelle skizziert werden. Diese sind: ‚Religion als fundamentale

---

153 *Schulz*, Sind Religionen konfliktfähig?, 41.

154 Vgl. *Linde, Gesche*, Religion als implizite Sozialitätstheorie. Eine handlungstheoretische Skizze. In: Dalferth / Schultz (Hg.), Religion und Konflikt, 47–84.

155 *Sellmaier, Stephan*, Ethik der Konflikte. Über den moralisch angemessenen Umgang mit ethischem Dissens und moralischen Dilemmata. Stuttgart 2008.

156 Vgl. *Sellmaier, Stephan*, Enger und weiter religiöser Dissens. In: Dalferth / Schulz (Hg.), Religion und Konflikt, 85–100.

157 *Sellmaier*, Enger und weiter religiöser Dissens, 87.

158 Ebd., 94.

159 Ebd.

160 Vgl. *Nehring*, Religion und Gewalt.

Quelle für Gewalt', ,Gewaltfördernde Religionen vs. friedfertige Religionen' und ,Religion an sich hat keinen Bezug zu Gewalt'.

Ein weitverbreitetes Erklärungsmodell versteht Religion als fundamentale Quelle von Gewalt. Häufig wird als Anknüpfungspunkt die Bibelstelle Hebräer 9,22 verwendet: „Denn nach dem Gesetz wird fast alles mit Blut gereinigt, und ohne Blutvergießen geschieht keine Vergebung." Auch bei Mikhail Bakunin wird dieses Narrativ aus dem Neuen Testament im 1871 erschienen Werk ,God and the State' aufgegriffen, um die Ambivalenz des Heiligen und die dem Wesen der Religionen zugrundeliegende Grausamkeit aufzuzeigen. Die Ambivalenz des Heiligen sieht er darin begründet, dass der religiöse Mensch einem rachsüchtigen ambivalenten Gott Opfer bringen müsse. Die Rede von der Ambivalenz des Heiligen weist, so Nehring, auf eine diskursive religionswissenschaftliche Praxis hin, „die nicht eine vermeintliche immer schon vorhandene Realität bloß darstellt bzw. abbildet, sondern die selbst produktiv wirkt, indem sie für den wissenschaftlichen Diskurs erst das hervorbringt, was sie bezeichnet"[161].

Als zweites Modell sieht Nehring das Spannungsfeld ,gewaltfördernde Religionen vs. friedfertige Religionen'. Dem gewaltfördernden, intoleranten Monotheismus werden in dieser Debatte meist die als friedlich, tolerant und spirituell geltenden östlichen Religionen wie der Hinduismus und der Buddhismus gegenübergestellt.[162]

Das letzte gängige Erklärungsmuster, das laut Nehring diese Debatte dominiert, ist die Idee, dass Religion und Gewalt unvereinbar seien. Diese aus seiner Sicht apologetische Begründung beinhaltet die Aussage, dass Religion einen edlen und friedlichen Kern habe, der nichts mit Gewalt oder Konflikt zu tun habe.[163]

Nehring weist in diesem Aufsatz darauf hin, dass all diese Erklärungsmuster zum einen auf die Annahme eines Wesens von Religion rekurrieren, zum anderen jeweils Zuschreibungen an eine Religion gemacht werden, die von den Intentionen der jeweiligen ,SprecherInnen' abhängen. Eine Religion wie beispielsweise das Christentum könne sowohl friedlich als auch gewaltfördernd dargestellt werden. Gewalt, wie auch Konfliktpotential, sei nicht etwa ein natürliches, essentielles Merkmal von Religion, sondern werde vielmehr in konkreten, meist politischen Situationen konstruiert. Nehring schlägt daher für die religionswissenschaftliche Analyse dieses Diskurses über

---

161 Vgl. *Nehring*, Religion und Gewalt, 814.

162 Vgl. ebd., 815; Zur Dekonstruktion dieser Debatte tragen zudem die Arbeiten des Religionswissenschaftlers Michael Bergunder zu Hinduismus und Gewalt (*Bergunder, Michael*, Hinduismus und Gewalt. In: Biehl, Michael (Hg.), Gottesgabe. Vom Geben und Nehmen im Kontext gelebter Religion. Festschrift zum 65. Geburtstag von Theodor Ahrens. Frankfurt a. M. 2005, 215–237) sowie die Ausgabe der Zeitschrift für Religionswissenschaft zu Buddhismus und Gewalt (Zeitschrift für Religionswissenschaft [2003], Nr. 2) bei.

163 Vgl. *Nehring*, Religion und Gewalt, 815.

Religion und Gewalt eine anti-essentialistische Herangehensweise vor bzw. plädiert dafür, eine sorgfältige Historisierung der Begriffsbildung vorzunehmen, um dahinterliegende Machtkonstellationen und Intentionen aufzudecken.[164]

Einen weiteren Zugang zur Thematik Religion und Gewalt eröffnet der Kulturanthropologe und Religionsphilosoph René Girard, der die Entwicklung von Religionen und Riten in der archaischen Welt im notwendigen Umgang mit der destruktiven zwischenmenschlichen Gewalt untersucht. Diese Gewalt erwächst aus dem Konfliktpotential, das dem menschlichen Begehren zugrunde liegt. Den Menschen beschreibt René Girard primär als von seinem Begehren bestimmt, welches in der Mimesis, d. h. der Nachahmung eines meist unbewussten Vorbildes gründet, das als Modell dient. Durch diesen Mimesisprozess richten sich das Begehren der imitierenden Person und das der imitierten Person (Modell) auf dasselbe Objekt. Wenn dieses nur begrenzt verfügbar ist, entsteht eine durch die Mimesis verursachte Rivalität: Das Vorbild wird zum Rivalen.[165]

Dieses Konfliktpotential, das in dem der menschlichen Natur zugrundeliegenden mimetischen Begehren steckt, gefährdet das menschliche Zusammenleben, insofern die Gewalt nicht eingedämmt bzw. unterbunden wird. In Gemeinschaften in der archaischen Welt lassen sich, so Girard, Mechanismen erkennen, die durch die Ritualisierung und Vergöttlichung von Opferkulten eben diese mimetische Rivalität in Zaum halten. Die durch Gewalt verursachte Krise für das Zusammenleben „löste den mimetischen Opfermechanismus aus, um den herum sich die ersten Systeme von Verboten und Opferriten ausbildeten. Das waren die ersten Religionen und sie bildeten die anfängliche Form der menschlichen Kultur"[166].

Die Entstehung dieser ersten Religionen stellt René Girard in seinem Werk dar und zeichnet die Entwicklung des Umgangs der Menschen mit dem Konfliktpotential des mimetischen Begehrens entlang der biblischen Schriften nach. Den Höhepunkt verortet Girard in den Evangelien, in denen Jesus das Modell einer positiven Mimesis wird. Die Dynamiken der mimetischen Rivalität werden in den Erzählungen aufgedeckt und im Handeln Jesu transformiert.[167] Er löste sich aus der Dynamik der mimetischen Rivalität, indem er auf die gewaltvolle Durchsetzung seiner Ziele verzichtete und sein Begehren auf übergeordnete Ziele – Leben, Frieden, Glückseligkeit – richtete.

Girard, geprägt von der biblischen Überlieferung, betont Jesus als Wendepunkt in der menschlichen Geschichte im Umgang mit dem

---

164 Vgl. *Nehring*, Religion und Gewalt, 817.

165 *Girard, René*, Figuren des Begehrens. Das Selbst und der Andere in der fiktionalen Realität. Wien ²2012, 11–58.

166 *Girard, René*, Gewalt und Religion: Ursache oder Wirkung? (Herausgegeben von Wolfgang Palaver). Berlin 2010, 15.

167 *Girard, René*, Ich sah den Satan vom Himmel fallen wie einen Blitz. Eine kritische Apologie des Christentums. München 2008, 156–192.

mimetischen Begehren. Der christliche Theologe Wolfgang Palaver weist darauf hin, dass die Kontinuität in Girards Ausführungen zu einem positiven Umgang mit dem mimetischen Begehren „in einer mystischen Haltung“[168] liegt, die eine Abkehr vom egoistischen Individualismus und der gewaltbereiten Durchsetzung des Eigenen mit sich bringt. Dadurch eröffnet sich ein Weg der Versöhnung und des Friedens, der laut Palaver mit dem Aufzeigen des zentralen Stellenwerts einer mystischen Haltung, die in verschiedenen religiösen Traditionen betont wird, auch außerhalb des Christentums gefunden werden kann.[169]

Die Anleitung zu einer solchen Haltung findet sich etwa bei dem islamischen Gelehrten und Mystiker Abu Hamid al-Ghazali (gest. 1111). Dieser hebt in seinem Werk die Bedeutung von Verzicht für die Öffnung einer Option der Absage an zwischenmenschliche Gewalt hervor: „So, the anger of him whose need is greater will be greater and he will be more helpless and impoverished; for freedom lies in needlessness.“[170] Al-Ghazali kann ein Anknüpfungspunkt der mimetischen Theorie Girards in der Tradition des Islams sein. Solche Wegbeschreibungen zu einer entsagenden Haltung gibt es ebenso, so Palaver, beispielweise auch in den mystischen Traditionen des Christentums, Judentums oder östlicher Religionen.[171]

René Girards Theorie vermag es, in verschiedenen religiösen Traditionen Anknüpfungspunkte zu entdecken, die einen positiven Umgang mit dem mimetischen Begehren aufzeigen und der Gewalt eine Absage erteilen. Für das Verhältnis von Religion und Gewalt bzw. Konflikt ist in Girards Denken zunächst die Bedeutung von religiösen Normen und Riten bedeutsam. Diese hielten seiner Ansicht nach das bestehende Gewalt- und Konfliktpotential zwischen den Menschen in Schach. Außerdem finden sich in Religionen, insbesondere in den mystischen Traditionen, Modelle und Anweisungen, die zu einem Weg der Versöhnung und des Friedens anleiten. Eine theologisch-christliche Perspektive vertritt in diesem Kontext beispielsweise auch Kerstin Kellermann, die das Potential für einen friedensstiftenden Dialog in der Liebesethik des Christentums begründet.[172]

Das Zentrum für Komparative Theologie und Kulturwissenschaften an der Universität Paderborn widmet dem Themenbereich Religion und Gewalt ebenso Aufmerksamkeit. Aus muslimischer Perspektive beschäftigt sich damit

---

168 *Palaver, Wolfgang,* Girard und Hölderlin: Die Bedeutung der *kenosis* für Girards apokalyptisches Denken. In: Guggenberger, Wilhelm / Palaver, Wolfgang (Hg.), Eskalation zum Äußersten? Girards Clausewitz interdisziplinär kommentiert. Baden-Baden 2015, 135–155, hier 135.

169 Vgl. ebd.

170 *Al-Ghazali*, On the Treatment of Anger, Hatred and Envy. (Übersetzt von Muhammad Nur Abdus Salam). Chicago 2002, 10.

171 Vgl. *Palaver*, Girard und Hölderlin, 139.

172 Vgl. *Kellermann, Kerstin*, Christus – Stein des Anstoßes: Über ‚kulturelle Friedfertigkeiten‘ jenseits von Siegerlogiken in Religion und Politik. In: Brocker / Hildebrandt (Hg.), Friedensstiftende Religionen?, 138–157.

besonders Hamideh Mohagheghi. Im aktuellen Kontext des religiösen Fundamentalismus bzw. Extremismus hält sie eine reflektierte Auseinandersetzung mit Fragen des Verhältnisses von Religion und Gewalt für notwendig. Aus ihrer Sicht ist zentral, dass die Anhänger und Gelehrten der Religionen die problematischen Bereiche der eigenen Religion wahrnehmen und bearbeiten. Für die islamische Theologie bedeutet dies in der gegenwärtigen zunehmenden Hinwendung zur ‚Eindeutigkeit der Glaubensinhalte', die Tradition des *iǧtihād* (das Bemühen um in der Tradition verankerte neue Lehrsätze) wiederzubeleben.[173]

### Religion und Konflikt in der interreligiösen Bildung

Dass im Aufeinandertreffen von unterschiedlich religiös und kulturell sozialisierten Menschen insbesondere auf der Makroebene Konfliktpotential besteht, haben die bisherigen Ausführungen hinreichend aufgezeigt. Aber auch im Feld der interreligiösen Bildung erlangt die Frage nach religiös bedingten Konfliktpotentialen in den letzten Jahren immer mehr Bedeutung, wenngleich sie nicht explizit thematisiert wird.

An dieser Stelle sei nochmals auf das bereits erwähnte internationale Projekt REDCo hingewiesen. Dessen Ziel ist es, „Möglichkeiten und Grenzen von Religion im Bildungsbereich europäischer Länder zu untersuchen und miteinander zu vergleichen"[174]. Dabei wurden unter Einbezug verschiedener akademischer Disziplinen wie Theologie, Islamwissenschaft, Erziehungswissenschaft, Religionspädagogik, Soziologie, Politologie und Ethnologie sowohl historische als auch gegenwartsbezogene Analysen miteinander verknüpft, um fördernde Faktoren für den interreligiösen Dialog im Bildungsbereich herauszuarbeiten.[175]

Neben der Offenheit der untersuchten SchülerInnen im Hinblick auf andere Religionen wurden in dem Forschungsprojekt auch deutlich „Vorurteilsstrukturen andere[n] Religionen gegenüber"[176] sichtbar. Was bisher allerdings noch aussteht, ist eine detaillierte Untersuchung der Frage, inwieweit Religion und Religiosität einen Faktor für Vorurteile und Konflikt darstellen.

Des Weiteren soll an dieser Stelle auf die online-Zeitschrift für Interkulturelle Studien ‚interculture journal' hingewiesen werden. In der Ausgabe 9 ‚Interkulturalität als Gegenstand in Lehre, Training, Coaching und

---

173 Vgl. *Mohagheghi, Hamideh*, „Tötet sie, wo ihr sie trefft." – Eine Auslegung zu Q2:190–195. In: Dies. / von Stosch, Klaus (Hg.), Gewalt in den Heiligen Schriften von Islam und Christentum. Paderborn 2014, 73–91, hier 73–75.

174 *Weiße, Wolfram*, Interreligiöse Bildung in Europa. In: epd-Dokumentationen (2009) 20, 12–14, hier 13.

175 Der finale Abschlussbericht ist auf folgender Webseite zu finden: https://cordis.europa.eu/result/rcn/47525_en.html, [abgerufen am 10.09.2018].

176 *Weiße*, Interreligiöse Bildung in Europa, 14.

Consulting' werden von verschiedenen AutorInnen Herausforderungen und Ziele von Interkulturalität beschrieben. Die Rede von Konflikten lässt sich auch hier eher zwischen den Zeilen verorten. Insbesondere der Beitrag von Joachim Willems ‚Interreligiöses und interkulturelles Lernen: notwendige Bezüge und notwendige Unterscheidungen' ist für unsere Themenstellung relevant. Sowohl in der interkulturellen als auch in der interreligiösen Pädagogik wird Pluralität als Problem bzw. als Herausforderung wahrgenommen,[177] welches sich, so Willems, in weiterer Konsequenz auch im Bereich der interreligiösen und interkulturellen Bildung abzeichne. Eines der Ziele interreligiösen Lernens sei es, mit den Angehörigen anderer Religionen umzugehen und diesen selbst bei bestehendem Dissens Respekt und Anerkennung entgegenzubringen. Grundvoraussetzung hierfür sei die „Klärung und Bewusstmachung eigener Wertvorstellungen, Identitäten und Weltsichten"[178] sowie die Beschäftigung mit anderen Kulturen. Hier bedarf es der Fähigkeit der Metakommunikation sowie Empathie und der Anerkennung des Anderen. Ziele der interkulturellen Bildung lägen deshalb insbesondere im Aufdecken und Thematisieren von Diskriminierung und Rassismus, um Solidarität zu fördern und in weiterer Konsequenz Konflikten vorzubeugen.[179]

Willems betrachtet es daher als ‚Globalziel' des interreligiösen und interkulturellen Lernens, „mit anderen Weltdeutungen umzugehen"[180] sowie „Wege zum Ausgleich von Interessen zu finden und zumindest ansatzweise die Grundlagen und Verfahren zu reflektieren, um einen solchen Ausgleich zu erreichen"[181]. Wichtig sei es, die Frage zu klären, ob Konflikte als interkulturell, interreligiös, sozial, juristisch etc. zu betrachten seien. Dazu sei es hilfreich, Zuschreibungsprozesse zu analysieren und zu hinterfragen.[182] Willems weist darüber hinaus auf die Notwendigkeit hin, interkulturelles und interreligiöses Lernen miteinander zu verbinden, um Stereotypisierungen, Kulturalisierungen, Ethnisierungen oder Religionisierungen entgegenzuwirken, da Begriffe wie ‚Kultur' oder ‚Religion' dadurch reflektiert würden.[183]

Zuletzt soll an dieser Stelle das Innsbrucker Forschungszentrum Religion – Gewalt – Kommunikation – Weltordnung (RGKW) vorgestellt werden, das aus zwei Forschungsprogrammen, der Dramatischen Theologie bzw. Mimetischen Theorie und der Kommunikativen Theologie besteht. Dort werden Fragen der Verbindung von Theologie und Kirche sowie von Theorie

---

177 Vgl. *Willems, Joachim*, Interreligiöses und interkulturelles Lernen: notwendige Bezüge und notwendige Unterscheidungen. In: interculture journal. Online-Zeitschrift für interkulturelle Studien (2009) 9, 23–44.

178 Ebd., 32.

179 Hier verweist Willems auf eine Monographie von *Nieke, Wolfgang*, Interkulturelle Erziehung und Bildung. Wertorientierung im Alltag. Opladen $^{2}$2000.

180 *Willems*, Interreligiöses und interkulturelles Lernen, 37.

181 Ebd.

182 Vgl. ebd.

183 Vgl. ebd., 34–44.

und Praxis in den Fokus genommen. Im Forschungsprogramm der Dramatischen Theologie stehen Fragen von Religion und Gewalt im Zentrum der theologischen Untersuchungen. Das Forschungsprogramm der Kommunikativen Theologie beschäftigt sich mit theologischen und religiösen Bildungsprozessen aus der Perspektive der Themenzentrierten Interaktion (TZI). Darin wird R.C. Cohns Ansatz des lebendigen Lernens als

> „anteilgebendes und anteilnehmendes Lehren und Lernen [...] aus dem engen Korsett einer rein stofflichen Aneignung von Wissen zu einem ‚ganzheitlichen' Prozess erweitert, der auf eine Vermenschlichung der Gesellschaft ausgerichtet ist"[184].

LeiterInnen themenzentrierter Lerngruppen achten dabei auf eine „dynamische Balance zwischen Globe, Ich, Wir [und] Es"[185], wodurch insbesondere Konflikte oder Störungen, die in der Interaktion auftreten, aufgedeckt und besprochen werden.[186]

Die Idee dieses Projektes verdankt sich also nicht zuletzt dieser konfliktsensiblen Herangehensweise im Lernen und Lehren, insbesondere in der interreligiösen Begegnung. Wenngleich wir hier aufzeigen konnten, dass sich in den letzten Jahren unterschiedliche akademische Disziplinen der Analyse des Verhältnisses von Religion und Konflikt vor allem auf Makroebene zugewandt haben, konnte auch eine Forschungslücke auf Mikroebene, auf der Ebene der zwischenmenschlichen Interaktionen, wie wir sie im Bereich der Bildung vorfinden, aufgezeigt werden. Insbesondere in der empirischen Untersuchung interreligiöser Bildungsprozesse im Hinblick auf Konflikte besteht unseres Erachtens ein Forschungsdesiderat. Unser Anliegen ist es, hier anzuknüpfen und neben den bereits bestehenden sozialwissenschaftlichen Studien und theologischen Überlegungen einen weiteren Baustein zum Verständnis des Verhältnisses von Religion und Konflikt zu legen, der in der empirischen Untersuchung interreligiöser Bildungsprozesse und der damit einhergehenden Konfliktpotentiale und auftretenden Konflikte besteht.

---

184 *Scharer, Matthias*, Begegnungen Raum geben. Kommunikatives Lernen als Dienst in Gemeinde, Schule und Erwachsenenbildung. Mainz 1995, 35.

185 Ebd.; die Begriffe ‚Ich', ‚Wir', ‚Es' und ‚Globe' sind auch als TZI-Dreieck bekannt. Während ‚Ich' die einzelnen Personen mit ihren jeweiligen Biographien und ‚Wir' die Interaktionen und das Beziehungsgefüge der Gruppe bezeichnet, bezieht sich ‚Es' auf den Inhalt, der im Fokus steht, oder die Aufgabe, die von der Gruppe behandelt wird. ‚Globe' wiederum beschreibt das Umfeld, das die Gruppe beeinflusst und umgekehrt von ihr beeinflusst wird (vgl. *Sejdini / Kraml / Scharer*, Mensch werden, 87).

186 Vgl. *Scharer*, Begegnungen Raum geben, 35; Siehe dazu auch *Scharer, Matthias*, Der Universitätslehrgang „Kommunikative Theologie" als Modell theologisch inspirierten Konflikt- und Versöhnungshandelns. In: Schwager, Raymund / Niewiadomski, Józef (Hg.), Religion erzeugt Gewalt – Einspruch! Innsbrucker Forschungsprojekt ‚Religion – Gewalt – Kommunikation – Weltordnung'. Münster 2003, 273–286.

# 2 Theoretische Betrachtungen: Identität und Konflikt

## *2.1 Überlegungen zum Identitätsbegriff*

Die Wahrnehmung des ‚Eigenen' und ‚Anderen' stellt einen zentralen Aspekt in der sozialen Interaktion und somit auch im interreligiösen Miteinander dar. Wie man sich selbst sieht, darstellt und in der Begegnung mit anderen erlebt, hat Einfluss darauf, wie man vom Gegenüber wahrgenommen wird. Dies wiederum hat indirekt Einfluss auf die Selbstwahrnehmung des Gegenübers und beeinflusst somit die Interaktionen. Je nachdem, ob man das Konzept einer stabilen Identität oder das Konzept multipler Identitäten teilt, wird man interreligiöse Bildungsprozesse anders einschätzen und anders gestalten, unter Umständen auch als bedrohlich empfinden oder nicht.

Um aus diesem Grund interreligiöse Bildungsprozesse hinreichend erfassen zu können, werden hier vor dem Hintergrund sozialpsychologischer und sozialwissenschaftlicher Identitätsmodelle Interaktionsmuster in Augenschein genommen und der Frage nachgegangen, welche Rolle die persönliche und soziale Identität sowie die Wahrnehmung des Gegenübers spielen und wie diese das interreligiöse Miteinander günstig oder ungünstig beeinflussen.

Um sich mit der Frage der Identität auseinanderzusetzen, wird zunächst der theoretische Rahmen aufgezeigt, der unseren Überlegungen zugrunde liegt. ‚Identität' geht auf das lateinische Wort *idem* zurück und bedeutet ‚dasselbe'. Als ein philosophisches Konzept verweist Identität darauf, „dass etwas mit etwas anderem in allen Aspekten gleich und von anderen unterschieden sein müsse"[187]. Seit der Etablierung des Identitätsbegriffs in der Fachwelt des 18. Jahrhunderts veränderten sich die Modelle und Zuschreibungen an den Begriff. Im Zentrum der Diskussion um Identität steht bis heute die zentrale Identitätsfrage: „Wer bin ich?"[188]. Verschiedene gesellschaftliche Veränderungsprozesse, die mit den Bedingungen und Konsequenzen der Moderne einhergehen, bieten zwangsläufig auch neue Antworten und Antwortmöglichkeiten auf die alte Frage der Identität. Gesellschaftliche Differenzierungsprozesse, die Pluralisierung von Lebenswelten und die damit einhergehende Individualisierung führen zur Loslösung des Einzelnen aus vorgefertigten gesellschaftlichen Rahmen.

---

[187] *Niethammer, Lutz,* Kollektive Identität. Reinbek bei Hamburg 2000, 41.

[188] *Straub, Jürgen,* Identitätstheorie, empirische Identitätsforschung und die ‚postmoderne' armchair psychology. In: Zeitschrift für qualitative Bildungs-, Beratungs- und Sozialforschung (2000) 1, 167–194, hier 170.

Gleichzeitig erlebt der Identitätsdiskurs in den letzten Jahren Hochkonjunktur, wovon zahlreiche sozialwissenschaftliche und psychologische Publikationen zeugen, die auf die Relevanz des Themas hinweisen.[189] Die Frage der ‚individuellen' oder ‚personalen' Identität ist insbesondere in der (Sozial-) Psychologie aus unterschiedlichen Perspektiven thematisiert worden. Die Psychologie fokussiert sich bei empirischen Studien zu Identität auf die Analyse von kognitiven Selbstbildern. In der Pädagogik werden Entwicklungsmöglichkeiten des Selbst in Augenschein genommen, während aus sozialwissenschaftlicher Sicht „die sozialen Voraussetzungen für Identitätskonzepte rekonstruiert"[190] werden. Aus den unterschiedlichen wissenschaftlichen Perspektiven heraus betrachtet, kann Identität „als (kognitives) Selbstbild, als habituelle Prägung, als soziale Rolle oder Zuschreibung, als performative Leistung, als konstruierte Erzählung"[191] verstanden werden. Im Folgenden werden die für unsere Forschung zentralen Perspektiven der Identitätsforschung erläutert, die sich auch in den Auswertungen des empirischen Materials widerspiegeln.

### 2.1.1 Psychologische Perspektiven auf Identität

Den gegenwärtigen psychologischen Identitätsbegriff prägte maßgeblich der deutsch-amerikanische Psychoanalytiker und Entwicklungspsychologe Erik Erikson (1902–1994). Er entwickelte erstmals ein psychologisch fundiertes Identitätsmodell, das Identität konzipiert als „Grundhaltung, die der junge Mensch am Ende des Jugendalters aus der erfolgreichen Synthese postadoleszenter Trieborganisation seines Ichs und der sozialen Realität beziehen muss"[192].

Die sich bis zum Ende der Postadoleszenz[193] entwickelnde „Ich-Identität"[194] zeichne sich, so Erikson, dadurch aus, dass diese als einheitlicher und ‚stabiler' Wesenskern die mehr oder minder erfolgreiche Lebensbewältigung ab der Adoleszenz sichere.[195] Eriksons Identitätstheorie ist ein psychosoziales Entwicklungsmodell, das er als Grundlage der Persönlichkeitsentwicklung

---

189 Vgl. *Straub*, Identitätstheorie, empirische Identitätsforschung und die ‚postmoderne' armchair psychology, 170, 169; *Eickelpasch, Rolf / Rademacher, Claudia*, Identität. Bielefeld 2004, 5.

190 *Zirfas, Jörg*, Identität in der Moderne. Eine Einleitung. In: Jörissen, Benjamin / Ders. (Hg.), Schlüsselwerke der Identitätsforschung. Wiesbaden 2010, 9–18, hier 9.

191 Ebd.

192 *Erikson, Erik H.*, Das Traummuster der Psychoanalyse. In: Psyche (1955) 8, 561–604, hier 601.

193 Der Begriff der Postadoleszenz bezeichnet das frühe Erwachsenenalter und umfasst im Modell der psychosozialen Entwicklung nach E. Erikson das 18.–24. Lebensjahr.

194 *Erikson, Erik H.*, Identität und Lebenszyklus. Frankfurt a. M. 1973; *Erikson, Erik H.*, Jugend und Krise. Stuttgart [3]1980.

195 Vgl. *Erikson*, Identität und Lebenszyklus, 107f.

erachtet. Identität ist innerhalb dieses Modells ein Teilaspekt der Persönlichkeit und die letzte Entwicklungsstufe der Ich-Entwicklung, die in den ersten drei Lebensphasen erfolgt.[196] Sie „schließt alle bedeutsamen Identifizierungen in sich“[197] ein. Erikson identifiziert acht Lebensphasen, die das Individuum vor spezifische Aufgaben stellen, um krisenhafte Situationen zu bewältigen. Das Model von Erikson ist insofern bedeutsam für die Auswertung unseres empirischen Materials, als es bis heute auch in der Religionspädagogik häufig herangezogen wird. Besonders in Bildungs- und Entwicklungsprozessen stellt das Stufenmodell von Erikson die Grundlage für das Verständnis der Entwicklung von SchülerInnen dar. Dies ist vor allem deshalb wichtig, da der Religionsunterricht „über die inhaltsbezogenen Zielhorizonte hinaus, aber selbstverständlich auch durch sie motiviert und gestützt, einen gesamtmenschlichen Beitrag für die Identitätsfindung von Kindern und Jugendlichen“[198] leistet.

Wenngleich Erikson keine explizite Religionstheorie formulierte, so wurde sein Modell von der Religionspädagogik adaptiert, um Prozesse der religiösen Identitätsentwicklung zu beschreiben.[199] Darüber hinaus hatte Eriksons Konzept auch nachhaltigen Einfluss auf die Entwicklung und Weiterentwicklung psychologischer und sozialwissenschaftlicher Identitätstheorien. Positive Bewertung erfuhr sein Fokus auf den prozessualen Charakter der psychosozialen Entwicklung sowie die Idee einer lebenslangen Entwicklung des Menschen. Im Kontext postmoderner Identitätsdiskurse wurde hingegen besonders die Vorstellung von Identität als stabilem Wesenskern, der kontinuierlich im Erwachsenenalter weiterbesteht, kritisiert.[200]

Neben seiner Bedeutung in den unterschiedlichen Wissenschaftsdisziplinen ist Eriksons Modell für die sozialwissenschaftliche Analyse des vorliegenden Datenmaterials insofern von Bedeutung, als wir den Blick darauf richten, welches Selbstbild im Hinblick auf die eigene religiöse Identität deutlich wird und wie sich diese Grundhaltungen auch in den Narrationen der InterviewteilnehmerInnen identifizieren lassen.

---

196 Vgl. *Noack, Juliane*, Erik H. Erikson. Identität und Lebenszyklus. In: Jörissen / Zirfas (Hg.), Schlüsselwerke der Identitätsforschung, 37–54, hier 45.

197 *Erikson*, Jugend und Krise, 156.

198 *Mendl, Hans*, Religionsdidaktik kompakt: Für Studium, Prüfung und Beruf. München 2012, 71.

199 Vgl. ebd., 34

200 James E. Marcia operationalisierte Eriksons Phasenmodell für die empirische Forschung und entwickelte eine erweiterte Identitätstheorie, in deren Zentrum vier Identitätszustände des Menschen stehen (vgl. *Marcia, James E.*, The ego identity status approach to ego identity. In: Ders. / Waterman, Alan / Matteson, David / Archer, Sally / Orlofsky, Jacob (Hg.), Ego identity. A handbook of psychosocial research. New York 1993).

### 2.1.2 Sozialpsychologische Modelle: Identität als Narration

Um den Blick gezielt auf Narrationen und Identitätskonstruktionen der Interviewten zu richten, wird das Konzept der Patchwork-Identität herangezogen. Dieses Modell wurde von Heiner Keupp und dessen ForscherInnengruppe auf der Basis empirischer Studien entwickelt, um Identitätsarbeit unter den gegenwärtigen Bedingungen theoretisch zu erfassen. Keupps Ansatz stellt für unsere Analyse ein hilfreiches theoretisches Fundament dar, da uns zum einen in den Interviews Selbstnarrationen vorliegen und zum anderen die plurale und religiös heterogene Situation unserer Befragten eine offene Herangehensweise erfordert, die den Fokus auf die Konstruktion von Identität im Sinne von Selbst- und Fremdbildern richtet. Der Ansatz der Patchwork-Identität erlaubt uns unter anderem, den Fokus auf Teilaspekte von Identität, wie den der religiösen Identität, zu richten. Leitende Fragen untersuchen dabei, wie die eigene religiöse Identität entworfen und ‚erzählt' wird und wie die religiöse Identität des Gegenübers wahrgenommen und dargestellt wird.[201]

Keupps Identitätsmodell zielt auf die „Dekonstruktion grundlegender Koordinaten modernen Selbstverständnisses", wie der „Vorstellungen von Einheit, Kontinuität, Entwicklungslogik oder Fortschritt"[202] von Identität ab. Keupp zählt dabei zu jenen postmodernen Vertretern der Identitätsforschung, die gesellschaftliche Veränderungsprozesse und die damit einhergehenden Chancen und Risiken für die individuelle Identitätsarbeit aufzeigen. In Abgrenzung zu modernen Identitätsmodellen wie dem von Erik Erikson, die Identität als einen stabilen Wesenskern in einem gleichbleibenden soziokulturellen Umfeld betrachten, kritisieren Vertreter postmoderner Identitätstheorien das „Ideal einer gelingenden Integration von Subjekt und Gesellschaft" und weisen auf „die Unmöglichkeit einer solchen Synchronisation in einer kapitalistischen Gesellschaft"[203] hin.

Die seit den 1960er Jahren feststellbaren Prozesse der Differenzierung, Individualisierung und Pluralisierung, die zum Bedeutungsverlust und zur Auflösung traditioneller Gemeinschaften im Sinne von „identitätsverbürgende[n] […] Lebensformen"[204] führen, zwingen das Individuum in die aktive Rolle der Lebensgestaltung und Sinngebung. So wird dem Einzelnen die „Verarbeitung der verschiedenen Rollen, Lebensformen und Sinnelemente zu einem Sinnganzen als permanente Eigenleistung und Konstruktionsaufgabe zugemutet"[205].

---

201 Vgl. *Bauer, Nicole M.*, Kabbala und religiöse Identität: Eine religionswissenschaftliche Analyse des deutschsprachigen Kabbalah Centre. Bielefeld 2017, 57–65.

202 *Keupp, Heiner*, Identitätskonstruktionen. Das Patchwork der Identitäten in der Spätmoderne. Reinbek bei Hamburg $^{4}$2008, 30.

203 Ebd., 29.

204 *Eickelpasch / Rademacher*, Identität, 6.

205 Ebd., 7.

Eben jene Prozesse der aktiven Konstruktionsleistung stehen im Fokus der spätmodernen Identitätsforschung.[206] Am Identitätsmodell wird zudem vor allem die Idee der „bruchlosen Integrationen des Subjekts in das jeweilige soziokulturelle Umfeld“[207] sowie die Annahme einer „binnenpsychologischen Vollintegration der Persönlichkeit“[208] kritisiert. Keupp schließt sich unter anderem Theodor W. Adornos „Ende des Identitätszwanges“[209] an, welches die Chancen des Menschen betont, sein Selbstbild frei zu gestalten, ohne sich vorgegebenen Rollenzwängen und Normalitätsmodellen zu unterwerfen, die auf eine ‚Einheit‘ der Persönlichkeit abzielen.[210] Keupp rückt außerdem das kreative Potential in den Fokus, das im aktiven Prozess der Identitätsarbeit liegt[211] und den Menschen die Möglichkeit einräumt, als „Baumeister des eigenen Lebensgehäuses“[212] zu fungieren. Er bezeichnet Identität als „das individuelle Rahmenkonzept einer Person, innerhalb dessen sie ihre Erfahrungen interpretiert und das ihr als Basis für alltägliche Identitätsarbeit dient“[213].

Die tägliche Identitätsarbeit wiederum besteht in der ‚Passung‘ zwischen inneren und äußeren Erfahrungen und in der Verknüpfung unterschiedlicher Teilidentitäten.[214] Identitätsarbeit geschieht also ebenso in und durch die Interaktion mit anderen und im ‚Patchworking‘ von unterschiedlichen Teilaspekten von Identität. Identitätsarbeit ist demgemäß auch Konfliktaushandlung, indem im Finden eines subjektiv stimmigen Passungsverhältnisses zwischen den inneren und äußeren Aspekten ein ‚konfliktorientierter Spannungszustand‘ erreicht werden soll. Gleichzeitig ist Identitätsbildung ein permanenter, unabgeschlossener Prozess der Verknüpfungsarbeit von Erfahrungen,[215] der erst im Erzählen, mit dem Mittel der Selbstnarration stattfindet. Es ist wichtig, hierbei festzuhalten, dass die narrativen Strukturen, die Art und

---

206 Der US-amerikanische Philosoph Georg Herbert Mead und weitere Vertreter des sogenannten ‚symbolischen Interaktionismus‘ der 1950er und 1960er Jahre waren der Ansicht, Identität sei in einem Aushandlungs- und Zuschreibungsprozess begriffen. Sie forcierten die Idee des konstruierten Charakters von Identität (vgl. *Mead, Georg Herbert*, Geist, Identität und Gesellschaft aus der Sicht des Sozialbehaviorismus. Frankfurt a. M. [17]1973). Das von Georg Herbert Mead entwickelte Identitätskonzept beschreibt Identität durch das „Verhältnis von personaler Identität und (internalisierten externen) sozialen Erwartungen“ (*Laack, Isabel*, Religion und Musik in Glastonbury. Eine Fallstudie zu gegenwärtigen Formen religiöser Identitätsdiskurse. Göttingen 2011, 34). Diesem Konzept zufolge entsteht personale Identität erst „in der Interaktion und Kommunikation mit anderen Subjekten“ (ebd.).

207 *Keupp*, Identitätskonstruktionen, 16.

208 Ebd.

209 *Adorno, Theodor W.*, Negative Dialektik. Frankfurt a. M. 1966, 175.

210 Vgl. *Keupp*, Identitätskonstruktionen, 17.

211 Vgl. ebd., 28

212 Ebd., 55.

213 Ebd., 60

214 Vgl. ebd., 7

215 Vgl. ebd., 197.

Weise, wie ein Individuum sein Erleben sortiert und in das Selbstbild integriert, sozial und kulturell beeinflusst sind.[216]

Für die Auswertung des Interviewmaterials ist zum einen der Aspekt des konstruierten Charakters von Identität hilfreich, um die Narrationen auch als solche in den Blick zu nehmen. Zum anderen ist es unser Anspruch, Dynamiken und Strukturen, die hinter den Konstruktionen stehen, und deren soziale und kulturelle Bedingtheit – besonders hinsichtlich der Religiosität als zentralem Teilaspekt von Identität – zu erfassen.

### 2.1.3 Soziologische Aspekte von Identität: Identität und Gemeinschaft

#### Personale, kollektive und kulturelle Identität

Um Identitätskonstruktionen in Kontexten wie interreligiösen Bildungsprozessen zu erfassen, ist ein weiterer Bestandteil relevant, nämlich die soziale oder kollektive Identität. Hier spielen zwei Aspekte für die Analyse eine wesentliche Rolle: Zum einen die Identifikation mit einer bestimmten sozialen Gruppe bzw. das Gefühl der Zugehörigkeit zu einer bestimmten Gruppe wie beispielsweise einer bestimmten Glaubensgemeinschaft; zum anderen die Abgrenzung vom Anderen[217] und die Festlegung von Demarkationslinien. Um dies zu erläutern, sollen die oben genannten Perspektiven und Modelle der personalen Identität um den Aspekt der kulturellen und sozialen Identität erweitert und einige theoretische Perspektiven vorgestellt werden, die für die Analyse von interreligiösen Bildungsprozessen und darin entstehenden Konflikten erforderlich sind.

Besonders in den Kulturwissenschaften, aber auch in der Soziologie, wird der Zusammenhang von Kultur, Gesellschaft und Subjekt in den Blick

---

216 Vgl. *Keupp*, Identitätskonstruktionen, 207f.

217 Der Begriff des Anderen wird in der Religionspädagogik häufig mit dem Begriff des Fremden in Verbindung gebracht. In der Literatur wird diese Verbindung oftmals kritisch diskutiert, wie beispielsweise in den Arbeiten von Georg Auernheimer (*Auernheimer*, Einführung in die interkulturelle Erziehung), Erol Yildiz (*Yildiz, Erol*, Konstruktion des Anderen als ethnisch Fremder: Zur Notwendigkeit eines Perspektivenwechsels in der interkulturellen Bildung. In: Karakasoglu, Yasemin / Lüddecke, Julian [Hg.], Migrationsforschung und Interkulturelle Pädagogik. Aktuelle Entwicklungen in Theorie, Empirie und Praxis. Münster 2004, 145–157) oder Paul Mecheril (*Mecheril, Paul*, Prekäre Verhältnisse. Über natio-ethno-kulturelle [Mehrfach-]Zugehörigkeit. Münster 2003). In Anlehnung an deren Arbeiten erachten wir die Konstruktion des Fremden oder von Fremdheit ebenfalls als kritisch, da hier sprachlich Differenzen zementiert und ontologisiert werden. Folglich verwenden wir nicht die Begriffe ‚Fremdheit' oder ‚das/der/die Fremde', sondern die Begriffe ‚Andersheit', ‚der/die/das Andere' oder ‚das religiöse Gegenüber'.

genommen. Hier steht weniger der Identitätsbegriff im Vordergrund als vielmehr der Subjektbegriff. Unter diesem wird gleichzeitig die „gesamte kulturelle Form […], in welcher der Einzelne als körperlich-geistig-affektive Instanz in bestimmten Praktiken und Diskursen zu einem gesellschaftlichen Wesen wird“[218] subsumiert. Identität wird dabei als ein besonderer Ausdruck der Subjektform verstanden, als

> „die Art und Weise, in der in diese kulturelle Form ein bestimmtes Selbstverstehen, eine Selbstinterpretation eingebaut ist, wobei diese Identität immer direkt oder indirekt auch mit einer Markierung von Differenzen zu einem kulturellen Anderen verknüpft ist“[219].

Identität als Markierung von Differenz, als Abgrenzung vom Anderen bzw. vom Fremden stellt die Basis kollektiver Identitätskonstruktionen dar.[220] Zu unterscheiden sind zudem grundsätzlich personale Identitäten von kollektiven Wir-Identitäten. Unter letzteren verstehen wir in Anlehnung an Jan Assmann

> „das Bild, das eine Gruppe von sich aufbaut und mit dem sich deren Mitglieder identifizieren. Kollektive Identität ist eine Frage der Identifikation seitens der beteiligten Individuen. Es gibt sie nicht ‚an sich‘, sondern immer nur in dem Maße, wie sich bestimmte Individuen zu ihr bekennen. Sie ist so stark oder so schwach, wie sie im Bewusstsein der Gruppenmitglieder lebendig ist und deren Denken und Handeln zu motivieren vermag.“[221]

Moderne kollektive Identitäten wie ‚Nation‘, ‚Klasse‘, ‚Geschlecht‘, ‚Ethnizität‘ oder ‚Religion‘ haben aufgrund gesellschaftlicher Veränderungsprozesse und politischer Entwicklungen der Spätmoderne ebenfalls partiell an Stabilisierungskraft verloren.[222] Eine der weitreichendsten Folgen der bereits genannten gesellschaftlichen Veränderungen zeigt sich im Auflösen traditioneller Bindungen und Gemeinschaften. Somit haben gesamtgesellschaftlich betrachtet auch kollektive Identitäten an Wirkkraft für Orientierung und Identifikation verloren. Der britische Soziologe Stuart Hall spricht in diesem

---

218 *Reckwitz, Andreas*, Subjekt. Bielefeld $^{2}$2010, 17.

219 Ebd.

220 Auch im Hinblick auf das Verständnis von kollektiver Identität folgen wir hier einem anti-essentialistischen Ansatz, der den Konstruktionscharakter von Kollektiven betont und diese nicht als natürliche Gegebenheiten betrachtet.

221 *Assmann, Jan*, Das kulturelle Gedächtnis. Schrift, Erinnerung und politische Identität in frühen Hochkulturen. München $^{6}$2007, 132.

222 Umfangreiche Darstellungen zu den kollektiven Identitäten von Ethnizität und Kultur finden sich in den Arbeiten von Stuart Hall. Siehe hierzu: *Hall, Stuart,* Die Frage der kulturellen Identität. In: Ders. (Hg.), Rassismus und kulturelle Identität. Ausgewählte Schriften. Hamburg 1994), 180–222; *Hall, Stuart*, Ethnizität. Identität und Differenz. In: Engelmann, Jan (Hg.), Die kleinen Unterschiede. Der Cultural Studies-Reader. Frankfurt a. M. 1999, 83–98; *Hall, Stuart*, Rassismus und kulturelle Identität. Hamburg $^{4}$2008.

Zusammenhang von der „Dezentrierung [und] Relativierung der großen stabilen Identitäten“[223] in der Postmoderne.

Durch den von SozialwissenschaftlerInnen konstatierten Bedeutungsverlust wirkungsmächtiger kollektiver Identitäten ist das einzelne Individuum in die aktive Rolle gezwungen, Bezüge und Rahmenbedingungen für die eigene Lebensgestaltung zu schaffen. Demzufolge besteht in bestimmten sozialen Bereichen eine größere Handlungsfreiheit im Hinblick auf die Wahl von Gemeinschaften, mit denen man sich identifiziert. Die Identifikation mit verschiedenen Kollektiven ist somit „der subjektiven Dynamik der persönlichen Identifikationsarbeit unterworfen, und ihre Bedeutung für den Einzelnen ist längst nicht mehr so übermächtig wie der einstige Einfluss der Gemeinschaft“[224]. Dennoch gelten Gemeinschaften als zentraler Marker der Identifikation des Individuums.[225] Die Identifikation mit einer bestimmten Gruppe wiederum führt zur Abgrenzung vom Anderen.[226]

Die Konstruktion des Anderen ist ein zentrales Anliegen in der Analyse des hier vorgestellten empirischen Materials und unumgänglich für das Verständnis von interreligiösen Bildungsprozessen. Stuart Hall entwickelte ein weitreichendes Modell zur Analyse und zum Verständnis von kultureller Identität, in dessen Zentrum die Konstruktion des ‚Anderen‘ und dessen Einfluss auf die eigene, die personale Identität stehen.[227] Identität als eine „Erzählung vom Selbst“[228] wird innerhalb eines Diskurses durch die „Konstruktion der Differenz“[229] erschaffen und befindet sich in einem fortlaufenden Prozess. Als ‚kulturelle Identität‘ beschreibt Hall jene Bereiche, „aus denen unsere ‚Zugehörigkeit‘ zu uns unterscheidenden ethnischen, ‚rassistischen‘, sprachlichen, religiösen und vor allem nationalen Kulturen“[230] entsteht.

Durch die Zugehörigkeit zu (religiösen) Gemeinschaften wird sozusagen ein „fiktives imaginiertes Wir“[231] erzeugt, was eine Abgrenzung nach außen, vom ‚Anderen‘ bewirkt.[232] In derselben Weise wie die eigene, personale Identität konstruiert wird, erfolgt auch die Konstruktion des Anderen, des

---

223 *Hall*, Ethnizität, 90.

224 *Pirker, Vera*, Fluide und fragil. Identität als Grundoption zeitsensibler Pastoralpsychologie. Ostfildern 2013, 157.

225 Bereits Mead stellte fest, dass die Identifikation mit einer bestimmten Gruppe zur Erweiterung der Persönlichkeit führt, die die Person wiederum stärkt (vgl. *Mead*, Geist, Identität und Gesellschaft aus der Sicht des Sozialbehaviorismus, 363).

226 Vgl. *Kolb, Jonas*, Präsenz durch Verschwinden. Sprache und Ethnizität in der Alltagspraxis junger Kärntner Slowen_innen. Bielefeld 2018, 101–137.

227 Er expliziert seine Theorie der kulturellen Identität am Beispiel Rassismus. Rassismus betrachtet Hall dabei als „eine Struktur des Diskurses und der Repräsentation, die den Anderen symbolisch zu vertreiben sucht“ (*Hall*, Ethnizität, 94).

228 Ebd.

229 Ebd.

230 *Hall*, Die Frage der kulturellen Identität, 180.

231 *Eickelpasch / Rademacher*, Identität, 68.

232 Vgl. ebd.

Fremden. Konzepte des ‚Otherings' greifen diese Problematik auf.[233] Der Prozess der kollektiven Identitätskonstruktion beinhaltet somit die Identifikation mit dem Eigenen sowie die Abgrenzung nach außen. Stuart Hall verweist in diesem Zusammenhang auf die Bedeutung der Konstruktion des Anderen für das Selbst.

Die Begegnung mit dem religiösen Gegenüber stellt einen zentralen Aspekt in interreligiösen Bildungsprozessen dar. Es findet eine wechselseitige Beeinflussung statt zwischen dem ‚Ich' und dem ‚Anderen', die in den kommunikativen Aushandlungsprozessen sichtbar wird. Gleichzeitig beinhaltet ebendiese Auseinandersetzung erhebliches Konfliktpotential, das im Fokus unserer Forschung liegt.

### Soziale Identität

In interreligiösen Bildungsprozessen sind die einzelnen Personen permanent herausgefordert, sich durch das Erleben von ‚Grenzen' mit ihrer religiösen Identität zu beschäftigen und diese gegebenenfalls zu verteidigen.[234] Die Grenze wird dabei zum zentralen Ort, an dem Identität im Ganzen und religiöse Identität (als Teilaspekt von Identität) im Speziellen ausgehandelt wird. Ein theoretisches Konzept, das für die Auswertung und Diskussion unseres empirischen Materials hilfreich ist, ist das Modell der ‚sozialen Identität'. Es ermöglicht uns, die sozialen Interaktionsprozesse in den unterschiedlichen religiösen Gruppen und die damit einhergehende Bewertung zu analysieren. Henri Tajfel[235], der seine Theorie aus Gruppenexperimenten abgeleitet hat, entwickelte eine umfassende Gruppentheorie, die es ermöglicht, soziale Interaktionsprozesse mit besonderem Fokus auf soziale Identität zu beschreiben.

Er entwirft dabei ein Modell von Identität, das seinen Fokus insbesondere auf diese Grenze, den Übergang von Innen nach Außen richtet. Mit dem Terminus ‚Selbstkonzept' beschreibt er zwei Aspekte von Identität: die ‚persönliche Identität' und die ‚soziale Identität'.[236] Die soziale Identität umfasst jenen Aspekt des Selbstkonzeptes, der „sich aus seinem Wissen um seine Mitgliedschaft in sozialen Gruppen und aus dem Wert und der emotionalen Bedeutung ableitet, mit der diese Mitgliedschaft besetzt ist"[237].

---

[233] Vgl. *Mecheril, Paul / Scherschel, Karin / Schrödter, Mark*, ›Ich möchte halt nur wissen, wie es ist, du zu sein‹. Die Wiederholung der alienierenden Zuschreibung durch qualitative Forschung. In: Badawia, Tarek / Hamburger, Franz / Hummrich, Merle (Hg.), Wider die Ethnisierung einer Generation. Beiträge zur qualitativen Migrationsforschung. Frankfurt a. M. 2003, 93–110.

[234] Vgl. *Pirker*, Fluide und fragil, 393.

[235] *Tajfel, Henri*, Gruppenkonflikt und Vorurteil. Bern 1982.

[236] Vgl. *Güttler, Peter O.*, Sozialpsychologie. München [3]2000, 162.

[237] *Tajfel*, Gruppenkonflikt und Vorurteil, 102.

Durch die Zugehörigkeit zu einer sozialen Gruppe unterteilt das Individuum seine soziale Welt in ‚Ingroup' und ‚Outgroup'. Da Individuen nach einer positiven Bewertung des Selbstkonzeptes streben und diese wiederum unter dem Einfluss der Zugehörigkeit zu einer sozialen Gruppe stehen, wird der eigenen Gruppe eine positivere Bewertung zuteil als der Outgroup.[238] Wichtig ist hierbei, dass die positive Beurteilung der Ingroup „erst in Relation zu wahrgenommenen Unterschieden zu anderen Gruppen und zu den Wertekonnotationen dieser Unterschiede"[239] erfolgt. Soziale Vergleiche sind somit für die Positionierung der eigenen Gruppe und zur Stärkung des Selbstbildes unumgänglich.

Die Theorie der sozialen Identität ist insbesondere im Bereich der interreligiösen Bildung notwendig und hilfreich, um Interaktionsprozesse zwischen Mitgliedern unterschiedlicher religiöser Gruppen – in unserem Fall zwischen muslimischen und katholischen Studierenden – zu erfassen und deren Narrationen im Hinblick auf die eigene und die andere Religion zu interpretieren. Dies bietet eine theoretische Grundlage, um Konflikte und deren Entstehungsbedingungen, die sich in den interreligiösen Begegnungen zeigen, umfassend zu analysieren und Konfliktpotentiale zu erfassen, die in eben diesen Aushandlungs- und Abgrenzungsprozessen liegen.

### 2.1.4 Identität aus theologischer Perspektive

Gerade in theologischen Kontexten spielt der Identitätsbegriff eine wichtige Rolle und ist in unterschiedlichen Konzepten und Aspekten ausgeprägt. Religion fungiert in dieser Perspektive grundsätzlich als „konstitutiver Bestimmungsgrund von Identität"[240]. Wie dieser Begriff im religiösen Kontext verwendet wird, hängt vor allem von zwei Faktoren ab: Zum einen kommt es, wie oben erläutert wurde, darauf an, in welcher Beziehung zu sich selbst/zur eigenen Religion bzw. zum eigenen Glauben der Identitätsbegriff gedacht wird. Wird dieser ausschließlich auf die Entwicklung der eigenen Person, auf den intrareligiösen Kontext bezogen, und geht dies einher mit einem statischen Verständnis von Identität, so wird das religiöse Gegenüber eher als Bedrohung aufgefasst.

Versteht man den Identitätsbegriff hingegen jedoch verschränkt mit dem religiösen und kulturellen Gegenüber in Form von Selbst- und Fremdzuschreibungen unterschiedlichster Ordnungen sowie in Form von Konstruktionen und Ko-Konstruktionen, weitet sich auch das theologische Konzept hin zu der Überzeugung, „dass religiöse Identitäten sich immer aus der Interaktion

---

238 Vgl. *Tajfel*, Gruppenkonflikt und Vorurteil, 159.

239 Ebd., 106.

240 *Schweitzer, Friedrich*, Entwicklung und Identität. In: Bitter, Gottfried et al. (Hg.), Neues Handbuch religionspädagogischer Grundbegriffe. München ²2006, 188–193, hier 189.

mit Alteritäten, also anderen religiösen und weltanschaulichen Gedankensystemen“[241] entwickeln, d. h. also immer in Beziehung mit anderen Kontexten und anderen Personen zu sehen ist.

Ein weiterer Einflussfaktor auf das theologische Identitätsverständnis speist sich zum anderen aus dem Gottesbegriff, der jeweils das menschliche Denken und Handeln leitet. Sieht man in Gott in erster Linie den Garant für Stabilität und Unveränderlichkeit, bilden sich andere Denotationen und Konnotationen im Hinblick auf den Identitätsbegriff heraus, als wenn Gott – als letztgültige Orientierung – für Möglichkeiten, das jeweils Andere, die Veränderbarkeit oder die Fragmentarität steht.

Auf der Theorieebene ist – nach den Ansätzen, die weiter oben erwähnt wurden – aus theologischer Perspektive besonders das Konzept der multiplen Identität zu erwähnen, das vor allem von Raimon Panikkar entfaltet wurde.[242] Es beschäftigt sich mit der Frage nach der „*Identi-fikation* mit verschiedenen religiösen Traditionen“[243] und zeigt sich u. a. in Familien, deren Mitglieder unterschiedlichen religiösen Traditionen angehören. Perry Schmidt-Leukel ist der Meinung, ähnliche Phänomene wären unter den aktuellen pluralen religiösen und weltanschaulichen Bedingungen selbstverständlich, man müsste aber eher von „multireligiöser Identität“[244] sprechen. Reinhold Bernhardt erinnert daran, dass die „Bildung individueller und gemeinschaftlicher religiöser Identitätsmuster“[245] sich weniger als „kognitive Rezeption von vorgegebenen systemischen Komplexen von Überzeugungen und Handlungsorientierungen“[246] auffassen ließe als vielmehr in Narrativen. Die Identität jedes Menschen wird durch eine Fülle solcher Narrative beeinflusst, gestärkt, ins Wanken gebracht, irritiert oder aufgebaut. Es geht um die In-Beziehung-Setzung der verschiedenen Traditionen bzw. Narrative, die sich gegenseitig durchdringen können, „ohne ineinander aufgelöst zu werden“[247]. Bernhardt

---

241 *Dehn, Ulrich,* Einleitung: Brauchen wir für den interreligiösen Dialog eine Theologie der Religionen? In: Ders. (Hg.), Handbuch Dialog der Religionen. Christliche Quellen zur Religionstheologie und zum interreligiösen Dialog. Frankfurt a. M. 2008, 13–27, hier 13.

242 Vgl. *Nitsche, Bernhard,* Raimon Panikkar. Multiple Identität als gelebte inter-intrareligiöse Transversalität. In: Bernhardt, Reinhold / Schmidt-Leukel, Perry (Hg.), Multiple religiöse Identität. Aus verschiedenen Traditionen schöpfen. Zürich 2008, 59–77, hier 60.

243 *Schnell, Tatjana,* Religiosität und Identität. In: Bernhardt / Schmidt-Leukel (Hg.), Multiple religiöse Identität, 163–183, hier 167.

244 *Schmidt-Leukel, Perry,* Multireligiöse Identität. Anmerkungen aus einer pluralistischen Sicht. In: Bernhardt / Ders. (Hg.), Multiple religiöse Identität, 243–265, hier 244f.

245 *Bernhardt, Reinhold,* „Synkretismus“ als Deutekategorie für multireligiöse Identitätsbildungen. In: Bernhardt / Schmidt-Leukel (Hg.), Multiple religiöse Identität, 267–290, hier 287.

246 Ebd.

247 Ebd., 289.

spricht davon, dass ebendies in einem qualitätsvollen interreligiösen Dialog stattfindet.

In diesem Kontext soll noch ein weiterer Hinweis gegeben werden: Multiple Identitäten sind nicht nur für den Bereich des Religiösen zu konstatieren, sondern auch für den – weiteren – Bereich der Weltanschauungen.

## 2.2 *Theoretische Perspektiven auf Konflikte und Konfliktpotentiale*

### 2.2.1 Annäherungen an den Konfliktbegriff

Konflikte können überall dort entstehen, wo Menschen aufeinandertreffen. Meist bedarf es für die Herausbildung von Konflikten auch keiner besonderen Ausgangssituationen oder Bedingungen. Vor allem Alltagskonflikte, also all jene Konflikte, die in der alltäglichen Interaktion zwischen Menschen auftreten, basieren oftmals auf Missverständnissen in der Kommunikation.[248] Das Konfliktpotential liegt demgemäß in Störungen innerhalb des Kommunikationsprozesses.[249]

Wann konkret von einem Konflikt gesprochen wird, hängt vom jeweiligen Konfliktbegriff und der damit einhergehenden Theorie ab. In der Regel unterscheidet man zwischen psychologischen Konflikten, also Konflikten, die innerpsychisch bedingt sind, und sozialen Konflikten, die innerhalb sozialer Gefüge zwischen sozialen AkteurInnen wie Personen, Gruppen, Organisationen oder Staaten entstehen.[250] Für die Analyse und Interpretation des empirischen Materials im Hinblick auf Konflikte in interreligiösen Bildungsprozessen, sind für uns soziale Konflikte von besonderem Interesse. Hierbei konzentrieren wir uns auf sogenannte Alltagskonflikte, die auch religiös oder kulturell geprägt sein können.

Etymologisch lässt sich der Begriff ‚Konflikt' auf das lateinische Verb *confligere* (‚zusammenstoßen' oder ‚zusammentreffen') zurückführen. Seine Wortbedeutung beinhaltet „Zwiespalt, Auseinandersetzung, Streit [zw. Personen, Staaten u. a.]; auch innerer Widerstreit von Motiven, Wünschen, Bestrebungen"[251]. Soziale Konflikte umfassen Interessengegensätze und „daraus folgende Auseinandersetzungen verschiedener Intensität und Gewaltsamkeit zw. Personen, Gruppen, Organisationen"[252]. Die Inhalte von

---

248 Vgl. *Zuschlag, Bernd / Thielke, Wolfgang*, Konfliktsituationen im Alltag. Ein Leitfaden für den Umgang mit Konflikten in Beruf und Familie. Göttingen $^{3}$1998, 20f.

249 Vgl. ebd., 34.

250 Vgl. ebd.

251 *Meyer, Joseph*, Meyers großes Konversations-Lexikon: ein Nachschlagewerk des allgemeinen Wissens. Leipzig $^{10}$1986, 89.

252 Ebd., 89.

Konflikten sind dabei sehr unterschiedlich. Häufig werden in Konflikten Unstimmigkeiten in Bezug auf Wertvorstellungen oder Lebensperspektiven thematisiert sowie Machtverhältnisse und Differenzen im Hinblick auf Macht- und Statuskämpfe. Auch was deren Entstehung anbelangt, gibt es unterschiedliche Theorien, die von der akademischen Verortung und der jeweiligen Perspektive abhängen.[253]

Die Definition des Begriffs ‚Konflikt' ist bedingt durch die jeweilige Theorierichtung und zeichnet sich selbst innerhalb der Sozialwissenschaften durch Unschärfe aus. Diese Unschärfe hat wiederum Auswirkungen „auf die Ebene, auf der Konflikte in der Theorie thematisiert werden, auf mögliche Konfliktgegenstände, auf Konfliktparteien und auf besondere Austragungsformen"[254].

Im Allgemeinen werden Konflikte als Situationen des Wettbewerbs definiert „in which the parties are aware of the incompatibility of potential future positions and in which each party wishes to occupy a position that is incompatible with the wishes of the other"[255]. Es geht dabei auch um einen Kampf unterschiedlicher Motive, dem im weitesten Sinne entgegengesetzte Bestrebungen, Triebkräfte oder Wünsche zugrunde liegen.[256] Zusammenfassend lassen sich Konflikte als Widerstreit von Gegensätzen (Positionen, Wertvorstellungen, Glaubensfragen, sozialen Status, Wünschen, Trieben, Erwartungen etc.) definieren, die zu Spannungen, Streit, bis hin zu Gewalt und Krieg führen können.

Wenn in diesem Buch von *Konflikt* gesprochen wird, so ist in erster Linie von solchen Spannungen die Rede, die aufgrund unterschiedlicher Positionen und Werthaltungen sichtbar werden. Konflikte liegen zwischen zwei InteraktionspartnerInnen dann vor,

> „wenn zwei Personen etwas unterschiedliches wollen; sie verfolgen unterschiedliche Ziele, haben unterschiedliche Absichten, treffen unterschiedliche Entscheidungen usw.; wenn die dabei angestrebten Handlungen oder Handlungsziele sich gegenseitig ausschließen oder sich nicht [...] vereinbaren lassen [...]; wenn damit nicht beide Partner für sich ein optimales Ergebnis realisieren können"[257].

Als *Konfliktpotentiale* definieren wir jene Diskrepanzen in Bezug auf Werthaltung, Sozialisation und soziale Position, die unseres Erachtens zu

---

253 Vgl. *Meyer*, Meyers großes Konversations-Lexikon, 90.

254 *Bonacker, Thorsten,* Sozialwissenschaftliche Konflikttheorien. Einleitung und Überblick. In: Ders. (Hg.), Sozialwissenschaftliche Konflikttheorien: eine Einführung. Wiesbaden $^{3}$2008, 9–29, hier 9.

255 *Boulding, Kenneth E.*, Conflict and Defense. A General Theory. New York 1962, 5.

256 Vgl. *Ulich, Dieter*, Konflikt und Persönlichkeit: psychologische Modelle und ihre Bedeutung für die Pädagogik. München 1971; *Zuschlag / Thielke*, Konfliktsituationen im Alltag, 34.

257 *Sachse, Rainer*, Konflikt und Streit. Wie wir konstruktiv mit ihnen umgehen. Heidelberg 2017, 8.

Konflikten führen können und sich nicht sichtbar manifestieren, aber den zutage tretenden Konflikten zugrunde liegen.

Zudem unterscheidet man zwischen verschiedenen Konflikttypen. Von Interaktionskonflikten spricht man dann, wenn beide InteraktionspartnerInnen an dem Konflikt beteiligt sind und auch Verantwortung dafür tragen.[258] Davon unterschieden werden ‚interne Konflikte' als solche Konflikte, die sich innerhalb einer Person abspielen.

Konflikte entstehen immer dort, wo Menschen mit unterschiedlichen Biografien, Wertvorstellungen, Absichten usw. aufeinandertreffen, sowohl im privaten als auch im beruflichen Bereich. Konflikte gehören somit zu ‚normalen' Prozessen der zwischenmenschlichen Interaktion. Die Art und Weise, wie mit Konflikten umgegangen wird, wie und ob sie thematisiert werden, bestimmt den weiteren Verlauf von zwischenmenschlichen Begegnungen und (Bildungs-)Prozessen.

Wie bereits im Kapitel ‚Identität' erläutert wurde, zählt Religion zu einem zentralen Marker personaler Identität. Wenn Menschen mit unterschiedlichen religiösen Werten und damit einhergehenden Biografien, Lebensentwürfen und Zielen zusammenkommen, wie etwa in interreligiösen Bildungsprozessen, erhöht sich das Konfliktpotential. Wie sich dieses zeigt, was die zentralen ‚Konfliktherde' sind und wie sich die konkreten Konflikte äußern, wird im empirischen Teil dieses Buches beschrieben. Im folgenden Abschnitt werden einige Konflikttheorien vorgestellt, die diesen Analysen zugrunde liegen.

### 2.2.2 Interdisziplinäre Perspektiven auf Konflikttheorien

Konflikttheorien sind in unterschiedliche akademische Disziplinen eingebettet und stellen Teilbereiche politikwissenschaftlicher, soziologischer und psychologischer Theorien dar.[259] Sie sind systematisch aufeinander bezogene Aussagen über soziale Konflikte und lassen sich wiederum in klassische Theorien – wie die Konflikttheorien von Thomas Hobbes, Karl Marx, Max Weber und Georg Simmel –, Konflikttheorien der Theorien internationaler Beziehungen, Konflikttheorien soziologischer Gesellschaftstheorien sowie Konflikttheorien sozialwissenschaftlicher Akteurstheorien unterscheiden.[260]

Sozialwissenschaftliche Konflikttheorien versuchen zum einen, die Entstehung und Entwicklung von Gewalt zu erklären, zum anderen, Prognosen über zukünftiges Konfliktgeschehen abzuleiten. Konflikte finden laut diesen

---

258 Vgl. *Sachse*, Konflikt und Streit, 7.

259 Für einen umfassenden Überblick und eine Darstellung der einzelnen Theorien siehe *Bonacker*, Sozialwissenschaftliche Konflikttheorien sowie *Bonacker, Thorsten*, Konflikttheorien. In: Kneer, Georg / Schroer, Markus (Hg.), Handbuch Soziologische Theorien. Wiesbaden 2013, 178–198.

260 Vgl. *Bonacker*, Sozialwissenschaftliche Konflikttheorien, 16.

Konflikttheorien auf drei Ebenen statt: Auf der Makroebene werden weltpolitische Konflikte beschrieben, zum Beispiel zwischen verschiedenen Staaten; auf der Mesoebene werden Konflikte zwischen Gruppen behandelt, wie religiöse Konflikte oder ethnopolitische Konflikte. Dabei liegt der Fokus auf der wechselseitigen Wahrnehmung sowie auf Intra- und Intergruppenprozessen. Auf der Mikroebene werden Konflikte zwischen Individuen thematisiert. Dabei stehen vor allem das individuelle Verhalten und Interaktionsprozesse im Zentrum. Konflikte treten zwischen Individuen oder Kollektiven auf, aber auch innerhalb eines Akteurs und eines Kollektivs.

Während sozialwissenschaftliche Theorien die gesellschaftlichen Fokusse in den Blick nehmen, konzentrieren sich psychologische und sozialpsychologische Konflikttheorien auf soziale Prozesse wie Kommunikationsprozesse, die zwischen Individuen stattfinden, sowie auf psychische Prozesse wie Denken und Fühlen.[261] Konflikttheorien erklären also Konflikte auf unterschiedlichen Ebenen. Die Wahl der entsprechenden Theorien und des Konfliktbegriffs legt daher auch den Fokus der Analyse fest.

Nachfolgend wird ein Überblick über die für das Forschungsprojekt relevanten sozialpsychologischen und psychologischen Konflikttheorien gegeben. Aus dem Bereich der Sozialwissenschaft ist dabei die Konflikttheorie der sozialen Identität von besonderem Interesse. Darüber hinaus richten wir den Blick auf sogenannte interkulturelle und interreligiöse Konflikte. Ebenso wird ein Überblick über die Psychologie des Konflikts gegeben, um auch die psychologischen Prozesse zu beleuchten, die in Äußerungen der Befragten sichtbar werden.

### Sozialpsychologische Perspektiven auf Konflikte – Konflikttheorie der sozialen Identität

Die wesentlichen Bausteine der Theorie der sozialen Identität von Henri Tajfel und John Turner[262] wurden bereits im Kapitel zu Identität vorgestellt. Diese sozialpsychologische Theorie erklärt Prozesse und Konflikte, die intergruppal, also zwischen unterschiedlichen Gruppen entstehen können. Dabei steht die Frage im Vordergrund, aus welchen Gründen Menschen ihre Bezugsgruppe gegen andere ähnliche Gruppen abgrenzen, indem Fremdgruppen meist abgewertet werden. In verschiedenen Studien zu Wahrnehmung, Stereotypen und Vorurteilen stellten Tajfel und seine Mitarbeiter fest, dass Menschen stets die Ingroup favorisieren.[263] Die Ingroup, so die Ergebnisse, wird selbst dann

---

261 Vgl. *Simon*, Einführung in die Systemtheorie des Konflikts, 11.

262 *Tajfel, Henri / Turner, John C.*, The social identity theory of intergroup behavior. In: Worchel, Stephen / Austin, William G. (Hg.), Psychology of intergroup relations. Chicago 1986, 7–24.

263 Vgl. *Zick, Andreas*, Die Konflikttheorie der Theorie sozialer Identität. In: Imbusch / Zoll (Hg.), Sozialwissenschaftliche Konflikttheorien, 409–426, hier 409.

bevorzugt, wenn sie den Eigeninteressen widerspricht. Die Theorie der sozialen Identität lässt sich in drei Grundannahmen zusammenfassen: Erstens streben Individuen danach, „eine positive soziale Identität zu erhalten, die vollständig durch die Mitgliedschaft zu einer Gruppe definiert ist“[264]. Zweitens basiert soziale Identität auf Vergleichsprozessen. Dabei muss die Ingroup positiv von der Outgroup abgegrenzt werden. Drittens verlassen Menschen entweder die Ingroup, wenn die damit einhergehende soziale Identität unbefriedigend ist oder verstärken die positiven Zuschreibungen an die Ingroup.[265]

Im Hinblick auf die Frage nach Konflikten dient die Theorie der sozialen Identität dazu, Motive und Bedürfnislagen, die zu Konflikten führen, zu analysieren. Dem geht ein spezifisches Verständnis von Konflikten als ‚intergruppale Konflikte‘ voraus, in dessen Zentrum das Aushandeln von sozialen Identitäten steht. Konflikte haben dieser Theorie zufolge die Funktion, entweder den sozialen Status einer Gruppe wiederherzustellen oder eine Selbstwertsteigerung einer sozialen Gruppe herbeizuführen. Dabei unterscheiden Tajfel und Turner[266] zwischen objektiven und subjektiven sowie zwischen expliziten und impliziten Konflikten und fordern eine konkrete Analyse für das Verständnis von Gruppenkonflikten. Das Ausmaß von Konflikten hänge wiederum, so Tajfel und Turner, von verschiedenen Faktoren ab, wie der Stärke der Identifikation mit der Gruppe und der wahrgenommenen Bedrohung der Gruppenidentität. Darüber hinaus muss die Vergleichsgruppe eine bestimmte Ähnlichkeit mit der Ingroup vorweisen (wie es bei ähnlichen Religionen der Fall ist), die ihrerseits von der Einschätzung des Status der Ingroup und Outgroup abhängig ist. Soziale Konflikte haben gemäß der Theorie der sozialen Identität den Zweck, Bedrohungen der Identität der eigenen Gruppe zu verhindern bzw. den Gruppenselbstwert zu erhalten und zu stärken.[267]

Auf der Grundlage dieser Theorie lassen sich auch die Entstehung und Aufrechterhaltung sozialer Vorurteile und rassistischer Ideologien veranschaulichen. Stereotype basieren auf Kategorisierungsprozessen, die den Zweck haben, die Ingroup zu favorisieren und sich von der Outgroup zu differenzieren. Sie sind wiederum von der Selbstkategorisierung einer Person innerhalb einer sozialen Gruppe abhängig. Stereotype und Vorurteile haben somit eine kognitive Funktion und unterliegen keinen Automatismen. Die kognitive Funktion von Stereotypen besteht einerseits darin, ein klares Bild der sozialen Welt zu konstruieren und andererseits darin, das positive Selbstbild zu stabilisieren. Sie ist somit also auch eine ‚Wertfunktion‘.[268]

264 *Zick*, Die Konflikttheorie der Theorie sozialer Identität, 410.
265 Vgl. ebd.
266 Vgl. ebd.
267 Vgl. ebd., 417f.
268 Vgl. ebd., 418f.

Gerade im interreligiösen Miteinander, in dem religiöse Gruppen in Beziehung treten, ist es notwendig, diese Dynamiken der Abgrenzung und Differenzierung und das Spannungsverhältnis von Ingroup und Outgroup in den Blick zu nehmen. Besonders in den Vorannahmen, die gegenüber der jeweils religiös anderen Gruppe bestehen, in möglichen Vorurteilen und Stereotypisierungen, liegt Konfliktpotential. Bei der Auswertung des empirischen Materials wurden deshalb insbesondere Vorannahmen, Stereotype und Vorurteile, die sich in den Interviews zeigten, untersucht und analysiert. Für eine gelingende interreligiöse Zusammenarbeit ist es erforderlich, ebendiese Konfliktpotentiale, die in der sozialen Interaktion liegen, zu identifizieren und zu thematisieren.

### Interkulturelle und interreligiöse Konflikte in Bildungskontexten

Im Bereich der interreligiösen Bildung spielen auch Fragen der Interkulturalität eine zentrale Rolle. Es treffen nicht nur Menschen mit unterschiedlicher religiöser Sozialisation aufeinander, sondern auch Menschen mit unterschiedlichen kulturellen Prägungen. Im Bereich der Bildungsforschung sowie in der sozialen Arbeit rückt das Thema Konflikte und Konfliktpotentiale im Hinblick auf kulturelle Diversität immer häufiger in den Fokus der Forschung.[269] Auch hier ist die Begriffsdefinition durch Unschärfe gekennzeichnet. Relevant ist für uns hier die Frage, worin das Konfliktpotential in der interkulturellen Differenz liegt und welchen Einfluss die kulturelle Prägung der Betroffenen auf Konflikte hat.

Ein theoretisches Erklärungsmodell hierfür liefert die These vom ‚Kulturkonflikt', die auf kommunikationstheoretischer Ebene Konflikte zwischen AkteurInnen verschiedener Kulturen als Kommunikationskonflikte erklärt: „Menschen unterschiedlicher Herkunft geraten miteinander in Konflikt, weil ihre Kommunikation durch Missverständnisse und durch konkurrierende, nicht selten ausschließende Wertauffassungen beeinträchtigt ist".[270]

Unterschiedliche Kulturen bringen also auch unterschiedliche ‚Konfliktkulturen' mit sich, was wiederum das Konfliktpotential erhöht, wenn die

---

269 Siehe *Bar-On, Dan*, Die ‚Anderen' in uns. Dialog als Modell der interkulturellen Konfliktbewältigung. Hamburg 2003; *Weiß, Anja*, Was macht interkulturelle Konflikte aus? Kulturelle Differenzen, ethnische Identitäten und die Frage der Macht. In: Journal für Konflikt- und Gewaltforschung (2001) 2, 87–110; *Weiße*, Interreligiöse Bildung Europa; *Jozsa / Knauth / Weiße* (Hg.), Religionsunterricht, Dialog und Konflikt; *Haumersen, Petra / Liebe, Frank*, Multikulti: Konflikte konstruktiv. Trainingshandbuch. Mediation in der interkulturellen Arbeit. Mühlheim a. d. Ruhr 1999.

270 *Fechler, Bernd*, Dialog der Anerkennung. Möglichkeiten und Grenzen der Mediation bei ‚interkulturellen' Konflikten an der Schule. In: Kloeters, Ulricke / Lüddecke, Julian / Quehl, Thomas (Hg.), Schulwege in die Vielfalt. Handreichung zur Interkulturellen und Antirassistischen Pädagogik in der Schule. Frankfurt a. M. 2003, 103–148, hier 105.

Differenz zwischen den Wertvorstellungen groß ist. Die ‚Kultur-Konflikt-Theorie' kann auch auf den Bereich von Subkulturen übertragen werden, sowie auf Genderkulturen, Berufskulturen usw.[271] Kritik erfuhr dieses Konzept aufgrund der Forcierung der deterministischen Annahme, Konflikte bestimmten ‚Mentalitäten' zuzuschreiben und andere konfliktbegünstigende Faktoren dabei außer Acht zu lassen.[272]

Ein weiteres theoretisches Konzept zur Erklärung von Konflikten in interkulturellen Begegnungen stellt das Konzept vom ‚Kampf um Anerkennung' dar.[273] Hier stehen weniger kulturelle Diskrepanzen im Fokus als vielmehr die Frage nach Machtverhältnissen. So werden Konflikte als das Resultat von unterschiedlichen gesellschaftlichen Positionen wahrgenommen, die Menschen in einer pluralen Gesellschaft einnehmen. Diese beziehen sich sowohl auf den sozialen Status als auch auf rechtliche und politische Aspekte.[274] Für die Analyse von Bildungskontexten ist dieser Ansatz insofern von Relevanz, als auch hier Dynamiken der Aushandlung von Statuspositionen feststellbar sind.

Fechler weist am Fallbeispiel Schule darauf hin, dass zwischen Jugendlichen häufig soziale Anerkennungskämpfe stattfinden, die mit verschiedenen Strategien umgesetzt werden und die soziale Dynamik in einer heterogenen Schulklasse erheblich beeinflussen. Im Vordergrund stehen dabei Themen der Gruppenzugehörigkeit und des Selbstwertes, die insbesondere SchülerInnen betreffen, die Minderheiten angehören. Das Konfliktpotential erhöht sich in heterogenen Klassen wesentlich durch die Einstellung der Lehrerschaft und deren Umgang mit Diversität.[275]

Aus soziologischer Perspektive lässt sich dies mit der Theorie der Etablierten-Außenseiter-Beziehungen erklären.[276] Norbert Elias und John L. Scotson beschreiben auf der Grundlage einer empirischen Studie die soziale Dynamik in einem englischen Vorort, die zur Verfestigung von sozialen Ungleichheiten und Machtunterschieden führt. Ausgangspunkt für diese Dynamik ist die Beobachtung, dass Mitglieder von Gruppen, die sich im Hinblick auf ihre Machtposition anderen Gruppen überlegen fühlen, ihre Qualifikationen und ‚menschlichen Qualitäten' als besser bewerten und den Machtschwächeren damit ein Minderwertigkeitsgefühl suggerieren.[277] Die ‚Etabliertengruppe' schreibt dabei der ‚Außenseitergruppe' insgesamt die ‚schlechtesten' Eigenschaften der ‚schlechtesten' Mitglieder zu und bildet

---

271 Vgl. *Fechler*, Dialog der Anerkennung, 106.

272 Vgl. ebd., 107.

273 Vgl. *Honneth, Axel*, Kampf um Anerkennung. Zur moralischen Grammatik sozialer Konflikte. Frankfurt a. M. [6]2010.

274 Vgl. *Fechler*, Dialog der Anerkennung, 108.

275 Vgl. ebd., 111f.

276 Vgl. *Elias, Norbert / Scotson, John L.*, Etablierte und Außenseiter. Frankfurt a. M. 1993.

277 Vgl. ebd., 7f.

umgekehrt das eigene Selbstbild durch die Identifikation mit den Eigenschaften der am positivsten bewerteten Mitglieder.[278] Durch den Verweis auf Einzelfälle verfestigt sich die gebildete Meinung über die ‚Außenseitergruppe'. Grundlage für die Etablierte-Außenseiter-Figuration stellt „eine ungleiche Machtbalance mit den Spannungen, die daraus erwachsen"[279], dar.

> „Sie ist auch der entscheidende Faktor, der einer Etabliertengruppe die effektive Stigmatisierung einer Außenseitergruppe ermöglicht. Eine Gruppe vermag eine andere nur solange wirksam zu stigmatisieren, wie sie sicher in Machtpositionen sitzt, zu denen die stigmatisierte Gruppe keinen Zugang hat. Solange das der Fall ist, bleibt das kollektive Schandmal, das den Außenseitern aufgedrückt wird, haften."[280]

Die Strategien der Stigmatisierung sind je nach der sozialen Eigenart der betreffenden Gruppe verschieden. Oft sind sie auch außerhalb des jeweiligen Kontextes der Etablierten-Außenseiter-Beziehung bedeutungslos.

Auf Macht und Machtasymmetrie verweist auch Anja Weiß bei der Analyse interreligiöser Konflikte. Sie vertritt dabei die These, „dass die Phänomene, die unter den Überschriften interkultureller oder ethnischer Konflikte verhandelt werden, erst durch Machtasymmetrien zwischen den Konfliktparteien so problematisch werden"[281]. Weiß kritisiert die Tatsache, dass Machtasymmetrien von der Forschung zu Interkulturalität vernachlässigt werden. Dabei bezieht sie sich auf Webers Machtbegriff, der Macht als jede Chance „innerhalb einer sozialer Beziehung [versteht,] den eigenen Willen auch gegen Widerstreben durchzusetzen, gleichviel worauf diese Chance beruht"[282].

In interkulturellen Kontexten, so Weiß, seien politische Machtverhältnisse dafür ausschlaggebend, ob die Interessen einer bestimmten ethnischen Gruppe durchgesetzt werden können. Sie verweist dabei auf die politische Forschung zu ethnischen Konflikten.[283] Gruppen, die sich in politischen Machtpositionen befinden, verfügten in Konfliktkonstellationen über entsprechende Ressourcen, um ihre Interessen durchzusetzen. Auch sogenannte ‚mikrosoziale Konflikte', Konflikte, die von einzelnen Personen ausgehen, unterliegen, so Weiß, Herrschafts- und Ungleichheitsverhältnissen. Besonders Bildungskontexte sind von Dynamiken der Macht und Ungleichheit geprägt. Die Autorin weist zudem darauf hin, dass „das staatliche Schulsystem für viele SchülerInnen nicht das Lernen fördert, sondern zum Zwangsinstrument wird und dass die Selektivität dieses Systems gerade ‚schwierige' SchülerInnen

---

278 Vgl. *Elias / Scotson*, Etablierte und Außenseiter, 13.

279 Ebd., 14.

280 Ebd.

281 *Weiß*, Was macht interkulturelle Konflikte aus?, 89.

282 *Weber, Max*, Wirtschaft und Gesellschaft. Grundriss der verstehenden Soziologie. Tübingen [5]1980, 28.

283 Vgl. *Hopmann, P. Terrence*, The Negotiation Process and the Resolution of International Conflicts. Columbia, SC, US 1996.

nachhaltig schädigt“[284], anstatt dahinterliegende Strukturen und Dynamiken in den Blick zu nehmen.

Ein weiterer Ansatz, der die gesellschaftlichen Ungleichheitsverhältnisse beschreibt und ebenfalls auf den interkulturellen Kontext übertragen werden kann, ist, so Weiß, das Konzept der ‚symbolischen Macht‘ von Pierre Bourdieu[285]. Bourdieu bezeichnet damit all jene Machtstrukturen, die weder auf direktem und offensichtlichem Zwang noch auf Gewalt beruhen und die in dem Maße in Bedeutungssystemen eingebettet sind, wie objektive Möglichkeitsräume von Individuen internalisiert werden. Die ‚Beherrschten‘ wollen nur das, was von den ‚HerrscherInnen‘ oder dem System gewollt wird. Kulturell bedingte Ungleichheitsverhältnisse und Machtasymmetrien werden dadurch verfestigt und gleichzeitig instrumentalisiert. In Forschungen zu interkulturellen und interreligiösen Bildungsprozessen ist es daher notwendig, dahinterliegende Machtstrukturen zu entlarven, um dadurch gleichzeitig Konfliktpotentiale, die durch diese bedingt sind, entsprechend zu bewerten.

### Psychologischer Konfliktbegriff

Wenngleich politische und soziale Faktoren bei der Analyse von Konflikten und Konfliktpotentialen unabdingbar sind, soll hier zuletzt auch ein Einblick in Mikroprozesse, also psychologische Aspekte von Konflikten, gegeben werden. Hier steht die Frage im Vordergrund, wie sich Konflikte auf der Ebene des Denkens und Fühlens zeigen und sich dadurch in der sozialen Interaktion äußern. Eine psychologische Perspektive kann darüber hinaus Aufschluss über Einstellungen und Verhaltensmotive geben, die Konflikten zugrunde liegen, da „persönliche Einstellungen und Verhaltensmotive im Sinne von Handlungsantrieben [...] letztendlich die maßgeblichen Konflikt-Konstituenten“[286] sind.

Vor allem in Alltagskonflikten sind die unterschiedlichen Bedürfnisse und Handlungsantriebe der AkteurInnen relevant. Eine Theorie zum Verständnis menschlicher Bedürfnisse stellt die sogenannte ‚Bedürfnispyramide‘ von Abraham Maslow dar.[287] Nach Maslow lassen sich menschliche Bedürfnisse auf fünf Ebenen beschreiben, die das Alltagsleben und interaktionelle Prozesse bestimmen. Diese sind physiologische Bedürfnisse wie Schlaf, Nahrung, Sauerstoff etc., körperliche, seelische und materielle Sicherheitsbedürfnisse, soziale Bedürfnisse nach Familie, Freundschaft, Sexualität, Zugehörigkeit etc., Individualbedürfnisse wie Vertrauen, Wertschätzung, Selbstbestätigung,

---

284 *Weiß*, Was macht interkulturelle Konflikte aus?, 90.

285 *Bourdieu, Pierre*, Die verborgenen Mechanismen der Macht. Hamburg 2015.

286 *Zuschlag / Thielke*, Konfliktsituationen im Alltag, 50.

287 Vgl. *Maslow, Abraham H.*, Motivation und Persönlichkeit. Reinbek bei Hamburg [15]1981.

Erfolg, Freiheit und Unabhängigkeit sowie das Bedürfnis nach Selbstverwirklichung.[288] Laut Bernd Zuschlag und Wolfgang Thielke entstehen Konflikte besonders in der Alltagskommunikation dadurch, dass eben diese Grundbedürfnisse, beispielsweise in Verhandlungen, nicht erfüllt oder eingeschränkt werden, was zu Misserfolgen führen kann.[289] Deshalb, so die Autoren, „muss man im Einzelnen jeweils mit viel Fingerspitzengefühl herauszufinden versuchen, welche Bedürfnisse gerade dieser Gesprächspartner eben in diesem Augenblick hat"[290].

Insbesondere im Bereich des betrieblichen Konfliktmanagements bzw. im Kommunikationstraining findet sich eine Bandbreite an Theorien und Strategien, um Gesprächsverläufe zu steuern, indem persönliche Bedürfnisse erkannt und Handlungsantriebe identifiziert werden.[291]

Die Psychologie bietet eine Vielzahl von Modellen, die Konflikte und deren innerpsychische Bedingtheit und Konstitution zu erklären versuchen. Neben dem wohl bedeutendsten Konfliktmodell, das auf den Gründer der Psychoanalyse Sigmund Freud zurückgeht, der Spannungen auf gegensätzliche Bestrebungen unterschiedlicher Instanzen im Menschen zurückführt,[292] kann die Psychologie selbst teilweise als ‚Psychologie des Konflikts' verstanden werden.[293] Konfliktpotential auf innerpsychischer Ebene sieht die Psychologie besonders in den auch alltagssprachlich bekannten Ambivalenzen zwischen Fühlen und Denken, die der Psychodynamik von Konflikten zugrunde liegen. Besonders die Ebene des Fühlens sei hier insofern erwähnt, als der Effekt von Gefühlen aus psychologischer Perspektive für die Entstehung und Entwicklung von individuellen wie sozialen Konflikten von entscheidender Bedeutung ist. Darüber hinaus spielen Gefühle eine zentrale Rolle bei der Entstehung sozialer Systeme, wie z. B. bei der Bildung von Gemeinschaften und Zugehörigkeit, und haben ebenso maßgeblichen Anteil bei der Auflösung derselben.[294]

Das ‚Mitdenken' ebendieser psychologischen Perspektiven ist insofern auch für die Analyse von interreligiösen Bildungsprozessen hilfreich, als auch

---

288 Vgl. *Maslow*, Motivation und Persönlichkeit.

289 Vgl. *Zuschlag / Thielke*, Konfliktsituationen im Alltag, 54.

290 Ebd.

291 Ein Überblick und eine ausführliche Erörterung unterschiedlicher Ansätze und Konflikttheorien ist nachzulesen bei *Zuschlag / Thielke*, Konfliktsituationen im Alltag, im Kapitel B: Konflikt-Analyse, -Diagnose und -Bewältigung.

292 Mit dem Modell des sogenannten ‚psychischen Apparats' beschreibt Freud drei abgegrenzte psychische Instanzen, die miteinander in Beziehung stehen und interagieren. Das ‚Es' steht dabei für die triebhaften Anteile im Menschen, das dem ‚Über-Ich', den internalisierten gesellschaftlichen Zwängen, entgegensteht. Die dadurch konfligierenden Antriebe des Menschen werden mittels einer dritten Instanz, des ‚Ichs', ausbalanciert (Vgl. *Freud, Sigmund*, Abriss der Psychoanalyse. Einführende Darstellungen [Neuausgabe]. Frankfurt a. M. $^{4}$2009).

293 Vgl. *Simon*, Einführung in die Systemtheorie des Konflikts, 52.

294 Vgl. ebd., 59.

‚innerpsychische Konflikte‘ in der Kommunikation deutlich werden und individuelle Bedürfnisse diese beeinflussen.

Konflikte und Konfliktpotentiale sind, wie hier deutlich wird, aus verschiedenen Perspektiven zu untersuchen. Für die Analyse von Konflikten und Konfliktpotentialen in interreligiösen Bildungsprozessen ist ein offener, mehrperspektivischer bzw. interdisziplinärer Ansatz notwendig, der neben theologischen und religionspädagogischen Aspekten sowohl soziologische, politische, als auch (sozial-)psychologische Aspekte miteinbezieht, um die Komplexität des Themas umfassend zu beleuchten.

## *2.3 Unser Begriffsverständnis von Identität, Konflikt, Interreligiosität, Religionspädagogik und Religionsdidaktik*

In diesem Abschnitt soll – im Anschluss an den Forschungsstand und die theoretischen Grundlagen – ein kurzer Überblick über die Verwendung der fünf Begriffe Identität, Konflikt, Interreligiosität, Religionspädagogik und Religionsdidaktik in der vorliegenden Studie gegeben werden.

### Identität

Der Begriff der Identität ist, wie weiter oben beschrieben,[295] ein Schlüsselbegriff im Kontext der interreligiösen Bildungsarbeit. Insbesondere Personen und Institutionen, die der interreligiösen Arbeit gegenüber Vorbehalte haben, bringen häufig das Argument vor, dass eine stabile (religiöse) Identitätsbildung grundlegend und notwendig sei, bevor eine interreligiöse Begegnung stattfinden könne.

Aus der Perspektive einer interreligiösen Religionspädagogik und Religionsdidaktik, in deren Fokus inter- und transreligiöse Bildungs- bzw. Lehr- und Lernprozesse stehen, gibt es starke Anfragen an derartige Argumentationsweisen und an die damit verbundenen Konzepte, die eine fortschreitende, aufbauende Entwicklung von Identität hin zu einem stabilen Wesenskern annehmen. Aus dem Blickwinkel dieser Studie kann demgegenüber Folgendes zu bedenken gegeben werden: Zunächst gilt es, sich vor Augen zu halten, dass in der heutigen pluralen Welt Kinder schon in der Kinderkrippe und dann zunehmend in Kindergarten und Schule auf vielfältige religiöse, kulturelle und soziale Identitäten treffen und dadurch auch die unterschiedlichsten Zuschreibungen an sich selbst und an andere erfahren. Religiöse und kulturelle Vielfalt und die entsprechenden Beziehungen sowie sozial-gesellschaftliche Zuschreibungen sind also schon von frühester Kindheit an gegeben. Der Mensch ist im

[295] Vgl. Kapitel **2.1**.

Rahmen seiner Bildungsaufgabe herausgefordert, sich damit auseinanderzusetzen. Eine weitere Anfrage bezieht sich auf die zunehmenden wissenschaftlichen Erkenntnisse im Hinblick auf den Identitätsbegriff. Gerade soziologische, aber auch religionspädagogische und theologische Forschungen[296] halten einen mehrperspektivischen Identitätsbegriff für angemessener, der auf Konzepten der sozialen Zuschreibungen bzw. Konstruktionen, Subjektivierungen und multiplen Identitäten bzw. der Idee des Fragments fußt.[297]

An diese kritischen Identitätsverständnisse – und damit an neuere Wissensbestände – schließen wir uns mit unserem Projekt einer wissenschaftlichen interreligiösen Religionspädagogik und Religionsdidaktik an. Identität verstehen wir dabei grundsätzlich in Anlehnung an die Arbeiten von Henri Tajfel und John C. Turner als soziale Konstruktionen, an deren Herausbildung sowohl die religiöse Eigengruppe (Ingroup) durch Selbstzuschreibungen als auch das religiöse Gegenüber (Outgroup) durch Fremdzuschreibungen beteiligt ist. Nach Heiner Keupp begreifen wir Identitäten dabei nicht als stabile, abgeschlossene Entitäten mit einem festen Wesenskern, sondern als Gebilde, die sich durch dynamische, flexible Züge und einen fragmentarischen Patchworkcharakter auszeichnen. Dabei soll entsprechend den Erkenntnissen von theologischen AutorInnen wie Reinhold Bernhardt[298], Raimon Panikkar und Bernhard Nitsche ebenso die Bedeutung des Transitorischen, Transversalischen und somit das Potential religiöser Grenzräume in den Blick kommen.[299]

### Konflikt

Im Anschluss an die mehrdimensional beleuchteten Bedeutungsfelder des Konfliktbegriffs[300] sollen hier nun in einigen kurzen Anmerkungen Aspekte skizziert werden, die für den Konfliktbegriff dieser Studie leitend sind, wobei die bisher erarbeiteten Aspekte mitbedacht werden.

Die erste Anmerkung betrifft das Konfliktkonzept und dessen Konnotationen. Angesichts aller weiter oben herausgearbeiteten spezifischen Facetten des Konfliktbegriffs soll eine allgemeine Dimension nicht vergessen werden: Vielfach, vor allem im Kontext der Religionen, aber auch im Alltag, wird der Konfliktbegriff von vornherein mit negativ bewertenden Konnotationen versehen. Demgegenüber plädieren wir für eine ‚neutralere‘ Verwendung des

---

296 Siehe hierzu die Ausführungen in Kapitel **2.1.2**.

297 Vgl. *Keupp*, Identitätskonstruktionen; *Foucault, Michel*, Subjekt und Macht. In: Ders. (Hg.), Analytik der Macht. Frankfurt a. M. 2005, 240–263; *Bernhardt / Schmidt-Leukel* (Hg.), Multiple religiöse Identität.

298 *Bernhardt / Schmidt-Leukel* (Hg.), Multiple religiöse Identität.

299 Vgl. *Nitsche*, Raimon Panikkar.

300 Siehe hierzu die Ausführungen in Kapitel **2.2**.

Konfliktbegriffs, die mit dem Ausdruck ‚Konfliktpotential' oder ‚Konfligierendes' wiedergegeben werden kann. Darunter können ‚Bewegungen' unterschiedlicher Art verstanden werden, die aus verschiedenen Richtungen aufeinandertreffen, sich schneiden oder kreuzen und – auf den ersten Blick – offenbar nicht ‚passen' oder nicht miteinander in Beziehung oder Verbindung gebracht bzw. ‚integriert' werden können. Sie können bspw. unterschiedliche ‚Logiken' im Sinne von Denk-, Wahrnehmungs-, oder Betrachtungslogiken darstellen, die sich – jedenfalls vorderhand – nicht ‚auf einen Nenner' bringen lassen bzw. unterschiedliche Interessen, Bestrebungen, Gewohnheiten, Praxen und Ziele beinhalten. In dieser Bedeutung kann auch das Intervenierende oder Dazwischenkommende als Konfligierendes verstanden werden, das – als neue Bedeutung, aktuelle Bestrebung, plötzliche Erwartung usw. – in das Gewohnte hereinbricht. Während Konflikte sich wahrnehmbar manifestieren, beispielsweise im Zuge von expliziten Meinungsverschiedenheiten, Konfrontationen oder Streitigkeiten, stellen Konfliktpotentiale oder das Konfligierende deren latent bestehende Grundlage dar, die aber selbst nicht immer sichtbar sein oder unweigerlich zu manifesten, wahrnehmbaren Konflikten führen muss.

Die zweite Anmerkung betrifft die bewertenden Konnotationen des Konfliktbegriffs. Erst vor dem Hintergrund dieses Grundverständnisses kann das sogenannte Konfligierende, das bewertungsmäßig gesehen neutral ist, in die verschiedenen Detailaspekte entfaltet werden, sodass man in wissenschaftlicher Hinsicht von einer psychologischen, einer soziologischen, einer theologischen oder einer religionspädagogischen Dimension sprechen kann. Auf der allgemeinen Ebene des Konfligierenden ist es ‚normal', dass Konflikte entstehen, speziell in Kontexten der Pluralität und Heterogenität. Dass sich im Alltag immer wieder einander widersprechende oder widerstrebende Bewegungen zeigen, gehört zum Leben. In diesem Sinne müssen die konfligierenden Prozesse auch nicht ‚bewältigt' werden – das wäre ohnehin nicht möglich. Vielmehr sollten sie wahrgenommen, analysiert, bearbeitet bzw. besprochen werden.

In diesem Prozess findet selbstverständlich früher oder später eine subjektive Positionierung bzw. Bewertung statt: Das Subjekt setzt sich in Beziehung zu den ihm widerfahrenden oder von ihm handelnd ausgelösten konfligierenden Prozessen. Unterstützen diese seine Konzepte, Handlungen, Pläne oder Ziele, werden sie positiv bewertet. Unterstützen sie sie nicht, sondern destruieren sie mitunter, hat das eine negative Bewertung zur Folge. Damit kommen nun unterschiedliche Ebenen und Dimensionen ins Spiel und es werden jene Differenzierungen relevant, die wir weiter oben besprochen haben.

### Interreligiöse Bildung – interreligiöses Lernen

Bei der Darstellung des Forschungsstandes haben wir uns auch dem Begriff der Interreligiosität gewidmet. Wir haben die Begriffe multireligiös und interreligiös analysiert und festgehalten, dass ‚multireligiös' im religionspädagogischen Kontext die Bedeutung von religionskundlicher Bildung hat, während ‚interreligiös' das gemeinsame Lernen betont – geht es doch in religionspädagogischen und religionsdidaktischen Zusammenhängen um gemeinsame Bildung.[301] So verwenden wir in der vorliegenden Studie den Begriff der Interreligiosität für die Begegnung von christlichen und muslimischen Studierenden, Lehrenden und PraxislehrerInnen und das gemeinsame Lernen. Wir blenden dabei weder die Unterschiede zwischen den verschiedenen Religionen bzw. zwischen den Angehörigen der verschiedenen Religionen aus noch reden wir einem bloßen Nebeneinander das Wort.

In diesem Sinne verstehen wir interreligiöse Bildung und interreligiöses Lernen als ein religionssensibles Lernen, das den Stellenwert von Religion auch in der Öffentlichkeit anerkennt. Wir konzipieren zudem interreligiöse Bildung und interreligiöses Lernen als kontingenzsensible Bildung, die sich respektvoll und demütig mit der Position des religiösen Gegenübers auseinandersetzt. Auch soll interreligiöses Lernen und interreligiöse Bildung „als ein multiperspektivisches Lernen verstanden werden, welches ein kritisch-kreatives Wechselspiel zwischen inter- und intrareligiösen Perspektiven ermöglicht."[302]

### Religionspädagogik

Hinsichtlich des Terminus Religionspädagogik folgen wir vorherrschenden Begriffsverständnissen und verstehen ‚Religionspädagogik' im Sinne von Theorien religiös-weltanschaulicher Erziehungs- und Bildungsprozesse (mitunter auch unter Einschluss des Lernbegriffs), ihren Voraussetzungen und individuell-persönlichen, kollektiv-sozialen sowie gesellschaftlichen und ökonomisch-politischen Bedingungen.

An theologischen Instituten bzw. Fakultäten wird die Religionspädagogik weitgehend als theologische Disziplin betrachtet,[303] wobei der Verbundcharakter mit anderen Wissenschaften (Pädagogik, Soziologie, Psychologie etc.) stark betont wird. Allerdings bestehen bezüglich dessen, was das Theologische ausmacht, unterschiedliche Auffassungen: materiale Auffassungen (der Gegenstand macht das Theologische aus), formale (es ist die theologische Perspektive, die die Religionspädagogik zu einer theologischen

---

[301] Siehe hierzu die Ausführungen in Kapitel **1.1**.

[302] *Danzl*, Interreligiös oder multireligiös?, 47.

[303] Vgl. *Englert, Rudolf*, Wissenschaftstheorie der Religionspädagogik. In: Ziebertz, Hans-Georg / Simon, Werner (Hg.), Bilanz der Religionspädagogik. Düsseldorf 1995, 147–174, hier 152.

Disziplin macht) und organisatorische Auffassungen (die Religionspädagogik/Religionsdidaktik befindet sich im ‚Konzert' der theologischen Wissenschaften, also ist sie auch eine theologische Wissenschaft).[304]

Im Kontext der vorliegenden Studie teilen wir die zweite Auffassung: Das Theologische besteht in der Perspektive, unter der die entsprechenden religiös-weltanschaulichen Bildungsprozesse wissenschaftlich betrachtet werden. Anzumerken ist, dass diese Bildungsprozesse implizit oder explizit sein können, formal oder informell, institutionalisiert oder weniger institutionalisiert. Eine Reihe von Handlungsfeldern kommt dabei in Frage: Familie, Elementarbereich, Schule, berufliche Bildung, Fort- und Weiterbildung, Erwachsenenbildung, Gemeindebildung, SeniorInnenbildung usw. Der religionspädagogische Aufgabenbereich unserer Studie bezieht sich auf das Interreligiöse, wie es weiter oben eingeführt wurde, und umfasst Praxisfelder primärer, sekundärer und tertiärer Bildung sowie außerschulische Kontexte.

### Religionsdidaktik

Die Religionsdidaktik beschäftigt sich in unserem Verständnis mit der Theorie der Konzeptualisierung, Leitung und Evaluierung von Bildungsprozessen, – bzw. spezieller formuliert: von Lehr- und Lernprozessen in Bildungsinstitutionen.

Die Interreligiöse Religionsdidaktik reflektiert die Konzeptualisierung, Leitung und Durchführung von religiös kooperativen bzw. interreligiösen Lehr- und Lernprozessen in den spezifischen Handlungsfeldern. Dabei liegt der Schwerpunkt von Didaktik in unserem Verständnis auf der konzeptuellen Ebene, nicht auf der methodischen. Die methodische Vorgehensweise ist ein Teilbereich des Konzeptuellen, der sich mit den Mitteln (Methoden und Sozialformen) der Lehr- und Lernprozesse beschäftigt. Bevor die Frage der Mittel im Sinne von Methoden in Angriff genommen wird, muss der konzeptuelle Teil, eine theologisch-didaktische Orientierung und die Themensetzung, erfolgen. Erst wenn das Thema – als Ergebnis der didaktischen Schritte von Analyse und Ziel- bzw. Kompetenzbestimmung – bekannt und klar ist, kann der weitere Prozess strukturiert werden.

---

[304] Siehe zum Begriff ‚material': *Ziebertz, Hans-Georg*, Religionspädagogik und Empirische Methodologie. In: Schweitzer, Friedrich / Schlag, Thomas (Hg.), Religionspädagogik im 21. Jahrhundert. Gütersloh 2004, 209–222 sowie *Kraml, Martina*, What about knowing? Überlegungen zur Konzeptualisierung religionspädagogisch-empirischer Forschung im Gespräch mit ‚anderen' Orten. In: Österreichisches Religionspädagogisches Forum (2011) 1, 32–38, hier 33–34. Die formale Perspektive wiederum wird u. a. auch von Hans-Georg Ziebertz ins Spiel gebracht. Laut dessen Ausführungen zeigt sich das, was eine Wissenschaft ausmacht, nicht am Materialobjekt, sondern im Formalobjekt, der Perspektive, unter der die Gegenstände betrachtet werden (vgl. *Ziebertz*, Religionspädagogik und Empirische Methodologie, 221).

Im Hinblick auf das religionsdidaktische Konzept stellt sich aus unserer Sicht die Frage nach der Qualität. Diese bemisst sich einerseits nach der Mehrperspektivität, ob also neben der inhaltlichen Dimension noch andere Dimensionen miteinbezogen werden, wie z. B. die subjektive Dimension, die soziale Dimension oder die kontextuelle Dimension. Andererseits ist der Prozessverlauf zu beachten, der erkennen lässt, welche Phasen im Planungsprozess durchlaufen werden – wie z. B. die Analysephase, die Ziel-, Anliegen- und Kompetenzphase, die Phase der Themenformulierung und Strukturgebung (Methoden, Medien, Sozialformen etc.) –, was den Leitungsprozess charakterisiert und wie die Evaluierungsphase konzeptualisiert wird.

# 3 Forschungsmethodologie und -design

## *3.1 Methodologische Standortbestimmung*

Die vorliegende empirische Analyse fußt auf dem an der Universität Innsbruck in die Praxis umgesetzten Projekt, Bestandteile der katholischen und islamischen ReligionslehrerInnenausbildung von den jeweiligen Studierenden gemeinsam absolvieren zu lassen. Diese interreligiös ausgerichtete universitäre Lehre und Praxis wurde empirisch begleitet und dokumentiert. Das Ziel der wissenschaftlichen Begleitforschung war es, die Begegnungs- und Lernprozesse mit Blick auf interreligiöses Handeln zu untersuchen und zu reflektieren. Der vorliegende Band richtet den Fokus dabei auf Konflikte und Spannungsfelder, die im Rahmen der interreligiösen Religionspädagogik zwischen den beteiligten Individuen und Personengruppen auftraten.

Entsprechend dem Untersuchungshintergrund weist die empirische Analyse Elemente einer Evaluationsforschung auf, die sich dadurch auszeichnet, dass ein initiiertes Phänomen explorativ untersucht wird und Schlussfolgerungen für eine Einschätzung und (gegebenenfalls) Weiterentwicklung desselben gezogen werden.[305] Damit zusammenhängend besteht zudem ein Bezugspunkt zur Aktions- bzw. Praxisforschung, da die vorliegende empirische Studie zum Ziel hat, die Umsetzung der interreligiös ausgerichteten universitären Lehre und Praxis zu analysieren und praktisch relevante Interpretationen, Beschreibungen sowie Empfehlungen bereitzustellen, die auch für zukünftiges Handeln und die Weiterführung der interreligiösen Zusammenarbeit wichtig sind.[306] Eine empirische Analyse rein um der Beschreibung willen wird nicht angestrebt.

Die Bewertungsmaßstäbe werden jedoch – anders als in der Evaluationsforschung zumeist üblich[307] – nicht deduktiv vorgegeben. Vielmehr stellt sich die vorliegende Untersuchung in die Tradition eines ergebnisoffenen

---

[305] Vgl. *Döring, Nicola / Bortz, Jürgen*, Forschungsmethoden und Evaluation in den Sozial- und Humanwissenschaften. Berlin $^5$2016, 979.

[306] Vgl. *Prengel, Annedore*, Perspektivität anerkennen – Zur Bedeutung von Praxisforschung in Erziehung und Erziehungswissenschaft. In: Friebertshäuser, Barbara / Dies. (Hg.), Handbuch Qualitative Forschungsmethoden in der Erziehungswissenschaft. Weinheim 1997, 599–627; *von Unger, Hella*, Partizipative Forschung. Einführung in die Forschungspraxis. Wiesbaden 2014, 13f.

[307] Vgl. *Döring, Nicola*, Evaluationsforschung. In: Baur, Nina / Blasius, Jörg (Hg.), Handbuch Methoden der empirischen Sozialforschung. Wiesbaden 2014, 167–181, hier 170f.

Vorgehens und einer explorativen interpretativen Sozialforschung.[308] Kriterien und Kategorien, anhand derer die Analyse der interreligiösen ReligionslehrerInnenausbildung erfolgt, werden aus dem erhobenen Datenmaterial, den beobachteten interaktiven Prozessen sowie den Erfahrungen der beteiligten Personen heraus abgeleitet. Ausgehend von diesem empirischen Datenmaterial werden Konfliktherde und Spannungsfelder rekonstruiert, die im Verlauf der bisherigen Durchführung der interreligiösen ReligionslehrerInnenausbildung zutage getreten sind.

Neben den Anklängen an die Evaluations-, Praxis- und Aktionsforschung sowie an die Tradition einer explorativen interpretativen Sozialforschung zeichnet sich die vorliegende Untersuchung zudem in methodologischer Hinsicht durch die Orientierung am Subjekt[309] aus. Diese zeigt sich in der empirischen Analyse darin, dass wir den persönlichen Ansichten und individuellen Erfahrungen der beteiligten AkteurInnen breiten Raum geben. Durch diese Vorgehensweise wird dem Umstand Rechnung getragen, dass die empirischen Analysen über auftretende Spannungsfelder nicht nur für die Ausgestaltung einer interreligiösen Religionspädagogik, sondern auch für zeitgenössische Begegnungen mit dem religiös Anderen abseits von Bildungseinrichtungen von Relevanz sind. Dies gilt sowohl für die katholische als auch für die muslimische Seite, da in die Ausbildung von ReligionslehrerInnen verschiedene Personengruppen (LehrveranstaltungsleiterInnen, Studierende, PraxislehrerInnen) involviert sind. In ihren Aussagen finden sich nicht nur professionelle Eindrücke zum Ablauf der Ausbildung, vielmehr spiegeln sich darin auch individuelle Ansichten sowie Prägungen durch die jeweilige soziale Umwelt, beispielsweise in Form von unhinterfragten Stereotypen oder voreingenommenen Ansichten über das religiös Andere. Derartige Sichtweisen kommen im empirisch erhobenen Datenmaterial an verschiedenen Stellen teilweise explizit, teilweise implizit zwischen den Zeilen zum Ausdruck. Die empirischen Schlussfolgerungen sind somit nicht beschränkt auf die Analyse der interreligiösen Lehrveranstaltungen, sondern bieten ebenso auch Einblicke in das interreligiöse Zusammenleben in heutigen pluralen Gesellschaften. Eine Aussagekraft haben die Daten demzufolge nicht nur für die Interreligiosität im Bildungsbereich, sondern auch für Interreligiosität im Alltagsleben.

Das subjektorientierte Prinzip, das wir in diesem Zusammenhang in methodologischer Hinsicht verfolgen, korrespondiert auch mit einer weltzugewandten empirischen Theologie, die am einzelnen Menschen, an seinen Erfahrungen und seiner Geschichte interessiert ist und der sich der vorliegende

---

308 Vgl. *Lamnek, Siegfried / Krell, Claudia*, Qualitative Sozialforschung. Weinheim $^{6}$2016, 33; *Kleemann, Frank / Krähnke, Uwe / Matuschek, Ingo*, Interpretative Sozialforschung. Eine Einführung in die Praxis des Interpretierens. Wiesbaden $^{2}$2013, 19.

309 Vgl. *Przyborski, Aglaja / Wohlrab-Sahr, Monika*, Qualitative Methoden. Ein Arbeitsbuch. München $^{4}$2014, 19f.

Band sowie das Forschungsteam verpflichtet fühlt.[310] Ein besonderes Augenmerk legen wir bei der Analyse und Interpretation der empirischen Daten darauf, kontingenz- und möglichkeitssensibel vorzugehen. Deshalb nähern wir uns vorsichtig und unvoreingenommen den Daten an und zeigen bei der Interpretation der Aussagen deren mögliche – mitunter auch unterschiedliche – Deutungsweisen auf.

Es sind nicht zuletzt auch genuin theologische Gründe, weswegen wir als interreligiös arbeitende ReligionspädagogInnen und ReligionsdidaktikerInnen der empirischen Forschung – in diesem Falle der qualitativ-empirischen Forschung – einen so hohen Stellenwert beimessen, auch wenn dies nicht in allen theologischen Kontexten, insbesondere nicht in den dogmatisch ausgerichteten, Begeisterung auslöst.

Da die Theologie sich im Horizont der Gottesfrage mit dem Leben und den Lebensbedingungen der Menschen auseinandersetzt, ist empirische Forschung und Lehre unverzichtbar, um einen fundierten, methodisch geleiteten und wissenschaftlich reflektierten Zugang zur Lebenswirklichkeit zu bekommen. Diese Lebenswirklichkeit umfasst die gesellschaftlichen und sozioökonomischen Rahmenbedingungen im selben Maße wie die individuell-biografischen, sozialen oder kontextuellen Zugänge. Dabei sind nicht nur die Ergebnisse relevant, sondern es ist ebenso vonnöten, den Weg der Erkenntnisgewinnung, die Methodologie, theologisch zu reflektieren.

Dies trifft auch speziell auf die interreligiöse theologische Forschung zu. Hier stellt sich die Frage nach der Kompatibilität der Herangehensweise mit den theologisch-religionspädagogischen Grundparadigmata. Im Hinblick auf diese Frage knüpfen wir am Konzept der Kontingenz an, das weiter oben und in mehreren unserer Publikationen umrissen wurde.[311] Vor diesem Hintergrund sind wir uns der erkenntnistheoretischen Ambivalenz der empirischen Forschung und der Rolle des Subjektes durchaus bewusst. Dies betrifft die Kontingenz der Interpretationen, die Notwendigkeit der Mehrperspektivität und der Erkenntniskritik sowie den Wahrheits- und Wissenschaftsbegriff.[312] Wenn, wie es für die theologische Perspektive zentral ist, die Gottesfrage den Horizont des Forschens und Lehrens ausmacht, so nähern wir uns diesem Horizont unter Aspekten der Visibilisierung von Kontingenz, der Möglichkeitsorientierung, der Vielfalt und Ambiguität. Aus dieser Quelle gewinnen Forschung und Lehre Konturen, die einem interreligiösen bzw. transdisziplinären Zugang entsprechen.

---

[310] Vgl. *Kraml, Martina / Sejdini, Zekirija*, Methodologie. In: Dies. (Hg.), Interreligiöse Bildungsprozesse, 21–34, hier 23.

[311] Vgl. u. a. *Kraml / Sejdini / Scharer*, Mensch werden, 113–130; *Kraml*, Anderes ist möglich.

[312] Vgl. dazu *Kraml / Sejdini*, Methodologie.

## 3.2 *Forschungsstrategie und Erhebungsmethode*

### Interreligiöse Ausbildungsbestandteile von ReligionslehrerInnen an der Universität Innsbruck[313]

Die empirische Studie beforscht und begleitet das Projekt in der Religionspädagogik an der Universität Innsbruck, Teile der Curricula der katholischen sowie der muslimischen ReligionslehrerInnenausbildung gemeinsam, also interreligiös, abzuhalten. Die Ursprünge des Projekts decken sich mit der Einführung des Bachelorstudiums Islamische Religionspädagogik an der Universität Innsbruck im Wintersemester 2013/2014. Die Entscheidung, spezifische Lehrveranstaltungen interreligiös zu gestalten, resultierte einerseits aus der inhaltlichen Überlegung, dass das Curriculum der Islamischen Religionspädagogik viel mit dem bestehenden Lehrangebot der Katholischen Religionspädagogik gemeinsam hat, sowie andererseits aus der pragmatisch-organisatorischen Herausforderung, den Studiengang neu aufzubauen und das Fächerangebot zu gewährleisten.[314]

Bestimmt wurde, dass die interreligiöse Zusammenarbeit auf verschiedenen Ebenen und in unterschiedlichen Bereichen stattfindet. Vorrangig umfasst sie zwei Schulpraktika der ReligionspädagogInnenausbildung (Basispraktikum und Fachpraktikum Pflichtschulen II), die jeweils die Praktika in den Schulen sowie eine universitäre Begleitlehrveranstaltung beinhalten. Bei der Begleitlehrveranstaltung des Fachpraktikums erfolgt jedoch keine Zusammenarbeit. Darüber hinaus wurde in folgenden weiteren Bereichen eine interreligiöse Kooperation vereinbart: während der Projektphase in der religionsdidaktischen Lehrveranstaltung ‚Religionsdidaktik Grundlagen' (Seminar und Vorlesung) sowie bei einer Lehrveranstaltung zu speziellen fachdidaktischen Themen.

Diese Vorgehensweise hatte zur Folge, dass muslimische Studierende, die das Bachelorstudium Islamische Religionspädagogik belegten, gemeinsam mit katholischen Studierenden ihr schulisches Basispraktikum im katholischen Religionsunterricht in Tiroler Pflichtschulen unter Anleitung einer/s katholischen ReligionslehrerIn als BegleitlehrerIn absolvierten. Der Grund für diese Asymmetrie lag in dem Umstand, dass im Zeitraum der Studie zu wenige muslimische ReligionslehrerInnen die formelle Qualifikation aufwiesen, als

313 Für eine detaillierte Darstellung der interreligiösen Zusammenarbeit an der Universität Innsbruck im Bereich der Religionspädagogik sei an dieser Stelle auf folgenden Beitrag verwiesen: *Kraml, Martina / Sejdini, Zekirija*, Der Forschungskontext. In: Dies. (Hg.), Interreligiöse Bildungsprozesse, 13–19.

314 Bezeichnet wird die interreligiöse Kooperation im Rahmen der vorliegenden Studie als katholisch-muslimisch (und nicht als christlich-muslimisch), da sie aufgrund der gegebenen Kontextbedingungen alleinig die Katholische und Islamische Religionspädagogik betrifft.

BegleitlehrerInnen für das Basispraktikum zu fungieren, weswegen diese Rolle nur katholische ReligionspädagogInnen übernehmen konnten.

### Mehrperspektivisches und komplementäres Erhebungsdesign

Die empirische Untersuchung umfasst verschiedene Methoden der Datenerhebung wie qualitative problemzentrierte Leitfadeninterviews[315], Gruppengespräche[316] sowie Methoden der Evaluation von Lehrveranstaltungen wie Legearbeiten[317]. Als Schlüsselmethode, auf der die vorliegende Analyse vorrangig basiert, fungieren die qualitativen Leitfadeninterviews. Durchgeführt wurden diese sowohl mit katholischen und muslimischen Studierenden als auch mit den LehrveranstaltungsleiterInnen und den BegleitlehrerInnen. Die empirischen Erhebungen fanden in den Wintersemestern 2014/15, 2015/16 sowie 2016/17 statt. Empirisches Datenmaterial, das aus den anderen genannten Erhebungsinstrumenten resultiert, fließt als Kontextwissen in die Untersuchung mit ein. Die vorliegende Analyse konzentriert sich in erster Linie auf einen Jahrgang, in dem bereits reichlich Erfahrung in der Durchführung der interreligiösen ReligionslehrerInnenausbildung gesammelt worden war, berücksichtigt aber ebenso Befunde aus den anderen Jahrgängen.

Aufgrund dieses Designs ist die empirische Studie in methodologischer Hinsicht dadurch gekennzeichnet, dass unterschiedliche Phänomene im religionspädagogischen Alltag untersucht werden. Die beforschten Situationen sind somit nicht durch stets gleichbleibende kontrollierte Laborbedingungen gekennzeichnet, sondern spiegeln alltägliche Herausforderungen wider, die im schulischen wie universitären Kontext auftreten können und durch eine Vielzahl von Umgebungsvariablen beeinflusst sind.[318]

Die empirische Studie zeichnet sich durch ein mehrperspektivisches Design aus. Sie setzt verschiedene Blickwinkel miteinander in Beziehung (siehe Abbildung 1). So werden bei der Analyse interreligiöser Konfliktpotentiale, Spannungsherde und deren verschiedener Facetten sowohl die Sichtweisen von Studierenden und DozentInnen als auch von LehrerInnen

---

315 Vgl. *Witzel, Andreas*, Verfahren der qualitativen Sozialforschung. Überblick und Alternativen. Frankfurt a. M. 1982; *Witzel, Andreas*, Das problemzentrierte Interview. In: Jüttemann, Gerd (Hg.), Qualitative Forschung in der Psychologie. Grundfragen, Verfahrensweisen, Anwendungsfelder. Heidelberg 1989, 227–256.

316 Vgl. *Lamnek / Krell*, Qualitative Sozialforschung, 384f.; *Przyborski / Wohlrab-Sahr*, Qualitative Methoden, 88f.

317 Vgl. *Cavis, Fatima / Juen, Maria*, „Zwischen Spannung und Sehnsucht" – Einblicke in forschungsgeleitete interreligiöse Lehrentwicklung unter Berücksichtigung des Aspekts Sprachsensibilität. In: Hinger, Barbara (Hg.), Zweite „Tagung der Fachdidaktik" 2015. Sprachsensibler Sach-Fach-Unterricht – Sprachen im Sprachunterricht. Innsbruck 2016, 257–273, hier 262.

318 Vgl. *Hug, Theo / Poscheschnik, Gerald*, Empirisch forschen. Die Planung und Umsetzung von Projekten im Studium. Wien $^{2}$2015, 76.

einbezogen, die jeweils eine unterschiedliche Perspektivität auf Interreligiosität mitbringen.

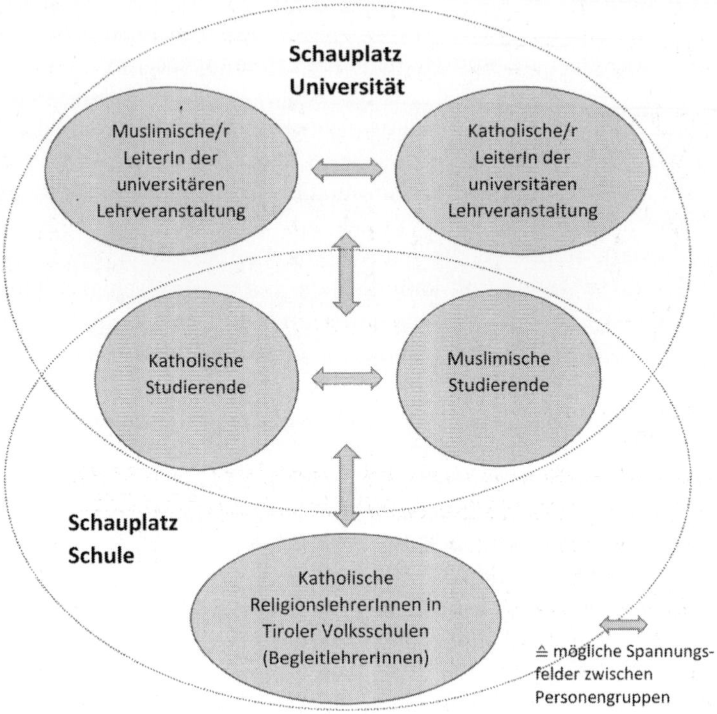


*Abb. 1: Mehrperspektivisches Design*

Alle drei Personengruppen sind in die Ausbildung von ReligionslehrerInnen auf unterschiedliche Weise involviert. Darin nehmen sie differierende Positionen ein, kommen verschiedenen Aufgaben nach und stehen zueinander in Beziehung. So nehmen die in der Regel seit Jahrzehnten berufstätigen BegleitlehrerInnen beispielsweise aufgrund ihrer geschulten Erfahrung interreligiöse Herausforderungen, Konfliktpotentiale und deren Dynamiken anders wahr als Studierende und artikulieren diese auch anders. In methodologischer Hinsicht zeigen sich in den empirischen Daten sowohl Wahrnehmungen und Ansichten der einzelnen AkteurInnen, die einen individuellen, persönlichen Charakter haben und somit dem subjektorientierten Prinzip verpflichtet sind, als auch Positionen und Interessen, durch die sich Rückschlüsse auf die involvierten Personengruppen und die Spannungsfelder zwischen ihnen ziehen lassen.

In Verbindung mit dem mehrperspektivischen Design steht der komplementäre Charakter, den die Untersuchung auszeichnet. Denn bei der empirischen Analyse werden die Positionen der teilnehmenden muslimischen und katholischen Studierenden, die sowohl die interreligiöse universitäre Begleitlehrveranstaltung als auch die Schulpraxis gemeinsam absolvieren, der LehrveranstaltungsleiterInnen und der BegleitlehrerInnen in den Schulen trianguliert. Diese unterschiedlichen AkteurInnen nehmen von ihrem jeweiligen Standpunkt aus dasselbe Phänomen in den Blick. So können durch die Anlage der empirischen Studie Ansichten von beteiligten Personen, die im universitären oder schulischen Kontext widerstreitende Positionen vertreten, jeweils analysiert und miteinander in Beziehung gesetzt werden. Indem Konflikte, ihre Ursachen und Dynamiken in den Mittelpunkt der Analyse gerückt werden, ergänzen sich die Sichtweisen der beteiligten AkteurInnen gegenseitig, zeichnen ein umfassenderes und tiefergehendes Bild als voneinander isolierte Einzelperspektiven und offenbaren gleichzeitig Einblicke in das Innenleben der beteiligten Subjekte.

### Durchführung der empirischen Erhebung

Die Durchführung des interreligiösen Bausteins der Ausbildung von katholischen und muslimischen ReligionslehrerInnen an der Universität Innsbruck wurde vom ersten Durchlauf im Wintersemester 2014/15 bis zum dritten im Wintersemester 2016/17 evaluiert und begleitet. Im vierten Durchlauf im Wintersemester 2017/18 erfolgten keine Interviews mehr. Befragt wurden (jeweils im Anschluss an die Lehrveranstaltung) katholische und muslimische Studierende, die die religionsdidaktischen und schulpraktischen Lehrveranstaltungen im entsprechenden Semester belegten, die BegleitlehrerInnen, die die Schulpraktika anleiteten, sowie die LehrveranstaltungsleiterInnen der universitären Begleitlehrveranstaltung. Zur Anwendung kamen Gruppengespräche neben qualitativen problemzentrierten Leitfadeninterviews. Die Gruppengespräche wurden als experimentelle Erhebungsmethode initiiert, lieferten jedoch empirische Befunde, die in ihrer Aussagekraft begrenzt sind. Aufgrund dessen wurden nachfolgende Befragungen in Form von qualitativen problemzentrierten Leitfadeninterviews durchgeführt, die sich im Sinne des Prinzips der Gegenstandsangemessenheit[319] besser dazu eigneten, Konfliktherde, deren Bestandteile und Hintergründe zu erforschen.

Die Durchführung der Interviews erfolgte in Tandems, die sich in der Regel interreligiös zusammensetzten. Nur bei der Befragung der Studierenden führte jeweils ein homogen religiöses Team, abgestimmt auf die Religiosität der Befragten, das Interview durch. Diese Vorgehensweise wurde deshalb gewählt, da Erfahrungswerte nahelegten, dass Konfliktpotentiale von Studierenden in dieser Konstellation offener ausgesprochen werden als in gemischtreligiösen Konstellationen. Die Befragungen wurden in deutscher Sprache in

319 Vgl. *Flick, Uwe*, Qualitative Sozialforschung. Eine Einführung. Reinbek bei Hamburg $^{5}$2012, 26f.; *Helfferich, Cornelia*, Die Qualität qualitativer Daten. Manual für die Durchführung qualitativer Interviews. Wiesbaden $^{4}$2011, 46.

universitären oder schulischen Räumlichkeiten durchgeführt. Ihre Dauer variiert zum Teil erheblich. Während die Interviews mit den BegleitlehrerInnen sowie den Studierenden jeweils etwa eine Stunde dauerten, erstreckten sich die Befragungen der LehrveranstaltungsleiterInnen über zwei bis drei Stunden. Die Interviews wurden mittels eines Audioaufnahmegerätes aufgezeichnet und im Anschluss transkribiert.[320]

Die Interviewleitfäden wurden in Anlehnung an die mehrstufige, von Cornelia Helfferich ausgearbeitete und von Jan Kruse weiterentwickelte SPSS-Methode[321] erstellt.[322] In einem ersten Schritt erfolgte eine Sammlung von Fragen (im Sinne eines Fragenpools), bevor diese nach einer kritischen Überprüfung systematisiert und sortiert wurden. Im Anschluss daran wurden die Fragen zu Themenblöcken zusammengefasst, die jeweils mit einer erzählgenerierenden Leitfrage einstiegen und mit diversen vorbereiteten, daran anknüpfenden Nachfragen das jeweilige inhaltliche Gebiet vertieften.

Für die Interviews mit den unterschiedlichen Personengruppen wurden jeweils verschiedene Leitfäden entwickelt. Im Mittelpunkt der Befragungen von Studierenden standen die Themen

- Erwartungen an die Begleitlehrveranstaltung (LV),
- Wahrnehmung der interreligiösen und intrareligiösen Teile der LV,
- Wünsche und Erwartungen an den katholischen bzw. islamischen Religionsunterricht,
- Interaktionen mit den katholischen oder muslimischen Studierenden sowie interreligiöse Zusammenarbeit,
- Spannungsfelder zwischen den Studierenden und
- Herausforderungen und Potentiale der interreligiösen Gestaltung der LV.

Der Leitfaden für die Befragung der LeiterInnen der universitären Begleitlehrveranstaltung wiederum umfasst

- die Planung, Vorbereitung, didaktische Gestaltung sowie Erwartungen an die LV,
- Vorstellungen, was ReligionspädagogInnen leisten sollen,

---

320 Die Interviews wurden mittels einer vereinfachten Version des Transkriptionsformats TiQ (Talk in Qualitative Social Research) transkribiert (vgl. zu dieser Schreibweise: *Bohnsack, Ralf*, Rekonstruktive Sozialforschung. Einführung in qualitative Methoden. Opladen ³1999, 233f.). Transkribiert wurde das gesprochene Wort, dialektale Färbungen wurden beibehalten. Eine Transformation des Gesprochenen in Schriftsprache erfolgte nicht. Durchgeführt wurde eine buchstäbliche Transkription, also Füllwörter, Verständnissignale und emotionale Äußerungen (z. B.: Mhm, ja, ach so, tja usw.) wurden stets transkribiert und ausgeschrieben. Zitate oder direkte Rede im Interview sind in einfache Anführungsstriche (‚‘) gesetzt.

321 Akronym für die vier verschiedenen Arbeitsschritte Sammeln, Prüfen, Sortieren und Subsumieren, die für die Ausarbeitung eines qualitativen Leitfadens umzusetzen sind.

322 Vgl. *Helfferich*, Die Qualität qualitativer Daten, 182–189; *Kruse, Jan*, Qualitative Interviewforschung. Ein integrativer Ansatz. Weinheim 2014, 234–240.

- Unterschiede zwischen einer interreligiös und intrareligiös ausgerichteten LV,
- die Praxis des Teamteachings und differierende Zugänge zur Religionspädagogik zwischen den DozentInnen,[323]
- den Verlauf der LV, positive und negative Erfahrungen, die Wahrnehmung der Zusammenarbeit zwischen muslimischen und katholischen Studierenden sowie
- Empfehlungen für die Weiterentwicklung der interreligiösen Kooperation.

Der Leitfaden für die qualitativen Interviews mit den PraxislehrerInnen, die die Praktika der Studierenden in den Pflichtschulen anleiteten, beinhaltet folgende Bestandteile:

- Umsetzung des interreligiösen Basispraktikums hinsichtlich der Gestaltung von Unterrichtssequenzen und des Teamteachings durch die Studierenden,
- Wahrnehmung des Probeunterrichts der Studierenden vonseiten der Schulklasse,
- Spannungen und Interaktionen zwischen den Studierenden sowie daraus resultierende Herausforderungen,
- Wünsche und Erwartungen an das interreligiöse Basispraktikum,
- Sichtweise der Eltern, der Schulleitung, der KollegInnen und des örtlichen Pfarrers sowie
- Chancen, Grenzen und Empfehlungen für die Zukunft des Basispraktikums.

Nach der Durchführung der ersten Interviews erfolgte eine kritische Reflexion des Interviewverlaufs, die wiederum in eine Überarbeitung der Leitfäden mündete. Die Leitfäden waren jeweils so angelegt, dass zu Beginn der Interviews stärker narrative Parts erfolgten, während gegen Ende vermehrt thematische Nachfragen gestellt wurden.

Die Leitfäden wurden zudem flexibel verwendet: Den Gesprächsverlauf und die Themen gaben die Befragten vor, der ursprünglich angedachte Ablauf wurde daraufhin angepasst. Vorbereitete Nachfragen, die die InterviewpartnerInnen bereits selbstständig bei der Beantwortung der erzählgenerierenden Leitfragen zu den einzelnen Themenblöcken ausführlich beantwortet hatten, wurden im verwendeten Leitfaden abgehakt und nicht neuerlich gestellt. Lediglich zu den bis dahin nicht behandelten thematischen Aspekten erfolgten im weiteren Verlauf gezielte Nachfragen. Bei der Formulierung der Nachfragen orientierten wir uns weniger an den vorbereiteten Fragen des Leitfadens, sondern leiteten „sie aus dem bereits Gesagten ab“[324]. Der Leitfaden sollte garantieren, dass alle aufgelisteten inhaltlichen Aspekte im

---

323 Relevant waren diese Themen, wenn die Begleitlehrveranstaltung von einem Team von DozentInnen geleitet wurde, das interreligiös zusammengesetzt war.

324 *Kaufmann, Jean-Claude*, Das verstehende Interview. Konstanz 1999, 72.

Verlauf des Interviews aufgegriffen wurden und eine vergleichbare Datenlage hinsichtlich der verschiedenen InterviewpartnerInnen gegeben war.[325] Qualitative Leitfadeninterviews, die mit Studierenden sowie mit den BegleitlehrerInnen geführt wurden, wiesen ein vergleichsweise höheres Strukturierungsniveau auf als die Befragungen der LehrveranstaltungsleiterInnen.

Generell achteten wir in der Erhebungspraxis darauf, ein Frage-Antwort-Verhalten zu umgehen. Zudem vermieden wir es bei der Interviewführung, Handlungen der Befragten zu bewerten. Prinzipiell orientierten wir uns bei der Interviewführung stattdessen am Konzept des verstehenden Interviews von Jean-Claude Kaufmann.[326] Nach dessen Auffassung können die InterviewpartnerInnen ihre Ansichten und gedanklichen Kategorien am leichtesten offenlegen, wenn sich die Interviewenden auf sie einlassen und damit hierarchisch strukturierte Befragungssituationen durchbrechen. Zentral ist hierbei nach Kaufmann eine empathische Grundhaltung gegenüber der interviewten Person, mit der die Interviewenden alles Gesagte freundlich, aufmerksam und empfänglich in einem positiven Sinne aufnehmen. Zudem soll darauf geachtet werden, dass durch Nachfragen im Verlauf des Interviews wiederholt auf bereits erwähnte Punkte eingegangen und Bezug genommen wird.[327] Diese Vorgehensweise half dabei, „das Gespräch in Gang zu bringen und Zugang zur Welt [der] Informanten zu gewinnen“[328].

Zum Datenmaterial und Sampling

Im Zeitraum von 2014 bis 2017 wurden 40 Personen in problemzentrierten Leitfadeninterviews und Gruppengesprächen befragt. Darunter waren vier LehrveranstaltungsleiterInnen, sechs BegleitlehrerInnen sowie 27 Studierende. Für die empirische Analyse wurden die Erhebungen aus einem Jahrgang herangezogen, die übrigen empirischen Daten flossen als Kontextwissen in die Analyse mit ein.

Unter den Studierenden waren 13 angehende katholische und 14 zukünftige muslimische ReligionspädagogInnen. Bei den katholischen waren männliche und weibliche Studierende etwa gleich stark vertreten, während es unter den muslimischen Studierenden einen weiblichen Überhang gab, da der Studiengang mehrheitlich von Musliminnen belegt wird. Für die empirische Analyse und Darstellung wurden die Studierenden mithilfe von gängigen Vornamen anonymisiert, ihr Geschlecht und Migrationshintergrund wurden bei der Wahl der Pseudonyme beibehalten.
Die LeiterInnen der Begleitlehrveranstaltung setzten sich ebenso paritätisch aus muslimischen und katholischen DozentInnen zusammen. Die befragten

325 Vgl. *Helfferich*, Die Qualität qualitativer Daten, 180.
326 Vgl. *Kaufmann*, Das verstehende Interview.
327 Vgl. ebd., 73.
328 Ebd., 76.

BegleitlehrerInnen hingegen waren – aus Gründen, die bereits an anderer Stelle erläutert wurden – durchgehend im katholischen Religionsunterricht tätig. Dass bei diesen beiden Personengruppen vorrangig Frauen befragt wurden, wirkte sich auch auf unsere Anonymisierungsstrategie aus: Um die Anonymität der Befragten zu gewährleisten, verwendeten wir für die BegleitlehrerInnen und die LehrveranstaltungsleiterInnen nur weibliche Pseudonyme, wenngleich auch männliche Lehrkräfte befragt wurden. Diese Änderungen zur Wahrung der Anonymität haben keine Auswirkungen auf die Analyse der Gespräche und die Aussagekraft der empirischen Daten.

Die Auswahl der LehrveranstaltungsleiterInnen im Zeitraum zwischen 2014 und 2017 stellt eine Vollerhebung dar. Bei den BegleitlehrerInnen wiederum wurden all diejenigen Lehrkräfte befragt, die sich für ein Interview bereit erklärten. Das Sampling der Studierenden unterschied sich abhängig von der Glaubenszugehörigkeit der Betreffenden: Von den muslimischen Studierenden wurden jene für eine Befragung ausgewählt, die in der Lehrveranstaltung am häufigsten präsent waren. Da das Seminar mehr angehende katholische ReligionspädagogInnen besuchten, wurde bei diesen eine Auswahl getroffen. Befragt wurden diejenigen, von denen zu erwarten war, dass sie unterschiedliche Ansichten vertreten und die bestehende Meinungsvielfalt im Seminar weitgehend abbilden würden. Ausgewählt wurden pro Jahrgang auf katholischer wie muslimischer Seite jeweils mindestens vier Studierende. Durch diese Vorgehensweise konnte die Variationsbreite an verschiedenen Positionen gegenüber dem interreligiösen Modul abgedeckt werden.

## *3.3 Auswertung*

Die Auswertung der empirischen Daten erfolgte auf der Basis der verschriftlichten Transkriptionen. Die vorgenommene Analyse des Datenmaterials lehnt sich an die Verfahrensschritte der Grounded Theory an, die von Anselm Strauss und Juliet Corbin erarbeitet wurden.[329] Es wurden jedoch nicht alle analytischen Schritte – wie in der Theorie vorgesehen – umgesetzt, sondern die Abläufe wurden gezielt modifiziert und den forschungspragmatischen Gegebenheiten angepasst. In den verschiedenen Phasen der Auswertung legten wir zudem besonderen Wert auf unsere Rolle als Subjekte innerhalb des Forschungsprozesses. So sind einige Mitglieder des Forschungsteams auch als AkteurInnen in den interreligiösen Modulen der religionspädagogischen Ausbildung tätig. Die Beziehungen zu den befragten InterviewpartnerInnen sowie die eigenen Erfahrungen im Feld bedürfen einer gezielten Reflexion – eine

[329] Vgl. *Strauss, Anselm L. / Corbin, Juliet*, Grounded Theory. Grundlagen Qualitativer Sozialforschung. Weinheim 1996, 43–56.

Vorgehensweise, wie sie beispielsweise auch Franz Breuer mit seiner Konzeption der Reflexiven Grounded Theory vorschlägt.[330]

Die Auswertung wurde in folgenden Phasen durchgeführt: In einem ersten Schritt unterteilten wir die Interviewtranskriptionen in Sinneinheiten und nahmen eine Analyse der einzelnen Sequenzen vor.[331] Mit diesem ersten analytischen Schritt, der stark an den empirischen Daten orientiert ist, wurden im Sinne des offenen Kodierens der Grounded Theory die Interviewaussagen als Rohdaten erstmalig aufgebrochen.[332] Offen kodiert wurden dabei alle qualitativen Leitfadeninterviews. Die Kodierungen wurden gesammelt und strukturiert. Auf dieser Basis wurden Kategorien erstellt, d. h. aus dem empirischen Datenmaterial induktiv abgeleitet.[333] Die Interpretation erfolgte jeweils in Teams, in denen drei bis fünf Personen gemeinsam Sequenz für Sequenz die verschiedenen Leitfadeninterviews analysierten. Alle Interpretationssitzungen wurden dokumentiert.

Die Aufzeichnungen der Interpretationsarbeit bilden zusammen mit den entwickelten Kodesystemen die Basis des zweiten Analyseschritts, in dem Fallprofile ausgearbeitet wurden. Erstellt wurden diese sowohl für die befragten Studierenden und LehrveranstaltungsleiterInnen als auch für die BegleitlehrerInnen jeweils auf der Basis der entwickelten Kategorien, die für die unterschiedlichen Personengruppen ausgearbeitet wurden. Ausgehend von den entwickelten Fallanalysen wurden Vergleiche vorgenommen, in denen sich die Unterschiede und Gemeinsamkeiten zwischen den verschiedenen VertreterInnen einer Personengruppe zeigten.

Im anschließenden dritten Schritt der Auswertung, der an den Verfahrensschritt des axialen Kodierens der Grounded Theory angelehnt ist,[334] wurden entsprechend der zugrundeliegenden Fragestellung dieses Bandes Kodes und Kategorien in den Mittelpunkt der Analyse gerückt, in denen Konfliktpotentiale zum Ausdruck kamen. Angelehnt an das paradigmatische Modell von Strauss und Corbin,[335] das an verschiedenen Stellen spezifisch modifiziert wurde, erfolgte an dieser Stelle eine Fokussierung auf Spannungsherde und deren unterschiedliche Facetten (siehe Abbildung 2), die sich im empirischen Datenmaterial abzeichneten.

---

330 Vgl. *Breuer, Franz*, Reflexive Grounded Theory. Eine Einführung für die Forschungspraxis. Wiesbaden $^{2}$2010, 115f.

331 Vgl. *Mey, Günter / Mruck, Katja*, Methodologie und Methodik der Grounded Theory. In: Kempf, Wilhem / Kiefer, Markus (Hg.), Forschungsmethoden der Psychologie. Zwischen naturwissenschaftlichem Experiment und sozialwissenschaftlicher Hermeneutik. Band 3: Psychologie als Natur- und Kulturwissenschaft. Die soziale Konstruktion der Wirklichkeit. Berlin 2009, 100–152, hier 118f.

332 Vgl. *Strauss / Corbin*, Grounded Theory, 44.

333 Vgl. *Mey, Günter / Mruck, Katja*, Grounded-Theory-Methodologie. Entwicklung, Stand, Perspektiven. In: Dies. (Hg.), Grounded Theory Reader. Wiesbaden $^{2}$2011, 11–48, hier 32.

334 Vgl. *Strauss / Corbin*, Grounded Theory, 75f.

335 Vgl. ebd., 78f.; *Mey / Mruck*, Methodologie und Methodik der Grounded Theory, 129f.

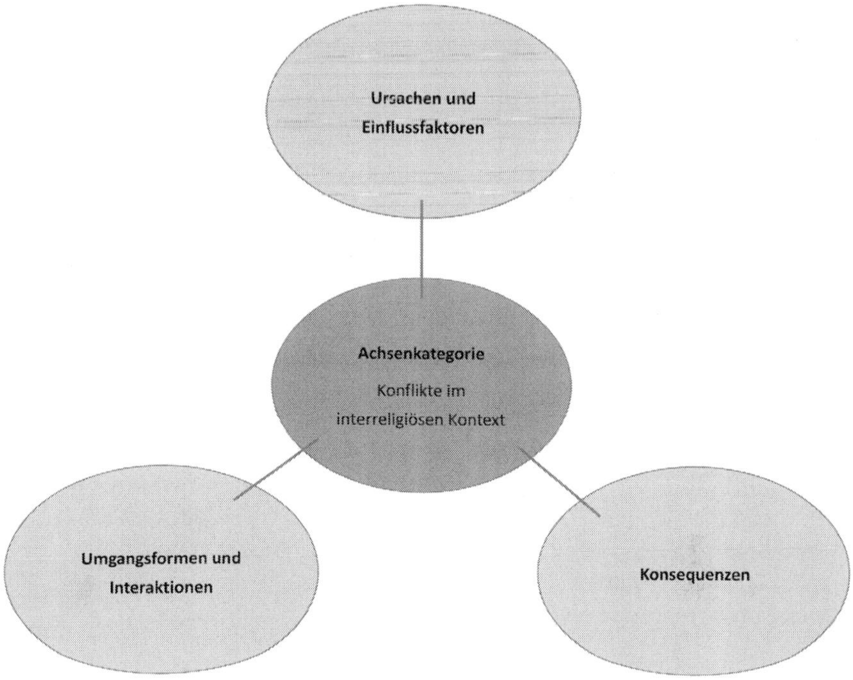


*Abb. 2: Konflikte und deren Subkategorien*[336]

Die Achsenkategorien, also die verschiedenen Konfliktpotentiale, differenzierten wir im Zuge der Auswertung in die Subkategorien ‚Ursachen und Einflussfaktoren', ‚Umgangsformen und Interaktionen' sowie ‚Konsequenzen'. Befüllt wurden die Subkategorien im Zuge der nochmaligen Analyse der Fallprofile und der Interviewtranskriptionen. Die Auswertung in diesem Verfahrensschritt wurde somit von einer personenzentrierten Ausarbeitung, die sich in den erstellten Fallprofilen widerspiegelt, in eine inhaltliche Analyse transformiert, die den thematischen Gehalt und die differierenden Bestandteile von Konflikten in den Mittelpunkt rückt.

---

336 Die verschiedenen (Sub-)Kategorien sind folgendermaßen charakterisiert: Achsenkategorie: Worum geht es? Welcher Konfliktherd steht im Mittelpunkt?; Ursachen und Einflussfaktoren: Was sind zum einen die generellen (kulturellen, geografischen, bildungspolitischen, usw.) sowie zum anderen die individuellen und situativen Vorbedingungen, die zum Konfliktherd führen?; Umgangsformen und Interaktionen: Wie gehen die beteiligten AkteurInnen mit den Ursachen um? Welche Interaktionen finden statt, in denen sich die Konfliktpotentiale ausdrücken? Welche Austragungsformen finden in dem Spannungsfeld statt?; Konsequenzen: Welche Resultate bringen die Handlungen und Interaktionen hervor, die mit dem Konfliktherd in Zusammenhang stehen? Wozu führen diese?

## 3.4 *Darstellung*

Die dreistufige Analyse des empirischen Datenmaterials wird in den nachfolgenden Kapiteln dargestellt. Die Präsentation der empirischen Befunde folgt einer grundlegenden Unterteilung in die zwei Schauplätze ‚Schule' und ‚Universität'. Diese werden gesondert untersucht, da die auftretenden Konfliktpotentiale stark kontextabhängig sind und nicht zwingend auf andere Rahmen übertragen werden können.

Der erste analytische Abschnitt (**4**) widmet sich dem Schauplatz Schule. Nach einer Analyse des Konfliktsettings (**4.1**), in der die beteiligten AkteurInnen, deren Interessen und Relationen zueinander untersucht werden, erfolgt die Darstellung der verschiedenen Spannungsfelder, die im schulischen Kontext im Zusammenhang mit der interreligiösen ReligionslehrerInnenausbildung aufgetreten sind. Bei der Analyse des Datenmaterials konnten wir die Konfliktherde ‚(Religiöse) Gruppendynamik' (**4.2**), ‚Themen und Didaktik' (**4.3**) sowie ‚Identität und Konfessionalität' (**4.4**) identifizieren. Die Konfliktherde werden jeweils detailliert anhand der Interviewaussagen der BegleitlehrerInnen, der LehrveranstaltungsleiterInnen sowie der Studierenden im Sinne einer mehrperspektivischen Analyse dargestellt (siehe Abbildung 3).

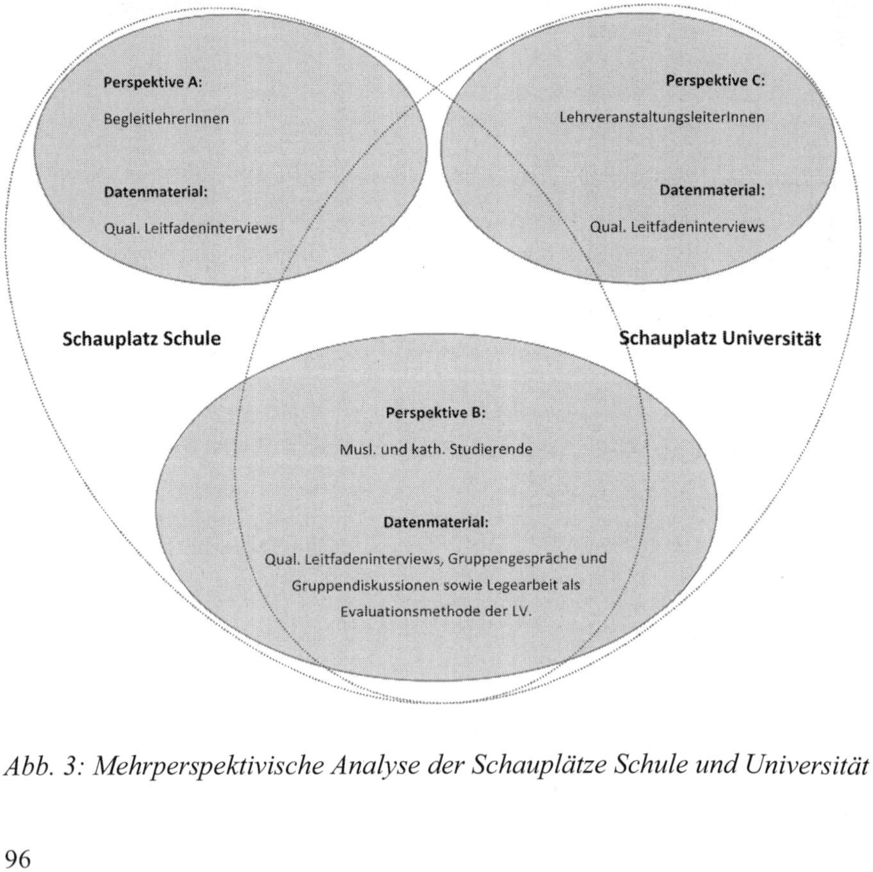


*Abb. 3: Mehrperspektivische Analyse der Schauplätze Schule und Universität*

Indem der Schauplatz Schule durch eine mehrperspektivische Betrachtung in den Blick genommen wird, erfolgt eine gründliche Ausleuchtung der Konfliktpotentiale und der damit verbundenen Aspekte im schulischen Kontext, die mit den interreligiös gestalteten Bestandteilen der ReligionslehrerInnenausbildung einhergehen, sowie eine gegenseitige Validierung der unterschiedlichen Standpunkte.

Im zweiten empirischen Abschnitt (**5**) erfolgt die Analyse des Schauplatzes Universität. Im Anschluss an die einführende Beschreibung des Settings (**5.1**), in der die involvierten Akteursgruppen und deren Interessen vorgestellt werden, legt dieses Kapitel analog zum vorangegangenen empirischen Abschnitt die unterschiedlichen Konfliktherde dar, die im universitären Kontext auftraten. Als solche konnten im Rahmen der empirischen Auswertung die Spannungsfelder ‚Planung, Konzept und Erwartungen' (**5.2**), ‚Prozess, Kommunikation und Gruppendynamik' (**5.3**) sowie ‚Ringen um den ‚idealen' Religionsunterricht und Anerkennung' (**5.4**) identifiziert werden. Konfliktherde des Schauplatzes Universität werden in diesem Abschnitt ebenfalls mehrperspektivisch betrachtet und sowohl aus der Sicht der LeiterInnen der Begleitlehrveranstaltung als auch aus der Sicht der beteiligten Studierenden untersucht. Im Anschluss erfolgt in Kapitel **6** eine Zusammenführung und Diskussion der zentralen empirischen Ergebnisse. Besondere Aufmerksamkeit widmen wir in diesem Zusammenhang vor allem den theologischen sowie den religionspädagogischen Implikationen der empirischen Befunde.

# Empirische Analyse

# 4 Schauplatz Schule

Im Fokus dieses Kapitels stehen Spannungsfelder, die am Schauplatz Schule aufgetreten sind. Konfliktherde, die sich im Zusammenhang mit der universitären Lehre zeigten, werden im nachfolgenden Kapitel **5** behandelt.

Bei der Analyse des empirischen Datenmaterials konnten im schulischen Kontext drei Spannungsfelder identifiziert werden:

- Konfliktherd 1: (Religiöse) Gruppendynamik (Kapitel **4.2**)
- Konfliktherd 2: Themen und Didaktik (Kapitel **4.3**)
- Konfliktherd 3: Identität und Konfessionalität (Kapitel **4.4**)

Vor der Analyse der Konfliktherde wird im nachfolgenden Unterkapitel **4.1** das Setting des Schauplatzes Schule skizziert. Darin werden die beteiligten AkteurInnen, deren Interessenslagen und deren Sichtweise auf den interreligiösen Ausbildungsbestandteil vorgestellt.

## *4.1 Setting am Schauplatz Schule*

### Genese und Ablauf des interreligiösen Basispraktikums

Die interreligiöse Zusammenarbeit in der religionspädagogischen Ausbildung an der Universität Innsbruck hat zur Folge, dass muslimische Studierende, die das Bachelorstudium Islamische Religionspädagogik belegen, gemeinsam mit katholischen Studierenden ihr schulisches Basispraktikum im katholischen Religionsunterricht in Tiroler Volksschulen absolvieren. Angeleitet werden sie dabei durch eine/n katholische/n ReligionslehrerIn als Praxis- bzw. BegleitlehrerIn. Ziel des Basispraktikums ist es, Studierenden erste Einblicke in das konkrete Unterrichtsgeschehen im schulischen Religionsunterricht zu gewähren, ihnen den Bildungsort Volksschule näherzubringen und ihnen anfängliche Unterrichtserfahrungen im Team sowie als einzelne Lehrperson zu ermöglichen. Das Basispraktikum soll die Studierenden dazu anregen, sich mit ihrer zukünftigen Rolle als ReligionslehrerIn auseinanderzusetzen. Es fungiert wiederum als Voraussetzung für das sogenannte Fachpraktikum, in dem fachdidaktische Kompetenzen im Fokus stehen. Das Fachpraktikum erfolgt im Gegensatz zum Basispraktikum jedoch nicht im Rahmen einer interreligiös zusammengesetzten Praktikumsgruppe von Studierenden, sondern in einer konfessionell homogenen Konstellation. Sowohl das Bischöfliche Schulamt der Diözese Innsbruck als auch das Schulamt der Islamischen

Glaubensgemeinschaft in Österreich (IGGÖ) stimmte der interreligiösen Kooperation im Basispraktikum zu.[337]

Während des einmonatigen Basispraktikums nehmen die Studierenden an vier Terminen am katholischen Religionsunterricht der BegleitlehrerInnen in den Volksschulen teil. Das Basispraktikum findet jeweils im Herbst nach Beginn des Schuljahres statt. Die Schulen, an denen die ausgebildeten BegleitlehrerInnen tätig sind, erklären sich dabei dazu bereit, dass Studierende, also angehende ReligionspädagogInnen, aufgenommen und von der/dem BegleitlehrerIn betreut werden. Die didaktische Konzeption sieht vor, dass die Studierenden in Kleingruppen zu je drei Studierenden das Basispraktikum absolvieren. Während Zweiergruppen oftmals in eine Dynamik der gegenseitigen Selbstbestätigung durch die beiden Mitglieder geraten und Vierergruppen zu groß für die Klassenräume sind, versprechen Praxisgruppen mit drei Studierenden gute Voraussetzungen für ein Lernen voneinander.[338]

Bei der Bildung der Praktikumsgruppen wird auf eine interreligiöse Zusammensetzung geachtet. Aufgrund der Anmeldezahlen der Studierenden für das Basispraktikum pendelte es sich in der Praxis im untersuchten Jahrgang ein, dass sich eine Zweiergruppe katholischer Studierender entsprechend der zeitlichen und räumlichen Präferenzen bildete und für einen Praktikumsort entschied. Muslimische Studierende wurden dieser dann in weiterer Folge zugeordnet. Rechtzeitig vor Beginn der Praktika erfahren die LehrerInnen und Studierenden, wer wo im Basispraktikum eingeteilt ist.

Der Ablauf des Basispraktikums in den Volksschulen ist in den Grundzügen bereits vorgegeben. Er wird sowohl durch den Lehrplan als auch durch Regelungen des Bischöflichen Schulamts der Diözese Innsbruck festgelegt. Vorgesehen ist, dass die Studierenden in der ersten Einheit hospitieren und in den nachfolgenden Einheiten den Unterricht aktiv mitgestalten, sei es einzeln oder im Rahmen eines Teamteachings. Ob letzteres als Tandem oder als Trio, in einer interreligiösen Konstellation, zusammen mit der/dem PraxislehrerIn oder mit Mitstudierenden erfolgt, ist nicht eindeutig geregelt.

Das eigenständige Unterrichten in dieser Schulstufe ist auf einen Teil der Schulstunde beschränkt. Es wird darauf geachtet, dass muslimische Studierende keine spezifisch islamisch-theologischen – aber auch keine christlichen – Themen im Unterricht bearbeiten, sondern sich auf allgemein ethische oder didaktisch-methodische Elemente beschränken. Die konkrete Umsetzung der

---

337 Vgl. *Schluifer, Winfried*, Organisation – Schulrecht – Praxis. Die Perspektive des Bischöflichen Schulamtes auf die gemeinsamen Ausbildungselemente von ReligionslehrerInnen. In: Kraml / Sejdini (Hg.), Interreligiöse Bildungsprozesse, 195–200, hier 196; *Redžepović, Samir*, Chancen und Herausforderungen des islamischen Religionsunterrichts in Österreich. Reflexionen angesichts der interreligiösen Zusammenarbeit im Rahmen des Basispraktikums. In: Kraml / Sejdini (Hg.), Interreligiöse Bildungsprozesse, 185–194, hier 187.

338 Vgl. u. a. *Wecker, Christof / Fischer, Frank*, Lernen in Gruppen. In: Seidel, Tina / Krapp, Andreas (Hg.), Pädagogische Psychologie. Weinheim 2014, 277–296.

aktiven Unterrichtsgestaltung durch die Studierenden wird dabei stets von den PraxislehrerInnen begleitet. Diese Bestimmungen geben einen vergleichsweise engen Rahmen vor, in dem sich die Studierenden bei ihrer Unterrichtsgestaltung und Themenwahl bewegen. Bei der Interpretation der erhobenen empirischen Daten wurden diese Umstände berücksichtigt.

### Beteiligte AkteurInnen im Kontext des interreligiösen Basispraktikums

Neben den universitären Einrichtungen der Universität Innsbruck, die die Bachelorstudiengänge Katholische Religionspädagogik und Islamische Religionspädagogik anbieten, und dem Bischöflichen Schulamt der Diözese Innsbruck sowie dem Schulamt der Islamischen Glaubensgemeinschaft sind insbesondere folgende drei Personengruppen am Basispraktikum beteiligt: Katholische ReligionslehrerInnen, die als BegleitlehrerInnen agieren, katholische VolksschülerInnen sowie muslimische und katholische Studierende. Eine Rolle spielen daneben als weitere Akteursgruppe die Eltern der VolksschülerInnen sowie die lokalen Medien, PolitikerInnen und weitere Personengruppen, wie beispielsweise die örtlichen Pfarrer oder die LehrerkollegInnen. Diese unterschiedlichen Personengruppen und Institutionen stecken das Feld ab, in dem sich die am Schauplatz Schule beteiligten AkteurInnen bewegen (siehe Abbildung 4).

Die beteiligten Personengruppen und Institutionen haben jeweils unterschiedliche Perspektiven auf das interreligiös angelegte Basispraktikum und sie verfolgen differierende Anliegen.[339] Die Interessen der AkteurInnen sind dabei nicht nur individueller Natur, sondern haben auch einen überindividuellen Charakter, der eine Personengruppe als Kollektiv ausmacht. Diese überpersönlichen Anliegen zeigen sich wiederum in den Ansichten der einzelnen Beteiligten und bilden einen gemeinsamen Nenner der Angehörigen einer Akteursgruppe.

339 An dieser Stelle weisen wir darauf hin, dass die Anliegen der beteiligten Akteursgruppen auch im Sinne des französischen Sozialwissenschaftlers Pierre Bourdieu als Feldinteressen interpretiert werden können.

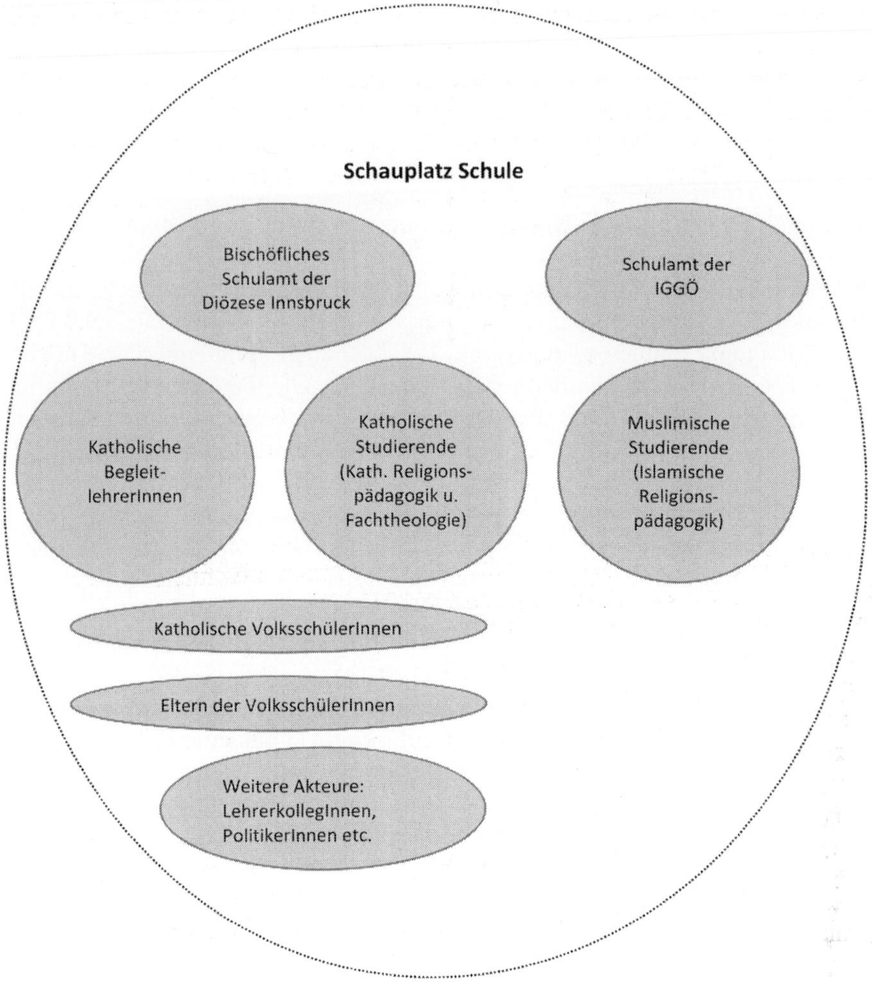


*Abb. 4: Beteiligte AkteurInnen am Schauplatz Schule*

In den nachfolgenden Abschnitten werden die überindividuellen Interessen der beteiligten AkteurInnen skizziert. Für die Darstellung der Perspektive der BegleitlehrerInnen und der Studierenden werden dabei unter anderem die qualitativen Interviews herangezogen, die mit beiden Personengruppen geführt wurden. Durch die Verzahnung beider Sichtweisen ergibt sich eine komplementäre Perspektive auf die Konfliktherde, die bei der Analyse des empirischen Datenmaterials sichtbar wurden. Die Positionen der Schulämter werden einerseits aus den Regelungen zum Basispraktikum deutlich sowie andererseits aus schriftlichen Beiträgen, die Eingang in einen an der Universität Innsbruck publizierten Sammelband[340] gefunden haben. Die SchülerInnen, deren Eltern, lokale PolitikerInnen und weitere AkteurInnen, wie z. B. die örtlichen Pfarrer, sprechen als Personengruppen nicht für sich selbst, da unter ihnen keine empirischen Befragungen durchgeführt wurden. Dennoch sind sie jeweils als diskursive Figuren mit ihren Bedürfnissen und Anliegen in den geführten Interviews präsent – vor allem in jenen mit den BegleitlehrerInnen sowie in Medienberichten über das interreligiöse Basispraktikum. Nachfolgend werden die Feldinteressen, Positionen, Erwartungen und Vorbehalte der Schulämter (Akteursgruppe I), der Eltern, SchülerInnen und lokaler PolitikerInnen (Akteursgruppe II), der PraxislehrerInnen (Akteursgruppe III) und der Studierenden (Akteursgruppe IV) gegenüber dem interreligiösen Basispraktikum abschnittsweise dargelegt.

### Akteursgruppe I: Die Schulämter

Dem Bischöflichen Schulamt obliegt die Aufgabe, im Auftrag des Bischofs Verantwortung für Bildung und Schule, speziell für den konfessionellen Religionsunterricht sowie für die katholischen Bildungseinrichtungen im Schulkontext zu übernehmen. Dies betrifft auch den Lehrplan und die Lehrinhalte für den konfessionellen katholischen Religionsunterricht in den verschiedenen Schulstufen. Von dieser Aufgabenverteilung her gesehen ist die Zustimmung des Schulamts für die Durchführung des interreligiös modifizierten Basispraktikums im katholischen Religionsunterricht notwendig.

Grundsätzlich kommt dem Bischöflichen Schulamt aufgrund seiner Aufgabe, die Aufsicht über den katholischen Religionsunterricht auszuüben, eine ‚bewahrende' Funktion zu. So ist seine Zielsetzung, dass der Katholische Religionsunterricht im schulischen Kontext in zeitlicher Hinsicht möglichst umfangreich und dabei auch altersgerecht sein soll. Der Modifikation des homogen religiösen Basispraktikums in einen Ausbildungsbestandteil mit interreligiösen Ansätzen stand das Schulamt deswegen nicht vorbehaltlos offen gegenüber. Es wies insbesondere darauf hin, dass die Veränderung des Praktikums nicht zulasten der Vermittlung katholischer Religionskompetenzen gehen dürfe.[341] Der daraus resultierenden Rolle sind sich die Beteiligten durchaus bewusst. So spricht beispielsweise Winfried Schluifer, der die Institution im Schuljahr 2014/15 interimistisch leitete, davon, dass dem Schulamt in der Außenwahrnehmung – insbesondere von universitärer Seite – eine „Bremserrolle"[342] zuerkannt werde. Dieser Status resultiert jedoch aus der institutionellen Funktion der Einrichtung und nicht aus persönlichen Präferenzen.

---

340 *Kraml / Sejdini* (Hg.), Interreligiöse Bildungsprozesse.

341 *Schluifer*, Organisation – Schulrecht – Praxis, 197.

342 Ebd..

Gleichwohl hat das Schulamt auch ein Eigeninteresse an der spannungsfreien Kooperation mit dem religionspädagogischen Arbeitsbereich an der Katholisch-Theologischen Fakultät der Universität Innsbruck, um eine bestmögliche Ausbildung von angehenden ReligionslehrerInnen zu unterstützen und zu gewährleisten. Das Bischöfliche Schulamt der Diözese Innsbruck fungierte dabei zwar nicht als initiierender Akteur für das interreligiös gestaltete Basispraktikum, es stand dem Projekt aber auch nicht entgegen. Um jedoch nicht aufseiten der eigenen Glaubensgemeinschaft in Verdacht zu geraten, sich nicht ausreichend für den katholischen Religionsunterricht einzusetzen und stattdessen muslimischen Themen Tür und Tor zu öffnen – so ein Vorwurf, den einzelne Eltern formulierten[343] – steckte das Bischöfliche Schulamt präzise den Rahmen des interreligiösen Basispraktikums ab. So wurde zum einen festgelegt, was inhaltlich in dessen Verlauf vermittelt werden darf und was nicht. Damit sollte Befürchtungen seitens der Eltern vorgebeugt und entgegengewirkt werden. Zum anderen wurden – angestoßen durch eine Initiative der PraxislehrerInnen – die Eltern der VolksschülerInnen durch einen Elternbrief über die Teilnahme muslimischer Studierender am Basispraktikum und damit über die temporäre Präsenz angehender muslimischer ReligionslehrerInnen im katholischen Religionsunterricht in den ausgewählten Volksschulen vorab informiert.[344]

Dass das Bischöfliche Schulamt und die zuständigen FachinspektorInnen dem interreligiösen Vorhaben zustimmten, begründet sich auch daraus, dass interreligiöses Lernen als Zielsetzung und wichtige Kompetenz im katholischen Religionsunterricht eingestuft wird.[345] Das interreligiöse Basispraktikum bot in dieser Hinsicht konkrete Berührungspunkte mit MuslimInnen und damit mit dem religiösen Gegenüber in der Unterrichtssituation.[346] Abseits dessen deutete nichts darauf hin, dass das interreligiös angelegte Basispraktikum zulasten katholischer Themen im Religionsunterricht gehen könnte, da „es nicht so ist, dass muslimische ReligionslehrerInnen im Katholischen Religionsunterricht einen Unterricht erteilen“[347].

Für das Schulamt der Islamischen Glaubensgemeinschaft in Österreich (IGGÖ) wiederum war die Ausgangssituation von Grund auf anders gelagert. Denn auf islamischer Seite bestand in Tirol bis zu diesem Zeitpunkt noch keine

---

343 Vgl. *Schluifer*, Organisation – Schulrecht – Praxis, 197.

344 Vgl. *Jetzinger, Judith / Plankensteiner-Spiegel, Maria*, „… und wie sieht die Realität in der Schule aus?“ Überlegungen aus dem Bischöflichen Schulamt zur gemeinsamen Ausbildung katholischer und muslimischer ReligionslehrerInnen. In: Kraml / Sejdini (Hg.), Interreligiöse Bildungsprozesse, 173–184, hier 179f; *Schluifer*, Organisation – Schulrecht – Praxis, 196.

345 Vgl. *Jetzinger / Plankensteiner-Spiegel*, „…und wie sieht die Realität in der Schule aus?“, 179.

346 Für weitere Informationen hinsichtlich der Zustimmung des Bischöflichen Schulamtes siehe: ebd. sowie *Schluifer*, Organisation – Schulrecht – Praxis.

347 Aktenvermerk des Bischöflichen Schulamts der Diözese Innsbruck vom 14.04.2014, zitiert nach: *Schluifer*, Organisation – Schulrecht – Praxis, 196.

Möglichkeit für Bachelorstudierende, im Rahmen eines schulischen Praktikums bei bereits etablierten Lehrkräften an deren Schulalltag teilzunehmen. Die Zustimmung durch das Schulamt der IGGÖ erfolgte somit auch deshalb ohne nennenswerte Widerstände. Die Einwilligung zur Einführung des interreligiösen Ausbildungsbestandteils wurde auch dadurch erleichtert, dass interreligiöse Kompetenzen als wichtiger Baustein des islamischen Religionsunterrichts erachtet werden.[348] Die Aneignung interreligiöser Kompetenzen durch angehende muslimische ReligionslehrerInnen im Rahmen von deren religionspädagogischer und -didaktischer Ausbildung wurde daher grundsätzlich als positiv und der Qualität des Studiengangs als zuträglich angesehen.

### Akteursgruppe II: Eltern, SchülerInnen und lokale PolitikerInnen

Die Bedenken, dem Vorwurf einer Verwässerung des katholischen Religionsunterrichts durch das interreligiös gestaltete Basispraktikum ausgesetzt zu sein, erwiesen sich als begründet. Im ersten Durchlauf des Vorhabens im Herbst 2014 ereignete sich folgender Vorfall: Ein Vater in einer der Gemeinden, in deren Volksschule das interreligiöse Projekt stattfinden sollte, zeigte sich nach Erhalt des ausgesandten Elternbriefs empört und drohte damit, sein Kind vom katholischen Religionsunterricht abzumelden. Er argumentierte, dass die Anwesenheit muslimischer Studierender im Religionsunterricht der Entwicklung seines Kindes nicht zuträglich sei und die Konfrontation mit dem religiös Anderen der Herausbildung des eigenen christlichen Glaubens im Weg stehe.

Dieser Fall gelangte durch die Medien in die Öffentlichkeit und zog die Aufmerksamkeit von PolitikerInnen auf sich.[349] Eine Tiroler Landtagsabgeordnete der FPÖ nutzte den Anlass und verunglimpfte das interreligiöse Basispraktikum als ‚Islamprojekt'. In einer Wortmeldung beschrieb sie die Gefahr, dass die am Basispraktikum teilnehmenden angehenden muslimischen ReligionslehrerInnen radikales Gedankengut im Unterricht verbreiten würden und dass dadurch ein konfessioneller katholischer Religionsunterricht verunmöglicht würde.[350] Auch die damalige Bildungslandesrätin von Tirol wurde aufmerksam auf die Berichte und erkundigte sich diesbezüglich beim Schulamt. In einem Gespräch mit den Beteiligten konnte der Konflikt in der

---

348 Vgl. *Redžepović*, Chancen und Herausforderungen des islamischen Religionsunterrichts in Österreich, 189.

349 Vgl. *Thurner, Samuel*, Eltern laufen gegen interreligiöses Pilotprojekt an der Volksschule Wattens Sturm. Kritik wegen Muslimen im Unterricht. In: Kurier, Ausgabe vom 11.10.2014; *Hammer, Hermann*, Islamische Studenten in katholischer Religionsstunde. In: ORF Tirol, Beitrag vom 12.10.2014; In: https://tirol.orf.at/news/stories/2673084/, [abgerufen am 15.07.2018].

350 Vgl. *Thurner, Samuel*, Aufregung um Pilotprojekt an Schule. LA Schwaiger empört. FPÖ fordert „Islamprojekt“ im Religionsunterricht zu stoppen. In: Tiroler Krone, Ausgabe vom 11.10.2014.

besagten Gemeinde schließlich beigelegt werden.[351] Dennoch wirkt der Fall auch weiterhin fort. So führt das Vorkommnis den beteiligten AkteurInnen stets vor Augen, dass interreligiöse Vorhaben sehr schnell eine kritisch-ablehnende Haltung seitens der Eltern und in der Folge mediale, öffentliche Kritik hervorrufen können.

Aus den Interviews mit den PraxislehrerInnen geht hervor, dass sich unter den VolksschülerInnen selbst in dieser Entwicklungsphase in der Regel noch keine fundierten Haltungen gegenüber der eigenen oder anderen Religionen herausgebildet haben. Das Anliegen der Erziehungsberechtigten wiederum besteht vorrangig darin, dass ihre Kinder im Verlauf der Volksschule eine Einführung in das Wissen, die Grundlagen, Rituale und die Schriften der eigenen Religion erhalten. Angestrebt wird dabei, dass im Zuge der Volksschulbildung eine grundsätzliche religiöse Sozialisation erfolgt, die in vielen Fällen dazu dienen soll, dass die religiöse Familientradition in der nachfolgenden Generation fortgeschrieben wird. Die Haltungen der Erziehungsberechtigten gegenüber anderen Religionen und Menschen anderen Glaubens unterscheiden sich z. T. stark und bewegen sich zwischen einer grundsätzlichen Offenheit und einer prinzipiellen Ablehnung. In den konkreten Fällen ist die Haltung gegenüber dem religiös Anderen Resultat vielfältiger Faktoren wie Bildungshintergrund, Wohnort, Kontakt zu Menschen mit anderer Glaubenszugehörigkeit, politischer Orientierungen sowie medialer Debatten.

Manche PolitikerInnen wiederum verfolgen vermutlich ein anderes Interesse als Erziehungsberechtigte, auch wenn sie sich zumeist als ‚Interessensanwälte' der VolksschülerInnen und ihrer Eltern darstellen. So streben PolitikerInnen in lokaler Hinsicht für gewöhnlich nach einer Steigerung ihres persönlichen Machteinflusses und einem Stimmenzuwachs ihrer jeweiligen Partei(liste) im Falle einer Wahl auf Gemeinde- oder Landesebene. Vor allem in den letzten Jahren werden hierbei die Themen Migration, geflüchtete Menschen oder Islam aufgegriffen, um daraus politisches Kapital zu schlagen.

### Akteursgruppe III: Die PraxislehrerInnen

Katholische ReligionslehrerInnen, die eine entsprechende Weiterbildung an Pädagogischen Hochschulen durchlaufen haben, können als PraxislehrerInnen tätig sein. Ihre Aufgabe besteht darin, Studierende mit der Situation im Unterricht und mit den Herausforderungen vertraut zu machen, die die Vermittlung elementarisierter Unterrichtsinhalte an VolksschülerInnen mit sich bringt. Die PraxislehrerInnen nehmen somit eine Ausbildungsfunktion wahr. Die Motivation der PraxislehrerInnen liegt darin begründet, dass sie angehende ReligionslehrerInnen an ihrem eigenen praktischen Erfahrungsschatz teilhaben lassen, um dadurch dazu beizutragen, dass die zukünftige Qualität

351 Vgl. *Schluifer*, Organisation – Schulrecht – Praxis, 196f.

des Religionsunterrichts weiter gewährleistet wird. Im Zuge dessen werfen sie einen beurteilenden Blick auf die Lernfortschritte der Studierenden im Verlauf des Basispraktikums. Ein weiterer Grund für die Tätigkeit als PraxislehrerInnen kann in der Anerkennung bestehen, die sie durch ihre Mitwirkung bei der Ausbildung des pädagogischen Nachwuchses erfahren. Zudem ist die Mehrarbeit kein ehrenamtliches, unentgeltliches Engagement, sondern wird zumindest geringfügig entlohnt, auch wenn die Beträge keineswegs dem eigentlichen Arbeitsaufwand entsprechen.

Die Lehrkräfte, die als PraxislehrerInnen tätig sind und in der vorliegenden empirischen Begleitforschung interviewt wurden, erfüllen diese Aufgaben überwiegend seit vielen Jahren. So waren sie bereits vor der Einführung interreligiös gestalteter Basispraktika im Wintersemester 2014/15 als PraxislehrerInnen aktiv. Bis zu diesem Zeitpunkt begleiteten sie ausschließlich religiös homogene Gruppen von angehenden katholischen ReligionslehrerInnen. Aufgrund dessen setzen die befragten PraxislehrerInnen in den qualitativen Leitfadeninterviews ihre Erfahrungen aus den interreligiösen Basispraktika oftmals in Bezug zu ihrer praktischen Arbeit mit katholischen Praxisgruppen. Durch die interreligiöse Modifikation durchliefen auch die BegleitlehrerInnen selbst einen Entwicklungsprozess und waren mit der Veränderung konfrontiert, das Basispraktikum sowohl passend für die katholischen als auch für die muslimischen Studierenden zu gestalten. Wie die empirischen Analysen zeigen werden, stellte dies in inhaltlich-konzeptioneller ebenso wie in organisatorischer Hinsicht eine Herausforderung dar.

Grundsätzlich streben die BegleitlehrerInnen danach, positiv Einfluss zu nehmen auf das didaktische Gespür der Studierenden, deren Kompetenzen und deren Vermittlungsformen im Unterrichtsgeschehen.[352] Diese Motivation zeigte sich in den Gesprächen mit allen beteiligten PraxislehrerInnen. Auch nehmen sie eine wohlwollende Haltung gegenüber den am interreligiösen Basispraktikum teilnehmenden Studierenden ein. Bei der Ausgestaltung des Basispraktikums haben sie zwar Wahlmöglichkeiten und Freiheiten, der Ablauf ist jedoch – wie beschrieben – bereits weitgehend vorgegeben.

Zwischen den PraxislehrerInnen und dem Bischöflichen Schulamt besteht in Bezug auf die Angemessenheit der Vorgaben aber auch ein Austausch.[353] Ungeachtet ihrer individuellen Einstellung und etwaiger Vorbehalte gegenüber Interreligiosität sind die PraxislehrerInnen aufgrund ihrer Rolle stets der oder die erste AnsprechpartnerIn für ArbeitskollegInnen, die Schulleitung und für Eltern, wenn diese Fragen zum Basispraktikum haben. Dadurch sind sie oftmals herausgefordert, eine verteidigende oder rechtfertigende Haltung

[352] Im Basispraktikum ist dies nur bezogen auf die grundsätzlichen Gestaltungsfragen des Unterrichts möglich, während die konkrete didaktisch-methodische Ausarbeitung spezifischer Inhalte sowie die Elementarisierung von Themen erst im Fachpraktikum im Fokus stehen.

[353] Vgl. *Jetzinger / Plankensteiner-Spiegel*, „... und wie sieht die Realität in der Schule aus?“, 180f.

gegenüber dem interreligiösen Ansatz einzunehmen und diesen nach außen zu vertreten.

Akteursgruppe IV: Die Studierenden

Die Studierenden wiederum sammeln in der Regel im Zuge des Basispraktikums erstmalig Erfahrungen im Religionsunterricht in der Volksschule. Bis dahin ist ihnen, obwohl sie sich für ein entsprechendes Studium entschieden haben, oftmals noch unklar, wie sich die tägliche Arbeit in den Volksschulen tatsächlich gestaltet und welche Aspekte dabei zu beachten sind. Dementsprechend erwarten die angehenden ReligionslehrerInnen vor allem, dass im Rahmen des Basispraktikums diese Aspekte vermittelt werden.

Das Basispraktikum ist zudem ein obligatorischer Bestandteil der betreffenden Curricula – und somit ist der positive Abschluss des Basispraktikums auch eine Leistungsvoraussetzung für den Studienabschluss. Die Verpflichtung, das Basispraktikum zu absolvieren, kann auch Auswirkungen auf die Art und Weise haben, wie sich die Studierenden dabei einbringen.

Die konkreten Sichtweisen auf das Basispraktikum sowie auf dessen interreligiösen Charakter können je nach Studienrichtung unterschiedlich sein. Am Praktikum nehmen sowohl muslimische Studierende teil, die das Bachelorstudium Islamische Religionspädagogik absolvieren, als auch katholische Studierende, die den Bachelorstudiengang Katholische Religionspädagogik belegen. Darüber hinaus wird das Basispraktikum oftmals auch von Studierenden besucht, die den Diplomstudiengang Katholische Fachtheologie absolvieren und in diesem Rahmen eine didaktische Zusatzqualifikation erwerben möchten. In der Regel belegen diese das Basispraktikum im siebten Semester und damit zu einem Zeitpunkt, zu dem sie im Vergleich zu ihren KollegInnen bereits fortgeschrittener und erfahrener sind. Für Studierende der katholischen Religionspädagogik ist der Besuch des Basispraktikums laut den Studienplänen im fünften Semester vorgesehen, für Studierende der islamischen Religionspädagogik war er im untersuchten Zeitraum bereits für das dritte Semester angedacht. Dadurch entstand ein partielles Gefälle, wenn sich eine Praxisgruppe aus FachtheologInnen und ReligionspädagogInnen zusammensetzte.

Die Anliegen der angehenden katholischen FachtheologInnen unterschieden sich z. T. von den Erwartungen ihrer Mitstudierenden. Für sie stand oftmals die Auseinandersetzung mit theologischen Themen im Fokus. Auch sahen sie sich dementsprechend in der Regel nicht als ReligionspädagogInnen und neigten dazu, ihren KollegInnen nicht auf Augenhöhe zu begegnen. Darin spiegelt sich eine interne Konkurrenz zwischen den beiden katholisch-theologischen Disziplinen wider, die trotz aller Bemühungen, diese zu überbrücken, doch mancherorts zum Ausdruck kommt. Am interreligiösen Basispraktikum interessierten die katholischen FachtheologInnen oftmals der interreligiöse Dialog und die theologischen Debatten mit muslimischen Studierenden.

Für angehende katholische ReligionslehrerInnen stand hingegen vorwiegend das religionspädagogische Interesse am Basispraktikum im Mittelpunkt. Entsprechend erwarteten sie sich nicht nur einen vagen Praxisbezug theologischer Themen, sondern wünschten sich konkrete Anregungen zur Elementarisierung von Unterrichtsinhalten.

Im Gegensatz zu ihren katholischen Mitstudierenden gingen angehende muslimische ReligionslehrerInnen zumeist mit wenig konkreten Erwartungen an die interreligiöse Zusammensetzung und mit unklar formulierten Anliegen in das Basispraktikum. Zurückzuführen ist dies sowohl auf den frühen Zeitpunkt im Studienverlauf als auch auf die noch junge Geschichte des Studiengangs Islamische Religionspädagogik. So hatten die muslimischen Studierenden augenscheinlich noch keine Routine darin, was sie von den einzelnen Bestandteilen der religionspädagogischen Ausbildung erwarten können und was nicht. Dass die angehenden muslimischen ReligionspädagogInnen konkrete Bedürfnisse und Anliegen an Module und Praktika richten, bedarf seiner Zeit und muss sich erst etablieren; beispielsweise in der Form, dass Studierende, die das Basispraktikum zu absolvieren haben, durch den Austausch mit älteren Semestern, die dieses bereits durchlaufen haben, einen grundsätzlichen Eindruck von dessen Inhalten und Ablauf erhalten und dementsprechend ihre Erwartungen daran entwickeln können.

Grundsätzlich bringt aber die Situation der muslimischen Studierenden im Vergleich zu ihren katholischen Mitstudierenden zusätzliche Herausforderungen mit sich: Für eine positive Leistungsbeurteilung haben die muslimischen Studierenden nicht nur das Basispraktikum in den Schulen erfolgreich zu absolvieren, indem sie eigene praktische Lehrversuche im Unterricht machen, sondern sie führen diese auch in einem für sie fremden Kontext, im katholischen Religionsunterricht, durch.

Im Anschluss an diese Darstellung der Anliegen und Motive der verschiedenen Akteursgruppen, die im Zusammenhang mit dem schulischen Basispraktikum eine Rolle spielen, werden in den nachfolgenden Abschnitten die Konfliktherde am Schauplatz Schule beschrieben, die in der Analyse des empirischen Datenmaterials zu Tage getreten sind.

## *4.2 Konfliktherd 1: (Religiöse) Gruppendynamik*

Der erste Konfliktherd am Schauplatz Schule findet sich in Gruppendynamiken unter den Studierenden, die im Basispraktikum eine Praxisgruppe bilden. Das Spannungsfeld der Gruppenbildung beinhaltet nicht nur die Organisation der Zusammensetzung, sondern auch die Auswirkungen der Gruppenbildung auf die Interaktionen zwischen PraxislehrerIn, Studierenden und SchülerInnen und darauf, ob die Studierenden überhaupt den intendierten Zielsetzungen des

Basispraktikums nachkommen können. Benannt ist das Konfliktfeld als ‚(Religiöse) Gruppendynamik'. Das Adjektiv ‚religiös' ist dabei bewusst in Klammern gesetzt. Aus welchen Gründen diese Bezeichnung gewählt wurde, erschließt sich im Verlauf der empirischen Analyse.

Wie bereits ausgeführt, ist das Projekt in der pädagogischen Praxis grundsätzlich asymmetrisch angelegt, da es im katholischen Religionsunterricht stattfindet. Einer egalitären Teilhabe muslimischer Studierender wurden damit Hürden auferlegt. Dennoch folgte die Gruppendynamik nicht nur personenunabhängigen, strukturellen Vorgaben, sondern gestaltete sich in den verschiedenen Praxisgruppen durchaus unterschiedlich. Welche Mechanismen zum Tragen kamen und wie die beteiligten Individuen mit den gegebenen strukturellen Ursachen umgingen, zeigt sich anhand der im Rahmen dieses empirisch-analytischen Kapitels dargestellten Fallbeschreibungen.

In der nachfolgenden Analyse der empirischen Daten, in der die einzelnen Bestandteile und relevanten Ausprägungen des Konfliktherdes erläutert werden, widmen wir uns zuerst dessen Ausgangsbedingungen. Darin untersuchen wir zum einen strukturelle Gegebenheiten sowie zum anderen individuelle und situative Einflussfaktoren, die die Beteiligten mitbrachten und die von den personenunabhängigen, strukturellen Ursachen zu differenzieren sind (**4.2.1**). Anschließend schildern wir die Interaktionen und Umgangsformen, die im Zusammenhang mit dem Konfliktherd zu beobachten waren (**4.2.2**), und analysieren die aus diesen Konstellationen resultierenden Konsequenzen für die Beteiligten (**4.2.3**). In einem abschließenden Zwischenresümee werden die Mechanismen, die den Konfliktherd ausmachen, zusammengefasst (**4.2.4**). Die Darstellung der weiteren Spannungsfelder, die in den späteren Kapiteln beschrieben werden, folgt dieser Struktur.

### 4.2.1 Ursachen und Einflussfaktoren

Die personenunabhängige, strukturelle Voraussetzung des Konfliktherdes ist zunächst die Anlage des interreligiösen Projekts in der pädagogischen Praxis, die vorsieht, dass Studierende unterschiedlichen Glaubens das Basispraktikum gemeinsam absolvieren. Es wurden jeweils Praxisgruppen mit drei Studierenden gebildet.

VolksschülerInnen Unterrichtsinhalte zu vermitteln, stellt für alle Studierenden eine Herausforderung und in der Regel eine neue Erfahrung dar – insbesondere für die angehenden muslimischen ReligionslehrerInnen, da sie das Basispraktikum in einem für sie ungewohnten (andersreligiösen) Rahmen absolvieren. In diesem Zusammenhang gibt die Begleitlehrerin Gertrud zu bedenken, dass die Klassengrößen im katholischen und muslimischen Religionsunterricht oft unterschiedlich sind. Während katholische ReligionslehrerInnen in der Regel in ihrem Fachunterricht mit Klassen arbeiten, die nicht wesentlich kleiner sind als in anderen Fachunterrichten, wird islamischer Religionsunterricht mitunter auch nur vor wenigen SchülerInnen abgehalten (vgl. IP Gertrud, Zeile 23–28)[354]. Aufgrund dessen, so folgert die Praxislehrerin, brächten muslimische Studierende wegen ihrer eigenen schulischen Sozialisationserfahrungen – sofern sie islamischen Religionsunterricht in der Schule besucht haben – andere Erwartungen an die Unterrichtssituation mit (vgl. ebd., Zeile 28– 38).

Im Fall der ersten Praxislehrerin Gertrud zeigte sich eine markante Asymmetrie unter den Studierenden. Sie leitete eine Praxisgruppe an, die sich aus zwei männlichen katholischen und einer weiblichen muslimischen Studierenden zusammensetzte. Während die beiden männlichen Praktikanten, die jeweils ein Diplomstudium der Katholischen Fachtheologie belegten, bereits seit einigen Semestern befreundet waren und im Studienplan weiter vorangeschritten waren, befand sich die muslimische Studierende noch am Anfang ihres Bachelorstudiums Islamische Religionspädagogik und hatte bis dahin keinen Kontakt mit ihren katholischen Kollegen.

Diese strukturelle Ausgangsbedingung stellte bereits die Weichen für die Bildung einer Ingroup. Verstärkt wurde diese durch situative und individuelle Einflussfaktoren. So führten die Charaktereigenschaften der drei Studierenden, obwohl sie jeweils in Bezug auf Interreligiosität tendenziell aufgeschlossen waren, nicht zu einer ausgewogenen Beteiligung der Betreffenden. Während sich die beiden katholischen Fachtheologen bereits lange aus dem Studium kannten, „*einfach aufeinander eingespielt*" (ebd., Zeile 124) waren, stets gemeinsam zum Praktikumsort kamen, ein dominantes Auftreten an den Tag legten und „*wahnsinnig viel Raum*" (ebd., Zeile 355f.) einnahmen, zeichnete sich die muslimische Studierende durch gegenteilige Persönlichkeitszüge aus und scheute den Kontakt zu ihren katholischen Kollegen. Auch habe sie, so Gertruds Wahrnehmung, weniger Neugier gezeigt und sei weniger interessiert daran gewesen, zu erfahren, wie das Unterrichtsgeschehen abläuft (vgl. ebd., Zeile 37f.). Vielmehr hatte die Begleitlehrerin den Eindruck, das Basispraktikum sei für die muslimische Studierende eine auferlegte Pflicht – im Sinne von: „*das müssen wir machen und das machen wir eben*" (ebd., Zeile 544f.). Die strukturellen Ausgangsbedingungen sowie die individuellen und situativen Faktoren führten dazu, dass sich innerhalb der Praxisgruppe eine feste Ingroup entlang religiöser und geschlechtlicher Kategorien herausbildete. Dass die angehende muslimische Religionslehrerin Kopftuch trug und deshalb vom äußerlichen Erscheinungsbild innerhalb der Unterrichtskonstellation hervorstach, hatte jedoch keinen vordergründigen Einfluss auf die Grenzziehungsprozesse. So thematisierten laut Gertrud weder die beiden katholischen Fachtheologen das Kopftuch noch fragten die SchülerInnen im Unterricht danach (vgl. ebd., Zeile 274–278).

---

[354] Im Gegensatz zu Literaturbelegen und Sekundärquellen werden Zitate aus dem erhobenen empirischen Datenmaterial aus Gründen der besseren Lesbarkeit im Fließtext angeführt. Direkte Zitate aus den geführten Interviews werden im laufenden Text zudem kursiv gesetzt.

Dass die Ingroup aus zwei katholischen Studierenden bestand, ist jedoch nicht ursächlich auf die Frage der Religionszugehörigkeit zurückzuführen, sondern resultierte daraus, dass die beiden sich bereits aus dem bisherigen Studium gut kannten und befreundet waren. Als weitere Faktoren für die Herausbildung der Ingroup sind dasselbe Geschlecht zu nennen sowie die Tatsache, dass sie sich schnell als angehende Fachtheologen zusammenfanden und im Gegenzug eine Distanz gegenüber dem Bereich der Religionspädagogik wahrten.

Die Grenzziehung in der Praxisgruppe wurde auch durch den Studenten Klaus angesprochen, einen der beiden männlichen katholischen Fachtheologen. Grundsätzlich fragte er sich durchaus, wie die muslimische Kollegin im katholischen Religionsunterricht im Basispraktikum sowie im Unterrichtsgeschehen besser hätte eingebunden werden können. Allerdings wollte er

> *„auch nicht irgendwie im islamischen Unterricht stehen und den muslimischen Schülerinnen und Schülern irgendwas über den Propheten Mohammed erzählen" (IP Klaus, Zeile 460–463).*

Klaus nimmt somit eine klare Unterscheidung zwischen einer Binnen- und Außenperspektive auf religiöse Themen vor und stellt infrage, dass aus einer Außenperspektive heraus ein Beitrag zum bekenntnisgebundenen Religionsunterricht des religiösen Gegenübers geleistet werden kann. Sein Vergleich mit der muslimischen Unterrichtssituation ist jedoch nicht zutreffend, da die muslimische Studierende nicht die Aufgabe hatte, christliche Themen im Unterricht zu behandeln. Ungeachtet dessen empfand Klaus ein interreligiöses Team in einer Praxisgruppe als Chance, da dadurch die Möglichkeit bestünde, sich aufzuteilen, wenn ein Thema zu bearbeiten sei, das nur eine Religion oder Konfession betrifft. Das grundsätzliche Miteinander stellte für Klaus zwar kein Problem dar, einer Zusammenarbeit in allen Themenbereichen steht er jedoch skeptisch gegenüber (vgl. ebd., Zeile 455–479).

Für die zweite Begleitlehrerin Eva boten sich indes andere Ausgangsbedingungen als für Gertrud. Ihre Praxisgruppe war aus genderspezifischer Perspektive homogen und umfasste drei weibliche Studierende. In religiöser Hinsicht war die Konstellation aber ähnlich gelagert wie bei ihrer Kollegin Gertrud, denn Eva betreute im Rahmen des Basispraktikums zwei katholische und eine muslimische Studierende. Alle drei Studierenden belegten ein Bachelorstudium (Katholische bzw. Islamische Religionspädagogik) und waren im Studienplan ähnlich weit vorangeschritten. Diese strukturelle Anlage verhinderte die Herausbildung einer Ingroup, auch wenn Eva ihre Praxisgruppe retrospektiv als *„bunt gemischt"* (IP Eva, Zeile 243) beschreibt. Dass die muslimische Studentin nicht marginalisiert wurde, hängt maßgeblich mit situativen und individuellen Einflussfaktoren zusammen. Ob die beiden angehenden katholischen Religionslehrerinnen bereits im Vorfeld miteinander befreundet waren, blieb im Verlauf des Interviews offen. Die Praxislehrerin erwähnt nicht, dass diese Studierenden besonders eng miteinander vertraut gewesen wären. Wiederholt beschreibt Eva indes die bereits fortgeschrittenen Lehrkompetenzen der muslimischen Studentin und betont, dass diese bereits in der Zeit des Praktikums praktische Erfahrung in der Arbeit als Lehrerin gesammelt hatte und sich entsprechend aktiv in das Unterrichtsgeschehen einbringen konnte (vgl. ebd., Zeile 198–202). Zudem zeigte sie sich in ihrem Kommunikationsverhalten als selbstbewusste, redegewandte und zugängliche Person, die offen auf Mitmenschen zugeht und zwischenmenschliche Interaktionen nicht scheut (vgl. ebd., Zeile 15–25).

Als damit begonnen wurde, das homogen katholische Basispraktikum zu einem interreligiösen Bestandteil in der Ausbildung von ReligionslehrerInnen zu modifizieren, stand Eva diesen Bestrebungen zunächst skeptisch gegenüber (vgl. ebd., Zeile 13–15). Ihre reservierte Haltung änderte sich aber im Verlauf des Projekts und der verschiedenen Durchläufe, an denen sie selbst als Begleitlehrerin mitwirkte. Zu dieser veränderten Haltung trug insbesondere die muslimische Studierende im beschriebenen Jahrgang bei, von deren Charakter und Mitarbeit Eva in den Interviews ausschließlich positiv sprach. Die Beiträge der katholischen Studierenden bewertete sie schlechter als die ihrer muslimischen Kollegin (vgl. ebd., Zeile 26f.).

Lara, die dritte Begleitlehrerin, fand hinsichtlich der Zusammensetzung ihrer Praxisgruppe andere Gegebenheiten vor. Sie betreute in ihrem Basispraktikum ebenfalls drei junge Frauen – allerdings zwei muslimische und eine katholische Studierende. Alle belegten ein Bachelorstudium (Islamische bzw. Katholische Religionspädagogik). Da sich die beiden muslimischen Studentinnen bereits seit einigen Semestern aus dem Studium kannten, bildete sich in dieser Konstellation eine Ingroup heraus. Im Gegensatz zur Gruppe der Praxislehrerin Gertrud ging bei Laras Praktikumsgruppe aber die Grenzziehung von muslimischer Seite aus.

Lara zeigte sich erleichtert darüber, eine Praxisgruppe zu betreuen, die nur aus weiblichen Studierenden besteht. Ihrer Meinung nach würde sich ihre eigene Herangehensweise an das Praktikum verändern, falls anstelle einer muslimischen Studentin ein Student im Team sei:

> *„Ich könnte mir vorstellen, dass das nochmal eventuell ein Unterschied sein kann [...]. Auch wenn sie vielleicht da groß geworden sind, ob sie doch von ihrem Kulturkreis her eventuell noch anders Frauen wahrnehmen, wenn sie jetzt im Team arbeiten müssen." (IP Lara, Zeile 174–179)*

Grundsätzlich merkt Lara an, dass sie die Begleitung muslimischer Frauen begrüße, hinsichtlich einer möglichen Zusammenarbeit mit Männern aber Bedenken habe. Bei Männern nimmt sie in genderspezifischer Hinsicht grundsätzlich eine durch ihren ‚Kulturkreis' bedingten Rückwärtsgewandtheit an. Allerdings verwies sie während des Interviews nicht auf persönliche Erlebnisse, die ihre Vorbehalte begründen und nachvollziehbar machen würden. In manchen Äußerungen Laras zeigte sich aber auch eine Unsicherheit gegenüber der jeweiligen Praxisgruppe, auf deren Zusammensetzung sie keinen Einfluss hat (vgl. ebd., Zeile 4–30).

In Anlehnung an die Theorie der sozialen Identität kommt an dieser Stelle ein Aspekt zum Ausdruck, der von Henry Tajfel und John Turner beschrieben wurde (siehe Kapitel **2.2**): Bei einem Nebeneinander von Menschen unterschiedlichen Glaubens werden Vergleiche zwischen diesen vorgenommen. Negative Zuschreibungen in Form von Stereotypen – wie zum Beispiel die angenommene Rückständigkeit muslimischer Männer – erfahren in der Regel die religiösen Outgroups. Die Auswirkungen von Stereotypen auf die Eigengruppen sind durchaus positiv, da sie damit implizit favorisiert und aufgewertet werden.

Die Stimmung innerhalb der Gruppe beschreibt Lara als kollegial. So hätten sich die Studierenden „*gegenseitig unterstützt*“ (ebd., Zeile 197), indem „*jeder einfach seinen Charakter und seine Stärken und Schwächen*“ (ebd., Zeile 189f.) einbrachte. Insgesamt habe sich die Gruppe somit „*als Team auch ganz [...] gut abgesprochen*“ (ebd., Zeile 27). Ausschlaggebend für diese gruppeninterne Kooperation sei der Faktor, dass sie „*ein bisschen reifere junge Frauen*“ (ebd., Zeile 1038f.) betreute, die sich aktiver einbrachten, wodurch sich das Basispraktikum insgesamt im Vergleich zu den vorangegangenen Durchläufen verbessert habe (vgl. ebd., Zeile 1049f.). Insgesamt konstatiert sie, dass die Studierenden sich offen für interreligiöse Anliegen zeigten und „*sehr interessiert [waren,] was für Themen ich bei den Hospitationen dann gemacht habe*“ (ebd., Zeile 45f.). Dennoch bildeten sich im Fall von Lara innerhalb der Praxisgruppe auch Grüppchen heraus. Die Grenzziehungen waren aber nicht so stark und asymmetrisch wie im Fall der Begleitlehrerin Gertrud.

### 4.2.2 Umgangsformen und Interaktionen

In der Praktikumsgruppe, die von der Praxislehrerin Gertrud begleitet wurde, unterstützten die strukturellen und individuellen Ausgangsbedingungen die Herausbildung einer Ingroup – bestehend aus den beiden katholischen Fachtheologen –, von der die muslimische Studierende ausgeschlossen war. Das dominante Auftreten der katholischen Studierenden und der zurückhaltende Charakter der muslimischen Kollegin führten dazu, dass sich letztere kaum ins Unterrichtsgeschehen einbrachte (vgl. IP Gertrud, Zeile 694f.). So gestaltete sie beispielsweise keine Sequenz einer Unterrichtseinheit alleine, wie es eigentlich im Basispraktikum vorgesehen ist. Es ist anzunehmen, dass eine Ursache dafür darin liegt, dass sie sich dem Feedback ihrer katholischen Kollegen nicht aussetzen wollte. Laut Gertrud absolvierte die muslimische Studentin aus diesem Beweggrund auch kein Teamteaching mit einem ihrer katholischen Kollegen, sondern zog es stattdessen vor, mit der Praxislehrerin im Team zu unterrichten (vgl. ebd., Zeile 727–731).

Es gelang der Praxislehrerin nicht, zu verhindern, dass die Präsenz der katholischen Fachtheologen derart dominant wurde und die muslimische Studentin ins Hintertreffen geriet. Zwar nahm sie die Dynamik innerhalb der Praxisgruppe wahr, schätzte diese auch als Problem ein und wünschte sich ein beherzteres Auftreten und eine aktivere Teilnahme der angehenden muslimischen Religionslehrerin, doch sah sich Gertrud nicht in der Lage, die Bildung der Ingroup mit scharfen Grenzziehungen zu unterbinden. Auch legten weder die beiden katholischen Studenten noch deren muslimische Kollegin Bestrebungen an den Tag, diesen Missstand zu beheben (vgl. ebd., Zeile 856–872). An diesem Beispiel zeigen sich Parallelen zu der von Elias und Scotson beschriebenen Etablierten-Outsider-Problematik (siehe Kapitel **2.2**): Indem die beiden katholischen Studierenden aus einer Machtposition der Etablierten heraus viel Raum beanspruchten und gleichzeitig ihrer Kollegin keine Möglichkeit der Teilhabe eröffneten oder sie dazu ermutigten, sorgten sie für eine Fixierung von Ungleichgewichten und Machtasymmetrien in dieser Konstellation.

Dass Gertrud die Asymmetrie innerhalb der Gruppe nicht ausgleichen konnte, erschließt sich aus dem Rollenverständnis, das sie in Bezug auf die Aufgaben von PraxislehrerInnen hat. So versteht sie sich vorrangig als Begleiterin, die sich „*im Hintergrund*“ (ebd., Zeile 561) hält, nicht in die Interaktionen in der Gruppe eingreift, den Studierenden Sicherheit gibt und sich erst dann aktiv beteiligt, „*wenn das entgleist*“ (ebd., Zeile 562). Dies führte eventuell auch dazu, dass es ihr nicht gelang, der zurückhaltenden Studentin bewusst und gezielt zu einer stärkeren Teilhabe zu verhelfen und das dominante Verhalten der beiden männlichen Studierenden zu dämpfen.

Dies wurde beispielsweise deutlich, als im Rahmen des Religionsunterrichts der Gottesdienst in der örtlichen Kirche besucht werden sollte. Entsprechend der interreligiösen Anlage des Basispraktikums hätte die Praxisgruppe von Studierenden – unabhängig von ihrer Religionszugehörigkeit – gemeinsam mit der Schulklasse den Gottesdienst besuchen können. Jedoch wurde es der muslimischen Studierenden von der Lehrerin freigestellt, ob sie mit in die Kirche geht oder stattdessen im parallel stattfindenden muslimischen Religionsunterricht hospitiert (vgl. ebd., Zeile 53f.). Die Trennung der Studierendengruppe befürwortete Gertrud deshalb, da sie den Einblick in den muslimischen Religionsunterricht „*vielleicht für sie [die muslimische Studentin (d. Verf.)] sogar sinnvoller [erachtete], als zu schauen, wie lauft das mit so viel Kindern in der Kirche ab*“ (ebd., Zeile 63f.). Möglicherweise wollte die Praxislehrerin der Studentin auch nicht vorschreiben, den Riten einer anderen Religion beizuwohnen. Durch diese Vorgehensweise unterstützte sie jedoch unbeabsichtigt eine religiöse Homogenisierung der Praxisgruppe. Zur Bildung der besonders asymmetrischen Gruppendynamik trugen daher sowohl die strukturellen Ausgangsbedingungen, die individuellen Charakterzüge der beteiligten AkteurInnen als auch deren Interaktionen und Umgangsformen mit der gegebenen Situation bei.

In der von Begleitlehrerin Eva betreuten Praxisgruppe kristallisierte sich im Verlauf des Basispraktikums keine derartige Subgruppe heraus. Vielmehr bestand zwischen den drei Praktikantinnen ein gute Gemeinschaft: „*Sie haben wirklich gut miteinander kommuniziert, waren sehr offen und ehrlich miteinander*“ (IP Eva, Zeile 376f.). Die Praxislehrerin macht die Offenheit insbesondere an den gegenseitigen Rückmeldungen fest, die sich die Studentinnen auf ihre Lehrversuche im Unterricht gaben. Dass ein kollegialer Umgang gepflegt und konstruktives Feedback gegeben wird, das darauf abzielt, die Arbeitsweise und Präsentationen der Mitstudierenden in der Unterrichtssituation zu verbessern, sei, so Eva, in wenigen Praxisgruppen der Fall (vgl. ebd., Zeile 71–74). Spannungen innerhalb des Teams seien hingegen nicht zu beobachten gewesen. Das kollegiale Klima in der Praxisgruppe führte sogar dazu, dass die Studierenden entschieden, das Teamteaching zu dritt durchzuführen, was ihnen laut Eva auch gut gelang (vgl. ebd., Zeile 252f.). Dass sie diese Aufgabe im Kollektiv bewältigten, zeugt davon, dass es ihnen wichtig war, niemanden aus der Dreiergruppe auszuschließen. Mit der Arbeit im Trio gelang es den Studentinnen, ein durch ihre Religionszugehörigkeit mögliches Gefälle im Sinne der oben erwähnten Etablierten-Outsider-Problematik auszutarieren. Zudem wurde die Betonung und Fixierung des Ungleichgewichts durch eine Strategie der offenen Kommunikation verhindert.

Die Begleitlehrerin Eva war indes an diesem Prozess nicht beteiligt, denn sie intervenierte – ähnlich wie Gertrud – bei der Gruppeninteraktion nicht. Eva sieht ihre Aufgabe als Begleitlehrerin vorrangig darin, den Studierenden die Möglichkeit zu geben, sich einmal im Unterrichtsgeschehen auszuprobieren und darauf Feedback zu erhalten. Entsprechend interpretiert sie ihre Rolle ähnlich zurückhaltend wie Gertrud. Eva intervenierte nur dahingehend, dass sie die angehenden Religionspädagoginnen ermunterte, sich einzubringen, und ihnen zurückmeldete, wie sie ihre Präsentationen wahrgenommen hatte und welche Aspekte sie verbessern könnten.

Dass die Praxisgruppe religiös inhomogen war, hatte laut Eva keinen negativen Einfluss auf das Gelingen des Basispraktikums. Vielmehr war es im Unterricht selbstverständlich, dass die Gruppe in der Klasse anwesend ist und „*mit ihnen eben die muslimische Studentin*“ (ebd., Zeile 607). Der Empfang durch die Kinder war „*sehr herzlich*“ (ebd., Zeile 607f.) und die muslimische Studierende sei „*auch sehr auf die Leute zugegangen*“ (ebd., Zeile 608f.). Seitens der SchülerInnen und der Eltern gab es zudem keine Kritik an der Anwesenheit einer muslimischen Religionspädagogin, wie Eva betont:

> *„Also meine Schülerinnen und Schüler sind ganz unkompliziert anscheinend, des hat nie irgendeine Rückfrage gegeben: ‚Warum ist das jetzt so?‘ Oder: ‚Warum unterrichtet uns jetzt da die Frau mit dem Kopftuch?‘ Oder keine Ahnung. Also das ist überhaupt nicht gekommen. Ich hab auch von den Eltern her nie irgendwelche Anfragen gekriegt, also kritische Anfragen.“* (ebd., Zeile 109–117)

Im Fall der dritten Praxislehrerin Lara kam eine anders gelagerte Dynamik innerhalb der Praxisgruppe zum Tragen. In ihrer Konstellation, in der sie zwei muslimische und eine katholische Religionspädagogin betreute, stellte sich ebenso wie bei Eva eine konstruktive Atmosphäre ein. So hatte Lara grundsätzlich das Gefühl, dass sie – falls notwendig – alles mit den Studierenden besprechen könne (vgl. IP Lara, Zeile 421–427). Auch beschreibt sie diese als „*einfach sehr herzlich und offen*" (ebd., Zeile 420). Dies macht sie daran fest, dass sich ihre PraktikantInnen gefreut haben, „*wenn die Kinder so offen, fröhlich auf sie zu marschier[t]en*" (ebd., Zeile 340f.). Auch zeigten sie sich neugierig und erkundigten sich bei Lara über die Kinder und interessierten sich für deren „*Lebensumwelt*" und die „*Sozialstrukturen*" (ebd., Zeile 332, 334) in der Klasse.

Die Schulkinder wiederum störten sich nicht an den beiden jungen kopftuchtragenden Musliminnen, sondern hätten im Gegenteil „*eine ganz eine große Freude gehabt, [...] wenn die da waren*" (ebd., Zeile 217). Auch das Kopftuch sei für die SchülerInnen

> *„gar kein Thema [...] [gewesen]. Also das hat einfach gepasst. Ja, sie haben schon nachgefragt, aber ganz eigentlich nur aus Interesse, aber nicht jetzt, dass das negativ besetzt gewesen wäre. Das ist in unserer Schule, da haben wir da sowieso eine große Offenheit und es kommen ja auch einige Mamas, die ihre Kinder mit Kopftuch abholen, also es ist ihnen da nicht so fremd." (ebd., Zeile 218–225)*

In der Praxis verlief das gemeinsame Unterrichten laut Lara zumeist dergestalt, dass beide Beteiligungsformen – also das Teamteaching und das Übernehmen von Unterrichtselementen – ineinander übergingen. Dabei agierten die muslimischen Studentinnen in der Regel eng abgestimmt aufeinander als Tandem, während die katholische Studentin als zusätzliche Nebenakteurin mitwirkte, insbesondere bei Themen, die stärker katholisch-theologisch waren (vgl. ebd., Zeile 538f.). Die Feedbackkultur sowie die Abstimmung innerhalb der Dreiergruppe beschrieb Lara insgesamt als positiv. Die ungleichen Ausgangsbedingungen führten folglich nicht zu einer Festschreibung eines Machtgefälles innerhalb der Praxisgruppe.

Die Begleitlehrerin äußerte im Interview wiederholt ihr Bedürfnis, dass die Studierenden im Verlauf des Basispraktikums kollegial auf sie zugehen (vgl. ebd., Zeile 248–250). In dieser Hinsicht sei sie jedoch von den Studentinnen enttäuscht worden. Als Beispiel führt sie an, dass die muslimischen Studierenden Schwierigkeiten hatten, sie zu duzen. Eine solche Kommunikationsform empfinde sie als angemessenen kollegialen Umgangston zwischen Praxis- und angehenden ReligionslehrerInnen. Lara machte dabei ihrer Darstellung nach den beiden muslimischen Studentinnen das Angebot, sie zu duzen, und formulierte dies ihrer Meinung nach in einer für sie gewohnten Art und Weise. Sie gingen jedoch nicht darauf ein und siezten sie weiterhin (vgl. ebd., Zeile 374–381).

Diese Erfahrung wolle sie zwar nicht überbewerten („*Und sie können auch ruhig mit mir per Sie sein, aber das ist so ein kleiner Unterschied*" [ebd., Zeile 385f.]), dennoch merkt Lara in diesem Zusammenhang an, dass sie bisher als Begleitlehrerin von religiös homogenen Praxisgruppen einen anderen Umgang gewohnt gewesen sei. Dass die beiden Musliminnen das Angebot Laras nicht annahmen, kann unterschiedlich gedeutet werden. Einerseits ist es denkbar, dass sie das Signal der Lehrerin, sie zu duzen, schlichtweg missverstanden oder nicht verstanden haben. Möglich ist jedoch auch andererseits, dass die muslimischen Studierenden das Angebot Laras gezielt überhörten, da eine Lehrerin für die Studierenden eine Autoritätsperson darstellt und es in manchen muslimischen Kontexten als unhöflich gilt, Autoritätspersonen zu duzen. Beide Lesarten sind denkbar und auf der Basis der Interviewaussagen ist keine prinzipiell auszuschließen.

Neben der Frage des Duzens beschäftigt die Begleitlehrerin insbesondere ein Ereignis nachhaltig: Im Verlauf des Basispraktikums fiel eine der beiden muslimischen Studentinnen bei einem Termin krankheitsbedingt aus. Die Krankmeldung machte jedoch nicht die Betroffene selbst, wie es Lara erwartet hätte, sondern ihre Kollegin. Die besondere Brisanz dieser Situation erwächst daraus, dass die Krankmeldung erst erfolgte, als die Kollegin der Erkrankten im Schulgebäude bei der Praxislehrerin eintraf. Dieser Umstand missfiel Lara auch noch nach Ablauf des Basispraktikums. Daher betont sie wiederholt, dass sie sich in der Kommunikation seitens der muslimischen Studierenden mehr Einsatz und einen verantwortungsvolleren Umgang wünsche. Denn „*wenn jemand krank wird, wär's schon gut, wenn man's im Vorfeld weiß*" (ebd., Zeile 150f.). Im Interviewausschnitt wird allerdings nicht deutlich, ob die Erkrankte für diesen Unterrichtstag ein Thema hätte vorbereiten und Teile des Unterrichts gestalten sollen. Lara äußert dahingehend nur, dass den muslimischen Studierenden offenbar nicht bewusst gewesen sei, welche Folgen das krankheitsbedingte Fernbleiben für den Unterricht haben könne:

> *„Auch wenn ich flexibel genug bin, dann die Stunde zu ersetzen, aber es wär trotzdem fein, wenn man's erfahren würde, nicht von einer Mitstudentin. Aber so Sachen kann man besprechen, des eben des, so Sachen müssen sie lernen, weil das wissen sie ja noch zu wenig. [...] Gell, das ist ihnen gar nicht so bewusst, dass da doch der Schulalltag dran hängt. Weil ich meld mich bei ihnen ja auch, wenn eine Stunde verschoben werden muss und sie da vielleicht einen Auftritt haben." (ebd., Zeile 153–167)*

In Laras Praxisgruppe bildete sich mit den beiden muslimischen Studierenden eine Untergruppe innerhalb der Praxisgruppe heraus. Die Begleitlehrerin führt dies darauf zurück, dass „*die muslimischen Studentinnen sich vielleicht schneller abgesprochen haben, bevor sie mit der dritten dann Kontakt aufgenommen haben*" (ebd., Zeile 508–511). Die Grenzziehung innerhalb der Praxisgruppe erfolgte entlang der religiösen Zugehörigkeit, war aber wesentlich weniger stark und fixiert wie bei der Gruppe, die die Praxislehrerin Gertrud begleitete.

### 4.2.3 Konsequenzen

Die strukturellen und persönlichen Ausgangsbedingungen und die daraus resultierenden Umgangsformen und Interaktionen, die mit dem latent vorhandenen Spannungsfeld der Gruppendynamik innerhalb der Praxisgruppen zusammenhangen, führen zu unterschiedlichen Konsequenzen. Im Fall der Begleitlehrerin Gertrud fand eine Abspaltung einer Ingroup innerhalb der Praxisgruppe statt. Dies führte dazu, dass sich die muslimische Studierende nur wenig im Basispraktikum einbringen und nicht voll entfalten konnte. Die Praxislehrerin konnte die Gruppendynamik auch nicht ausgleichen. Für die Studentin hatte die Teilnahme am Basispraktikum daher nicht den gewünschten Effekt, Einblicke in den Schulalltag zu erhalten und erste gestützte Praxisversuche im Unterrichtsgeschehen zu machen. Stattdessen blieb sie in der Konstellation, wie Gertrud es ausdrückt, „*auf der Strecke*“ (IP Gertrud, Zeile 154) und stand stets „*einfach im Schatten der beiden*“ (ebd., Zeile 16) katholischen Kollegen. Diese Situation führte unweigerlich dazu, dass die muslimische Studierende sich partiell ausgeschlossen fühlte und den Eindruck hatte, als wäre sie „*jetzt sozusagen das fünfte Rad am Wagen*“ (ebd., Zeile 131).

Aufgrund dieser Erfahrung plädiert Gertrud dafür, dass die Zusammensetzung der Praxisgruppen im Rahmen des Basispraktikums in der Zukunft verbessert werden müsse. Dabei spricht sie sich dafür aus, dass in genderspezifischer Hinsicht homogene Gruppen gebildet werden sollten, die ausschließlich aus Frauen oder aus Männern bestehen. Die Gruppengröße von drei Personen wiederum erachtet sie zwar nicht als optimal und als schwierig – beispielsweise für das Teamteaching –, jedoch sei eine Praxisgruppe, die aus vier Studierenden besteht, zu groß für die Klassen und die (z. T. kleinen) Unterrichtsräume (vgl. ebd., Zeile 522f.).

In Evas Praktikumsgruppe führten die Ausgangsbedingungen sowie die Interaktionen zu einem anderen Resultat. Die Praxisgruppe wirkte harmonisch, ausgeglichen und die gruppeninterne Dynamik ermöglichte eine egalitäre Teilhabe aller Mitglieder. Auch bildete sich keine Subgruppe heraus, aus der eine Andersgläubige ausgeschlossen war. Diese Ausgewogenheit konnte entstehen, da ein genderspezifisches Dominanzverhalten in der Gruppe fehlte (alle drei Mitglieder waren weiblich). Zudem wies sie eine geringere fächergebundene Rivalität zwischen den Beteiligten auf als die von Gertrud angeleitete Gruppe, da alle Studentinnen ein religionspädagogisches Studium besuchten. Dass die asymmetrische Konstellation der Praxisgruppe nicht zu einer Spaltung oder Exklusion führte, resultierte Evas Ansicht nach auch aus den Charaktereigenschaften und der Lehrerfahrung der muslimischen Studentin. So hätten es ihre Aktivität, ihr offenes Kommunikationsverhalten und ihre vorausgegangenen Arbeitserfahrungen in der schulischen Pädagogik ermöglicht, sich häufig einzubringen und damit einer Marginalisierung zu entgehen (vgl. IP Eva, Zeile 26f., 146). Über die katholischen Mitstudierenden berichtet die Praxislehrerin indes vergleichsweise wenig. Es ist daher davon auszugehen, dass die katholischen Studentinnen offen für die Präsenz und das Engagement ihrer muslimischen Kollegin im Unterrichtskontext waren.

Die Ausgewogenheit dieser Praxisgruppe lässt schlussfolgern, dass die Gruppendynamik nicht notwendigerweise religiös bedingt ist. Diese Position vertritt die Praxislehrerin Eva:

> *„Für mich hängt das viel stärker davon ab, wie die Leute, die ich habe, grundsätzlich zueinander stehen und ich glaub das ist relativ unabhängig von ihrer Religion." (ebd., Zeile 362–365)*

Religiöse Zugehörigkeit der Beteiligten sei, so Eva, nicht für die Gruppendynamik innerhalb der Praktikumsgruppe verantwortlich – ausschlaggebend seien vielmehr persönliche Charaktereigenschaften, Fertigkeiten und Kompetenzen wie Kommunikationsbereitschaft, Interesse am Gegenüber oder auch Schüchternheit.

Bei der Gruppe der dritten Begleitlehrerin Lara bildete sich ebenso wie bei Gertruds Gruppe eine Ingroup heraus. Die Grenze verlief entlang der religiösen Zugehörigkeit. Genderspezifische Aspekte kamen nicht zum Tragen, weshalb sich die Studierenden nicht so stark voneinander abgrenzten wie die PraktikantInnen in Gertruds Gruppe. Nichtsdestotrotz bemängelt Lara am Basispraktikum insbesondere eine fehlende Balance in der Zusammensetzung der Praktikumsgruppe. Für die Zukunft wünscht sie sich eine Verbesserung der Gruppendynamik. Als Vorgehensweise schlägt sie insbesondere Zweier-Tandems vor; mit dieser Gruppenzusammensetzung *„wär's vielleicht eine Spur einfacher"* (IP Lara, Zeile 21).

### 4.2.4 Zwischenresümee

In der Zusammenschau des ersten Konfliktherdes am Schauplatz Schule werden nachfolgend die wichtigsten Erkenntnisse in abstrahierter Form rekapituliert. Zuvor soll jedoch die in der Einführung des vorliegenden Kapitels angesprochene Bezeichnung des Konfliktherdes als ‚(Religiöse) Gruppendynamik' näher erläutert werden, um Missverständnissen vorzubeugen. Das Adjektiv ist in Klammern gesetzt, da die Dynamik innerhalb der Praxisgruppen nicht ursächlich von religiösen Zugehörigkeiten ausgelöst und bedingt ist. Dennoch spielt die Kategorie in der Folge eine wichtige Rolle für die Gerichtetheit der Interaktionen innerhalb der Gruppe und für die Frage, wie etwaige Subgruppen bzw. Ingroups gebildet werden.

Prinzipiell stellt die Gruppendynamik in den Praktikumsgruppen ein latentes Spannungsfeld dar. In vielen Fällen ist die Anzahl der Angehörigen unterschiedlicher Glaubensgemeinschaften innerhalb der Praxisgruppe nicht ausgeglichen, woraus Machtungleichgewichte im Sinne der Etablierten-Outsider-Problematik entstehen können. Als grundsätzlicher Mechanismus war zu beobachten, dass Angehörige der gleichen Glaubensgemeinschaft eine

Ingroup in der Praktikumsgruppe anstrebten und in der Folge auch gemeinsam das Teamteaching im Praktikum bestreiten wollten, da sich die Studierenden bereits seit einem früheren Zeitpunkt ihres Studiums kannten. Dies kann dazu führen, dass positive Selbstzuschreibungen an die Eigengruppe erfolgen und negativ bewertete Attribute der Fremdgruppe zugeschrieben werden. Dass Ingroups innerhalb der Praxisgruppen entstehen, ist in der Regel nicht förderlich für das Gruppengefüge, insbesondere dann nicht, wenn einzelne Studierende von der Teilhabe ausgeschlossen werden und das Basispraktikum die intendierten Effekte – Einblicke ins Unterrichtsgeschehen und erste praktische Schritte im Religionsunterricht – verfehlt.

Bei der Zusammensetzung ist daher in der Zukunft darauf zu achten, dass Voraussetzungen für ausgeglichene Gruppendynamiken in den Praxisgruppen geschaffen werden. Die Gruppengröße wird indes zum jetzigen Zeitpunkt nicht infrage gestellt, da die bisherige Konstellation gute Voraussetzungen für einen interreligiösen Austausch unter den Studierenden bietet. Sollte in der Zukunft eine größere Anzahl von PraxislehrerInnen bei der Ausbildung von angehenden ReligionslehrerInnen mitwirken, wäre aber auch die Bildung von Zweier-Tandems denkbar.

Förderlich für eine egalitäre Teilhabe der Beteiligten am Basispraktikum sind Agilität, Aktivität und Kommunikationsbereitschaft, insbesondere von jenen Studierenden, die sich in einer Minderheitenposition befinden. Erschwert wird hingegen eine ausgewogene Gruppendynamik durch einen schüchternen, introvertierten Charakter.

Die Aktivitäten der PraxislehrerInnen sind nicht ausschlaggebend dafür, dass Grenzziehungen in den Praxisgruppen stattfinden. Die Vorstellungen der Lehrkräfte hinsichtlich ihres Idealbildes eines Basispraktikums und ihre Haltungen gegenüber Interreligiosität beeinflussen aber dennoch die Dynamik unter den Studierenden. Bei der zukünftigen Durchführung des Basispraktikums ist darauf zu achten, dass bereits bestehende Grenzziehungen in den Praxisgruppen nicht zusätzlich vertieft werden. Wünschenswert ist weiterhin, dass die PraxislehrerInnen die Studierenden durch konfliktbefriedende Strategien – wie beispielsweise ein aktives Kommunikationsverhalten mit allen Beteiligten – darin unterstützen, sich aktiv und selbsttätig in das Basispraktikum einzubringen.

## *4.3 Konfliktherd 2: Themen und Didaktik*

Nach dem vorangegangenen Spannungsfeld der (religiösen) Gruppendynamik behandelt dieses Kapitel den zweiten Konfliktherd am Schauplatz Schule. Er umfasst die Zusammenstellung der Themen, die im Verlauf des interreligiös angelegten Basispraktikums im schulischen Kontext behandelt werden, die Auswahl der Unterrichtsinhalte, die katholische oder muslimische angehende ReligionslehrerInnen im Rahmen des Teamteachings oder der eigenständigen

Gestaltung einer Unterrichtssequenz übernehmen können und die Frage, wie die Themen im Unterrichtsverlauf didaktisch für VolksschülerInnen aufbereitet werden können. Im Gegensatz zum ersten Konfliktherd, in dem Dynamiken im Zentrum stehen, die die Studierenden betreffen, liegt nun der Fokus auf der Perspektive der PraxislehrerInnen und auf der inhaltlichen Ausgestaltung des Basispraktikums.

Die beiden Aspekte ‚Themenwahl' sowie ‚Formen der Didaktik' werden im Rahmen des Konfliktherdes gemeinsam behandelt. Dies begründet sich mit der immanenten Verbindung von inhaltlichen Themen und der Frage, wie diese didaktisch und methodisch im Unterricht aufbereitet und den Lernenden nähergebracht werden können. Unterschiedliche Auffassungen, insbesondere unter den PraxislehrerInnen, zeigen sich vor allem dahingehend, wie mit religiöser Differenz im Unterrichtsverlauf umzugehen ist und welche Themen auf welche Weise didaktisch für den Unterricht konzipiert werden können.

### 4.3.1 Ursachen und Einflussfaktoren

Eine strukturelle Ursache des Konfliktherdes liegt in der Geschichte des Basispraktikums begründet. So wurde dieses – wie bereits in den vorangegangenen Kapiteln dargelegt – von einem homogen religiösen Ausbildungsbestandteil für angehende katholische ReligionslehrerInnen zu einem interreligiösen transformiert. Für die PraxislehrerInnen stellte diese Entwicklung nicht nur eine Veränderung hinsichtlich der Gruppendynamik unter den von ihnen begleiteten Studierenden dar, sondern auch hinsichtlich ihres Aufgabenbereichs, der um die Anforderung erweitert wurde, themenspezifisch und religionsdidaktisch auf den interreligiösen Charakter des Praktikums zu reagieren. So galt es zu klären, über welche Themen sie im Verlauf des Basispraktikums im Unterricht sprechen und welche Inhalte die Studierenden bei ihren ersten eigenständigen Schritten im Unterricht behandeln sollten. Allerdings waren die Handlungsspielräume und Möglichkeiten der PraxislehrerInnen durch den Lehrplan und die Vorgaben des Bischöflichen Schulamtes der Diözese Innsbruck in der Volksschule begrenzt. Vonseiten der universitären OrganisatorInnen des Basispraktikums wurden im Blick auf mögliche Themen und deren Didaktisierung wiederum keine konkreten Anleitungen erstellt.

Für VolksschülerInnen sind interreligiöse Begegnungen im Religionsunterricht etwas Neuartiges und eine Besonderheit. Im Schulalltag hingegen ist das Zusammensein mit anderen Kindern mit unterschiedlicher Glaubenszugehörigkeit mittlerweile oftmals eine Selbstverständlichkeit, wie im vorangegangenen Kapitel bereits angesprochen wurde. Dies betrifft in Tirol nicht nur die Stadt Innsbruck. Dass die Kinder religiöser Differenz und Pluralität innerhalb der Schule, Klasse und im schulischen Unterricht begegnen, sei der Normalfall, wie die Praxislehrerin Eva hervorhebt: „*Für die Kinder ist es inzwischen einfach selbstverständlich, dass sie mit muslimischen Kindern und deren Eltern in Kontakt kommen*" (IP Eva, Zeile 540–543). Sie begegnen sich bei gemeinsamen Schulfeiern, wie beispielsweise Schulabschlussfeiern oder Faschingsfeiern (vgl. ebd., Zeile 545). Laut Eva besuchen viele SchülerInnen mit unterschiedlicher Glaubenszugehörigkeit nicht nur Schulveranstaltungen gemeinsam, sondern schließen untereinander in der Folge auch „*gemischt religiöse Freundschaften*" (ebd., Zeile 548f.). Folglich gebe es nicht nur ein Nebeneinander, sondern durchaus auch ein Miteinander.

Interreligiöse Begegnungen stehen für Eva keineswegs im Widerspruch zum konfessionellen Religionsunterricht. An diesem hält sie allerdings fest, „*und zwar egal um welche Konfession es dann geht*" (ebd., Zeile 53). Einen rein interreligiösen Religionsunterricht bezeichnet sie als „*momentan nicht meine Denkweise*" (ebd., Zeile 47). Aber es gebe viele thematische Berührungspunkte zwischen den verschiedenen Religionen, so auch zwischen Islam und Christentum, „*und da könnten wir uns finden*" (ebd., Zeile 55). Solche Berührungspunkte oder Schnittmengen gelte es, beim interreligiösen Lernen zu finden und zu behandeln. In ihrer Praxisgruppe, die sich aus zwei katholischen und einer muslimischen Studierenden zusammensetzte, habe sie eine große Offenheit für diese Gemeinsamkeiten wahrgenommen (vgl. ebd., Zeile 54–60).

Bei der Praxislehrerin Gertrud zeigte sich ebenso eine grundsätzliche Aufgeschlossenheit für interreligiöse Belange, auch wenn die Bereitschaft, über andere Religionen zu sprechen und die eigene Religion mit der anderen in Beziehung zu setzen, in der von ihr begleiteten Praxisgruppe, die sich aus zwei dominant agierenden männlichen Studenten und einer zurückhaltenden muslimischen Studentin zusammensetzte, gering war. Das interreligiöse Arbeiten sieht sie selbst als Arbeitsform der Zukunft. Durch interreligiöses Lernen im Unterricht bleibe das religiöse Gegenüber nicht mehr fremd, vielmehr erwachse daraus Toleranz (vgl. IP Gertrud, Zeile 631–634). Keinesfalls werde damit aber der konfessionelle Religionsunterricht obsolet. Gertrud betrachtet die interreligiöse Zusammenarbeit vielmehr als Querschnittsmenge im schulischen Lernen oder als komplementäres Zusatzangebot im konfessionellen Religionsunterricht. Dies könne dazu beitragen, dass die Zielsetzungen des katholischen Religionsunterrichts „*Werteerziehung*" (ebd., Zeile 794) und „*Friedenserziehung*" (ebd., Zeile 787), die sie als besonders wichtig erachtet, nachhaltiger erfüllt werden. In diesem Sinne wohne dem interreligiösen Ansatz des Basispraktikums ein konfliktpräventives Potential inne (vgl. ebd., Zeile 634–636). Wenn Gertrud über interreligiöses Lernen spricht, redet sie zudem oftmals auch über sich selbst und beschreibt, dass sie selbst von der muslimischen Religionslehrerin an ihrer Schule zum Zuckerfest eingeladen wurde (vgl. ebd., Zeile 630–634). Auch das Sprechen über interreligiös relevante Themen im Religionsunterricht sowie im Verlauf des Basispraktikums sei für sie selbst ein Lernprozess (vgl. ebd., Zeile 585). Folglich wird mit dem interreligiösen Ausbildungsbestandteil auch der Forderung

Ulrike Baumanns nachgekommen,[355] dass vom interreligiösen Lernen auch ReligionslehrerInnen profitieren, da sie sich Wissen über andere Religionen aneignen können. Die betreffenden Lehrkräfte selbst empfinden diesen Wissenszuwachs in der Regel als bereichernd (vgl. ebd., Zeile 585).

Die Begleitlehrerin Lara bringt einen weiteren Aspekt ins Spiel, der als struktureller Faktor den Konfliktherd beeinflusst. Sie betont, dass der Religionsunterricht an Bedeutung gewonnen hat. Denn VolksschülerInnen würden in den familiären Kreisen kaum mehr eine religiöse Sozialisation erfahren oder sich religiöses Wissen aneignen, also „*von Zuhause nicht mehr viel lernen*" (IP Lara, Zeile 1133f.), weswegen dem Religionsunterricht in der Schule ein größeres Gewicht zukomme. Andernfalls sei den Kindern der Weg zu einer fundierten religiösen Bildung versperrt. Dieser Umstand sei auch bei der Wahl der Unterrichtsthemen zu berücksichtigen.

Trotz mancher religionsdidaktischen Differenzen zwischen katholischem und islamischem Religionsunterricht überwiegen ihrer Meinung nach deshalb die Gemeinsamkeiten. So ist Lara überzeugt: „*Wir haben die gleichen Schwierigkeiten mit den gleichen besonderen Bedürfnissen von manchen Kindern*" (ebd., Zeile 1266f.). Dass katholische und muslimische ReligionslehrerInnen das Basispraktikum gemeinsam absolvieren, sei für die Studierenden eine wichtige Horizonterweiterung im Bereich ihrer didaktischen Methodenkompetenz (vgl. ebd., Zeile 452–454).

In der Regel vertreten diesen Standpunkt auch die Studierenden. Sie bemängeln in diesem Zusammenhang jedoch, dass das Basispraktikum ausschließlich im katholischen Religionsunterricht abgehalten wird. In diesem Setting trete hinsichtlich der Themen und Methoden die muslimische Perspektive eher in den Hintergrund, was als Ungleichgewicht empfunden wird. Die katholische Studentin Klara hätte sich daher gewünscht, im Rahmen des Basispraktikums

> *„mit einer islamischen Religionslehrerin oder so mal einen Unterricht oder zwei Einheiten mit[zu]machen [...]. Weil man lernt ja auch dadurch, wenn man sieht, wie es andere machen, und dann merkt man: ‚Ja okay, des passt, das kann ich mir auch vorstellen für mich.' Oder auch: ‚Na, des kann ich mir eigentlich nicht vorstellen!' Aber schon allein durch das ‚Nein, das kann ich mir nicht vorstellen!' bekomme ich mehr eine Idee von dem, was ich eigentlich für mich mir vorstellen kann." (IP Klara, Zeile 125–137)*

Für gewöhnlich seien, so die Praxislehrerin Lara, aber für alle angehenden ReligionslehrerInnen unabhängig von ihrer Religionszugehörigkeit das Unterrichten, religionsdidaktische Fragen und deren praktische Umsetzung eine Herausforderung und „*ziemliches Neuland*" (IP Lara, Zeile 50). Von den Studierenden würde aber in der Regel unterschätzt,

---

[355] Vgl. *Baumann*, Interreligiöses Lernen in der Aus- und Fortbildung von Pädagoginnen und Pädagogen.

*„wieviel Energie und Zeit, Substanz, da eigentlich noch aufzuwenden ist. [...] Weil das ja doch am Anfang sehr mühsam ist. Da meint man, das hat man schnell mit einem Fingerschnipper, und das macht man schon, aber es ist dann mehr Zeit erforderlich, als sie sich manchmal vorstellen können am Anfang." (ebd., Zeile 472–480)*

Prägend seien für den religionsdidaktischen Zugang insbesondere die eigenen Erfahrungen, d. h. das, was die angehenden ReligionslehrerInnen in ihrer religiösen Sozialisation *„selber an Unterricht erfahren haben*" (ebd., Zeile 447).

*„[J]e nachdem, wo man dann andockt, tut man sich glaub ich manchmal leichter, da kreativ zu werden und mit Phantasie da Verschiedenes auszuprobieren. Und dass einfach der Lernprozess vielleicht ein bisschen länger ist, wenn man selber nie erfahren konnte, weil ja das, was verinnerlicht ist, kann man leichter umsetzen." (ebd., Zeile 456–460)*

Besonders wichtig für die Umsetzung vielfältiger und kreativer didaktischer Ansätze ist aus Laras Sicht die Methodenvielfalt, die die PraktikantInnen während ihrer eigenen Schulzeit im Religionsunterricht kennengelernt haben (vgl. ebd., Zeile 447f.). Generell gelte jedoch, dass es für die adäquate Umsetzung im Unterricht praktischer Erfahrungen und Versuche bedarf. Denn *„[s]olang's Theorie bleibt, ist es manchmal schwieriger, glaub ich, das wirklich auch im Unterricht umzusetzen*" (ebd., Zeile 460–462).

Unterrichtsmethoden erfordern außerdem auch körperliche Bewegung. Dabei haben, so die Laras Beobachtungen, die muslimischen Studierenden Schwierigkeiten. Dies führt sie insbesondere auf die Kleidungswahl zurück:

*„[W]enn man jetzt zum Beispiel am Boden eine Legearbeit macht und jetzt lange Gewänder anhat, da tut man sich nicht so leicht, aber das ist natürlich dann, ich glaub, dass sich der Unterricht dann auch ein bissl anders gestaltet, wenn man je nachdem, was man anzieht. [...] Wie wenn ich zum Beispiel einen Rock anhabe, dann knie ich auch nicht so gern am Boden und werkel, [...] gell, also der Unterschied ist mir zum Beispiel aufgefallen, dass die katholische Studentin da weniger Hemmschwellen gehabt hat, sich da auf den Boden hinunterzusetzen, und dass sonst der Stuhl eher bevorzugt wurde." (ebd., Zeile 432–445)*

Laut Lara ist demnach das didaktisch-methodische Unterrichten auch abhängig vom äußerlichen Erscheinungsbild einer Religionslehrerin. Die eigenen Erfahrungen als SchülerIn und die daraus entwickelten Haltungen fließen darüber hinaus auch maßgeblich in die Konzeptionen der angehenden muslimischen ReligionslehrerInnen ein. Im Zitat kommt zwischen den Zeilen zum Ausdruck, dass die Praxislehrerin ein Gefälle hinsichtlich der didaktischen Traditionen und Fähigkeiten zwischen katholischem und islamischem Religionsunterricht wahrnimmt.

## 4.3.2 Umgangsformen und Interaktionen

Der Konfliktherd zeigte sich in verschiedenen Interaktionen und Mustern, die die beteiligten Studierenden und PraxislehrerInnen bei der Wahl von Themen und didaktischen Fragen an den Tag legten. Je nach Konstellation der Praxisgruppen unterschieden sich die Umgangsformen.

So wählte beispielsweise die Begleitlehrerin Gertrud bewusst Themen für den Unterricht aus, die ihrer Meinung nach wenig Konfliktpotential bieten. Sie verzichtete beispielsweise auf die Christologie, also die Lehre von der Person bzw. Gottessohnschaft Jesu Christi, da die Beschäftigung mit diesem Thema ein Spannungsfeld mit andersgläubigen Menschen hervorrufen könnte. Die konfliktvermeidende Strategie wandte sie auch aus Respekt gegenüber dem religiös Anderen an (vgl. IP Gertrud, Zeile 259–262).

Im Gegensatz zu früheren Jahrgängen hatte für Gertrud die interreligiöse Zusammensetzung einer Praxisgruppe aber auch eine intensivere Vorbereitung auf die Einheiten zur Folge, um gezielt schwierige, konfliktträchtige Themen in den Hintergrund zu rücken oder auszulassen (vgl. ebd., Zeile 506f.). Oftmals näherte sie sich religiösen Fragen offen und generell an, beispielsweise indem sie sich in einer Stunde in einem früheren Jahrgang mit zwei muslimischen Studierenden in der Praxisgruppe damit beschäftigte, *„was mir in meiner Religion wertvoll ist"* (ebd., Zeile 303f.). Dass von den Schilderungen der religiös Anderen, die über wichtige Aspekte ihrer Religion sprachen, nicht nur die VolksschülerInnen selbst profitierten, wird in Gertruds Erinnerung an diese Stunde deutlich:

> *„Und meine Erfahrung war immer, dass der Koran ein Buch ist, das man nicht aus der Hand gibt und wo der Tisch leer [zu sein hat] und vielleicht noch ein Tuch hingelegt wird. Da sind die beiden [muslimischen Studierenden (Anm. d. Verf.)] sehr locker damit umgegangen. Die Kinder, sie haben sich zeitlich ein bisschen vertan und dann war schon große Pause und die ersten haben essen angefangen, und sie sind noch mit dem Buch herum und haben so einen Einblick gegeben. Das hat, das hat mich geradezu erstaunt." (ebd., Zeile 304–311)*

Zugleich betont Gertrud jedoch, dass sie bei der Wahl der Themen, die im interreligiösen Basispraktikum behandelt werden, durch den Lehrplan eingeschränkt ist. Gertrud band deshalb die Studierenden auch in organisatorische Vorbereitungen ein. Unterstützung benötige sie beispielsweise bei der Erntedankfeier, da die dafür notwendigen Vorbereitungen für sie alleine zu umfangreich seien:

> *„Also mit Kleinen feiere ich Erntedank prinzipiell nur mehr, wenn die Studenten da sind, weil das allein einfach unmöglich ist. Das schafft man nicht. [...] Wir haben das zusammen hergerichtet, die Kinder auch nach einem Gebet gefragt, wir haben eine Runde gemacht, wo jeder mal eingebracht hat, wofür man danken kann. Ob das jetzt etwas ist, was da am Tisch liegt, oder ob das die Sonne, das Leben, also die ganze Bandbreite, die ja auch stimmig ist für alle Religionen, und*

*haben dann gemeinsam das, was wir gehabt haben, geteilt und gegessen." (ebd., Zeile 450–466)*

In den beiden vorangegangenen Zitaten kommt zum Ausdruck, dass die Präsenz muslimischer Studierender im Basispraktikum zielgerichtet genutzt und eingesetzt wird – sei es, dass die angehenden muslimischen ReligionslehrerInnen die Vorbereitungen für das Erntedankfest durch ihre Mitarbeit erleichtern oder dass sie den VolksschülerInnen Aspekte des muslimischen Glaubens erklären. Darin wird ein gewisses Eigeninteresse der PraxislehrerInnen an der Begleitung von Praxisgruppen sichtbar, denn sie profitieren davon, Unterrichtsthemen zu delegieren und werden bei der Durchführung von Vorhaben im Religionsunterricht unterstützt, die sie alleine nicht umsetzen könnten.

Im Jahrgang, der im Rahmen dieser Studie im Mittelpunkt steht, war der Praxislehrerin Gertrud eine Praxisgruppe zugeteilt, die sowohl in religiöser als auch in geschlechterspezifischer Hinsicht Asymmetrien aufwies. Diese Konstellation hatte auch Auswirkungen auf den Umgang mit Themen im Unterricht. So beteiligte sich die muslimische Studentin nur marginal. In die thematische Gestaltung der zugedachten Unterrichtssequenzen und deren didaktische Umsetzung brachte sie sich kaum ein. Ein Grund für diesen Umstand liegt vermutlich darin, dass die beiden katholischen Studierenden in der Praxisgruppe eine starke Ingroup bildeten und damit nicht zuletzt eine egalitäre Teilnahme der angehenden muslimischen Religionslehrerin verunmöglichten. Das bestehende Machtgefälle zwischen den katholischen ‚Etablierten' und der muslimischen ‚Outsiderin' wurde hierdurch gefestigt. Während die Auswahl der Themen keine Herausforderung darstellte, waren indes die Aufgabenverteilung und die Unterrichtspraxis in der Gruppe ungleich verteilt. Dies hatte zur Folge, dass die muslimische Studierende wesentlich weniger unterrichtete und weniger praktische Unterrichtserfahrung sammeln konnte als ihre katholischen Kollegen (vgl. ebd., Zeile 702–719).

Ebenso wie Gertrud beschreibt auch die Praxislehrerin Eva die Aufgabe, interreligiöse Einheiten im Verlauf des Basispraktikums in der Jahresplanung unterzubringen, als Herausforderung. Die eigene Jahresplanung, die „*in dem Sinn ja nicht interreligiös gedacht*" (IP Eva, Zeile 270–272) ist, stellt Eva für das Basispraktikum jedoch nicht um – aufgrund des Lehrplanes ist ihr dies auch nicht ohne Weiteres möglich. Deshalb wählt sie Bereiche aus, die von muslimischen Studierenden übernommen werden können und die für den Beginn des Schuljahres vorgesehen sind. Solche Themen sind ihrer Darstellung nach „*neutral*" (ebd., Zeile 152). Als Beispiel nennt sie

*„eine Geschichte, so eine Umweltgeschichte, eine Alltagsgeschichte, die sie [die muslimische Studierende (Anm. d. Verf.)] dann halt erzählt oder vorgelesen hat" (ebd., Zeile 153–155).*

Auch wenn es ihr erfolgreich gelang, Themen zu wählen, bei denen „*sich alle drei haben können gleichwertig einbringen*" (ebd., Zeile 716f.), betont Eva, dass – für den Fall, dass das Praktikum länger als vier Wochen dauere – *„man da schon inhaltlich schauen [müsste], dass man was verändert*“ (ebd., Zeile 313f.). In diesem Fall wäre es angebracht, inhaltliche Gemeinsamkeiten sowie Unterschiede der Religionen an verschiedenen Themen aufzuzeigen:

> *„Wenn man das jetzt aber wirklich länger machen würde oder das ein Semester lang ging, dann müsste sich selbstverständlich was verändern, indem, dass man einfach von den Themen her schaut, wo kann man noch viel stärker zusammenarbeiten oder diese Zusammenschauen machen. Gell, dieses Gemeinsame oder auch die Unterschiede aufzeigen und entdecken, wie weit das für die Studierenden ein Problem wäre oder es was verändern würde. Das kann ich nicht sagen.“ (ebd., Zeile 322–329)*

Im beobachteten Jahrgang habe die Themenwahl sehr gut funktioniert. Es gelang der Praxislehrerin, einen Bereich auszuwählen, bei dem die muslimische Studierende in ihrer Praxisgruppe im Sinne der Vorgaben des Basispraktikums eine Unterrichtssequenz gestalten konnte. Damit wandte die Praxislehrerin eine Strategie an, mit der sie die Angehörige der religiösen Outgroup einband und einer Intensivierung der Etablierten-Outsider-Problematik entgegenwirkte. Bei dem ausgewählten Thema handelte es sich um einen Vergleich von Bibel und Koran. In diesem Zusammenhang konnte sich die muslimische Studierende im Unterricht gut einbringen: Im Anschluss an eine Stunde über die Bibel stellte die muslimische Studentin den Koran in der Klasse vor (vgl. ebd., Zeile 33–36).

Neben dem Sprechen über den Koran als theologische Schrift im Vergleich zur Bibel erachtet die Praxislehrerin auch weitere Themen wie Gemeinschaft oder Schöpfung (vgl. ebd., Zeile 169) als denkbare Unterrichtsinhalte für authentische Begegnungen mit dem religiös Anderen. Wichtig sei dabei freilich, dass bei der Behandlung der Themen Bezüge zur Lebenswelt der Kinder hergestellt würden. Es eigneten sich Fragen, die *„so aus dem Alltag der Kinder kommen*“ (ebd., Zeile 163f.).

Über die didaktische Aufbereitung der Unterrichtssequenz zum Koran äußert sich die Praxislehrerin Eva wohlwollend und lobt die Arbeit ihrer Studentin. Das didaktische Konzept konkretisiert Eva zwar nicht, aber einige Formulierungen deuten darauf hin, dass die muslimische Studierende interaktive und aktivierende Unterrichtsmethoden anwandte. In einem Gespräch mit der Studentin erfuhr Eva beispielsweise, dass sie Methoden, die ihr in der universitären Begleitlehrveranstaltung und im Basispraktikum vermittelt worden waren, in ihrem eigenen (islamischen) Unterricht, den sie bereits selbst anbietet, schon erfolgreich ausprobiert hatte (vgl. ebd., Zeile 198–202). Hinsichtlich der didaktischen Aufbereitung seien im Rahmen des Teamteachings oder der Gestaltung von Unterrichtssequenzen keine Unterschiede zwischen den Unterrichtsmethoden der katholischen und der muslimischen Studierenden ersichtlich gewesen: *„Der Umgang mit den Kindern war also von allen dreien einwandfrei, da gibt's nichts zum Bekritteln oder auch nicht zum Verbessern*“ (vgl. ebd., Zeile 190–192).

Die angehende muslimische Religionslehrerin erfuhr als Angehörige der religiösen Outgroup durch Eva derart viel Zuspruch und lobende Worte, dass in dieser Konstellation das Gefälle zwischen Etablierten und Outsidern zumindest partiell aufgehoben wurde.

Dass sich angehende ReligionslehrerInnen einmal im Unterrichtsgeschehen ausprobieren könnten, sei aber, so Eva, keineswegs unabhängig von den Mitstudierenden, die ebenso Teil derselben Praxisgruppe sind. Denn die Zusammensetzung der Gruppe könnte ein Konfliktpotential in sich bergen, wenn sich die Studierenden „*voreinander nichts zu tun trauen würden*" (vgl. ebd., Zeile 775f.). Diese Erfahrung hatte die Praxislehrerin jedoch in ihren interreligiös konstituierten Praxisgruppen bis dato nicht gemacht.

Abseits ihrer Erfahrungen aus dem interreligiös konstituierten Basispraktikum beschreibt Eva aber dennoch starke Unterschiede zwischen dem katholischen und dem islamischen Religionsunterricht. So bräuchte es ihrer Ansicht nach grundsätzlich „*einiges noch an Auseinandersetzung zwischen [...] den Unterrichtenden*" (ebd., Zeile 844–847), also zwischen katholischen und islamischen ReligionslehrerInnen. Dies sei notwendig, da zum einen die Inhalte „*schon sehr unterschiedlich und verschieden*" (ebd., Zeile 853f.) seien und es „*ganz gravierende Unterschiede [gebe], [...] die theologisch da sind*" (ebd., Zeile 857f.). Zum anderen weichen ihrer Meinung nach die Unterrichtskonzepte voneinander ab:

> *„Im islamischen Unterricht [wird] natürlich schon sehr stark auf das Wort geschaut, gell. Es geht viel um Koran, Suren lernen und Ähnliches [...]. Das ist ja bei uns überhaupt null Thema." (ebd., Zeile 873–877)*

Die Vorstellung, im islamischen Religionsunterricht würde hauptsächlich „*auf das Wort geschaut*" (ebd., Zeile 873f.), ist weit verbreitet. Darauf beziehen sich neben Eva auch andere PraxislehrerInnen, wenn sich auch die jeweilige Wortwahl voneinander unterscheidet. Im Interview bringt Eva klar zum Ausdruck, dass ihr solche didaktischen Konzeptionen nicht zusagen und dass diese im gegenwärtigen katholischen Religionsunterricht keine Rolle spielten. Hierbei lässt sie aber außer Acht, dass die katholische Religionspädagogik bis Mitte des 20. Jahrhunderts von ähnlichen Ansätzen geprägt war.

Einen Einblick in die tatsächlich praktizierten didaktischen Gepflogenheiten im islamischen Religionsunterricht bietet an dieser Stelle die muslimische Studierende Emine. Über den islamischen Religionsunterricht, den sie in Tiroler Schulen im Laufe ihrer schulischen Sozialisation selbst erlebt hat, berichtet sie Folgendes:

> *„Zum Beispiel im islamischen Unterricht, früher war es immer so: Wir haben nur immer Inhalt bekommen und nit so Praxiserfahrungen. [...] Nur der Lehrer hat zum Beispiel in meiner Volksschule oder Hauptschule nur erklärt, erklärt, erklärt. Wir haben immer angemalen oder im Buch gelesen. Aber jetzt ist's so, ich hab im Fachpraktikum auch gesehen jetzt, wird mehr diskutiert in der Schule mit Schülerinnen [...] und gefragt, was sie wollen, was sie denken. Das hat mir schon gefallen. [...] Weil früher war immer Input, Input, bei meiner Zeit. Aber jetzt ist*

*schon anders. Die Bücher haben sich jetzt auch geändert.“ (IP Emine, Zeile 470–490)*

Die Schilderung der muslimischen Studierenden bestätigt die Annahmen der Praxislehrerin Eva nur zum Teil. So beschreibt Emine, dass sie im islamischen Religionsunterricht in der Schule hauptsächlich frontalunterrichtlichen Input gewohnt war. Aktivierende Methoden beschränkten sich auf das Bemalen oder das Lesen von Texten. Die didaktische Aufbereitung von Themen wies zu jener Zeit offensichtlich Defizite auf. Hier sieht die muslimische Studierende Verbesserungsbedarf, beschreibt aber auch positive Weiterentwicklungen. Darüber, ob im islamischen Religionsunterricht der Koran oder das Lernen von Suren im Zentrum steht – wie von Eva angenommen –, äußert sich Emine nicht.

Die Praxislehrerin Lara wiederum vertritt – wie bereits weiter oben ausgeführt – die Position, dass der schulische Religionsunterricht dem Erwerb grundlegender religiöser Kompetenzen dienen müsse, da den Kindern in ihren familiären Kontexten in dieser Hinsicht weniger vermittelt würde. Dementsprechend erachtet sie auch die im Lehrplan und ihrer Jahresplanung vorgesehenen Themen als besonders wichtig und möchte bei deren Aufbereitung keine Kompromisse eingehen, auch nicht durch das interreligiös konstituierte Basispraktikum. Um dieses Prinzip in der Praxis zu berücksichtigen, sei ein organisatorischer Mehraufwand vonnöten (vgl. IP Lara, Zeile 1125f.).

Bei der Auswahl von Themen, die angehende katholische und islamische ReligionslehrerInnen im Unterrichtsgeschehen aufbereiten, sei es wichtig, solche zu finden, die für die Studierenden „*stimmig passen*“ (ebd., Zeile 42). Darunter versteht sie generell Themen, zu denen sie Bezüge herstellen können. Als Beispiele greift sie „*soziale Themen*“ (ebd., Zeile 1264) und „*Mitmenschlichkeit*“ (ebd., Zeile 126) heraus. Denn da „*brauch ich gar nicht lang überlegen, ob des Thema für beide Religionen passt. Die passen einfach*“ (ebd., Zeile 126–128).

Neben Fragen, die für alle Religionen relevant sind, kämen zudem aber durchaus auch christliche Themen in Frage, die muslimische Studierende im Unterrichtsgeschehen vorstellen könnten, denn „*man kann ja auch eine Geschichte vom lebendigen Kirchturm erzählen, wenn man die Vorlagen und die Bilder hat*“ (ebd., Zeile 43–45). In der Praxis lässt Lara muslimische Studierende über christliche Themen aber unter anderem deshalb nicht sprechen, da es ihrer Ansicht nach dem Grundgedanken des konfessionellen Religionsunterrichts und auch den Vorgaben der Schulaufsicht widerspricht. Eine eindeutige Grenze zieht sie zudem bei Fragen, die den Glauben an sich oder religiöse Bekenntnisse betreffen. Solche Themen sollten ihrer Meinung nach nicht durch Andersgläubige aufbereitet werden (vgl. ebd., Zeile 135–139).

In der Praxis bietet sie im Basispraktikum den Studierenden Themen an, über die sie im Teamteaching oder im Einzelunterricht sprechen. Nachdem die Auswahl der Themen erfolgt ist, gibt sie den angehenden ReligionslehrerInnen Hilfestellungen, methodische Anleitungen und notwendige Materialien. Denn

*„[v]or allem im Basispraktikum finde ich es nicht sehr sinnvoll, wenn man sie da dann alleine lässt*" (ebd., Zeile 115f.). Um die Lerneffekte der Studierenden zu erhöhen, sei es aber wichtig, ihnen Freiheiten zu lassen und sie dazu zu ermutigen, eigenständige Schritte in der didaktischen Aufbereitung von Themen zu gehen (ebd., Zeile 118–120). Als Form der didaktischen Konzeptionierung der Themen hält Lara Geschichten für wichtig. Wenn angehende muslimische ReligionslehrerInnen christliche Themen im Unterricht ansprechen, dann müssten sie diese *„halt vielleicht ein bissl anders mit den Geschichten spicken, aber da ist schon, ich find, dass man da viel machen kann gemeinsam*" (ebd., Zeile 128–130).

Die Auswahl von Themen und deren didaktische Umsetzung seien jedoch stets abhängig von der Zusammensetzung der Praxisgruppen. Besonders schwierig sei es, wenn die Studierenden einander nicht mit Respekt und Wertschätzung begegneten – dann sei eine Kooperation auf Augenhöhe nicht möglich (vgl. ebd., Zeile 1138f.). Wie bereits an anderer Stelle angesprochen, zieht sie es auch in Zweifel, dass die Zusammenarbeit im Team innerhalb der Praxisgruppen – und damit auch die didaktische Aufbereitung von Themen – so reibungslos funktionieren kann wie in diesem Jahrgang, insbesondere falls ihr anstelle einer muslimischen Studentin ein muslimischer Student zugewiesen würde (vgl. ebd., Zeile 174–186).

Unterschiede zum islamischen Religionsunterricht nimmt die katholische Religionslehrerin Lara nicht nur bei den Inhalten wahr, sondern auch hinsichtlich der didaktischen Methoden. Dabei nennt sie insbesondere das gemeinsame Singen, das im katholischen Religionsunterricht einen wichtigen Stellenwert einnehme, im islamischen Religionsunterricht aber kaum praktiziert würde. Hierin bestehe eine methodische Hürde für eine interreligiöse Zusammenarbeit im Religionsunterricht (vgl. ebd., Zeile 1244f.).

Auch wenn sie selbst keinen direkten Einblick in die Unterrichtsgestaltung des islamischen Religionsunterrichts habe, stelle sie sich dennoch zeitweise die Frage,

> *„mit welcher methodischen Vielfalt Themen behandelt werden im muslimischen Unterricht. Ich hab manchmal das Gefühl, es ist noch der Druck relativ groß, viel zu lernen und auswendig zu lernen. Und je mehr man rezitieren kann, desto besser ist man dann" (ebd., Zeile 1253–1257).*

Deswegen könne sie sich auch nicht des Eindrucks erwehren, *„[d]ass glaub ich im Islamunterricht schon noch mehr abgeprüft wird als bei uns*" (ebd., Zeile 1258–1260). Lara nimmt – ebenso wie ihre KollegInnen – methodisch-didaktische Defizite beim islamischen Religionsunterricht wahr. Damit verortet sie bei der religiösen Outgroup Nachholbedarf. So hat Lara den Eindruck, dass die betreffenden Lehrkräfte oftmals im Sinne eines materialen Bildungsverständnisses dazu neigen, umfangreichen Lernstoff zu vermitteln, Auswendiglernen einzufordern und dies mit einem gewissen Druck abzuprüfen.

Die Art und Weise ihrer Schilderung deutet darauf hin, dass sie diese Unterrichtsmethoden nicht gutheißt. Die Religionsdidaktik der Eigengruppe sieht sie als positive Kontrastfolie. Durch wen oder welche Quellen dieser Eindruck vom islamischen Religionsunterricht bei ihr entstanden ist, erschließt sich im Verlauf des Interviews allerdings nicht.

### 4.3.3 Konsequenzen

Die strukturellen und individuellen Ausgangsbedingungen sowie die Umgangsformen und Interaktionen, die das Spannungsfeld ‚Themen und Didaktik' im Basispraktikum am Schauplatz Schule ausmachen, führen zu verschiedenen Konsequenzen. Die Praxislehrerin Gertrud rückt beispielsweise bei der Themenwahl thematische Differenzen in den Hintergrund und das Verbindende, Versöhnende, Einvernehmliche in den Vordergrund. Zwar betont sie, dass *„das Trennende auch seinen Platz haben muss"* (IP Gertrud, Zeile 843), in der Praxis aber sei für sie die Umsetzung dieser Zielsetzung problematisch. Gertrud konzentriert sich dabei zumeist auf thematische Aspekte, bei denen Wahrheitsansprüche der Religionen nicht oder nur wenig tangiert werden. Oftmals übernehmen muslimische Studierende bei ihr dann den Part, den VolksschülerInnen im Sinne eines *learning about religion* basales Wissen über den Islam – wie beispielsweise den Koran – näherzubringen.

Im analysierten Jahrgang wurde die Frage nach der Themenwahl zusätzlich durch die Dominanz der zwei katholischen Studierenden innerhalb der von Gertrud begleiteten Praxisgruppe erschwert. Das Ungleichgewicht in der Gruppe hatte zur Folge, dass muslimische Perspektiven hinsichtlich der Frage nach Themen und Didaktik kaum präsent waren. Aufgrund der unklaren Vorgaben – und um asymmetrische Machtverhältnisse zumindest partiell zu reduzieren – erfordere, so die Praxislehrerin, die Wahl der Themen im interreligiös konstituierten Basispraktikum aber prinzipiell mehr Aufmerksamkeit als die Unterrichtsvorbereitungen im restlichen Schuljahr:

> *„Also das ist schon ein ganz bewusstes Auswählen der Themen, die da zur Sprache kommen, die einfach für wenig Konfliktpotential [sorgen], nennen wir es so. Ich mein, im Volksschulbereich ist das ja eh wahrscheinlich ganz ganz anders als dann später. Weil einfach auch das Feedback der Kinder einfach ein anderes ist." (ebd., Zeile 760–765)*

Das strategische Auslagern von Spannungsfeldern ist dabei aber auch dem Alter der SchülerInnen geschuldet. Die Auswahl der Themen empfindet Gertrud als Herausforderung. Wenn sie diese bewältigt hat und sie das interreligiös konstituierte Basispraktikum erfolgreich zu Ende bringen konnte, sei sie erleichtert: Da *„ist man dann eigentlich ganz dankbar, wenn das abgeschlossen ist und man sich auch anderen Themen wieder zuwenden kann"* (ebd., Zeile 758–760).

Die Praxislehrerin Eva wandte hinsichtlich der Themen und didaktischen Methoden prinzipiell ähnliche Umgangsformen an wie Gertrud. Bei der Themenwahl griff sie sogenannte ‚neutrale Themen' (vgl. IP Eva, Zeile 152) heraus, bei denen sich alle Studierenden der von ihr angeleiteten Praxisgruppe einbringen konnten. Eine manifeste Auseinandersetzung über die didaktische Aufbereitung religiöser Inhalte, in der unterschiedliche Auffassungen zwischen angehenden katholischen und muslimischen ReligionslehrerInnen festzustellen waren, fand in Evas Gruppe nicht statt. Dies hing aber wesentlich mit den Charaktereigenschaften ihrer Studentinnen zusammen. Denn die muslimische Studierende agierte in religionsdidaktischer Hinsicht elaboriert und reflektiert. Von dieser Vorgehensweise zeigt sich Eva überrascht, da sie andere Erwartungen hatte (vgl. ebd., Zeile 15f., 44).

Auch aus diesem Grund betrachtet Eva das interreligiös konstituierte Basispraktikum als Erfolg, der sich nicht zuletzt positiv auf ihre SchülerInnen auswirke. Denn dadurch, dass die gewählten Themen von angehenden katholischen sowie auch von muslimischen ReligionslehrerInnen aufbereitet wurden, wurden für die Kinder die Unterschiede der eigenen zur anderen Religion deutlich(er) (vgl. ebd., Zeile 506–510) und sie bekamen die Chance, „*von kompetenter Seite her*" (ebd., Zeile 1137f.), also im Zuge einer authentischen Begegnung, Neues über den Islam zu lernen. In diesem Zusammenhang merkt Eva selbstkritisch an: „*Wenn ich über den Islam rede, rede ich über den Islam, aber ich rede nicht aus dem Islam heraus*" (ebd., Zeile 1124f.). Der Perspektivenpluralismus und die Identifikationsmöglichkeit mit der anwesenden muslimischen Studierenden, die über den Koran sprach, hätten es folglich den Kindern ermöglicht und sie dazu angeregt, konkret über religiöse Differenz nachzudenken und sich Wissen über das religiöse Gegenüber anzueignen.

Von solchen interreligiösen Momenten im konfessionellen Religionsunterricht profitierten aber nicht nur die SchülerInnen, auch sie selbst ziehe als arrivierte und seit vielen Jahren tätige Religionslehrerin einen Mehrwert daraus:

> *„Dass ich als [...] katholische Religionslehrerin einfach da einfach ein bisschen nach außen schauen muss [...]. Und so nicht nur mein Eigenes zu machen, das ich für wichtig halte und gut halte, aber trotzdem den Blick nach außen zu machen." (ebd., Zeile 389–393)*

Zudem hätte die interreligiöse Zusammenarbeit nicht nur auf eine Religionsgemeinschaft oder auf einen bestimmten konfessionellen Religionsunterricht positive Auswirkungen. Vielmehr schaffe sie Verbindendes zwischen den ReligionslehrerInnen der verschiedenen Glaubensgemeinschaften und sie seien gemeinsam damit konfrontiert, dass der Religionsunterricht immer wieder „*Gegenwind*" (ebd., Zeile 420) erfährt. Die Gemeinschaft im Rahmen des interreligiös konstituierten Basispraktikums mache dabei die Lehrpersonen stark und komme letztendlich allen Konfessionen zugute. Dem Widerstand müsse daher, so Eva, solidarisch kollektiv begegnet werden: „*Allein das schon macht uns sicher stärker, wenn wir gemeinsam da stehen, als wie jede für sich einzeln*“ (ebd., Zeile 424f.).

Im Praktikums-Fazit der muslimischen Studentin Emine wird eine zweigeteilte Sichtweise deutlich. Zwar könne sie auf der einen Seite methodisch und inhaltlich vom Basispraktikum profitieren:

> *„Ja, die christlichen Methoden eben im Unterricht, das kann man [mit]nehmen. Weil manche Sachen kann man im Islam benutzen. Viele Sachen, eigentlich. [...] Manche Sachen würde man schon ändern [müssen] zum Beispiel. Im Lied sagen sie ja manchmal, Jesus ist der Sohn von Gott. Da kann man des sagen, er war der Prophet.“ (IP Emine, Zeile 523–539)*

Hier kommt zum Ausdruck, dass die Studierende zwischen spezifisch christlichen und spezifisch muslimischen Methoden unterscheidet. Zwar sei, so Emine, keine Eins-zu-eins-Übertragung möglich, dennoch könnten didaktische Methoden aus dem christlichen Religionsunterricht durchaus in einer modifizierten Form im islamischen Religionsunterricht Anwendung finden. Trotz der neuen methodisch-didaktischen Impulse bleibt es für Emine aber auf der anderen Seite nicht vollständig nachvollziehbar, weshalb das Basispraktikum nicht im islamischen Religionsunterricht erfolgte. Dadurch hätte sie mehr Einblicke in die Praxis des islamischen Religionsunterrichts gewinnen können (vgl. ebd., Zeile 258–261). Deshalb äußert sich die Studentin kritisch gegenüber den Inhalten und Kompetenzen, die sie selbst im interreligiös konstituierten Basispraktikum vermittelt bekommen hat (vgl. ebd., Zeile 270–278).

Diesen Aspekt greift auch die Praxislehrerin Lara auf. Sie merkt an, dass die Anlage des Basispraktikums per se zu einem Ungleichgewicht führe, denn muslimische Perspektiven seien weniger präsent. Es wäre ihr Wunsch, dass auch der muslimische Religionsunterricht von katholischen Studierenden besucht würde, dass also katholische PraktikantInnen ihr Basispraktikum unter Anleitung von muslimischen PraxislehrerInnen absolvieren könnten (vgl. IP Lara, Zeile 625–628). Erst damit würde das interreligiöse Lernen auch von dieser Seite gefördert. Ansonsten sei das Basispraktikum „*einseitig*“ und „*zu religionslastig von unserer Seite*“ (ebd., Zeile 633–636).

### 4.3.4 Zwischenresümee

In der Analyse wurde deutlich, dass die beteiligten PraxislehrerInnen die Wahl der Themen, die im Basispraktikum behandelt werden, als Herausforderung empfinden, da keine klaren Vorgaben existieren und sie dadurch provisorisch geregelt wird. Schwierigkeiten entstehen für die Lehrkräfte bei dem Versuch, Themen auszuwählen, die sowohl für katholische als auch für muslimische ReligionslehrerInnen stimmig sind und für das Teamteaching oder für die eigenständige Gestaltung von Unterrichtssequenzen geeignet sind. Als gängige Strategie hat sich etabliert, dass vorrangig sogenannte ‚neutrale' oder religionsübergreifende Themen im Unterricht behandelt werden. Mit dieser Vorgehensweise soll möglichen Meinungsverschiedenheiten vorgebeugt werden. Vereinzelt findet sich auch die Überzeugung, dass religiöse Geschichten und Erzählungen auch durch Andersgläubige im Unterricht präsentiert werden könnten, wenn entsprechende didaktische Anleitungen vorlägen.

Für die Weiterentwicklung der Ausbildung von katholischen und muslimischen ReligionslehrerInnen bedeutet dieser Befund, dass es vorteilhaft sein könnte, den PraxislehrerInnen – unter Rücksichtnahme auf bestehende Vorgaben – eine Themenpalette an die Hand zu geben, um die Herausforderungen zu reduzieren, die für die Lehrkräfte bei der Auswahl der im Basispraktikum zu behandelnden Themen auftreten können. Die Themenpalette sollte die bereits etablierte Praxis der Themenfindung reflektieren und berücksichtigen. Ebenso wird angestrebt, in der Ausbildung von ReligionslehrerInnen die muslimische Perspektive zu stärken, indem interreligiös zusammengesetzte Praxisgruppen, bestehend aus katholischen und muslimischen Studierenden, das Basispraktikum in Zukunft auch im islamischen Religionsunterricht gemeinsam absolvieren können.

In der Zusammenschau ist der Konfliktherd ‚Themen und Didaktik' auf den ersten Blick weniger spannungsgeladen und problematisch als die Gruppendynamik zwischen den Studierenden in den Praxisgruppen. Differenzen, Vorannahmen und Konfliktpotential werden jedoch oftmals implizit zum Ausdruck gebracht, wenn konstatiert wird, dass es zwischen katholischem und islamischem Religionsunterricht markante thematische und didaktische Differenzen gäbe. Unter den befragten katholischen PraxislehrerInnen – und teilweise auch unter den Studierenden – werden religiöse Grenzziehungen in didaktisch-methodischer Hinsicht vorgenommen. Dabei ist zudem erkennbar, dass die Religionsdidaktik der Fremdgruppe tendenziell eine negative Bewertung erfährt, während die Eigengruppe favorisiert und mit positiven Attributen versehen wird.[356] Die Gründe dafür sind mehrperspektivisch. Einer der Aspekte sind die Entwicklungsstadien des katholischen Religionsunterrichts bzw. auch der Mainstream-Didaktik im europäischen Raum, von denen aus inhalts- und lehrerInnenzentrierte Formen als veraltet angesehen werden. Zwar erwächst hieraus kein manifester Konflikt, der sich in expliziten Meinungsunterschieden oder Streitigkeiten äußert, aber es wird deutlich, dass die thematischen und didaktischen Aspekte dennoch ein Spannungsfeld beschreiben, das von manchen PraxislehrerInnen auch als Herausforderung für eine interreligiöse Zusammenarbeit gedeutet wird.

Dem islamischen Religionsunterricht in den Schulen wird in diesem Sinne häufig eine antiquierte Didaktik zugeschrieben, die den aktuellen Erfordernissen nicht angemessen ist. Gesicherte, persönliche Erfahrungen, die diese

---

[356] Da der Praxisteil ausschließlich im katholischen Religionsunterricht stattfand, konnte vonseiten muslimischer PraxislehrerInnen keine Perspektive erhoben werden.

Annahme stützen, finden sich unter den katholischen PraxislehrerInnen selten. Oftmals sind die Meinungen durch kolportierte Medienberichterstattungen geprägt und begründet. Der Eindruck der katholischen ReligionslehrerInnen, die islamische Didaktik sei überholt, kann auch darin begründet liegen, dass die islamische Religionspädagogik noch eine junge wissenschaftliche Disziplin ist. Die Etablierung und Professionalisierung der thematischen und didaktischen Konzeptionen befindet sich dementsprechend noch in der Entwicklung. Dieser Umstand wird in den Sichtweisen der PraxislehrerInnen nicht berücksichtigt.

Trotz ihrer Annahmen über die vorherrschenden didaktischen Prinzipien des islamischen Religionsunterrichts bestätigten alle PraxislehrerInnen, dass muslimische Studierende, die den universitären Studiengang Islamische Religionspädagogik besuchen, inhaltliche Themen nicht nach eindimensionalen oder unzeitgemäßen didaktischen Prinzipien (wie etwa ausschließliches Auswendiglernen der Inhalte) aufbereiteten. Daraus kann geschlussfolgert werden, dass mit der universitären Islamischen Religionspädagogik didaktische Defizite nicht fortgeschrieben werden. Für die Zukunft der interreligiösen Arbeit gilt es daher, weiterhin am Abbau von Vorurteilen über Didaktik und Methoden des islamischen Religionsunterrichts zu arbeiten.

## *4.4 Konfliktherd 3: Identität und Konfessionalität*

Der dritte und letzte Konfliktherd am Schauplatz Schule umfasst den Zusammenhang zwischen interreligiöser Begegnung im Verlauf des Basispraktikums und der Herausbildung konfessioneller Bindungen und religiöser Identitäten. Im Fokus stehen dabei die Bewertung konfessioneller Bindungen und die Analyse der Frage, wie die Teilnahme an interreligiösen Begegnungen im Verlauf des Basispraktikums Einfluss nimmt auf die Konstitution religiöser Identitäten von Kindern. Das Spannungsfeld beinhaltet die Fragen: Was ist das religiös Eigene und das Fremde? Welcher Austausch zwischen dem Eigenen und dem Anderen ist angemessen und wo liegen die Grenzen der interreligiösen Begegnung im konfessionellen Religionsunterricht?

Die religiöse Identität und Konfessionalität ist dabei derjenige Konfliktherd am Schauplatz Schule, bei dem die stärksten Spannungen und die größten Hürden für eine interreligiöse Kooperation zwischen katholischem und islamischem Religionsunterricht festzustellen sind. Im Mittelpunkt steht dabei insbesondere die Frage, ob die interreligiöse Begegnung im Basispraktikum als förderlich und damit als tendenziell positiv für die Kinder oder als destabilisierend und damit als eher kontraproduktiv für die Herausbildung konfessioneller Bindungen und religiöser Selbstbilder angesehen wird.

### 4.4.1 Ursachen und Einflussfaktoren

In der Regel sind interreligiöse Begegnungen katholischen VolksschülerInnen nicht vollkommen fremd. Sie können im gewöhnlichen Schulalltag bei religiösen Festen und interreligiös gestalteten Schulveranstaltungen stattfinden. Dass die Kinder im Rahmen des interreligiös konstituierten Basispraktikums von muslimischen PraktikantInnen mitunterrichtet werden, stellt für sie allerdings eine außergewöhnliche, neue Situation sowie eine Ausnahme vom konfessionellen Religionsunterricht dar. Die Haltungen der beteiligten PraxislehrerInnen hierzu sind unterschiedlich.

Grundsätzlich bewerten die PraxislehrerInnen die interreligiösen Begegnungen im Basispraktikum stets bezugnehmend auf die Frage danach, ob die religiöse Identität der VolksschülerInnen abgeschlossen und gefestigt oder noch im Findungsprozess ist. Oftmals erachten die Lehrkräfte diese Frage als strukturelle Hürde für interreligiöse Zusammenarbeit im konfessionellen Religionsunterricht. Die Praxislehrerin Eva beispielsweise äußerte sich vor der ersten interreligiösen Durchführung des Basispraktikums kritisch zu diesem Vorhaben, da sie die Position vertrat, dass konfessionelle Bindungen unter den VolksschülerInnen noch nicht gefestigt und deren Identitätsbildungsprozesse nicht abgeschlossen seien. Vor dem ersten Durchlauf des interreligiös konstituierten Basispraktikums war sie davon überzeugt, dass die Kinder noch nicht wüssten, „*wer sie jetzt von religiöser Seite her sind, wo sie dazugehören*" (IP Eva, Zeile 475f.), „*dass sie Christen und Christinnen sind, dass sie katholisch sind*" (ebd., Zeile 466f.). Die Praxislehrerin geht dabei davon aus, dass sich eine ausgereifte religiöse Identität durch einen stabilen Wesenskern auszeichnet. In diesen Vorstellungen zeigen sich Anklänge an das Modell von Erik Erikson, der die Herausbildung eines dauerhaften Wesenskerns personaler Identitäten in der Kindheit und Jugend verortet.

Laut der Praxislehrerin erwächst aus diesem Umstand auch eine Anforderung an die interreligiöse Konstellation der Praxisgruppe. So erwartet Eva, dass die muslimischen Studierenden sensibel mit diesen Gegebenheiten umgehen und bei ihren Bemühungen, den Schulalltag in der Volksschule kennen zu lernen und Einblicke in die Unterrichtspraxis zu gewinnen, auf die noch unausgereifte Identität der Kinder Rücksicht nehmen. Ihre Erwartungshaltung begründet die Praxislehrerin damit, dass SchülerInnen

> *„dieses automatische Hineinwachsen in dieses religiös christliche Leben ja nicht mehr [erleben]. Sie werden schon noch getauft, das ist noch okay, Erstkommunion gehen wir dann auch, das nächste Mal sind wir dann bei der Firmung in der Kirche und so." (ebd., Zeile 468–472)*

Daher sieht es Eva als zentrale Aufgabe des Religionsunterrichts an, konfessionelle Bindungen der VolksschülerInnen zu unterstützen, religiöse Belange näher zu bringen und aufzuzeigen, „*was das auch bedeutet für sie*" (ebd., Zeile 467f.). Diese Aufgabe des Religionsunterrichts wird durch das

Phänomen, das aus wissenschaftlicher Perspektive mit der Säkularisierungsthese beschrieben wird, also mit dem Rückgang religiöser Werte in der Gesellschaft, umso dringlicher.

Katholischen Religionsunterricht in dieser Schulstufe abzuhalten, sei somit, so Eva, bereits von Grund auf herausfordernd. Ihre anfängliche Skepsis bezüglich des interreligiösen Basispraktikums lag darin begründet, dass dadurch für die VolksschülerInnen im katholischen Religionsunterricht *„nochmal was anderes herein[käme], was ganz anderes, das sie nicht sind, aber mit dem sie sich auseinandersetzten müssen*“ (ebd., Zeile 476–478). Dass eine Begegnung mit einem religiösen Gegenüber erfolge, obwohl Kinder – im Sinne des Identitätsmodells Eriksons – noch keinen stabilen, einheitlichen Wesenskern ihrer religiösen Identität ausgebildet hätten, empfinde sie als problematisch.

Einen anderen Zugang hat die Praxislehrerin Lara. Im Gegensatz zur kritischen Anfangshaltung Evas positionierte sich Lara zu Beginn offener. Religiöse Identitätsbildungsprozesse im Volksschulalter betrachtet sie als ebenso wichtig und als unabgeschlossen wie Eva. Als Voraussetzung für das Gelingen interreligiöser Begegnungen sei viel Respekt, Offenheit und Wertschätzung dem religiös Anderen gegenüber vonnöten (vgl. IP Lara, Zeile 740–742). In diesem Zusammenhang hebt sie jedoch hervor, dass solche Begegnungen konstitutiv seien für die Entwicklung des eigenen Selbstbildes und der eigenen religiösen Selbstverortung. So bräuchten die SchülerInnen

> *„ein ganz gutes eigenes Fundament, […] viel Wissen vom eigenen Glauben und auch vom anderen Glauben, um keine Ängste aufkommen zu lassen“ (ebd., Zeile 743–745).*

Lara plädiert vor allem deshalb für interreligiöse Zusammenarbeit im Rahmen des konfessionellen Religionsunterrichts, da damit religiösen Grenzziehungen und Ängsten vorgebeugt werde (vgl. ebd., Zeile 744f.). Interreligiöse Begegnungen befürwortet sie also als Prophylaxe gegen dichotome antagonistische Deutungen. In dieser Sichtweise finden sich Aspekte eines Identitätsverständnisses, das der Auseinandersetzung mit dem Nicht-Eigenen einen konstitutiven Stellenwert zuschreibt. Religiöse Identitäten könnten sich also erst durch das wechselseitige Zusammenspiel von Selbst- und Fremdzuschreibungen herausbilden. Hierin zeigen sich Anklänge an die Konzepte Heiner Keupps.

Auch aufseiten der Studierenden war in der Regel eine grundsätzliche Offenheit gegenüber dem interreligiösen Format des Basispraktikums erkennbar. Ob dieses aber als mögliche Beeinträchtigung der religiösen Identitätsbildung der VolksschülerInnen angesehen wird, ist individuell verschieden. Beim katholischen Studenten Klaus findet sich beispielsweise kein generelles Interesse am Islam, an der islamischen Religionspädagogik oder am interreligiösen Lernen. Er empfindet aber eine Verantwortung gegenüber religiösen

Minderheiten „*im katholischen Tirol in einem katholischen Religionsunterricht*" (IP Klaus, Zeile 753f.). Um zu vermeiden, dass „*die dominante Macht*" (ebd., Zeile 757) andere Religionen in den Hintergrund dränge, brauche es eine Haltung der Sensibilität und Vorsicht. Angesichts der religiösen Pluralität betrachtet es Klaus als vorrangige Zielsetzung des katholischen Religionsunterrichts, dass konfessionelle Bindungen und die religiöse Identitätsbildung von Kindern unterstützt werden (vgl. ebd., Zeile 611–640). Dass der konfessionelle Religionsunterricht eine Rolle dabei spielen könnte, ein einvernehmliches Neben- und Miteinander der verschiedenen Religionen anzustoßen, ist für den Studierenden nicht relevant.

Bei der katholischen Studierenden Klara wiederum findet sich die stärkste Befürwortung interreligiöser Begegnungen im katholischen Religionsunterricht. Ihrer Meinung nach könnte der Austausch mit Angehörigen anderer Religionen dazu beitragen, dass bestimmte Elemente des eigenen Glaubens bewusst oder neu reflektiert würden. Im Zusammenhang mit ihrer Arbeit mit muslimischen Geflüchteten merkt sie diesbezüglich an:

> *„Da hab ich einfach gelernt, dass es wahnsinnig bereichernd ist, sich auszutauschen. Weil es sind einfach andere Aspekte teilweise, die mit eingebracht werden, es sind auch andere Vorstellungen, also das ist es auch. [...] Aber auch durch die anderen Vorstellungen fallen mir Aspekte in meinem Glauben auf, die mir davor nicht so bewusst waren." (IP Klara, Zeile 379–382)*

Die Studierende führt dies am Beispiel der Trinitätslehre aus: Durch den Dialog und die Auseinandersetzung mit MuslimInnen zu dieser Frage wurde ihr nach eigenen Angaben neu bewusst, dass „*Gott wirklich einer*" (ebd., Zeile 389) sei. Mit den Geflüchteten ebenso wie mit den LeiterInnen der universitären Begleitlehrveranstaltung habe sie in diesem Zusammenhang auch darüber geredet, wie Jesus im Koran dargestellt wird. Interreligiöse Begegnungen könnten somit ihrer Meinung nach dabei helfen, „*über das Eigene noch einmal mehr zu reflektieren*" (ebd., Zeile 441f.). Klara schreibt folglich der Auseinandersetzung mit dem religiösen Gegenüber einen Mehrwert zu, wenn das Andere Perspektiven eröffnet, das Eigene besser zu verstehen. Ihrer Ansicht nach ist dieser Prozess nicht mit der Kindheit oder Jugend abgeschlossen (vgl. ebd., Zeile 742–788). Vielmehr zeigt sich bei ihr eine Vorstellung einer unabgeschlossenen Identität, die sich im Sinne von Heiner Keupp auch im Erwachsenenalter im Zuge von Erfahrungen stetig verändern und weiterentwickeln kann.

Die angehende muslimische Religionslehrerin Elmas bewertet die interreligiöse Anlage des Basispraktikums ebenfalls positiv. Ebenso wie die Praxislehrerin Lara vertritt sie die Meinung, dass durch die Begegnung mit dem religiös Anderen Vorurteile und Stereotype abgebaut würden.

> *„Die Kinder erkennen mit den Andersgläubigen überhaupt keine Gemeinsamkeiten. Sie könnten zumindestens durch das [Basispraktikum (Anm. d. Verf.)] erkennen, dass sie auch was gemeinsam haben. Ich mein, sie sagen: ‚Sie sind*

*Christ[en]'. Und ich mein, der Ein-Gott-Glaube ist ja da. Und die Propheten, die sind ja auf beiden Seiten da. Man kann da solche Gemeinsamkeiten erkennen. Weil das war bei mir auch nicht da in der Volksschule oder so. Aber dann ist man trotzdem, man sieht sie [die Andersgläubigen (Anm. d. Verf.)] einfach als falsch [an]. [...] Und das hindert, ja." (IP Elmas, Zeile 612–622)*

Elmas bedauert, dass sie in ihrer eigenen Sozialisation keine interreligiösen Begegnungen erlebt hat, durch die sie Gemeinsamkeiten und Übereinstimmungen mit religiös Andersgläubigen hätte erkennen können. Dabei seien solche Erfahrungen wichtig, da sie insbesondere im Arbeitsleben mit Menschen mit anderer Glaubenszugehörigkeit Kontakt habe.

*„Wenn man von der Volksschule aus so aufwächst, später hindert des ja auch, sich irgendwie zu integrieren, find ich, im Arbeitsleben. [...] [D]es wird einfach von der Moschee so gegeben. [...] Ich hab mir gedacht in der Hauptschule, ich lass mich lieber, ich tu mich mit ihnen [den Andersgläubigen (Anm. d. Verf.)] gar nicht befreunden, ich will mich gar nicht mit denen befreunden, weil die mich später nichts angehen werden. Ich bin jetzt nur in der Schule, mit denen muss ich zusammen sein, aber später werd ich das nicht machen. Aber das ist nicht der Fall. Du bist immer mit [denen zusammen] und du sollst auch mit denen gut zusammenarbeiten. Nicht nur, weil du das musst, sondern das ist auch nötig, damit man uns gegenseitig mal kennenlernt." (ebd., Zeile 622–632)*

Der Ort, an dem solche interreligiösen Begegnungen angestoßen werden müssten, sei die Schule. Zu beginnen sei damit schon in der Volksschule. Wenn das nicht der Fall sei, erfolgten Abgrenzungen gegenüber Andersgläubigen, die sich zu Vorurteilen verfestigen würden. Gefördert werde dies bedauerlicherweise auch durch die Familien der Kinder.

*„Ja, man ist da irgendwie negativ auf den Anderen drauf gleich, schon von der Volksschule, weil man das im Hinterkopf hat, dass die sowieso falsch sind [...]. Auch von der Familie wird [das] ja immer wieder gesagt. [...] Das ist von der Einstellung der Eltern auch falsch. Und wenn wir in der Schule sogar des nicht interreligiös ab und zu machen, wie soll das Kind dann diese Einstellung mit sich haben, wenn es sogar von der Familie so gefördert ist?" (ebd., Zeile 632–643)*

In Elmas' Familie herrschte eine besonders negative Haltung gegenüber interreligiösen Begegnungen vor. Diese wurden nicht nur im Sinne Eriksons als hinderlich für die Ausbildung eines Wesenskerns der religiösen Identität betrachtet, sondern generell als abträglich eingeschätzt. Zudem war eine tendenziell ablehnende Haltung gegenüber dem religiös Andern erkennbar, insbesondere abseits des schulischen Kontextes. Solche Ansichten in der Familie prägten Heranwachsende nachhaltig, so die Studierende Elmas. Dass in der Schule und im Religionsunterricht interreligiöse Begegnungen stattfinden, sei deshalb umso wichtiger.

Bei der katholischen Studentin Sonja wiederum kommt eine stärkere Skepsis zum Ausdruck. Interreligiösen Begegnungen gewinnt sie zwar grundsätzlich etwas Positives ab, insbesondere hinsichtlich des Erkennens von Unterschieden zwischen dem Eigenen und dem Anderen. Für diesen

Erkenntnisprozess hält sie allerdings eine gefestigte religiöse Identität im Sinne des Wissens über zentrale Inhalte des eigenen Glaubens für grundlegend:

> *„Also wirklich da auch einmal am Anfang zumindest einmal im eigenen Glauben einfach die wichtigen Säulen und die wichtigen Sachen einfach durchzumachen, nicht. Und dann kann man gemeinsam andere Sachen entdecken, und die Verschiedenheiten." (IP Sonja, Zeile 903–906)*

Der Vergleich und die daraus folgende Wahrnehmung von Differenzen gegenüber dem religiös Anderen sind nach Sonjas Ansicht wichtig, um den eigenen Glauben zu festigen. Erst im Zuge solcher Auseinandersetzungen konstituiere sich ein Bewusstsein für religiöse Abgrenzungen des Eigenen. Sie selbst sei sehr offen für interreligiöse Begegnungen. Angesichts islamkritischer medialer und gesellschaftlicher Debatten hält sie diese auch für wichtig und *„sehr sinnvoll*" (ebd., Zeile 783). Ihre Offenheit rühre aber auch daher, dass sie über eine Expertise in ihrer eigenen Religion verfüge und eine starke konfessionelle Bindung aufweise, die unter anderem aus ihren Erfahrungen in der katholischen Jungschar, im schulischen Religionsunterricht sowie aus ihrem Studium resultiere (vgl. ebd., Zeile 22–31).

Das Gelingen interreligiöser Begegnungen im schulischen Kontext wiederum sei abhängig vom Alter der SchülerInnen. Generell würde sie aber in der Volkschule mit interreligiösen Aspekten *„noch ein bisschen aufpassen*" (ebd., Zeile 932). Denn die Kinder könnten ihrer Ansicht nach noch nicht zwischen den Religionen unterscheiden, da sie noch keine stabilen religiösen Identitäten herausgebildet hätten. Die ReligionslehrerInnen stünden hierbei in der Verantwortung, religiöse Grenzziehungen und konfessionelle Demarkationslinien aufzuzeigen. Sie sehe es als Aufgabe des Unterrichts an, dass Heranwachsende bei der Konstituierung ihrer religiösen Identität unterstützt werden, indem ihnen eindeutige Identifikationsangebote präsentiert werden (vgl. ebd., Zeile 841f.). Als kontraproduktiv erachtet sie eine zu große Offenheit und das Verschwimmen von religiösen Grenzen. Dies erschwere den VolksschülerInnen die Orientierung (vgl. ebd., Zeile 848f.).

Das zentrale Ziel des katholischen Religionsunterrichts liege dementsprechend zunächst darin, *„die christlichen Werte klar [zu] definieren*" (ebd., Zeile 882). Die Einladung einer andersgläubigen Person in den Religionsunterricht sei sinnvoll bei Fragen, die *„man selber nicht mehr beantworten kann*" (ebd., Zeile 942f.). Das Mitwirken des religiösen Gegenübers begrüßt die Studierende somit vor allem bei Themen, die die Lehrperson selbst nicht abdecken kann. Darüber hinaus betrachtet sie interreligiöses Lernen und Begegnungen aber als etwas Zusätzliches zu den eigentlichen Zielsetzungen des katholischen Religionsunterrichts.

### 4.4.2 Umgangsformen und Interaktionen

Die interaktiven Umgangsformen, die bei diesem Konfliktherd festgestellt werden können, umfassen verschiedene Bereiche. Sie beinhalten sowohl die Benennung des Anderen, die Identität und Konfessionalität im Verlauf des Basispraktikums und die Identität und Konfessionalität abseits davon, als auch Abwertungen des religiösen Gegenübers im schulischen Kontext. Zuerst wenden wir uns im nachfolgenden Abschnitt den Grenzziehungen zwischen dem religiös Eigenen und dem religiösen Gegenüber zu, die sich in sprachlicher Hinsicht zeigen. Die Wahl der Ausdrucksformen und Benennungen ist dabei unterschiedlich differenziert.

Umgangsformen I: Benennung des religiös Anderen

Die Praxislehrerin Gertrud verwendet für die Benennung des religiösen Gegenübers häufig die Bezeichnung *„muslimische Studierende"* (z. B. IP Gertrud, Zeile 38, 66, 381), zeitweise spricht sie auch von *„Islamstudierenden"* (ebd., Zeile 510). Diese Bezeichnungen sind unter den Beteiligten besonders weit verbreitet. Mit dieser Wortwahl werden Differenzen unter den Studierenden in religiöser Hinsicht vorgenommen. Grenzziehungen zwischen der religiösen Ingroup und der Outgroup werden sprachlich eindeutig indiziert, wenn auch keine Wertungen erfolgen.

Bei der Begleitlehrerin Eva zeichnet sich wiederum ein ambivalentes Bild ab. Einerseits variiert sie bei der Benennung der angehenden muslimischen Religionslehrerin in ihrer Praxisgruppe zwischen den neutralen Bezeichnungen *„muslimische Studentin"* (z. B. IP Eva, Zeile 193, 263, 280), *„islamische Studentin"* (ebd., Zeile 79) oder schlicht *„die Studentin"* (z. B. ebd., Zeile 15, 42, 95) ohne religionsspezifizierenden Zusatz. Daneben spricht sie einmal von der *„muslimischen Kollegin"* (ebd., Zeile 397) und einmal von der *„islamischen Kollegin"* (ebd., Zeile 481), die an ihrer Schule als muslimische Religionslehrerin tätig ist. Demarkationslinien zwischen Eigengruppe und religiösem Gegenüber werden damit wertungsfrei sprachlich klar und eindeutig gezogen.

Andererseits erklärt sie den VolksschülerInnen in ihrer Klasse auf die Frage, wie das Basispraktikum abläuft, *„[d]ass jetzt eine Muslima unterrichtet und nicht eine normale Studierende"* (ebd., Zeile 122–124). In sprachlicher Hinsicht wird damit eine Grenzziehung zwischen katholischer Ingroup und muslimischer Outgroup vorgenommen, die auch als wertend verstanden werden kann. Dass angehende muslimische ReligionslehrerInnen als Studierende bezeichnet werden, die von der Norm abweichen, stellt eine Ausnahme dar. In manchen Zusammenhängen verschwimmen bei Eva auch die Grenzen zwischen muslimischen und katholischen Studierenden. Dies vor allem dann, wenn Eva die Solidarisierung von ReligionslehrerInnen betont und meint, diese müssten eigentlich zusammenstehen, egal welchem Glauben sie angehören (vgl. ebd., Zeile 424f.).

Die Praxislehrerin Lara wiederum spricht ebenfalls vorrangig von „*muslimischen Studierenden*" (z. B. IP Lara, Zeile 10, 138), während sie die angehenden katholischen ReligionslehrerInnen als „*römisch-katholisch*" (ebd., Zeile 10, 656) bezeichnet. Auch das Basispraktikum benennt sie als eigentlich „*römisch-katholisches Praktikum*" (ebd., Zeile 396). Hierdurch beruft sie sich auf dessen Geschichte und verweist darauf, dass es sich bei den katholischen PraxislehrerInnen und katholischen Studierenden – im Sinne von Elias und Scotson – um Angehörige der Gruppe der Etablierten handelt, während muslimischen Studierenden der Status der Outsider zukommt. Auffällig ist bei Lara eine tendenziell vereinnahmende Sprechweise, in der Possessivpronomen und damit eindeutig indizierte Zuordnungen sehr präsent sind.

Die studentische Perspektive wird an dieser Stelle anhand der Sprechweise des katholischen Studenten Max dargestellt. Dieser scheint sich bei der Benennung der muslimischen Studierenden unsicher zu sein. So verwendet er unterschiedliche Begriffe, wie etwa „*die Islamischen*" (IP Max, Zeile 195), „*die Muslimischen*" (ebd., Zeile 209f.) oder auch die „*Muslime*" (ebd., Zeile 222). In allen drei Variationen werden die andersgläubigen Personen jeweils auf ihre religiöse Zugehörigkeit reduziert. Dadurch treten religiöse Differenzen in den Vordergrund, der Religion und Religiosität wird ein zentraler Stellenwert eingeräumt und Grenzlinien zwischen dem religiös Eigenen und dem Anderen werden gezogen. Bei anderen Studierenden, sowohl bei den katholischen als auch bei den muslimischen, zeigte sich dieselbe Tendenz.

Generell ließ sich bei den sprachlichen Benennungen erkennen, dass religiöse Grenzziehungen und Unterteilungen in das religiös Eigene und das Andere, Fremde oder Gegenüber klar indiziert werden. Eine Wertung oder Herabsetzung alleinig durch sprachliche Bezeichnungen erfolgte in der Regel aber nicht.

### Umgangsformen II: Identität und Konfessionalität im Verlauf des Basispraktikums

Neben den Begriffen, mit denen das religiöse Gegenüber benannt wird, beleuchtet ein zweiter Bereich der Umfangsformen und Interaktionen die Frage nach Identität und Konfessionalität im Basispraktikum. Die beteiligten PraxislehrerInnen beschrieben die Studierenden durchgehend als offen für interreligiöse Belange und als stabil hinsichtlich der eigenen konfessionellen Zugehörigkeit – auch wenn in manchen Fällen damit die eigenen Vorannahmen widerlegt wurden.

Der Praxislehrerin Lara fiel bei der Durchführung des Basispraktikums die Freude der Kinder über die Anwesenheit der muslimischen Studierenden auf. Das Kopftuch, das die muslimischen Studierenden trugen, habe dabei keine

Rolle gespielt (vgl. IP Lara, Zeile 218). Für die Heranwachsenden sei die interreligiöse Begegnung „*gar nicht so was Besonderes wie bei uns*“ (ebd., Zeile 875f.). Vielmehr begegneten Kinder in jenem Alter dem religiös Anderen aufgeschlossen und unvoreingenommen:

> *„Ich genieß das einfach, dass die Kinder sehr sehr offen sind und eigentlich in jedem einen gleichwertigen Menschen sehen, und dass sie sehr entspannt in ihren Religionsunterricht gehen und nachher dann wieder als beste Freunde nebeneinandersitzen, und dass das einfach für mich einfach ganz was Schönes ist, das ich da erleben darf. [...] Und ich denk mir, dass das auch im Kindergarten ganz wichtig ist, dass die Gruppen gemischt sind, und nicht, dass sie so lang als möglich getrennt bleiben und dann auf einmal zusammenkommen, ich find's nicht gut. Ich find's für die Kinder nicht gut, und ich find's auch für die Eltern nicht gut." (ebd., Zeile 1226–1237)*

Ab der Sekundarstufe nehme dann die „*Abwehrhaltung gegenüber interreligiösem Handeln und Lernen*“ (ebd., Zeile 1221f.) zu und die Offenheit sowie die Toleranz gegenüber dem religiös Anderen ab. Für diese Entwicklung seien vor allem Rollenbilder und Vorstellungen verantwortlich, die Kindern zu Hause vermittelt werden und die in jener Altersphase stärker wirksam würden (vgl. ebd., Zeile 1225f.). In dieser Phase hätten sich religiöse Identitäten in Anlehnung an das Modell von Erik Erikson dauerhaft herausgebildet und seien als stabil zu betrachten. Eine Offenheit für das religiöse Gegenüber bestünde somit ab der Sekundarschule weniger als zu früheren Zeitpunkten. Deswegen sollten kleine Kinder in der Volksschule bereits interreligiöse Begegnungen machen: „*[j]e früher man anfängt, desto besser*“ (ebd., Zeile 1232).

Auch die Praxislehrerin Gertrud bestätigt die Aufgeschlossenheit der VolksschülerInnen für interreligiöse Begegnungen im Rahmen des konfessionellen Religionsunterrichts:

> *„[D]ie Kinder sind total offen, und die Kinder lieben das, was Neues kennenzulernen. Also da hat's überhaupt keine Probleme gegeben." (IP Gertrud, Zeile 264–266)*

Die Praxislehrerin Eva zeigte sich, wie bereits in Kapitel **4.2.1** angedeutet, zu Beginn zurückhaltend gegenüber dem interreligiös konstituierten Basispraktikum. Sie sah – zugespitzt formuliert – dadurch die Entwicklung der SchülerInnen hinsichtlich der Ausbildung ihrer jeweiligen religiösen Identität gefährdet.

> *„Und das waren eben meine Bedenken: Schaffen sie das dann auch oder schaff es ich dann auch so damit umzugehen, dass es für die Kinder klar ist: ‚Okay, das das ist das eine, das ist das, in dem wir beheimatet sind.' Und dann gibt's aber noch was anderes, in dem ganz viele ihrer Mitschülerinnen und Mitschüler beheimatet sind, also diese zweite andere Religion. Und können wir das auch noch auseinanderhalten? Gell. Und ich glaub, dass das bei jungen Kindern wirklich nicht so selbstverständlich ist, dass sie das auseinanderhalten. Bei Älteren ist das völlig klar, die wissen schon, wer sie sind. Sie wollen da vielleicht nicht*

*dazugehören, das ist was anderes, aber sie wissen, wo sie dazugehören." (IP Eva, Zeile 487–498)*

Als Herausforderung betrachtet die Praxislehrerin die Frage, ob die Kinder in der Lage sind, dergestalt mit der interreligiösen Erfahrung umzugehen, dass die eigene religiöse Zugehörigkeit deutlich bleibt und der Islam als religiöses Gegenüber wahrgenommen wird. Vor der Durchführung der interreligiös ausgerichteten Basispraktika zog sie dies in Zweifel. Denn sie ging davon aus, dass für die Begegnung mit Andersgläubigen im Religionsunterricht bereits gefestigte religiöse Selbstbilder und Zugehörigkeiten vonnöten seien, um der Identitätsentwicklung der Heranwachsenden nicht zu schaden. Nach der Durchführung der bisherigen Basispraktika sah Eva aber diese Annahme nicht bestätigt.

Die anfänglichen Vorbehalte stellten sich folglich als unbegründet heraus. So habe sie es unterschätzt, wie gut Volksschulkinder zwischen Eigenem und Nicht-Eigenem unterscheiden könnten:

> *„[M]eine Anfangsbedenken haben sich aber erledigt. Weil ich einfach gesehen hab, wie die Kinder an und für sich damit umgehen. Gell, das hab ich ganz außer Acht lassen bei meinen Überlegungen, dass Kinder da ganz einen anderen Zugang zu dem ganzen haben. Und dass das natürlich auch nochmal eine Chance ist." (ebd., Zeile 500–507)*

Laut Eva sei es weniger zentral, den Kindern zu zeigen, wo sie dazugehörten, denn dafür hätten sie bereits ein gutes Gespür. Sie hätte nicht erwartet, dass die Kinder einen anderen Zugang zum religiös Anderen haben. Sie könnten sehr wohl Differenzen zwischen Ingroup und Outgroup wahrnehmen und wüssten, interreligiöse Begegnung konstruktiv für die eigene Identitätsbildung zu nutzen. In diesem Alter berge somit die Beschäftigung mit den Unterschieden zwischen den Religionen auch eine Chance. Zentral sei die bloße Präsenz, die bloße Begegnung mit einer andersgläubigen Lehrerin im Unterricht gewesen (vgl. ebd., Zeile 508–513).

In den Aussagen Evas klingen die Konzepte Heiner Keupps an, der für die Bildung von Identitäten eine Beschäftigung mit Selbst- und Fremdbildern sowie eine konstruktive Auseinandersetzung mit der eigenen Ingroup und mit der Outgroup als essentiell beschreibt (siehe Kapitel **2.1**). In dieser Hinsicht wird zudem nicht von fixierten Identitäten ausgegangen, sondern religiöse Selbstbilder werden als unabgeschlossen verstanden, die immer wieder – auch in der Begegnung mit dem religiös Anderen – neu gebildet werden müssen.

Bei der interreligiösen Begegnung ist nach Ansicht der verschiedenen PraxislehrerInnen stets auch auf die Inhalte zu achten, die im Rahmen des Unterrichts behandelt werden. Dabei könnten das religiös Eigene und eine entsprechende Identität der SchülerInnen nie ohne inhaltliche Auseinandersetzungen erfolgen (vgl. ebd., Zeile 912–921). Inhalte und Themen setzen aber den Möglichkeiten von interreligiösen Begegnungen Grenzen. So betrachtet beispielsweise die Praxislehrerin Gertrud die interreligiöse Zusammenarbeit als wichtige Zielsetzung, weist aber auch darauf hin, dass sie aufgrund des interreligiös angelegten Basispraktikums aus pragmatischen Gründen dazu übergehe, Themen auszuwählen, bei denen sich sowohl katholische als auch muslimische Studierende einbringen könnten. Im vorhergehenden Konfliktherd ‚Themen und Didaktik' (Kapitel **4.3**) wurde diese Strategie bereits beschrieben. Gertrud spricht in diesem Zusammenhang ein für sie relevantes Dilemma an, das bei den anderen PraxislehrerInnen keine Erwähnung findet: Unter anderem aufgrund des Basispraktikums würde die Behandlung der Thematik der Christologie vernachlässigt, „*wobei das nicht leicht ist für uns*" (IP Gertrud, Zeile 501). Dies bedauert die Praxislehrerin, da sie den Bereich als besonders bedeutsam für die Entfaltung einer konfessionellen Bindung ansieht. Oftmals bleibe dann im weiteren Schulverlauf zu wenig Zeit, um die damit verbundenen Fragen ausreichend zu behandeln.

Einig sind sich alle Beteiligten bei den inhaltlichen Limitierungen des interreligiös ausgerichteten Basispraktikums. Die Auffassung, dass der konfessionelle Religionsunterricht zur Ausbildung religiöser Zugehörigkeit und zu Bindungen Heranwachsender zur jeweiligen Ingroup beitragen müsse, teilen sowohl alle PraxislehrerInnen als auch Studierenden. Keine(r) der Befragten hält es in diesem Zusammenhang für sinnvoll, dass in interreligiösen Begegnungen im Religionsunterricht Fragen der eigenen konfessionellen Bindung durch Andersgläubige aufbereitet werden. Deutlich wird dies insbesondere in Äußerungen der Praxislehrerin Lara. Sie würde keinesfalls eine muslimische Studentin das *Vater Unser* erklären lassen, „*weil das einfach viel zu persönlich ist in unserem Glauben*" (IP Lara, Zeile 138). Hinsichtlich der Themen wird klar definiert, welche Aufgaben Angehörige der Ingroup oder der Outgroup übernehmen können. Dies spielt(e) auch bei der Organisation eine zentrale Rolle. So war die Aufbereitung zentraler Glaubensfragen im konfessionellen Religionsunterricht durch Angehörige einer religiösen Outgroup von den InitiatorInnen des interreligiös konstituierten Basispraktikums zu keinem Zeitpunkt vorgesehen. Auch für zukünftige Praktikumsjahrgänge ist dies nicht angedacht.

### Umgangsformen III: Identität und Konfessionalität abseits des Praktikums

Neben der Benennung des religiös Anderen sowie der Frage der Identität und Konfessionalität im Verlauf des Basispraktikums zeigte sich ein weiterer Bereich von Interaktionen und Umgangsformen bezüglich der Frage nach Identität und Konfessionalität abseits des Basispraktikums. Im Fokus stehen dabei religiöse Feste, Schulgottesdienste und Schulfeiern.

Hierbei muss angemerkt werden, dass diese eigentlich nicht in ursächlichem Zusammenhang mit dem Basispraktikum stehen, sondern ein Bestandteil der religiösen Übungen im Rahmen der Unterrichtszeit oder auch der Kultur einer schulischen Bildungseinrichtung sind. Allerdings sind bei diesen Ereignissen auch Fragen von Interreligiosität im schulischen Kontext von

Belang und die diesbezüglichen Erfahrungen nehmen partiell Einfluss auf die Interaktionen der Lehrkräfte. Da die PraxislehrerInnen und die Studierenden selbsttätig auf diese Anlässe zu sprechen kommen und diese Fragen auch für die interreligiösen Begegnungen im Basispraktikum von Interesse sind, widmet sich der nachfolgende Abschnitt der Frage von Identität und Konfessionalität im Zusammenhang mit religiösen Festen, Schulgottesdiensten und Schulfeiern.

Die Praxislehrerin Lara erachtet interreligiöse Begegnung und Zusammenarbeit als wichtigen Aspekt des Schullalltags. Dieser sollte ihrer Meinung nach auch stärker gefördert oder ausgebaut werden:

> *„[W]ie gesagt, das mit der Feierkultur, der gemeinsamen, ich glaub, dass das ganz ein wichtiger, also für mich persönlich ganz ein wichtiger Punkt wäre. Oder auch so Teamstunden, wo man muslimische und katholische Kinder in der gleichen Stunde unterrichtet. Das wäre für mich eigentlich so ein Zukunftsprojekt, das ich eigentlich ganz gern hätte. Weil man da ja auch einmal die Kinder beisammen hätte und des, wenn's stundenplanmäßig geht, bei uns würd's relativ gut gehen, weil wir viel parallel unterrichten, da könnten wir so ein Projekt schon andenken auch. Sicher hat man dann mehr Kinder drin, aber das ist machbar. Das wäre so eine Vision von mir." (ebd., Zeile 696–709)*

Lara spricht sich sowohl für einen Ausbau interreligiöser Schulveranstaltungen als auch für die Idee von Teamstunden aus, in welchen die Klassen des islamischen und des katholischen Religionsunterrichts von der/dem katholischen und der/dem muslimischen ReligionslehrerIn gemeinsam unterrichtet würden. Darin zeigt sich, dass die Praxislehrerin die Auseinandersetzung mit der religiösen Outgroup als sehr wichtig dafür ansieht, dass Heranwachsende eine religiöse Identität entwickeln können. Lara schließt nicht aus, dass diese ‚Vision' auch im konfessionellen Religionsunterricht umgesetzt werden könnte. Ein Vorteil sei hierbei, dass dadurch auch der islamische Religionsunterricht eine „*Wertschätzung*" erfahre, die ihm bis dato „*irgendwo fehlt*" (ebd., Zeile 691f.). Damit kommt zum Ausdruck, dass sich die Praxislehrerin der Machtasymmetrie zwischen Etablierten und Outsidern bewusst ist, die das Basispraktikum kennzeichnet. Mit ihrer Vision zeigt sie, dass es ihr ein Anliegen ist, dieses Gefälle zu verringern oder aufzuheben.

Allerdings konstatiert Lara beim Gestalten von „*religionsverbindenden Feiern*" aber auch „*ganz viele Probleme*" (ebd., Zeile 644). Dabei berichtet sie von der Erfahrung, dass katholische Lehrpersonen bei der organisatorischen Arbeit selten unterstützt werden (vgl. ebd., Zeile 645–647) – es wäre jedoch eine ausgewogene Arbeit im Team auf Augenhöhe notwendig (vgl. ebd., Zeile 651–658). Vonseiten muslimischer Lehrkräfte wünscht sie sich in dieser Hinsicht mehr Initiative und Mitarbeit. Die starke Verankerung des katholischen Religionsunterrichts in den Schulen und die traditionell zentrale Bedeutung der katholischen Lehrpersonen – auch für die Organisation von Schulveranstaltungen – gegenüber den muslimischen ReligionslehrerInnen lässt Lara in diesem Zusammenhang jedoch außer Acht.

Hinsichtlich der inhaltlichen Herausforderungen bei der Gestaltung von religionsverbindenden Feiern in den Schulen merkt Praxislehrerin Eva an,

> *„dass das Zusammenfinden für die gemeinsame religiöse Schlussfeier nicht ganz einfach ist, ja. Weil: Welche Themen wählen wir, welche Texte wählen wir, sodass wir uns nicht gegenseitig auf die Füße steigen?" (IP Eva, Zeile 892–896)*

Bei der Themen- und Textauswahl handle es sich aber keineswegs um eine Nebensächlichkeit. Vielmehr rufe diese auch kritische Äußerungen von VertreterInnen ihrer eigenen Konfession hervor, die interreligiösen Belangen nicht vorbehaltlos aufgeschlossen sind:

> *„[E]s ist natürlich schon, es gibt natürlich schon auch kritische Stimmen, die sagen, ‚Ahm das, was ihr macht, das ist so ein Durcheinanderbringen von allem Möglichen, weil so einfach ist es nicht!' Gell, ich hör des ja aus Reihen, aus katholischen Reihen sehr wohl, wo schon der erste Kritikpunkt der ist, ‚Wir beten nicht zum gleichen Gott!'" (ebd., Zeile 896–901)*

Während bei den Möglichkeiten interreligiöser Begegnungen im Rahmen von Schulfesten und -veranstaltungen zwischen den PraxislehrerInnen unterschiedliche Ansichten bestehen, werden die Potentiale für interreligiöse Gestaltungsmöglichkeiten bei religiösen Anlässen der eigenen Konfession durchwegs kritisch beurteilt. So gibt beispielsweise Lara zu bedenken, dass nicht jeder Anlass interreligiös ausgestaltet werden könne und dürfe. Wenn es zu viele interreligiöse Feiern gäbe,

> *„da hab ich für mich dann das Gefühl, ich muss aufpassen, dass die religiöse Feierkultur von einer Religion nicht zu kurz [...] [kommt] irgendwann. Weil ich hab dann nur mehr zu Weihnachten, zu Ostern einen Gottesdienst." (IP Lara, Zeile 1108–1113)*

In diesem Zusammenhang betont Lara, dass für die religiöse Bildung der Heranwachsenden im schulischen Kontext auch das Erleben verschiedener Feste der eigenen Konfession wichtig ist,

> *„wo ich dann auch bewusst sage: ‚Nein, ich brauch eine gewisse Menge an Feierkultur auch mit meinen Kindern!' Und man muss schauen, dass nicht alles dann auf einmal nur mehr interreligiös ist, weil die Kinder natürlich das Eigene als Verwurzelung noch brauchen und nicht das Gefühl haben sollen, es ist nur mehr ein Gemeinsames. [...] Und da muss man schon ein bisschen schauen, dass man das Eigene auch noch leben und feiern kann. Aber das heißt nicht, dass ich nicht gern gemeinsam feier." (ebd., Zeile 1115–1130)*

Interreligiösen Vorhaben sind demnach laut Lara Grenzen zu setzen. Sie dürften nicht zulasten der Feierkultur einer der beteiligten Konfessionen gehen. Ähnlich argumentiert die Praxislehrerin Gertrud. Ungeachtet ihrer prinzipiellen Befürwortung von interreligiösen Begegnungen im schulischen Kontext hält sie Grenzen für sinnvoll, insbesondere hinsichtlich der Anwesenheit von Andersgläubigen bei religiösen Anlässen der eigenen Konfession. Zwar könnten muslimische Religionslehrkräfte und deren muslimische

SchülerInnen an ihrer Schule dazu eingeladen werden, über ihre aktive Partizipation sei aber bisher uneinheitlich entschieden worden. Aktuell werde dies an ihrer Schule dergestalt gehandhabt, dass der (muslimische) Lehrer

> *„zur Adventskranzweihe eingeladen [wird] mit seinen Schülern, und [er] nimmt daran teil, ja. Also das ist wirklich, ahm, es ist so weit, dass wir einmal sogar schon ahm Pfingsten miteinander [gefeiert haben]. Also da haben wir uns jetzt distanziert und haben gesagt, ‚Nein, das geht eigentlich nicht!' Also er ist gern eingeladen, dabei zu sein mit seinen Schülern, aber wir können ihm eigentlich zu Pfingsten kein Element übergeben, weil das geht jetzt einfach wirklich zu weit. [...] Also da haben wir uns jetzt eher, da haben wir einen kleinen Schritt wieder zurück[gemacht]" (IP Gertrud, Zeile 620–631).*

Die Anwesenheit von Menschen unterschiedlichen Glaubens an der Adventskranzweihe, die in ihrer Schule seit Längerem gefeiert wird, betrachtet Gertrud nicht als Problem, sehr wohl jedoch die aktive Partizipation bei konfessionellen Anlässen wie der Pfingstfeier. Dagegen verwahre sie sich, da hierbei eine Grenze überschritten würde. Die Demarkationslinien der Ingroup und Outgroup seien bei konfessionellen Anlässen zu wahren – auch aufgrund der Sensibilität bzw. des Respekts sowohl vor dem religiös Eigenen als auch vor dem Gegenüber. Auch vor diesem Hintergrund ermöglicht es die Praxislehrerin der angehenden muslimischen Religionslehrerin ihrer Praxisgruppe, statt am Schulgottesdienst teilzunehmen in dieser Zeit im parallel stattfindenden muslimischen Religionsunterricht zu hospitieren (vgl. ebd., Zeile 51–64).

Analog zu den PraxislehrerInnen formulieren auch Studierende zu interreligiösen Begegnungen im schulischen Kontext abseits des Basispraktikums eine ambivalente Haltung. Grundsätzlich begrüßt die katholische Praktikantin Sonja den interreligiösen Austausch, denn das Kennenlernen des Anderen führe dazu, sich bewusster über das Eigene und dessen Differenzen gegenüber der religiösen Outgroup zu werden, „*was einerseits gut ist, dass man einmal merkt und sensibilisiert: ‚Aha, die sehen das so! Bei denen ist das so!'*" (IP Sonja, Zeile 113f.).

Dezidierte Vorbehalte äußert Sonja jedoch gegenüber interreligiösen Begegnungen im Rahmen religiöser Anlässe der eigenen Konfession (vgl. ebd., Zeile 112). Die Studierende bezieht sich hierfür auf ein fiktives interreligiöses Vorhaben, bei dem zu einem konfessionellen katholischen Anlass ein gemeinsamer Besuch einer Schulandacht durch katholische und muslimische SchülerInnen geplant ist. In dieser Situation bestünde die Herausforderung für die katholische Religionslehrerin darin, muslimischen SchülerInnen die Unterschiede zwischen einem Gottesdienst und einer Andacht zu verdeutlichen, damit diese die interreligiöse Erfahrung richtig einordnen könnten:

> *„[D]u kannst nicht sagen: ‚So, jetzt gehen wir in eine Andacht!' Ohne ihnen [den muslimischen SchülerInnen (Anm. d. Verf.)] zu erklären: ‚Das ist kein Gottesdienst, sondern eine Andacht. Und das ist interreligiös und nicht nur für uns,*

*sondern da sind auch Andersgläubige dabei und deswegen ah muss man auf gewisse Sachen halt achten und so.' Und in dem Sinne eine Hinführung braucht's da einfach. Und das kannst du nicht voraussetzen bei uns einfach." (ebd., Zeile 162–169)*

In diesem Zusammenhang merkt Sonja zusammenfassend an, dass interreligiöse Begegnungen zu konfessionellen Anlässen viel Vorbereitungszeit benötigen und dass hierfür „*auch wieder viel an Zeit draufgeht, die man vielleicht für ein anderes Thema bräuchte oder so*" (ebd., Zeile 96f.). Zudem befürchtet die Studierende, sich bzw. ihre eigene Konfessionalität in einer solchen Konstellation gegenüber Menschen anderen Glaubens eventuell rechtfertigen oder erläutern zu müssen. Den Besuch von Schulgottesdiensten im konfessionellen Religionsunterricht erachtet sie als besonders wichtig, damit die katholischen SchülerInnen auch die religiöse Feierkultur der eigenen Ingroup miterleben und eine fundierte religiöse Identität entwickeln könnten (vgl. ebd., Zeile 108–123).

Ähnlich äußern sich auch angehende muslimische ReligionslehrerInnen wie die Studentin Emine, für die auch ein Moscheebesuch im islamischen Religionsunterricht zentraler Bestandteil ist. Wichtig ist ihrer Meinung nach,

*„dass ma auch die Schülerinnen miteinbeziehen. [...] Und dass man zum Beispiel manchmal Moscheebesuche macht und wie die Christen halt Messe und so." (IP Emine, Zeile 498–501)*

Zur Ausbildung religiöser Selbstbilder und Identitäten sei die aktive Teilnahme an der religiösen Feierkultur der eigenen Ingroup im Zuge von Moscheebesuchen unabdingbar. Emine hält es für unangebracht, hierbei Einschränkungen vorzunehmen. Interreligiöse Begegnungen befürwortet die Studierende prinzipiell, denkbar und wünschenswert seien diese aber vor allem zu festlichen Schulanlässen (vgl. ebd., Zeile 506f.).

### Umgangsformen IV: Abwertungen des religiösen Gegenübers

Die vierte Untergruppe von Interaktionen und Umgangsformen machen Abwertungen des religiösen Gegenübers aus, die nicht im Basispraktikum erfolgten. Hierzu zählen Episoden oder Vorfälle, die sich außerhalb des Unterrichts zugetragen haben. Solche Umgangsformen überschreiten zwar den Bereich des Basispraktikums, dennoch sollen diese Ereignisse aufmerksam analysiert werden, da sie die praxisrelevanten Erfahrungen der beteiligten Lehrpersonen prägen und Einfluss auf deren Umgangsformen und Tätigkeiten im Zusammenhang mit den Basispraktika in schulischen Kontexten haben. Gegenstand unserer Analyse sind neben einem Fall, in dem Herabwürdigungen von Andersgläubigen durch Heranwachsende formuliert wurden, insbesondere kritische Äußerungen von Eltern gegenüber interreligiösen Begegnungen im Basispraktikum.

Dass nicht alle SchülerInnen Andersgläubigen oder anderen Religionen gegenüber aufgeschlossen sind, sondern sich diesen gegenüber auch abfällig äußern können, belegt ein Beispiel aus dem Arbeitsalltag von Praxislehrerin Gertrud. Sie vertritt die Auffassung, dass solche Abwertungen unter Heranwachsenden weit verbreitet sind (vgl. IP Gertrud, Zeile 657–671) – sowohl antimuslimische Haltungen von katholischen SchülerInnen als auch antichristliche Einstellungen muslimischer Kinder oder Jugendlicher. Gertrud veranschaulicht dies an folgendem Beispiel:

> *„Und ich hab da einmal in der Woche in der vierten Klasse ein muslimisches Mädl drinnen sitzen. Und da merk ich ganz stark, dass die geprägt ist: ‚Ihr seid's Ungläubige, ihr seid …!'"* (ebd., Zeile 643–645)

Die muslimische Schülerin besucht nicht den katholischen Religionsunterricht, ist jedoch während des Unterrichts im Klassenzimmer anwesend, da wegen einer zu geringen Anzahl muslimischer SchülerInnen an der Schule kein islamischer Religionsunterricht angeboten wird. Dass die Heranwachsende eine abfällige Haltung gegenüber anderen Religionen und Andersgläubigen einnimmt, macht Gertrud vor allem an ihrem Elternhaus fest. Die Prägung durch das Elternhaus zeige sich darin, wie die Schülerin ihre Aussagen begründet: *„Mein Papa sagt: ‚Das, was ihr macht, das ist alles Blödsinn!'"* (ebd., Zeile 652f.). Darin kommt eine prinzipielle Ablehnung der religiösen Outgroup zum Ausdruck, die – so die Meinung der Praxislehrerin – dazu führt, dass die Schülerin an einem Kennenlernen oder einer Begegnung nicht interessiert ist, sondern das religiöse Gegenüber diffamiert. Für ihre Haltung sei aber nicht die Schülerin allein verantwortlich, denn sie habe diese Ansichten von ihren Eltern übernommen.

Dass die Schülerin sich in dieser herablassenden Art und Weise gegenüber KatholikInnen und dem katholischen Religionsunterricht äußert, veranlasst die Praxislehrerin aber nicht dazu, die Sinnhaftigkeit interreligiöser Ansätze im Basispraktikum anzuzweifeln. Vielmehr weise die geschilderte Episode auf die Wichtigkeit hin, interreligiöses Lernen zu vertiefen, und verdeutliche, dass der Religionsunterricht über das Kennenlernen des religiös Eigenen und der Ausbildung der Zugehörigkeit zur eigenen Ingroup hinausgehen müsse, denn *„wenn das Fremde fremd bleibt, dann ist die Ablehnung viel viel größer"* (ebd., Zeile 661f.). Gertrud konstatiert an dieser Stelle aber auch, dass die Möglichkeiten von (Religions-)LehrerInnen, auf Abwertungen des religiösen Gegenübers durch SchülerInnen Einfluss zu nehmen, grundsätzlich begrenzt seien, denn

> *„[d]as ist sicher die Beeinflussung vom Elternhaus. Aber wenn die Beeinflussung vom Elternhaus da ist, dann kann die Lehrerin das vielleicht relativieren, aber nicht zu hundert Prozent"* (ebd., Zeile 647–650)

Hiervon dürfe sie sich aber als Lehrerin nicht entmutigen lassen. Generell seien derartige Haltungen nicht die Regel. Auch die muslimischen Studierenden, die sie bisher im Basispraktikum angeleitet habe, seien stets *„alle sehr tolerant und aufgeschlossen"* (ebd., Zeile 680f.) gewesen.

Herabwürdigungen des religiösen Gegenübers lassen sich nicht nur in Äußerungen von SchülerInnen erkennen, sondern auch in Aussagen von Erwachsenen. Dass im Basispraktikum im katholischen Religionsunterricht interreligiöse Begegnungen erfolgten, wurde keineswegs von allen Erziehungsberechtigten der betreffenden Kinder begrüßt. Vorbehalte, Kritik und Empörung der Eltern darüber, dass muslimische Studierende im katholischen Religionsunterricht für die Zeit des Praktikums anwesend sind, wurden auch medial aufgegriffen und öffentlich debattiert. Darüber wurde bereits im einführenden Kapitel zum Setting am Schauplatz Schule (**4.1**) berichtet. Derartige Vorkommnisse und Erfahrungen machen die beteiligten PraxislehrerInnen betroffen und prägen ihre Umgangsformen und Interaktionen mit Eltern oder LehrerkollegInnen hinsichtlich des Themas ‚Konfessionalität und religiöse Identität im Kontext des katholischen Religionsunterrichts'.

Die Praxislehrerin Eva reflektiert die damaligen Vorkommnisse und erlebte selbst bereits ähnliche Vorbehalte. Sie nahm wahr, dass kritische Stimmen gegen die interreligiöse Begegnung im Basispraktikum erhoben wurden. So käme

> *„schon eine Gegenwehr daher. [...] Gell, also das war jetzt nicht in meiner Schule, das muss ich schon sagen. Aber im Nachbarort. War des ein ganz ein großes Riesentheater." (IP Eva, Zeile 1027–1032)*

Öffentlich registrierbare Unmutsäußerungen und Infragestellungen der interreligiösen Ansätze sieht sie nicht als Ausnahme. Kritische Haltungen seien in der Bevölkerung weit verbreitet:

> *„Ich glaube schon, man hat das ja auch gemerkt oder, wie das ganze angefangen hat. Oder wie ich manchmal auch aus der Umgebung höre, wenn gemeinsame religiöse Feiern gemacht werden, wie stark da die Kritik auch noch ist, gell!" (ebd., Zeile 977–981)*

Die Praxislehrerin bezieht sich hierbei auf einen medial aufbereiteten Fall eines Vaters, dessen Kind den katholischen Religionsunterricht in einer der Volksschulen besuchte, in der das interreligiös konstituierte Basispraktikum stattfand. Die Auseinandersetzung mit der religiösen Outgroup betrachtete der Vater als Gefahr, die die Entwicklung einer Bindung zur eigenen Konfession und die Konstitution einer religiösen Identität verhindern würde.[357] Dass im katholischen Religionsunterricht an vier Terminen angehende muslimische ReligionslehrerInnen anwesend sind, empfand er als Bedrohung seiner etablierten Ingroup.

---

[357] Siehe hierzu auch die Schilderung des Vorfalls in der Darstellung des Settings am Schauplatz Schule in Kapitel **4.1**.

Aufgrund der kritischen Haltungen, von denen auch ihre KollegInnen nicht unbeeinflusst blieben, sei sie sich unsicher, inwieweit interreligiöse Begegnungen oder gemeinsame interreligiöse Schulfeiern von allen Beteiligten dauerhaft mitgetragen werden. In Zukunft, so prognostiziert die Praxislehrerin nachdenklich, werde dieses „*Aufbegehren dagegen*“ (ebd., Zeile 984) von Eltern oder von AkteurInnen außerhalb der Schule eine noch größere Herausforderung darstellen als es das augenblicklich sei. Interreligiöse Begegnungen würden dann nicht mehr nur durch religiöse Personen in Frage gestellt werden, die ihre eigene religiöse Identität und Konfessionalität dadurch bedroht sehen, sondern auch durch religions- oder kirchenferne Menschen:

> *„[W]enn dann Anfragen kommen, so nach dem: ‚Wieso gibt's jetzt plötzlich so diese religiösen Feiern und nicht mehr den Gottesdienst, wie es halt immer gewesen ist?' Und das dann oft einmal von Leuten, die eh nie in der Kirche sind, sage ich jetzt mal, weil ich es so weiß. Da denk ich mir, was kommt dann noch auf uns zu, gell? Wenn wir jetzt auch noch im Religionsunterricht dieses Miteinander stärker suchen. Also, ich weiß nicht, wie das gesellschaftlich auch mitgetragen wird oder eben eher angefeindet wird. Das könnte aber sehr wohl eine riesen Herausforderung werden auch." (ebd., Zeile 990–999)*

Aufgrund dieser Bedenken und pessimistischen Perspektiven wendet Eva die Strategie an, mit möglichst allen relevanten Personen – wie dem örtlichen Pfarrer, dem Schulleiter und ihren LehrerkollegInnen – offen zu kommunizieren und diese vorab zu informieren, dass interreligiöse Begegnungen im Basispraktikum erfolgen und dass angehende muslimische ReligionslehrerInnen im katholischen Religionsunterricht vereinzelt anwesend sein werden, um möglichen Bedenken im Vornherein die Grundlage zu entziehen. Diese Vorgehensweise betrachtet die Praxislehrerin als essentiell, um zu verhindern, dass sich Beteiligte übergangen fühlen (vgl. ebd., Zeile 1025–1084). Für den konstruktiven Umgang mit den kritischen Stimmen sei es besonders wichtig, so Eva,

> *„dass man's langsam angeht, dass man's in kleinen Schritten das auch, wo das irgendwie möglich ist, auch entsprechend kommuniziert wird bei den wichtigen Stellen. Nicht, dass nachher der Anruf vom Bürgermeister kommt: ‚Warum ist das so? Und braucht man das wirklich? Muss das sein?' Und derweil sind es ja jetzt erst die ersten ganz kleinen Schritte, die wir machen." (ebd., Zeile 1020–1025)*

Ähnlich offen gestaltet sie auch die Kommunikation mit den SchülerInnen. So spricht sie mit ihnen darüber, was ihre muslimischen KlassenkameradInnen während des katholischen Religionsunterrichts machen:

> *„Wir reden auch immer wieder darüber, dass die Kinder, die jetzt nicht in Religion dabei sind, ihren eigenen Religionsunterricht haben mit der Lehrerin, und dann wissen sie auch, wer das ist. Also das ist jetzt bei uns nicht irgendwas Geheimes oder Verstecktes, gar nicht." (ebd., Zeile 583–588)*

Zusammenfassend lässt sich sagen, dass die Praxislehrerin Eva für einen adäquaten Umgang mit Abwertungen des religiösen Gegenübers in der schulischen Praxis die aktive Kommunikation mit allen Beteiligten wählt. Indem sie deren Anliegen hinsichtlich der interreligiösen Begegnungen im konfessionellen Religionsunterricht ernst nimmt, versucht Eva, im Vorfeld mögliche Spannungsherde zu entschärfen und dafür zu sorgen, dass sich unterschiedliche Ansichten und latent bestehende Vorbehalte nicht zu einer manifesten Auseinandersetzung entwickeln. Dies beginnt bereits damit, dass sie mit Ihren SchülerInnen offen über die interreligiösen Begegnungen im Basispraktikum spricht und den Verbleib ihrer muslimischen MitschülerInnen während des katholischen Religionsunterrichts thematisiert.

Die Praxislehrerin Lara nimmt ebenso wie ihre Kollegin wahr, dass Vorbehalte gegenüber dem religiös Anderen weit verbreitet sind (vgl. IP Lara, Zeile 876–888). Ihr selbst wurden solche Einstellungen beispielsweise bei einem Schulfest deutlich, das nach der Durchführung der interreligiösen Begegnungen im Basispraktikum stattfand. Dabei habe sie der Vater eines Kindes, das bei ihr den katholischen Religionsunterricht besucht, angesprochen und ihr mitgeteilt, dass

> *„wenn er das gewusst hätte, dass da solche Studenten kommen, mit Kopftuch, dann hätte er das Kind abgemeldet in Religion. [...] Da hab ich schon gemerkt, da ist schon sehr viel Emotion dahinter." (ebd., Zeile 863–868)*

Dass der Elternteil in dieser Form auf die interreligiöse Konstellation im Basispraktikum reagierte, hänge, so Lara, auch damit zusammen, dass die Kommunikation mit den Erziehungsberechtigten bisweilen schwierig sei und der Betreffende deshalb trotz entsprechender Bemühungen der Lehrerin nicht über die interreligiöse Begegnung informiert war.

> *„[D]as sind dann halt Leute, die nicht kommen, gell, im Vorfeld. Aber der hat das glaub ich gar nicht mitbekommen vorher, sondern irgendwann einmal von seinem Kind erfahren." (ebd., Zeile 868–872)*

Dass kritische oder abwertende Haltungen gegenüber anderen Religionen oder Andersgläubigen bestehen, sieht die Praxislehrerin als gesellschaftliche Tendenz an, die sich in Zukunft noch verstärken werde.

> *„Die Sorgen, glaub ich, werden nicht weniger, sondern vielleicht eher mehr [...] und ob da nicht teilweise auch die Tendenz zu mehr Abwehrhaltung vielleicht stärker wird als es war." (ebd., Zeile 876–881)*

Geäußert würden solche Haltungen oftmals „*hinter vorgehaltener Hand*" (ebd., Zeile 886) von Menschen, die „*sich zu wenig auskennen und, ja, irgendwann vielleicht mal in der Masse lauter werden*" (ebd., Zeile 886f.). Hierbei macht sie die österreichische Medienlandschaft mitverantwortlich. Die Art und Weise, wie über MuslimInnen und den Islam berichtet würde, trage zu einem Anwachsen der Sorgen gegenüber dem religiös Anderen aufseiten der nicht-muslimischen Bevölkerung bei (vgl. ebd., Zeile 1020–1024). So tendiere die katholische Mehrheitsbevölkerung als Gruppe der Etablierten auch aufgrund von medial aufbereiteten Studien zu einer zunehmenden Abwehrhaltung gegenüber Menschen muslimischen Glaubens als Gruppe der Outsider. Als Beispiel hierfür nennt Lara mehrfach im Verlauf des Interviews die mediale Darstellung der sogenannten ‚Kindergartenstudie' (vgl. ebd., Zeile 1145f.), die radikale religiöse Entwicklungen in sogenannten ‚islamischen Kindergärten'[358] in Wien vermeintlich festgestellt hatte – und führt aus, dass die provokanten, in jener Studie in den Raum gestellten Ergebnisse, auch bei ihr selbst eine kritische Wirkung hinterlassen hatten (vgl. ebd., Zeile 1148–1150).

Auch abseits der besagten Untersuchung habe sie wiederholt erfahren, dass muslimische Frauen ohne Kopftuch keine Möglichkeit hätten, als muslimische Religionslehrerinnen tätig zu werden. Dies löse bei ihr Unverständnis aus und widerspräche eigentlich ihrem „*europäischen Religionsverständnis*" (ebd., Zeile 1164):

> *„[W]enn ich zum Beispiel höre, dass eine muslimische Lehrperson, die Islam unterrichtet, ohne Kopftuch, eigentlich gar nicht oder fast nicht die Möglichkeit hat, bei uns unterrichten zu können. Da denk ich mir, ja, was ist dann noch bei den muslimischen Eltern, was sind da noch für Vorbehalte da, gell? Weil wir sind ja doch in einem Land, wo man glaub ich das Kopftuch aus religiösen Gründen sehr wohl annehmen kann, aber vielleicht sich auch dagegen entscheiden kann und trotzdem eine gute muslimische Kollegin sein kann. [...] Das sind dann meine Fragen, die ich manchmal hab, die ich mir auch stelle."* (ebd., Zeile 1152–1163)

Ungeachtet dessen, dass die mediale Berichterstattung über MuslimInnen sie selbst Spuren nachdenklich macht und sie Vorbehalte muslimischer Eltern gegenüber nicht-kopftuchtragenden Musliminnen nicht nachvollziehen kann, stuft Lara die Verbreitung und Präsenz von Abwertungen des religiös Anderen als sehr bedenklich ein. Derartige Tendenzen machen Lara betroffen und sie stellt sich die Frage: „*Was kann ich dazu beitragen in meinem Bereich, dass ich ein bisserl sensibilisier und gegensteuer in meinem Arbeitsfeld?*" (ebd., Zeile 955–959)

Deutlich wird, dass Lara interreligiöse Begegnungen und Lernen im katholischen Religionsunterricht als wichtig ansieht. Auch ist es ihr ein Anliegen, Abwertungen oder Abwehrhaltungen gegenüber dem religiös Anderen entgegenzuwirken. Mit ihrer Tätigkeit möchte sie dazu beitragen, gegenwärtige gesellschaftliche Tendenzen abzuschwächen, die darauf abzielen, Grenzen zwischen der etablierten christlichen Mehrheitsbevölkerung und Menschen muslimischen Glaubens zu ziehen. Anders als die Praxislehrerin Eva entwickelt Lara indes hierfür keine feste ‚Strategie', wie etwa ein bestimmtes Kommunikationsverhalten.

---

[358] Gemeint ist damit folgende Studie: *Institut für Islamische Studien der Universität Wien* (Hg.), Projektbericht. Evaluierung ausgewählter Islamischer Kindergärten und -gruppen in Wien (verfasst von Ednan Aslan). Wien 2016, In: https://iits.univie.ac.at/fileadmin/user_upload/p_iits/Dateien/Abschlussbericht__Vorstudie_Islamische_Kindergarten_Wien_final.pdf, [abgerufen am 01.03.2019].

### 4.4.3 Konsequenzen

Zur Frage der Identität und Konfessionalität positionieren sich die PraxislehrerInnen im Hinblick auf die interreligiöse Begegnung im Verlauf des Basispraktikums oftmals kritisch.

Zwar könnten religionsübergreifende Themen wie soziales Miteinander oder Gemeinschaft mithilfe von Geschichten und Erzählungen auch durch Menschen anderen Glaubens im katholischen Religionsunterricht behandelt werden, bei konfessionell bedeutsamen Inhalten sei dies aber nicht möglich. Denn wenn Spiritualität, eigene Glaubensüberzeugungen, eigene religiöse Erfahrungen oder das Thematisieren des eigenen religiösen Bekenntnisses Unterrichtsgegenstand seien, habe die didaktische Aufbereitung im katholischen Religionsunterricht durch Studierende katholischen Glaubens, also durch Angehörige der Ingroup, zu erfolgen. Dies stelle die Grenze von interreligiöser Zusammenarbeit im konfessionellen Religionsunterricht dar, die nicht überschritten werden dürfe. Infrage gestellt wird diese Grenze weder durch die PraxislehrerInnen noch durch die beteiligten Studierenden. Auch eine Teilnahme Andersgläubiger bei konfessionellen Anlässen wird aus diesem Grund tendenziell kritisch gesehen. Prinzipiell befürwortet werden religionsverbindende Feiern und Schulveranstaltungen, sofern der religiösen Feierkultur der eigenen Ingroup noch ausreichend nachgegangen werden kann.

Unterschiedliche Auffassungen zeigten sich in den Interviews hinsichtlich der Frage, inwiefern die religiöse Identität der SchülerInnen bereits stabil ist und wie im Hinblick auf religiöse Identitätsbildung mit interreligiösen Begegnungen umzugehen ist. Ein Teil der Befragten vertritt die Position, dass VolksschülerInnen aufgrund ihrer bis zu jener Altersstufe noch fragmentierten, unsicheren religiösen Identitätsbildung vor einem ‚Zuviel' an Interreligiosität geschützt werden müssten.

Die andere Position hierzu hebt hingegen die produktive Wirkung der Auseinandersetzung mit religiöser Differenz und Pluralität bereits in der Volkschule für die religiöse Identitätsbildung der Heranwachsenden hervor. Geäußert wird diese Haltung insbesondere durch die Praxislehrerin Eva. Ihrer Meinung nach könnten Kinder durchaus bereits in diesem Alter zwischen dem religiös Eigenen und dem religiösen Gegenüber unterscheiden. Deswegen könnten sie auch an interreligiösen Begegnungen im Religionsunterricht teilhaben. Dies sei ihnen nicht nur zumutbar, sondern möglichst frühzeitige interreligiöse Begegnungen könnten insofern sogar als förderlich angesehen werden, als dadurch die Auseinandersetzung mit dem religiösen Gegenüber konstruktiv Einfluss nehme auf die Entwicklung der religiösen Selbstbilder der Heranwachsenden.

Beide Positionen, so sie sich auch in manchen Prämissen und Schlussfolgerungen widersprechen mögen, stimmen darin überein, dass der Prozess der Identitätsbildung in der Volksschulzeit als konstitutiv für die SchülerInnen angesehen und die interreligiöse Begegnung im Religionsunterricht prinzipiell befürwortet wird. Der Unterschied zwischen den beiden Ansichten besteht in der Frage, zu welchem Zeitpunkt die Begegnung mit dem religiösen Gegenüber am sinnvollsten erfolgen sollte.

Als besonders relevant wird die interreligiöse Begegnung im konfessionellen Religionsunterricht auch deshalb angesehen, weil damit eine Sensibilisierung von Heranwachsenden für das religiöse Gegenüber, für Belange der Outgroup und für religiöse Pluralität im Allgemeinen bereits im frühen Volksschulalter erfolgen kann. Mehrmals äußern die betreffenden Lehrkräfte auch den prinzipiellen Wunsch, dass die interreligiösen Begegnungen zum Abbau von abwertenden Haltungen gegenüber dem religiös Anderen oder gegenüber Andersgläubigen führten. Kritisch-ablehnende Positionen werden von allen PraxislehrerInnen als weit verbreitet wahrgenommen und als problematisch betrachtet. Sie würden zum Teil von SchülerInnen, vorrangig aber von Eltern oder Erwachsenen im Schulumfeld geäußert.

Dass interreligiöse Begegnungen im Basispraktikum stattfinden und dass muslimische Studierende im katholischen Religionsunterricht anwesend sind, sehen in vereinzelten Fällen auch Erziehungsberechtigte der betreffenden VolksschülerInnen kritisch und verbalisieren dies mitunter durch abfällige Wortmeldungen. Insbesondere die Praxislehrerin Eva versucht aufgrund von früheren Erfahrungen deshalb gezielt, solche Ressentiments im Vorfeld abzubauen und diesen entgegenzuwirken. Die Artikulation von diffamierenden und vehement vorgebrachten Äußerungen, die das interreligiöse Lernen und die Zusammenarbeit in der Volksschule ablehnen, gelte es zu vermeiden. In der Konsequenz legt Eva viel Wert und Engagement darauf, im Vorfeld offen mit allen Beteiligten zu kommunizieren und diese umfassend zu informieren.

### 4.4.4 Zwischenresümee

Der Konfliktherd ‚Identität und Konfessionalität' umfasst verschiedenartigere Aspekte und ist in sich uneinheitlicher als die vorangegangenen Spannungsfelder ‚(religiöse) Gruppendynamik' sowie ‚Themen und Didaktik'. Eine Rolle spielen für diesen Konfliktherd die Bezeichnung des religiösen Gegenübers, der Umgang mit religiöser Identität und Konfessionalität sowohl im Basispraktikum als auch abseits davon im Schulgeschehen und Abwertungen der religiösen Outgroup.

Alle beteiligten PraxislehrerInnen und Studierenden plädieren für einen konfessionellen Religionsunterricht sowie für eine Feierkultur des religiös Eigenen. Dass Andersgläubige im konfessionellen katholischen Religionsunterricht über Fragen der eigenen konfessionellen Bindung mit VolksschülerInnen sprechen, wird kategorisch abgelehnt. Die Behandlung der Spiritualität, Glaubensüberzeugungen oder des Glaubensbekenntnisses des religiös Eigenen ist ihrer Ansicht nach ausschließlich Angehörigen der eigenen Konfession vorbehalten. An dieser Stelle wird eine klare Grenze gezogen, die die interreligiöse Zusammenarbeit im konfessionellen Religionsunterricht nicht überschreiten darf.

Die Bedeutung interreligiösen Lernens und interreligiöser Begegnungen in der Volksschule wird allerdings unterschiedlich definiert. Aus den Interviews lässt sich keine einstimmige Haltung zu den Fragen erkennen, wie umfangreich und bezogen auf welche Themen eine interreligiöse Zusammenarbeit im konfessionellen Religionsunterricht möglich oder wünschenswert ist. Während der größere Teil der Befragten argumentiert, dass interreligiöse Zusammenarbeit zur Prophylaxe möglicher abwertender Haltungen gegenüber dem religiös Anderen zwar durchaus dienlich sei, die fragilen und fragmentierten religiösen Identitäten der VolksschülerInnen aber vor allzu vielen Herausforderungen geschützt werden müssten, vertritt eine Minderheit der Interviewten die Ansicht, dass gerade die Auseinandersetzung mit dem religiös Anderen für die religiöse Identitätsentwicklung der Kinder von besonderer Bedeutung sei und gesicherte Selbstbilder ermögliche. Zwischen diesen beiden Haltungen besteht ein Spannungspotential, das den gesamten Konfliktherd durchzieht.

In den Auffassungen der PraxislehrerInnen und Studierenden tritt diese Spannung weniger offenkundig zu Tage als in Äußerungen von Eltern und Erziehungsberechtigten. Jene bringen – oftmals unvermittelt und ungefiltert – ihre Vorbehalte und Bedenken gegenüber der Präsenz der religiösen Outgroup im konfessionellen Religionsunterricht zum Ausdruck, die sie als Gefahr für die Ausbildung der religiösen Identität ihrer Kinder im Volksschulalter ansehen. Von den PraxislehrerInnen wird dies als latentes Konfliktpotential wahrgenommen, auf das es bereits im Vorfeld zu reagieren gelte, um es abfedern zu können. Eine offene, transparente Kommunikation mit allen relevanten Beteiligten wird dabei als die tragfähigste Strategie angesehen und angewandt.

# 5 Schauplatz Universität

Das Basispraktikum an Tiroler Volksschulen ist ein wichtiges Element der interreligiösen Zusammenarbeit bei der Ausbildung von angehenden katholischen und islamischen ReligionslehrerInnen an der Universität Innsbruck. Es gliedert sich in zwei Teile: das schulische Praktikum und die universitäre Begleitlehrveranstaltung. Im Fokus dieses Kapitels stehen Konfliktherde, die am Schauplatz Universität im Zuge der interreligiösen Zusammenarbeit in der Lehre zu Tage getreten sind.

Bei der Auswertung des empirischen Datenmaterials zeigten sich drei unterschiedliche Spannungsfelder:

- Konfliktherd 1: Planung, Konzept und Erwartungen (Kapitel **5.2**)
- Konfliktherd 2: Prozess, Kommunikation und Gruppendynamik (Kapitel **5.3**)
- Konfliktherd 3: Ringen um den ‚idealen' Religionsunterricht und Anerkennung (Kapitel **5.4**)

Um die genannten Spannungsfelder ausreichend kontextualisieren zu können, wird vorab im Unterkapitel **5.1** das Setting des Schauplatzes Universität beschrieben. Darin werden die Interessen und Erwartungen der beteiligten Personengruppen auf die universitäre Begleitlehrveranstaltung und den interreligiösen Ansatz in der Ausbildung von ReligionslehrerInnen ausgeführt.

## *5.1 Setting am Schauplatz Universität*

### Rahmenbedingungen

Muslimische Studierende der Islamischen Religionspädagogik (Bachelorstudium) absolvieren gemeinsam mit katholischen Studierenden ein schulisches Praktikum im katholischen Religionsunterricht in Tiroler Volksschulen. Begleitet werden diese ersten Einblicke in den Bildungskontext Schule durch eine universitäre Lehrveranstaltung. Diese besuchen Studierende aus den drei Studienrichtungen Islamische Religionspädagogik (Bachelorstudium), Katholische Religionspädagogik (Bachelorstudium) und Katholische Fachtheologie (Diplomstudium).

Die Begleitlehrveranstaltung zum Basispraktikum ist in den Curricula der beiden Bachelorstudiengänge jeweils Bestandteil eines Pflichtmoduls. Für diese angehenden ReligionslehrerInnen ist folglich der Besuch und positive Abschluss Voraussetzung dafür, weiter im Studienverlaufsplan vorrücken zu können. Für Studierende der Katholischen Fachtheologie ist der Besuch indes nicht obligatorisch, sie können die Begleitlehrveranstaltung in Form eines Wahlmoduls absolvieren.

Die Begleitlehrveranstaltung weist prüfungsimmanenten Charakter auf und für die Studierenden besteht Anwesenheitspflicht. Abgeschlossen wird sie in der Regel mit einer schriftlichen Prüfungsleistung, die sowohl eine Dokumentation und Reflexion des schulischen Praktikums als auch Überlegungen zur universitären Lehrveranstaltung beinhaltet. Die Beurteilung der schriftlichen Arbeit erfolgt nicht mittels einer Notenskala, sondern nach dem Schema ‚mit Erfolg teilgenommen' oder ‚ohne Erfolg teilgenommen', da eine genaue Differenzierung der Leistung aufgrund ihrer Individualität kaum möglich ist.

Die Lehrveranstaltung wird von einem interreligiösen Team aus zwei Lehrenden geleitet und jeweils ausschließlich im Wintersemester angeboten. Sie findet nicht über das Semester hinweg verteilt statt, sondern ist geblockt auf vier bis fünf Einheiten, abgestimmt auf die im wöchentlichen Turnus in den Schulen stattfindenden Praktikumstermine.

### Beteiligte AkteurInnen im Kontext der universitären Lehrveranstaltung

Am Schauplatz Universität spielen verschiedene Personengruppen eine Rolle: zum einen die universitären Institute der Universität Innsbruck, die die Studiengänge anbieten und die interreligiöse Kooperation ins Leben gerufen haben; zum anderen die Lehrenden, die die Begleitlehrveranstaltung zum Basispraktikum leiten, und die teilnehmenden Studierenden, die diese absolvieren.

Diese Personengruppen und Einrichtungen konstituieren das Setting, in das die Spannungsfelder am Schauplatz Universität eingebettet sind oder aus welchem die Konfliktherde resultieren. Die beteiligten AkteurInnen am Schauplatz Universität werden in Abbildung 5 dargestellt.

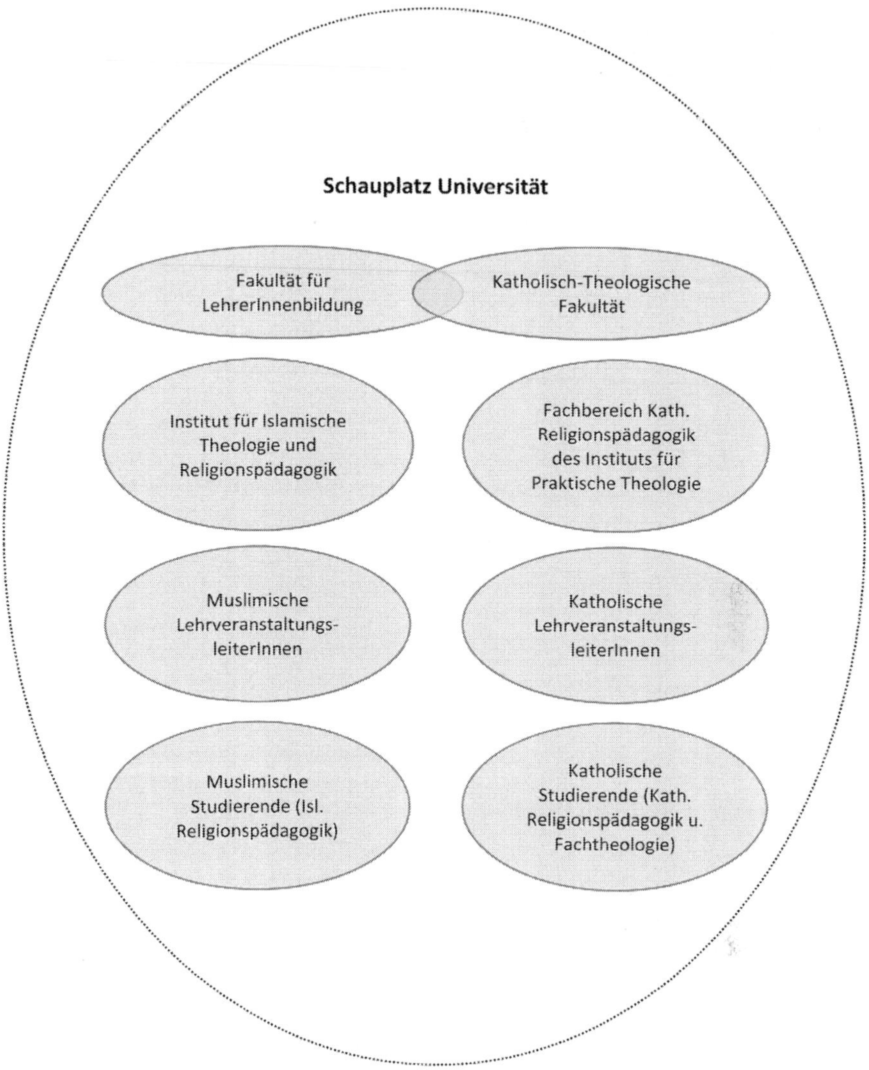


*Abb. 5: Beteiligte AkteurInnen am Schauplatz Universität*

Die beteiligten AkteurInnen vertreten individuelle und strukturell geformte unterschiedliche Interessen, Anliegen und Sichtweisen auf die Geschehnisse und Entwicklungen im universitären Kontext. Im Folgenden werden zuerst die Interessen, Positionen und Erwartungen der universitären Institute (Akteursgruppe I) gegenüber der interreligiös ausgerichteten Begleitlehrveranstaltung zum schulischen Basispraktikum betrachtet. Anschließend wenden wir uns den LehrveranstaltungsleiterInnen (Akteursgruppe II) sowie den Studierenden (Akteursgruppe III) zu.

Akteursgruppe I: Universitäre Einrichtungen

Am Schauplatz Universität ist zum einen das Institut für Islamische Theologie und Religionspädagogik beteiligt, das seit 2017 als eigenständige universitäre Organisationseinheit besteht und vormals als Fachbereich am Institut für Fachdidaktik (damals noch beschränkt auf die Islamische Religionspädagogik) angesiedelt war, sowie zum anderen der Fachbereich Katholische Religionspädagogik des Instituts für Praktische Theologie. Während das Institut für Islamische Theologie und Religionspädagogik der Fakultät für LehrerInnenbildung angehört, ist das Institut für Praktische Theologie Bestandteil der Katholisch-Theologischen Fakultät der Universität Innsbruck. Die Professur für Katholische Religionspädagogik, in deren Tätigkeitsfeld die Ausbildung von katholischen ReligionslehrerInnen fällt, ist wiederum sowohl der Katholisch-Theologischen Fakultät als auch der Fakultät für LehrerInnenbildung teilzugeordnet. Die interreligiöse Zusammenarbeit erfolgt somit nicht nur instituts-, sondern auch fakultätsübergreifend. Die Teilzuordnung wird in Abbildung 5 durch die Schnittfläche zwischen beiden Fakultäten dargestellt.

Seitdem die Islamische Religionspädagogik als wissenschaftliche Disziplin an der Universität Innsbruck eingeführt wurde, besteht in Forschung und Lehre eine enge Kooperation mit dem Fachbereich Katholische Religionspädagogik. Von den beiden beteiligten Fakultäten werden unter anderem die drei bereits genannten Studiengänge angeboten. Eine interreligiöse Zusammenarbeit wird bei der Ausbildung von angehenden ReligionslehrerInnen in verschiedenen Modulen praktiziert, insbesondere beim Basispraktikum. Die Kooperation ist in den Curricula der religionspädagogischen Studienrichtungen verankert.

Während das Studium der Islamischen Religionspädagogik seit seiner Einführung interreligiöse Ausbildungsbestandteile aufweist, wurden im Curriculum der Katholischen Religionspädagogik die interreligiösen Aspekte neu integriert und die jeweiligen Studiengänge entsprechend transformiert. Diese Transformation wird am Basispraktikum sichtbar: So bestand bereits vor der interreligiösen Zusammenarbeit eine Begleitlehrveranstaltung zum schulischen Praktikum, die aber alleinig für christliche Studierende angelegt war. Die interreligiöse Kooperation brachte daher insbesondere für die LehrveranstaltungsleiterInnen die Herausforderung mit sich, den Kurs entsprechend umzugestalten.

Mit dem Vorhaben, Module der Curricula interreligiös auszurichten, verfolgten die zuständigen ProfessorInnen der beteiligten universitären Einrichtungen das prinzipielle Ziel, eine bestmögliche Ausbildung von angehenden ReligionslehrerInnen zu schaffen und dauerhaft zu gewährleisten. Diese Entscheidung wurde mit einer langfristigen Perspektive und mit der festen

Überzeugung getroffen, „dass angesichts des gesellschaftlichen Wandels die Zukunft der Religionspädagogik in der interreligiösen Zusammenarbeit liegt“[359]. Um als ReligionslehrerIn in einer pluralen Gesellschaft in religiöser Hinsicht im Generellen und mit religiöser Diversität in schulischen Kontexten im Besonderen adäquat umgehen zu können, so die Auffassung der Verantwortlichen, gelte es, die angehenden LehrerInnen mit interreligiösen Erfahrungen in der eigenen Ausbildung bereits vorzubereiten. Zudem war erwünscht, dass katholische und muslimische ReligionslehrerInnen durch die Begegnung mit dem religiösen Gegenüber auch über die religionsdidaktische Norm der eigenen Konfession hinausblicken. Die zuständigen ProfessorInnen für den Bereich Religionspädagogik der beteiligten universitären Einrichtungen betrachten folglich religiöse Differenz als Potential, das es konstruktiv auch in der universitären Ausbildung von ReligionslehrerInnen zu nutzen gilt.[360] Die interreligiöse Kooperation und die daraus resultierende Erweiterung der Perspektiven aufseiten der Studierenden erachten sie als positiv und als qualitätsfördernd für die Studiengänge. Da sowohl bei der Ausbildung von katholischen als auch von muslimischen ReligionslehrerInnen das Kennenlernen des Lernorts Schule und des Unterrichtssettings erforderlich ist, wurde die Entscheidung getroffen, in diesen Ausbildungsbestandteilen interreligiös zusammenzuarbeiten und diese gemeinsam abzuhalten.

### Akteursgruppe II: Die LehrveranstaltungsleiterInnen[361]

Die Lehrenden nehmen für die angehenden katholischen und muslimischen ReligionslehrerInnen die Funktion der Ausbildenden ein. Sie streben danach, einen qualitativen Beitrag zur universitären Ausbildung der Lehrkräfte zu leisten und den Studierenden hierfür wichtige Kompetenzen und Fähigkeiten zu vermitteln. In ihrer Funktion als LehrveranstaltungsleiterInnen sind sie zudem angehalten, die Lernfortschritte der angehenden ReligionslehrerInnen im Verlauf der Begleitlehrveranstaltung zum Basispraktikum zu beurteilen.

Das Anliegen der Lehrenden besteht primär darin, die Lernziele der Lehrveranstaltung umzusetzen und Lernprozesse anzustoßen, von denen die Studierenden profitieren. Als Zielsetzung wird formuliert, dass Studierende erste begleitete schulische Unterrichtserfahrungen im Team und als einzelne Lehrperson machen. Dies umfasst die Erkundung des Bildungskontextes

---

359 *Kraml / Sejdini*, Der Forschungskontext, 14f.

360 Vgl. *Kraml, Martina / Sejdini, Zekirija*, Religiöse Unterschiedlichkeit als Potenzial. Innsbrucker Interreligiöse Religionspädagogik und Religionsdidaktik. In: Österreichisches Religionspädagogisches Forum (2015) 1, 29–37.

361 An dieser Stelle verweisen wir nochmals auf die Anonymisierungsstrategie, die wir angewendet haben. Da die von uns befragten Lehrenden vorrangig weiblich waren und männliche Lehrkräfte eine Minderheit darstellten, verwenden wir nur weibliche Pseudonyme, um die Anonymität der Befragten zu gewährleisten. Ungeachtet dessen ist im Text aber von LehrveranstaltungsleiterInnen die Rede.

Schule ganz allgemein und des konkreten Unterrichtsgeschehens in Form von Schul- und Unterrichtsbeobachtungen. Auch in die Rolle und Praxis von ReligionslehrerInnen sollen Einblicke gegeben werden. Zudem ist die Lehrveranstaltung darauf ausgerichtet, dass die Eindrücke aus der Hospitation und die eigenständigen ersten Unterrichtsversuche reflektiert und begleitet werden. Darüber hinaus streben die LehrveranstaltungsleiterInnen eine Einführung in die systematische Planung von Unterrichtsprozessen an.

In manchen Fällen ist die Begleitlehrveranstaltung zum Basispraktikum nicht die einzige Lehrveranstaltung, die die betreffenden Lehrenden abhalten. Dies kann zur Folge haben, dass thematische oder methodische Bezüge zu anderen Lehrbereichen in den Interviews zum Ausdruck kommen oder dass die Beteiligten diese Bezüge auch in die Begleitlehrveranstaltung einbringen.

Um als LehrveranstaltungsleiterIn tätig sein zu können, sind eine fachliche Qualifikation in der Religionspädagogik bzw. -didaktik sowie hochschuldidaktische Kompetenzen ausschlaggebend. Eine Tätigkeit als ReligionslehrerIn ist von Vorteil, aber nicht obligatorisch. Die meisten Lehrenden, die die Begleitlehrveranstaltung zum Basispraktikum abhalten, waren oder sind jedoch auch als ReligionslehrerInnen tätig.

Die Praxis in der universitären Lehre und die schulische Unterrichtserfahrung sind je nach Lehrperson unterschiedlich ausgeprägt. Differenzen zeigen sich hierbei zwischen den muslimischen und den katholischen LehrveranstaltungsleiterInnen, die aus der Geschichte der Lehrveranstaltung resultieren. Dass es sich bei der Islamischen Religionspädagogik um eine junge Disziplin handelt und der entsprechende Studiengang an der Universität Innsbruck erst seit wenigen Jahren besteht, macht sich bei den untersuchten Jahrgängen auch in der universitären Lehrpraxis bemerkbar. Während die katholischen Lehrenden oftmals bereits seit Langem tätig sind, verfügen die muslimischen meist über weniger Erfahrung in der Lehre.

Aufgrund der differierenden Ausgangsbedingungen waren die muslimischen und katholischen LehrveranstaltungsleiterInnen mit unterschiedlichen Herausforderungen konfrontiert. Während letztere zwar eine längere Praxiserfahrung in der Durchführung der Begleitlehrveranstaltung zum Basispraktikum aufwiesen, waren sie jedoch mit der neuen Aufgabe betraut, die für ein homogen katholisches Publikum konzipierte Lehrveranstaltung in eine interreligiöse zu transformieren. Die interreligiöse Zusammenarbeit war für die katholischen Lehrenden ungewohnt. Daneben galt es, den Kurs im Team mit einer zweiten Person aus einer anderen theologischen Disziplin, die sich noch dazu im Prozess der Etablierung befindet, abzuhalten. Die muslimischen LehrveranstaltungsleiterInnen wiederum hatten sich ihrerseits die Inhalte und didaktischen Methoden für die Lehrveranstaltung erst anzueignen und gleichzeitig die Abläufe des Teamteachings abzustimmen. Auch für sie war die interreligiöse Zusammenarbeit eine neue Erfahrung.

Die Begleitlehrveranstaltung zum Basispraktikum wird in der Regel durch externe Lehrbeauftragte abgehalten. Diese haben häufig keine enge Anbindung an die beteiligten universitären Organisationseinheiten und sind kaum in die Institutsarbeit eingebunden. Insbesondere bei neuen Entwicklungen an einem Institut oder für das Erfassen aktueller Dynamiken kann ihr externer Status eine Problematik für die Betreffenden darstellen. Wie sich der Status des externen Lehrbeauftragten auf eine Lehrveranstaltung auswirkt, ist jedoch von Person zu Person unterschiedlich.

Akteursgruppe III: Die Studierenden

Im Zuge des schulischen Basispraktikums nehmen die Studierenden in der Regel zum ersten Mal die Rolle der Lehrpersonen im Religionsunterricht in der Volksschule ein. Zuvor haben sie für gewöhnlich den Schulalltag und das Unterrichtsgeschehen noch nicht aus dieser Perspektive erlebt. Die Studierenden erwarten, durch den Kurs und durch die LehrveranstaltungsleiterInnen für die neue Rolle und die damit einhergehenden Herausforderungen vorbereitet zu werden. Entsprechend der Beschreibung und der im Lehrveranstaltungsverzeichnis formulierten Lernziele gehen die Studierenden zudem davon aus, dass die in der Schule gesammelten Erfahrungen in der Begleitlehrveranstaltung nachbereitet oder reflektiert werden. Von den Lehrenden wünschen sie sich, hierbei aktiv unterstützt zu werden, um ihre Kompetenzen, Fertigkeiten und ihr Wissen zu erweitern. Folglich sehen die Studierenden das Seminar und das schulische Praktikum als notwendige Etappe in der qualifizierten Ausbildung als angehende LehrerIn.

Welche Inhalte die Studierenden konkret erwarten und welche sie sich wünschen, unterscheidet sich je nach Person und Studienrichtung. Folgende inhaltliche Erwartungen an das Basispraktikum konnten aus den Interviews gewonnen werden:

- Kennenlernen und Ausprobieren von Methoden,
- Einblicke in fachdidaktische Informationen und die Planung von Unterrichtseinheiten,
- interreligiöser Austausch,
- Begegnungen mit dem religiösen Gegenüber sowie
- die Beobachtung des Religionsunterrichts einer anderen Religion.

In einigen Fällen ist die Erwartungshaltung aber auch völlig unbestimmt. Beurteilt wird der interreligiöse Ausbildungsbestandteil zumeist ausgehend von den Erfahrungen im Religionsunterricht des religiös Eigenen.

Die Erwartungshaltungen sind auch vom Alter und Studienverlauf der betreffenden Studierenden abhängig. Wie bereits an anderer Stelle ausgeführt, besuchten muslimische Studierende im untersuchten Zeitraum die universitäre Lehrveranstaltung zu einem frühen Zeitpunkt, während ihre katholischen KollegInnen erst in einem späteren Semester das Basispraktikum absolvierten.

Letztere sind aufgrund ihrer größeren Erfahrung im Studium darin versierter, Erwartungen an die Lehrveranstaltung zu äußern oder sich im Kurs aktiv einzubringen. Aus diesem Umstand resultiert ein Gefälle zwischen den Studierenden unterschiedlicher Fachrichtungen, das sich im Verlauf der Durchführung der Einheiten äußern kann.

Die Sichtweise der Studierenden auf das Basispraktikum und die universitäre Begleitlehrveranstaltung ist abseits der genannten Aspekte grundsätzlich dadurch geprägt, dass es sich hierbei um einen obligatorischen Bestandteil der Curricula handelt. Sowohl muslimische Studierende, die ein Studium der Islamischen Religionspädagogik absolvieren, als auch ihre KollegInnen, die Katholische Religionspädagogik studieren, müssen also die Lehrveranstaltungsbestandteile absolvieren, um ihr Studium erfolgreich abschließen zu können. Für Studierende der Katholischen Fachtheologie, die das Basispraktikum als Wahlmodul belegen, trifft dies ebenso zu. Der Umstand, dass die Lehrveranstaltung mit prüfungsimmanentem Charakter nicht mit Ziffernnoten bewertet wird, hat wiederum keinen nachweislichen Einfluss auf das Engagement oder die Anwesenheit. Beides wird unverändert von den Lehrenden eingefordert.

Nach der Darstellung der Perspektiven und Interessen der beteiligten Akteursgruppen, die bei der interreligiösen Zusammenarbeit in der universitären Lehre von Bedeutung sind, werden in den nachfolgenden Unterkapiteln die verschiedenen Konfliktherde am Schauplatz Universität beleuchtet, die bei der Analyse des empirischen Datenmaterials identifiziert werden konnten. Wir beginnen mit dem ersten Konfliktherd, der sich mit der Planung, dem Konzept und den Erwartungen beschäftigt.

## *5.2 Konfliktherd 1: Planung, Konzept und Erwartungen*

Aus der Analyse der Interviewtexte wurde deutlich, dass für die Befragten häufig die Konzepte, Planungsvorstellungen und Erwartungen im Hinblick auf die Lehrveranstaltung Basispraktikum Spannungen enthielten. So ordneten wir diese Themenbereiche auch dem ersten Konfliktherd am Schauplatz Universität zu. Dabei sind folgende Perspektiven zentral: diejenige der LehrveranstaltungsleiterInnen und diejenigen der Studierenden als jeweils Beteiligte am universitären Teil des Basispraktikums. Bei der Analyse und Einordnung der Interviewergebnisse ist zu berücksichtigen, dass die Beteiligten ihre Sichtweise aus der Retrospektive schilderten.

### 5.2.1 Ursachen und Einflussfaktoren

Thema dieses Abschnittes sind die strukturellen Bedingungen als Ursachen und Einflussfaktoren für Konflikte in der universitären Begleitlehrveranstaltung zum Basispraktikum. In Bezug auf die strukturellen Rahmenbedingungen ergibt sich im Kontext der interreligiösen/interkulturellen Bildung der Gesichtspunkt der Machtasymmetrien, die eine zentrale Grundlage für Konflikte darstellen.

Beide Gruppen mit ihren Sichtweisen und Konzepten haben in unterschiedlicher Weise Einfluss auf die Dynamik der Konzeptualisierung, Durchführung und Evaluierung der Lehrveranstaltung. Man könnte im Hinblick auf die LehrveranstaltungsleiterInnen von einem direkten Einfluss sprechen und mit Bezug auf die Studierenden von einem indirekten, erst später einsetzenden. Im Hinblick auf die strukturellen Rahmenbedingungen spielt eine wichtige Rolle, ob die Lehrveranstaltung von einer Person oder im Teamteaching von einer muslimischen und einer katholischen Lehrenden geleitet wird. In diesem Fall sind es die Kooperationsherausforderung und entsprechende Erwartungen struktureller Art, die den Unterricht wesentlich beeinflussen. Ein weiterer genereller Einflussfaktor aufseiten der LehrveranstaltungsleiterInnen ist die Tatsache, dass beide Lehrenden der universitären Begleitlehrveranstaltung externe Lehrende waren, und somit mit der alltäglichen interreligiösen Arbeit in den Instituten nur wenig vertraut waren. Von generellerer Art sind auch die Dynamiken, die einer Lehrveranstaltung im Hinblick auf die Anzahl der Anmeldungen (Gruppengröße) und deren Zusammensetzung eingeschrieben sind und auf die nur schwer Einfluss genommen werden kann. Die Einschätzung dieser und auch weiterer struktureller Bedingungen vonseiten der Lehrenden und Studierenden werden wir im Folgenden skizzieren.

Die muslimische Lehrveranstaltungsleiterin Mehtap etwa ist der Meinung, dass das Basispraktikum zu einseitig auf den katholischen Religionsunterricht ausgerichtet sei. Es sollte nicht nur dort stattfinden, sondern vice-versa auch im islamischen Unterricht:

> *„Perfekt wäre es […], wenn auch die katholischen Studenten im muslimischen Religionsunterricht anwesend wären. Und wenn sie […] hospitieren könnten und des wäre eine tolle Sache, wenn in beiden Stunden die Studenten hinten sitzen und jeweils der Student der jeweiligen Religion Unterrichtssequenzen ausprobiert und die dann in der Reflexionsstunde im universitären Teil noch einmal reflektiert wird. Das wäre eine optimale Lösung.“ (IP Mehtap, Zeile 1902–1907)*

An dieser Stelle sei auf das eingangs erwähnte Thema der Macht und Machtasymmetrien verwiesen, die sich sehr häufig in interreligiösen Bildungskonstellationen identifizieren lassen. Die muslimische Lehrveranstaltungsleiterin nimmt hier ein Ungleichgewicht wahr und kritisiert die Einseitigkeit hinsichtlich des Settings, in dem das Praktikum stattfindet.

Eine ähnliche Sichtweise vertritt auch die katholische Lehrveranstaltungsleiterin Hilde. In diesem Kontext greift sie ein Argument auf, das schon bei der Studienplanerstellung eine Rolle spielte, nämlich, dass das Praktikum deshalb im katholischen Religionsunterricht stattfinde, weil es zu wenige adäquat ausgebildete muslimische Lehrkräfte gebe, d. h. zu wenige PraxislehrerInnen, die die Mentoringausbildung absolviert hätten (vgl. IP Hilde, Zeile 2153–2155). Hilde umschreibt die Wirkung dieses Arguments mit den Worten: „*Die [MuslimInnen (Anm. d. Verf.)] haben's noch nicht auf die Reihe gebracht.*" (ebd., Zeile 2156) Hier werden Prozesse und Dynamiken deutlich, die die Bildung von Stereotypen und Vorurteilen im Hinblick auf die Outgroup betreffen.

Die muslimische Lehrveranstaltungsleiterin moniert, dass die einseitig katholische Ausrichtung des Basispraktikums insbesondere die muslimischen PraktikantInnen benachteilige. Denn dadurch würden sie mitunter mit Themen konfrontiert, „*die keinen islamischen Bezug haben*" (IP Mehtap, Zeile 1208). Wenn es sich dabei spezifisch um Themen des christlichen Glaubens handle, stellten diese Ansprüche für die muslimischen Studierenden eine fast unlösbare Herausforderung dar, da sie „*die religiöse Sprache, die elementarisierte Sprache des Anderen gar nicht kenn[en]*" (ebd., Zeile 1274f.).

Als einen weiteren ungünstigen Einflussfaktor beschreibt die muslimische Lehrveranstaltungsleiterin – ähnlich wie auch die Studierenden – die Gruppengröße und die wechselnde An- bzw. Abwesenheit der muslimischen Studierenden durch eine sich überschneidende andere Lehrveranstaltung.

> *„Zu meiner Überraschung musste ich eben feststellen, dass nur wenige Studentinnen dagewesen sind, muslimische Studentinnen und die Katholischen in der Mehrheit. Mir macht das überhaupt nichts aus, aber es sollte zumindest ausgeglichen sein, also das hat mich jetzt wirklich enttäuscht." (ebd., Zeile 524–526)*

Mehtap erwähnt ausführlich die „*Stundenkollision*", aufgrund der die muslimischen Studierenden „*andauernd fehlen*" (ebd., Zeile 1195f.). Die Interviewanalyse zeigte jedoch, dass diese hingenommen und nicht thematisiert oder zu beheben versucht wurde.

Macht und Machtasymmetrien werden auch vonseiten der Studierenden wahrgenommen. Ein Beispiel dafür ist die zahlenmäßige Ungleichheit, die vor allem die muslimischen Studierenden Esra und Elmas und die katholische Studierende Sonja wahrnahmen. „*Wir waren einfach, römisch-katholisch, waren wir einfach in der Überzahl im Gegensatz zu den anderen.*" (IP Sonja, Zeile 29–31)

Manche Studierende stoßen sich auch an den Lehrveranstaltungszeiten von vier Stunden und bewerten dies als „*anstrengend*" (IP Meltem, Zeile 45; IP Klara, Zeile 15). Elmas merkt an, dass die Lehrveranstaltung auch inhaltlich eher auf die katholischen Studierenden zugeschnitten war (vgl. IP Elmas, Zeile 139–142).

Aus der Perspektive der katholischen Lehrveranstaltungsleiterin Hilde waren sie und Mehtap in der Planung des universitären Teils auf sich gestellt, da sie wenige Anweisungen hinsichtlich der Rahmenbedingungen erhalten hatten. Hilde nahm auch unterschiedliche Startvoraussetzungen bei den beiden Lehrveranstaltungsleiterinnen wahr. Sie selbst charakterisiert sich als in der Hochschullehre und in der Arbeit mit heterogenen Gruppen erfahrene Person. Auch hat sie, wie sie sagt, die Lehrveranstaltung schon mehrfach geleitet, davon einmal in muslimisch-katholischer Studierendenbesetzung. Mehtap wird von ihr als Person charakterisiert, die in der Lehre an der Hochschule noch unerfahren ist. Hilde spricht davon, dass Mehtap und sie *„einfach an zwei unterschiedlichen Punkten*“ (IP Hilde, Zeile 1050) standen. Diese ‚Diagnose‘ von Hilde macht deutlich, dass sie die Möglichkeiten, sich verständigen zu können bzw. zu einem gemeinsamen Konzept zu finden, aufgrund der unterschiedlichen Voraussetzungen und Zugänge eingeschränkt sieht und dies auch für relativ unveränderbar hält.

Bei den individuellen und situationsbezogenen Bedingungen sollen als erstes Beispiel die Erwartungen bzw. Ziele von LehrveranstaltungsleiterInnen und Studierenden sowie deren subjektive Konzepte angeführt werden. Vonseiten der beiden Lehrveranstaltungsleiterinnen äußert nur Hilde explizit Erwartungen bzw. Ziele. Sie bezieht sich auf drei Aspekte: Zum einen nennt sie als Ziel die Verständigung der Studierenden, das *„Miteinander-in-Kommunikation-Kommen*“ (ebd., Zeile 251), das sie wie folgt näher bestimmt:

> *„[S]ie können miteinander reden und sie können miteinander ringen und sie können einander sagen: Das ist meine Sichtweise, das ist deine Sichtweise und wie tun wir jetzt gemeinsam?“ (ebd., Zeile 610f.)*

Als zweites Anliegen grenzt sich Hilde von einem reinen Methodenlernen ab, was sie als *„nicht zielführend und eigentlich als sinnlos*“ (ebd., Zeile 861) qualifiziert. Als weiteres Ziel nennt die Lehrveranstaltungsleiterin das Erlernen von drei grundlegenden Kompetenzen, ohne deren Erwerb pädagogisches Handeln ihrer Ansicht nach nicht möglich sei: wertungsfrei Beobachten und Wahrnehmen, Beschreiben sowie Reflektieren. Für eine qualitätsvolle Reflexionsphase sind Hildes Ansicht nach zwei Anforderungen wichtig: Zum einen sollte die Reflexion in der Gruppe stattfinden und zum anderen sollte sie vor dem Hintergrund von entsprechenden Konzepten erfolgen (vgl. ebd., Zeile 850–876). Daher hebt Hilde das wertungsfreie Wahrnehmen und das konzeptive Denken als zentral hervor:

> *„Das ist, dieses Reflektieren, zuerst einmal dieses Beobachten, das Wahrnehmen, das Beschreiben, das Darüber-Reden, das ist, denke ich, Basis von, eine der Basis-Basen für Pädagoginnen, egal welcher Art und Weise.“ (ebd., Zeile 850–853)*

Insgesamt wird an dieser Stelle Hildes Konzept von Religionsdidaktik sichtbar. Sie lehnt ein ‚Meister-Lehrling-Konzept‘ ab, in dem die Lehrenden den

Studierenden ‚rezeptartig' Verhalten und Handlungen vorgeben. Vielmehr besteht ihrer Meinung nach die Herausforderung darin, aus dem zur Verfügung gestellten Wissen – kreativ – zum eigenen, professionellen Handeln zu gelangen.

> *„Ich hab ihnen einen Teil eines Unterrichts zur Verfügung gestellt und gesagt: ‚Mit dem Wissen, mit dem Blick, den du jetzt hast, schau drauf, reflektier es. Was bedeutet es für dich? Was würdest du anders tun?' Das, sowas gehört für mich auch ins Basispraktikum hinein, weil's darum geht, so eine Ahnung von Lehrerin sein neu zu entwickeln." (ebd., Zeile 862–869)*

In diesem didaktischen Verständnis und dieser Vorgehensweise unterscheidet sich, so Hilde, ihre Auffassung deutlich von der ihrer Kollegin: „*Der Wunsch von der Mehtap war, ganz viel Methodisches und Didaktisches weiter zu geben.*" (ebd., Zeile 154f.) Diese Divergenzen in den Erwartungen und Konzepten sieht Hilde als Schwierigkeit schon vor Beginn des Basispraktikums, ebenso wie auch ihre eigene Unsicherheit im Hinblick auf das interreligiöse Arbeiten und die Aufgaben des Basispraktikums (vgl. ebd., Zeile 1065–1088).

Mehtap führt ihrerseits im Hinblick auf die strukturellen Bedingungen des Basispraktikums Unklarheiten über die Ziele und Ausrichtung der Lehrveranstaltung an. Ihr ist der Begriff des Interreligiösen aus dem Bereich des interreligiösen Dialogs bekannt, in dem sie viel Erfahrung hat. Sie kann sich nicht vorstellen, dass das Ziel einer interreligiösen Lehrveranstaltung nicht der interreligiöse Dialog sein sollte (vgl. IP Mehtap, Zeile 1665–1669). Dass dieser im universitären Teil des Basispraktikums jedoch ein besonderes Ziel wäre, habe sie, die noch andere Praktika im Kontext der muslimischen LehrerInnenausbildung leitet, in der Lehrveranstaltung nicht wahrnehmen können (vgl. ebd., Zeile 671–673).

Eine zweite Unklarheit Mehtaps betrifft ihre Aufgabe als muslimische Lehrveranstaltungsleiterin und somit ihre Rolle im Basispraktikum:

> *„Warum, aus welchem Grund? Und diese Frage [...] wurde nicht ausreichend bearbeitet. Man hat gewusst, es ist jemand notwendig, aber warum, wieso? Ich glaube, weder Hilde noch ich habe im Vorfeld gewusst, worum es gehen soll." (ebd., Zeile 1935–1937)*

Eine weitere – problematische – Seite am Basispraktikum sind für Mehtap die impliziten Botschaften, die ihrer Auffassung nach durch das aktuelle Konzept des Basispraktikums vermittelt werden, wie etwa, dass der islamische Religionsunterricht noch ergänzungsbedürftig sei. So formuliert Mehtap etwas ironisch:

> *„Es geht also, dieses Konzept sagt mir schon im Vorhinein, wenn ich neutral das Konzept betrachte: ‚Schaut's her Leute; wir muslimischen Religionslehrer können gar nicht so gut unterrichten, wir schauen uns das Konzept von dem katholischen Religionsunterricht ab.' Und so wird das auch aufgefasst." (ebd., Zeile 2269–2272)*

Auch hier erlebt die Befragte das bereits mehrmals angesprochene Machtungleichgewicht, das sich bereits auf der Ebene der Planung und Konzeption des Basispraktikums zeigt. Deutlich wird die konfliktträchtige soziale Gruppendynamik auch durch Zuschreibungen, die an das religiöse Gegenüber gemacht werden. Durch das Konzept des Basispraktikums im katholischen Religionsunterricht sieht Mehtap den islamischen Religionsunterricht abgewertet (vgl. ebd., Zeile 2272–2276). Die didaktische Herangehensweise im katholischen Religionsunterricht werde mit positiven Attributen versehen, während die Konzepte des islamischen Religionsunterrichts als verbesserungswürdig erachtet würden (vgl. ebd.). Angelehnt an die Konflikttheorie der sozialen Identität stört sich Mehtap daran, dass ihre Ingroup diskreditiert und negativ dargestellt wird.

Im Gegensatz zu Hilde ist das Kennenlernen von Methoden für Mehtap ein zentrales Anliegen für das Basispraktikum und prägt auch ihr Konzept von einer solchen Lehrveranstaltung. Sie begründet dies damit, dass die meisten muslimischen Studierenden nur den LehrerInnenvortrag gewohnt sind.

> *„Studierende, die in diversen Moscheen unterrichtet haben, die kennen nur den Frontalunterricht. Und ich bin teilweise auch gezwungen, ihnen andere Methoden beizubringen, damit sie sagen: ‚Aha, das unterscheidet den [islamischen Religions- (Anm. d. Verf.)]unterricht vom Moscheeunterricht.'“ (ebd., Zeile 2218–2221)*

Anders als die Erwartungen der LehrveranstaltungsleiterInnen sind die Erwartungen der Studierenden an das Basispraktikum meist unpräzise. Die meisten geben zu verstehen, dass sie keine konkreten bzw. nur wenige Erwartungen hatten. So sagt Esra: *„[I]ch habe nicht so große Vorstellungen gehabt*“ (IP Esra, Zeile 155–157).

Elmas formuliert, sie habe *„selber nicht ganz gewusst, was ich brauche*“ (IP Elmas, Zeile 168). Von einigen Studierenden – so z. B. von Elmas, Emine, Klara u. a. – wird der Aufbau eines Grundstocks von Methoden und Materialien als Erwartung genannt. Anhand der Erzählungen und Beschreibungen zeigt sich, dass die Studierenden Methoden als von der didaktischen Konzeption und der Person weitgehend unabhängige Tools verstehen – im Sinne eines Sets von Werkzeugen oder einer Art ‚Methodenkoffer'.

Vereinzelt, speziell bei Studierenden der Fachtheologie, wird das subjektive Konzept von pädagogischen und didaktischen Lehrveranstaltungen sichtbar: Diese werden weniger ernst genommen als sogenannte ‚Fachlehrveranstaltungen', was einen Konfliktpunkt innerhalb der katholisch-theologischen Studien markiert. So sagt Max, er sei *„kein großer Freund von pädagogischen Veranstaltungen*“ (IP Max, Zeile 284f.) und gehe deshalb *„relativ erwartungslos*“ (ebd., Zeile 284) in die Lehrveranstaltung.

Insgesamt sind aber alle Studierenden der Meinung, dass sie von der Lehrveranstaltung, in der Art und Weise, wie sie durchgeführt wurde, profitiert haben. So sagt Meltem: *„Die Erwartungen waren niedrig, aber das,* *was präsentiert worden ist, das war hoch und sehr hilfreich für uns.*“ (IP Meltem, Zeile 246–248). Ähnliches äußert auch Klara: „*Ich hab Einiges mitbekommen, was ich dann auch später umgesetzt habe im Unterricht.*“ (IP Klara, Zeile 145f.) Auch Klaus und Max, anfänglich Kritiker der pädagogisch-didaktisch-schulpraktischen Lehrveranstaltungen, äußern sich verhalten zufrieden. Unterschiedlich fallen die Resümees vor allem der muslimischen Studierenden dahingehend aus, ob die Methoden, die im katholischen Religionsunterricht verwendet werden, auch für den islamischen Unterricht passend seien. So sagt Elmas, dass sie hin und wieder den Eindruck hatte: „*Nein, also diese Methode kann man überhaupt nicht anwenden.*“ (IP Elmas, Zeile 410f.)

Im Hinblick auf interreligiöse Elemente lassen sich unter den Studierenden divergente inhaltliche Konzepte und Vorstellungen erkennen. Zum einen zeigt sich aufseiten muslimischer Studierender die Vorstellung, dass das Basispraktikum stärker auf die katholischen Studierenden ausgerichtet sei (vgl. z. B. IP Emine, Zeile 258–261). In den Aussagen mancher Studierender wird deutlich, dass die ungleichen Rahmenbedingungen ungleiche Verhältnisse geschaffen haben. So sagt Esra: „*Ich bin der Meinung, dass die katholischen Studierenden von diesen Seminaren viel mehr haben als mir.*“ (IP Esra, Zeile 155–157) Sie begründet ihre Auffassung damit, dass die katholischen Studierenden – wohl aufgrund der stärkeren Präsenz – mehr Zeit für Kleingruppenarbeit zur Verfügung hatten als die muslimischen Studierenden (ebd., Zeile 158f.).

Aufseiten mancher muslimischer Studierender löst die Lehrveranstaltung Überlegungen zu Identität im Sinne von spezifisch katholischer oder muslimischer Identität aus. So wird Kritik gegenüber einer zu katholischen Ausrichtung der universitären Lehrveranstaltung geäußert, die Ergebnisse werden als ambivalent bewertet, eine stärkere intrareligiöse Ausrichtung, jedenfalls zum Teil, bevorzugt bzw. gefordert. Dabei erfolgen die Zuschreibungen, was katholisch sei, sehr deutlich, die Kriterien für diese Zuschreibungen bleiben aber unklar (vgl. z. B. IP Elmas, Zeile 139–146). So meint Esra: „*Da haben wir so eine Stationsübung gemacht zum Beispiel. Das war eher katholisch.*“ (IP Esra, Zeile 76f.)

Gleichzeitig werden aber auch die Chancen und Möglichkeiten der interreligiösen Konzeption benannt:

> *„Man lernt auch von einer anderen Sicht die Sachen. Man hat a andere Perspektive dann. […] Und man lernt a viel, […] [was] die über gewisse Themen denken und was die über Islam denken.“ (ebd., Zeile 229–232)*

Elmas reflektiert die Perspektive, aus der Analysen von Methoden vorgenommen werden und stellt fest, dass zumeist Methoden aus dem katholischen Religionsunterricht daraufhin reflektiert wurden, ob sie für den islamischen Religionsunterricht geeignet sind (vgl. IP Elmas, Zeile 222f.). Laut Elmas spielt bei gelingendem interreligiösem Lernen die Themenauswahl eine entscheidende Rolle. Als positives Beispiel führt sie das Thema ‚Schöpfung' an, *„wo alle beide Lehrerinnen irgendwie von beiden Seiten das vorgezeigt haben"* (ebd., Zeile 55f.). Nach Elmas' Einschätzung bedingen sich Methoden und Inhalte gegenseitig (vgl. ebd., Zeile 143). Unter dieser Prämisse vergleicht sie die religionsdidaktischen Zugänge von Islam und Christentum und kommt zu folgendem Schluss: *„Bei uns ist es ja immer auf Grundsätze gestützt und da ist es ja irgendwie strikter, weil man das vom Gegenüber jetzt vergleicht."* (ebd., Zeile 223–225) Diese inhaltlichen Grundsätze zeigen sich laut Elmas an mehreren Beispielen. So glaubt sie, dass *„im katholischen Unterricht der Gesang im Vordergrund"* (ebd., Zeile 211) steht und *„dass man da irgendwie ganz locker, ohne Inhalt irgendwie malt und Gedichte schreibt"* (ebd., Zeile 476f.).

Meltem hebt besonders die Möglichkeit der Selbsttätigkeit in der Lehrveranstaltung hervor: „Und dann haben wir wieder mehr Einblick gehabt, weil wir da praktisch selber unterwegs waren, als wie uns hinsetzen und nur zuhören." (IP Meltem, Zeile 68–71) Klara sieht im interreligiösen Charakter des Basispraktikums eine Besonderheit. Sie bewertet die Lehrveranstaltung aufgrund der „interreligiösen Besetzung" als „sehr spannend und sehr interessant" (IP Klara, Zeile 14). Auch das Miteinander und die gemeinsame Bearbeitung von Themen „wie das im Islamunterricht oder im katholischen Religionsunterricht stattfinden kann" (ebd., Zeile 287–289) findet sie bereichernd.

Aus der Sicht von Klaus war das Interreligiöse in der Lehrveranstaltung *„nicht ganz so rausgekommen"* (IP Klaus, Zeile 100) bzw. der Dialog *„noch nicht so wirklich da"* (ebd., Zeile 101). Auch habe der Austausch stärker über didaktische als über theologisch-inhaltliche Fragen stattgefunden (vgl. ebd., Zeile 117–120). Seinem Empfinden nach fand in der Gruppe selbst wenig interreligiöser Austausch statt. Allerdings könne man Interreligiöses in der Reflexion der ausgewählten islamischen oder katholischen Elemente erkennen und im Kennenlernen und Austausch verschiedener Methoden und Materialien des anderen Religionsunterrichts. Klaus stellt sich dabei die Frage, welche Bezüge die anderen Elemente jeweils zum Eigenen haben bzw. wie man diese für das Eigene fruchtbar machen könnte.

> *„Ja, dieses Gebet ist jetzt eigentlich für den islamischen Unterricht geplant. Könnte man das auch hernehmen für den katholischen?" (IP Klaus, Zeile 54–56)*

Weitere Elemente des Interreligiösen sieht Klaus auch in der Zusammensetzung der Gruppe (vgl. ebd., Zeile 114–133). Max, dessen didaktisches Konzept in einer Trennung von Inhalt und Methode besteht, erwartet von der Lehrveranstaltung keine inhaltliche Auseinandersetzung, sondern bewertet sie als *„Handwerkszeugveranstaltung"* (IP Max, Zeile 533) und fügt hinzu: *„rein methodisch streitest du dich nicht"* (ebd., Zeile 547f.). Im Hinblick auf die Interreligiosität hebt Max hervor, es habe *„wenig Elemente [gegeben], wo das* *wirklich konkret zusammen war*“ (ebd., Zeile 226f.), man könnte jedoch die Interreligiosität der Lehrveranstaltung „*stärker nutzen*“ (ebd., Zeile 374).

Sonja wiederum, deren Ansprüche aufgrund ihrer bisherigen Tätigkeit in der Jugendarbeit sehr hoch waren, spricht davon, dass sich ihr Wunsch nach neuen Methoden nicht erfüllt hatte und sie außer Lehrplan und Kompetenzorientierung „*fast nichts Neues*“ (IP Sonja, Zeile 25) gelernt habe. So hätte sie sich mehr „*inhaltliche Inputs*“ (ebd., Zeile 339f.) gewünscht. Als Beispiel nennt sie die Methode der Elementarisierung.

### 5.2.2 Umgangsformen und Interaktionen

Dieser Abschnitt beschäftigt sich mit den Umgangsformen und Interaktionen der Studierenden und der LehrveranstaltungsleiterInnen im Hinblick auf die Konzeptualisierung und Erwartungen. Ein Spannungsfeld aufseiten der muslimischen Studierenden liegt in der Übertragbarkeit von Methoden und Inhalten vom katholischen auf den islamischen Religionsunterricht und damit vom interreligiös geleiteten Basispraktikum auf das islamisch geleitete Fachpraktikum. Die Meinungen der Befragten unterscheiden sich in der Frage, wie groß die Gemeinsamkeiten zwischen den beiden Religionsunterrichten sind. Ihr Verhalten in der Gruppe und gegenüber den Lehrenden wird davon beeinflusst, wie sie diese Frage für sich beantworten.

Emine lässt sich beispielsweise auf das interreligiöse Lernen von Methoden ein und meint:

> *„Also mir hat das sehr gut gefallen, weil wir eine gemischte Gruppe waren, mit Christlichen zusammen und wir haben viel gelernt, wie man zum Beispiel beim Praktikum – wie man den Einstieg machen sollte. Wie und welche Methoden wir machen werden.“ (IP Emine, Zeile 15–18)*

Emine ist der Meinung, dass eine Reihe von Inhalten angepasst werden kann und somit auch für den islamischen Religionsunterricht relevant ist: „*Ja, die christlichen Methoden eben im Unterricht, das kann man nehmen. Weil [...] manche Sachen kann man im Islam benutzen.*“ (ebd., Zeile 523–526) Die muslimische Studierende erzählt, sie habe aus der universitären Lehrveranstaltung manches mitgenommen, was sie im schulischen Religionsunterricht anwenden könne (vgl. ebd., Zeile 633–639):

> *„Zum Beispiel, jeder sagt, was er sich wünscht von Gott und sagt auch für den Nachbarn, [...] Tischnachbarn. Und das kann ich schon mitnehmen im Islamunterricht.“ (ebd. Zeile 541–554)*

Esra wiederum steht dem reserviert gegenüber, dass sie im Basispraktikum Methoden des katholischen Religionsunterrichts kennenlernte.

> *„Meiner Meinung nach hat's kein' Sinn, dass man katholische Methoden lernt. Deswegen hab i mir die Frage gestellt immer wieder. Wieso kann i nicht erklären aber mir kommt's unlogisch vor, weil i hab eben beim Praktikum selber äh mit*

*katholischen Schülern Unterricht gehabt. Da haben wir auch Teamteaching alles möglich durchgemacht. Deswegen hab ich's irgendwie sinnlos gefunden, dass man's gemischt machen." (IP Esra, Zeile 93–102)*

Insgesamt ist sie der Ansicht, dass die Auseinandersetzung mit Methoden des katholischen Religionsunterrichts für den islamischen Religionsunterricht kaum Vorteile hat (vgl. ebd., Zeile 287f.).

Für katholische Studierende steht weniger die Übernahme von Methoden im Fokus, sondern die Frage nach der Aufteilung von Aufgaben im Teamteaching der LehrveranstaltungsleiterInnen. Sonja nimmt eine klare Aufteilung zwischen den Lehrenden wahr. Fragen der Seminarkultur seien von den Lehrenden nicht immer gemeinsam besprochen worden, wie beispielsweise die Abwesenheit der muslimischen Studierenden:

*„Ja, beantwortet ist das so worden, dass die Hilde gemeint hat: ‚Ja, dafür ist die Mehtap zuständig, also die muss das mit ihren Studierenden ausmachen, also mit den muslimischen Studierenden, und das, sie handhabt's halt so.'" (IP Sonja, Zeile 652–654)*

Im Hinblick auf die Interreligiosität wünscht sich Sonja weniger Getrenntes und mehr Gemeinsames, „*mehr Austausch*" (ebd., Zeile 339f.) zwischen MuslimInnen und katholischen Lehrenden und Lernenden. Auch die zeitweilige Aufteilung in intrareligiöse Gruppen wertet Sonja als schwierig für das interreligiöse Miteinander:

*„Also es war kein Miteinander: ‚Schauen wir uns mal den Lehrplan von ihnen an, schauen wir uns mal den Lehrplan von uns an.' Oder so. Sondern [es war] wirklich wieder getrennt." (ebd., Zeile 71–73)*

Aufseiten der LehrveranstaltungsleiterInnen zeigt sich im Hinblick auf Umgangsformen und Interaktionen ebenfalls ein differenziertes Bild: Da die Lehrveranstaltung nur wenige muslimische Studierende besuchten und diese aufgrund einer Überschneidung mit einer anderen Lehrveranstaltung zwischenzeitlich abwesend waren, sieht sich Mehtap in ihrer Rolle durch die Umstände, aber auch durch die Themen marginalisiert:

*„Ich komme net durch und was bleibt mir übrig? In der Konstellation in einer Gruppe, wo Muslime in der Minderheit sind und aufgrund der Stundenkollision nur wenig anwesend sind, wo sie nicht präsent sind: Wenn ich mich durchsetzen würde, dann wär ich in einer Situation dann würd ich Studenten ansprechen und [...] die muslimischen wären gar nicht da." (IP Mehtap, Zeile 1682–1686)*

Mehtap beschreibt, dass sie sich mit der Situation abgefunden habe (vgl. ebd., Zeile 1748). Für die Planung der Lehrveranstaltung benötige sie aber Informationen über die Gruppe im Vorfeld und eine Reflexion im Anschluss an die Lehrveranstaltung.

*„Ich muss mir das immer vorstellen, wie die Klassensituation dann ausschaut, dann kann ich mir ein Bild davon machen. Ich brauch das. Und ich brauche immer*

*am Ende von diesen vier Nachmittagen eine Reflexion gemeinsam mit der Hilde." (ebd., Zeile 702–705)*

Des Weiteren benötige sie konkrete Inhalte. Offensichtlich vermisst sie diese in der Konzeption des Basispraktikums:

> *„Ich brauch dieses ‚Was'. [...] Es muss inhaltlich etwas geben, wo ich mich wiederfinden kann als Person, wo ich auch einverstanden bin." (ebd., Zeile 1402–1404)*

Hilde verweist dagegen darauf, dass sie gemeinsam mit Mehtap *„ganz pragmatisch eine Mischung versucht*" habe (IP Hilde, Zeile 155f.). Aus ihrer Sicht hatte die pragmatische Mischung nicht nur Vorteile, sondern hat auch Klarheit über Aufbau und Inhalt des Basispraktikums verhindert:

> *„[U]nd diese Mischung hat uns dann immer wieder nach den Veranstaltungen dorthin gebracht, dass uns nicht klar war, was wirklich das Basispraktikum sein soll." (ebd., Zeile 156f.)*

Um einen Konsens erreichen zu können, rückt Hilde aus ihrer Sicht von ihren ursprünglichen Vorstellungen ab und lässt eine stärker methodische Ausrichtung der Lehrveranstaltung zu (vgl. ebd., Zeile 1086–1088). Auch Mehtap schildert, dass sie sich angesichts der Konzepte und Interaktionen von Hilde zurückgezogen hat. Für Hilde bestimmte ebenfalls Rücksichtnahme auf die andere Leiterin das Teamteaching. Aufgrund ihrer Erfahrung versuchte sie zunächst gezielt, Mehtap Raum zu geben. Da sich die Lehrveranstaltung dadurch in eine von Hilde unerwünschte Richtung entwickelte, beschloss sie jedoch später, stärker die Leitung zu übernehmen. Auch bei der Wahl der Methoden achtete Hilde darauf, auf Inhalte zu verzichten, die das Miteinander erschweren könnten. Sie erwähnt als Beispiel den Segen, den sie – um des Miteinanders willen – ersetzte durch einen ‚guten Wunsch', da sie versuchte, *„neutral zu sein*" (ebd., Zeile 384f.).

Hilde beschreibt, dass sie im interreligiösen Setting immer wieder verunsichert gewesen sei. Ihre Verunsicherung führt sie auf mangelnde Klärungen im Hinblick auf das Basispraktikum zurück. So frage sie sich: *„Was könnte denn unsere Rolle da drinnen überhaupt sein?*" (ebd., Zeile 447f.). Als Beispiel für ein weiteres Kommunikationsmuster, das nicht selten in Teamteaching-Settings auftritt, verweist Hilde darauf, dass eine Person – aus dem Bedürfnis, ein Gegengewicht zu erzeugen – bisweilen in Opposition zur anderen tritt, weil diese zu selbstbewusst kommuniziert. Offensichtlich fand sich dieses Kommunikationsmuster auch im interreligiösen Setting von Hilde und Mehtap.

> *„Es gibt ja manchmal, wenn zwei Menschen miteinander leiten und jemand gibt klare Antworten, dass die Person so in eine starke Kontrahaltung geht, um das entweder auszuheben oder, nicht zu starr werden zu lassen." (ebd., Zeile 1299–1301)*

### 5.2.3 Konsequenzen

Mit Blick auf den ersten Konfliktherd ‚Planung, Konzept, Erwartungen' ist nun zu fragen, welche Konsequenzen die interviewten Personen daraus für sich ziehen. In der Analyse wurde deutlich, dass diese Konsequenzen eng mit dem subjektiven Konzept des Basispraktikums zusammenhängen. Bei Mehtap zeigt sich dies z. B. an den Veränderungsvorschlägen. Sie wünscht sich dabei eine Lehrveranstaltung, in der Methoden gelernt, erprobt und reflektiert werden sowie inhaltsbezogen gearbeitet wird. Das Theologische macht sie vorwiegend an den Inhalten fest. Ihrer Meinung nach ist die universitäre Begleitlehrveranstaltung

> *„kein Entertainment, [sondern] etwas Greifbares […]. Und was sie eins zu eins auch umsetzen können quasi. Und sie können dann im Nachhinein kommen und sagen: […] ‚Sie haben uns diese Methode erklärt, das haben wir auch ausprobiert, aber wir haben gemerkt, diese Nachteile […]. So stelle ich mir den universitären Teil vor. Dass sie Impulse bekommen […] unterschiedliche Methoden, wenn ich jetzt nur muslimisch denke und dass sie auch mit mir dann im Gespräch sind und dass ich auch einen Teil habe, einen Bereich, wo sie die Lehrerrolle vom Praxislehrer zurückreflektieren können. So stelle ich mir den universitären Teil vor."* (IP Mehtap, Zeile 1845–1854)

Mehtaps Einschätzung von Hildes Konzept, das sie mit ‚Entertainment' in Zusammenhang bringt, und dem sie das eigene ‚Greifbare' entgegensetzt, macht die Konfliktlinie im Sinne einer asymmetrischen Bewertung deutlich. Als Basis für die Methodenreflexion schlägt Mehtap zunächst die Auseinandersetzung mit Inhalten vor, aus denen sich dann die Methoden ergäben. In dieser Vorgehensweise sieht Mehtap stark das Theologische verankert: *„Das wäre auch ein Anhaltspunkt für mich, eine theologische Annäherung."* (ebd., Zeile 1917f.)

Im Hinblick auf die Gestaltung der Lehrveranstaltungseinheiten würde Mehtap zunächst mit der Reflexion der Praxis beginnen:

> *„Ich hätte nichts dagegen, wenn man am Anfang des Basispraktikums immer eine halbe Stunde eine Reflexionsstunde einbaut. Also, dass die Studenten das, was sie in der Praxis erlebt haben, noch einmal reflektieren, dass sie untereinander Erfahrungen austauschen. Dafür sollte der universitäre Teil da sein." (ebd., Zeile 1577–1580)*

Auch im Hinblick auf den interreligiösen Charakter bevorzugt Mehtap ein anderes Vorgehen. Ihr Wunsch ist es, sich stärker an der Arbeit an theologischen Themen wie z. B. an Schrifttexten zu orientieren. Im Folgenden skizziert sie, wie sie sich den Verlauf einer Religionsstunde vorstellt:

> *„Wenn der interreligiöse Dialog stattfinden soll, dass wir aus dem Alten Testament Inhalte herausholen, dann ich aus dem Koran, dass wir ganz kurz für fünf Minuten oder zehn Minuten erzählen und den Studenten überlassen und sie sollen*

*eine gemeinsame Stunde gestalten oder Erarbeitungsmethoden oder eine Vertiefungsphase oder eine Reflexion oder einen Einstieg planen." (ebd., Zeile 1665–1669)*

Aus diesen Passagen wird deutlich, dass Mehtap zwei Aspekte im Hinblick auf die Konzeptionalisierung des Basispraktikums für zentral hält: die Arbeit an Texten sowie die Reflexion der Praktikumserfahrungen vonseiten der Studierenden.

Hildes Konzept des Basispraktikums ist stärker auf eine Metareflexion hin angelegt und – hinsichtlich der Interreligiosität – auf Interaktion. Ihrer Meinung nach liegt der Fokus des Basispraktikums auf dem ‚Miteinander-in-Kontakt-Kommen'. Sie sieht das Praktikum außerdem als prozessorientierte Möglichkeit, relativ selbständig erste Schritte in das Handlungsfeld Schule zu wagen, und weniger als Vorlauf für das Fachpraktikum. Auf diesem Hintergrund ergeben sich Divergenzen zu Mehtaps Konzept, das wesentlich inhaltsbezogener ausgerichtet ist. Hilde zieht – im Sinne einer Lösung dieser Dilemmata – für sich den Schluss, dass die Situation am besten „*pragmatisch*" (IP Hilde, Zeile 156) gelöst werden soll. Die Planung der Begleitlehrveranstaltung sei mit viel gegenseitiger Aufmerksamkeit und Wahrnehmung erfolgt (vgl. ebd., Zeile 152–157, 490–497). Allerdings hat ihrer Meinung nach das gemeinsame Lehren aufgrund von krankheitsbedingten Ausfällen der LehrveranstaltungsleiterInnen „*noch einmal alles total verändert*" (ebd., Zeile 130–135).

Hilde beschreibt, dass sich Mehtap Fragen nach ihrer Rolle und Zuständigkeit im Basispraktikum stellt. Sie selbst befasse sich mit diesen Themen hingegen weniger (vgl. ebd., 452–467). Vor diesem Hintergrund entsteht bei Hilde der Wunsch nach Klärungen, vor allem der Lernziele. Diese betreffen aber nicht nur die Lehrveranstaltung, sondern die interreligiöse Arbeit insgesamt. Wichtig wäre ihrer Meinung nach

*„eine Auseinandersetzung in einer größeren Gruppe: Was ist die Zielsetzung von interreligiös gemischten Gruppen und interreligiös gemischten Leitungsteams?" (ebd., Zeile 2056–2058)*

Hilde ist davon überzeugt, dass im Vorfeld der Lehrveranstaltung eine echte Auseinandersetzung mit den verschiedenen Positionen der LehrveranstaltungsleiterInnen nötig gewesen wäre. Die beiden Lehrenden haben sich laut Hilde

*„auf eine Mischung geeinigt und alles, was so Mischungen sind, sind nicht Fleisch, nicht Fisch, haben nicht irgendwie Hand und Fuß und ich denke, dass wir, wir haben auch schon darüber geredet, dass wir da im Vorfeld zu wenig darum gerungen haben, miteinander gerungen haben, was der Auftrag in einem interreligiös gemischten Basispraktikum tatsächlich ist" (ebd., Zeile 172–176).*

Hilde beschreibt, dass die unterschiedlichen Konzepte vom Basispraktikum „*wie Sand im Getriebe*" (ebd., Zeile 962) gewirkt haben. Sie gesteht zu, dass es *„für die Mehtap unheimlich anstrengend war, auch mit mir zu arbeiten"* (ebd., Zeile 1054).

Die Studierenden wiederum schätzen die Lehrveranstaltung wie folgt ein: Esra beschreibt die intrareligiösen Teile der Lehrveranstaltung als gewinnbringend, während sie die interreligiösen Phasen als problematisch betrachtet (vgl. IP Esra, Zeile 130–133). Ähnlich denkt Elmas. Ausgehend von ihren Konzepten und ihrer Perspektive sei das intrareligiöse Fachpraktikum *„viel informativer und viel nützlicher wie das Basispraktikum"* (IP Elmas, Zeile 802) gewesen.

Im Hinblick auf die verwendeten Methoden im katholischen Religionsunterricht zeigt sich Emine transferfähig und meint: *„Manche Lieder und so können wir auch benutzen."* (IP Emine, Zeile 101) Bei anderen Elementen, so Emine, müssten Aspekte adaptiert oder verändert werden (vgl. ebd., Zeile 534–539).

Eine andere Einschätzung zeigt sich bei Meltem. Ihrer Meinung nach findet man über die Praxis in der Schule erst Zugang zum Lehrveranstaltungskonzept und versteht es auf diesem Hintergrund erst richtig (vgl. IP Meltem, Zeile 23f.). Im Gegensatz zu anderen Kolleginnen schätzt Meltem die Themenverteilung als gleichgewichtig ein:

> *„Es waren keine Themen, wo mehr das Gewicht im Islamischen oder mehr das Gewicht am Katholischen war. Es waren immer Themen für beide Religionen da. Gute geeignete Themen, ganz einfaches Thema." (ebd., Zeile 832–835)*

Auf die Frage, wie sie den interreligiösen Charakter der Lehrveranstaltung wahrgenommen haben, geben die Studierenden unterschiedliche Antworten: Klara knüpft am Begriff des interreligiösen Dialogs an. Sie bemängelt, dass die Gruppe und die Umstände dazu führten, dass katholische und islamische Anteile nicht im gleichen Maße vorhanden waren. Gerade der interreligiöse Dialog würde das aber nahelegen (vgl. IP Klara, Zeile 33f.).

Auch Klaus äußert den Wunsch nach mehr Dialog in den Kurseinheiten, auch unabhängig von den Lehrenden (vgl. IP Klaus, Zeile 712). Für ihn sei *„interreligiös vielleicht ein bisserl so die Sensibilität"* (ebd., Zeile 744) wichtig geworden. Ein interreligiöses Leitungsteam erachtet Klaus als große Chance, da dadurch die Möglichkeit gegeben ist, sich aufzuteilen, wenn ein Thema nur eine Religion oder Konfession betrifft (vgl. ebd., Zeile 448–451).

Max hat keine Spannungen zwischen den Studierenden in der Lehrveranstaltung wahrgenommen. Seiner Meinung nach wurden die Potentiale der interreligiösen Gruppe nicht ausgeschöpft. Er empfiehlt, dass die LeiterInnen im Unterricht gezielt religiös gemischte Kleingruppen bilden und in diesem Sinne die Leitung besser wahrnehmen sollten (vgl. IP Max, Zeile 166–175).

Sonja urteilt im Rückblick, die Kursleitung habe eher nebeneinander als miteinander agiert. Ihrer Meinung nach fanden wenig Absprachen und Verständigung auf Gemeinsames statt (vgl. IP Sonja, Zeile 67–73). Als Beispiel führt sie die Begrüßung an, bei der die muslimische Leiterin *„alle mit*

*Handschlag der Reihe nach begrüßt*" (ebd., Zeile 703) hat, während die katholische Lehrende „*vorne gestanden [ist] und ‚Hallo' gesagt [hat]*" (ebd., Zeile 713).

Sonja hat als Leitungskonzept die Aufteilung in Vorbereitung und Ergänzung wahrgenommen:

> *„[A]lso eine hat halt das Thema aufbereitet und die andere hat immer dazwischen reingeworfen oder halt ergänzt, was von ihrer Sicht noch dazu gepasst hat." (ebd., Zeile 671–674)*

Die Studentin äußert den Wunsch nach stärker durchmischten Gruppen, die von den LehrveranstaltungsleiterInnen angeleitet werden, damit „*da einfach mehr so ein Miteinander herauskommt*" (ebd., Zeile 327f.).

### 5.2.4 Zwischenresümee

In der nachfolgenden ersten Teilzusammenfassung wird den Fragen nachgegangen, was die Lehrveranstaltung am meisten kennzeichnet und welche Konzepte die einzelnen Beteiligten im Hinblick auf Ziel und Aufgabe des Basispraktikums befürworten, wobei hier in besonderer Weise die LeiterInnen der Lehrveranstaltung im Fokus stehen.

Aufseiten der Studierenden gibt es vor allem im Hinblick auf die Bedeutung der Bezeichnung ‚interreligiös' unterschiedliche Erwartungen und Konzepte. Insbesondere bei den Vorstellungen, was das Basispraktikum leisten soll, zeigen sich Unterschiede zwischen den LehrveranstaltungsleiterInnen, die mitunter spiegelbildliche Auswirkungen auf die Studierenden haben.

Konflikte zwischen den LehrveranstaltungsleiterInnen wurden vor allem im Unterricht (in der Performance) sichtbar und spürbar. Insgesamt wird auch deutlich, dass die LeiterInnen die vorhandenen Konflikte nicht aus eigener Kraft lösen konnten, sondern durch ihre Fokussierung auf die jeweils eigenen Konzepte, Wahrnehmungen und Bewertungen handlungsunfähig wurden.

Der Konflikt zwischen den Lehrenden wurde auch von den Studierenden wahrgenommen. Vonseiten derjenigen muslimischen Studierenden, die auf das Fachpraktikum und das Erlernen von spezifisch islamischen Methoden fokussiert waren, wurde das intrareligiöse Lernen im Basispraktikum stark eingefordert. Für sie stand die Vorbereitung auf das Fachpraktikum und damit der spezifische Charakter des islamischen Religionsunterrichts bzw. die in den Vorstellungen mancher islamischer Studierender vermeintlich spezifisch ‚islamischen' Methoden im Fokus des Interesses. Die Entstehung dieser Vorstellungen wurde durch das Konzept der muslimischen Lehrveranstaltungsleiterin vom Basispraktikum noch begünstigt.

Insgesamt zeigen sich bei diesem Konfliktherd zahlreiche Themen, die über den konkreten Kontext des Basispraktikums hinausgehen. So wird deutlich, dass das Unterrichten, insbesondere das Teamteaching, Konflikte birgt. In der Planung konnten die LehrveranstaltungsleiterInnen bis zu einem gewissen Grad Einverständnis erzielen. Im Unterricht aber entstand eine Art Bühne, auf der die Themen Mehrheitsgesellschaft – Minderheitsgesellschaft, Mehrheitsreligion – Minderheitsreligion, Ingroup – Outgroup, eigen – fremd, Kompetenz – Inkompetenz usw. mehr implizit als explizit verhandelt wurden und eine eigene Dynamik entwickelten.

Insgesamt fällt in und rund um die Lehrveranstaltung eine Reihe von Aspekten auf, die als Abbild der gesellschaftlichen Verhältnisse im Kleinen gedacht werden können: MuslimInnen waren hier in der Rolle einer ethnischen und religiösen Minderheit. Die gefühlten Diskrepanzen und die Unausgewogenheit zwischen islamischen und katholischen Bestandteilen in der Lehrveranstaltung spiegelt auch hier ein gesellschaftlich gefestigtes Machtungleichgewicht wider.

Diese Beobachtungen leiten über zum nächsten Konfliktherd, bei dem die Prozesse und Interaktionen stärker in den Blick kommen werden.

## 5.3 *Konfliktherd 2: Prozess, Kommunikation und Gruppendynamik*

Nachdem im vorangegangenen Konfliktherd die Planungen, Konzepte und Erwartungen im Vordergrund standen, wollen wir uns in diesem Abschnitt einem weiteren Spannungsfeld zuwenden. Dieses hat die Prozesse, den Ablauf, die Kommunikation und Interaktion sowie die Gruppendynamik am Schauplatz Universität zum Gegenstand. Beim Themenbereich ‚Gruppendynamik' wurden sogenannte ‚intergruppale Konflikte' in den Blick genommen, in deren Zentrum Tajfel und Turner[362] zufolge das Aushandeln von sozialen Identitäten und sozialen Status steht.

Im Laufe der Interviews wurde deutlich, dass dieser Konfliktherd viel Raum einnimmt. Zur Analyse dieser Gruppendynamik werden sowohl die Perspektive der LehrveranstaltungsleiterInnen auf die Lehrveranstaltung, auf die Rahmenbedingungen, auf die eigenen Aktivitäten sowie ihre Sicht auf das Teamteaching beleuchtet, als auch die Sichtweise der Studierenden auf die Gruppe, die Lehrenden, die Rahmenbedingungen und die eigenen Interessen. Es ergibt sich ein komplementäres und gleichzeitig widersprüchlich-konfliktives Bild von Aktionen und Reaktionen, Interaktionen, Konzepten und Gegenkonzepten, eigenen und fremden Sichtweisen.

---

362 Vgl. *Tajfel / Turner*, The social identity theory of intergroup behavior.

### 5.3.1 Ursachen und Einflussfaktoren

Die Darstellung der Ursachen und Einflussfaktoren beginnt bei den strukturellen Bedingungen aus Sicht der LeiterInnen der universitären Begleitlehrveranstaltung. Wie bereits ausgeführt waren beide Lehrenden des Untersuchungszeitraums als externe Lehrbeauftragte kaum im universitären System involviert. In anderen beruflichen Feldern waren sie hingegen erfahren und anerkannt. Die muslimische Lehrveranstaltungsleiterin war mit interreligiöser Arbeit in der Schule vertraut, während die katholische Lehrveranstaltungsleiterin wenig Erfahrung mit interreligiös ausgerichteter Lehre hatte.

Wenn man die Kommunikationsdynamik betrachtet, fallen unterschiedliche Muster auf: Zum einen kommunizierten die LeiterInnen der Lehrveranstaltung untereinander und verständigten sich dann entweder gemeinsam oder einzeln mit der Gruppe. Zum anderen wurden in den Interviews Situationen geschildert, in denen die muslimische Lehrveranstaltungsleiterin nur die muslimischen Studierenden ansprach und die katholische Lehrveranstaltungsleiterin nur die katholischen Studierenden. Umgekehrt kommunizierten entweder muslimische und/oder katholische Studierende gemeinsam oder einzeln mit der muslimischen und/oder katholischen Lehrveranstaltungsleiterin. Dadurch kam eine ‚Dreieckskommunikation' zustande: ‚Dritte' Personen oder Personengruppen fielen aus der Kommunikation heraus oder wurden nicht in den Informationsaustausch bzw. in Absprachen eingebunden.

Dabei sind die LehrveranstaltungsleiterInnen nicht als individuelle Personen zu sehen, sondern sie agierten in einer spezifischen Rolle und wurden mit der ihnen eigenen Religionszugehörigkeit wahrgenommen. Hinsichtlich der Etablierung und gesellschaftlichen Anerkennung der beiden Religionsgemeinschaften bestehen große Unterschiede und ungleiche Rahmenbedingungen, die auch die Interaktionen und Sichtweisen auf das Gegenüber beeinflussen. Die katholische Kirche ist in Österreich wesentlich etablierter, ihr gehören mehr Mitglieder an, sie genießt – wenngleich durch die säkulare Entwicklung vermindert – gesellschaftliche Anerkennung. Die islamische Glaubensgemeinschaft ist anders strukturiert, hat geringere finanzielle Mittel zur Verfügung und ist gesellschaftlich weniger anerkannt – mitunter wird sie vonseiten der Mehrheitsgesellschaft diffamiert. Zur Analyse von Konflikten und Konfliktpotentialen in interreligiösen Settings ist die Berücksichtigung von eben diesen Machtverhältnissen von besonderer Relevanz. Theoretisch ist die Frage von Machtverhältnissen im Konzept vom ‚Kampf um Anerkennung'[363] zu verorten, das Machtasymmetrien sowie unterschiedliche gesellschaftliche Positionen, insbesondere Statuspositionen, in den Blick nimmt. Auch das von Elias und Scotson formulierte Etablierte-

363 Vgl. *Honneth*, Kampf um Anerkennung.

Außenseiter-Paradigma stellt ein hilfreiches Analysekriterium für das Verständnis der hier zugrundeliegenden Dynamiken dar.

Ein weiterer struktureller Einflussfaktor, der vor allem vonseiten der Studierenden genannt wurde, sind die bereits erwähnten Unregelmäßigkeiten im Hinblick auf die Anwesenheit der muslimischen Studierenden. Klara ist der Meinung, dass die muslimischen Studierenden „*die Mehrheit der Zeit*" (IP Klara, Zeile 190) anwesend waren, sie aber immer wieder gefehlt hätten. Dies habe sich, so Klara, negativ auf das Miteinander von katholischen und muslimischen Studierenden in der Gruppe ausgewirkt:

> *„[A]ber sie waren einfach oft auch nicht da, was man dann auch gemerkt hat, weil die Gruppen, wenn man vier Stunden miteinander verbringt, wächst man doch irgendwie auch zusammen, auch wenn's nur vier Einheiten sind. Aber es gibt doch eine Gruppendynamik und wenn dann auch zwei, drei Leute immer rausgehen und dann nach eineinhalb Stunden wiederkommen, das merkt man halt einfach." (ebd., Zeile 190–196)*

Klara bedauert an dieser Stelle, dass in der Gruppe wenig Commitment und Gemeinsamkeit spürbar gewesen sei, weil die Rahmenbedingungen ein hohes Maß an Unverbindlichkeit begünstigt haben. Max wiederum nahm eine Ungleichbehandlung der muslimischen Studierenden wahr und sah dies kritisch („*Gleiches Recht für alle!*" [IP Max, Zeile 423]). Er geht davon aus, dass es den katholischen Studierenden nicht erlaubt würde, so oft zu fehlen. Diese müssten sich, so Max, zwischen den parallel stattfindenden Kursen entscheiden. Die wiederholte Abwesenheit der muslimischen Studierenden hatte, so Max, vor allem auf die Kleingruppen Auswirkungen (vgl. ebd., Zeile 391–431). Auch Sonja beschreibt diesen Umstand als belastend und schwierig (vgl. IP Sonja, Zeile 28–31). Ingroup-Outgroup-Dynamiken werden in diesem Zusammenhang deutlich. So wird empfundene Ungerechtigkeit, wie das oben genannte Beispiel zeigt, nicht auf einzelne Individuen bezogen, sondern als Ungerechtigkeit gegenüber der Gruppe erlebt, mit der man sich identifiziert.

Ein wesentlicher Faktor im Kontext der individuellen und situationsbezogenen Bedingungen ist die Definition von und der Umgang mit Leitung. Dabei zeigen sich viele offene Fragen, Probleme und Konflikte zwischen den LehrveranstaltungsleiterInnen, die von diesen wiederum nicht besprochen und bearbeitet wurden. Es war vonseiten der Lehrenden offensichtlich nicht möglich, die Metaperspektive auf die eigene und gemeinsame Situation einzunehmen und die eigenen und fremden Konzepte kritisch zu reflektieren.

Deutlich sichtbar wird ein Konflikt rund um die Leitung und Leitungsverständnisse. So sind Kommunikation und Interaktion für Hilde zentral. Sie charakterisiert das Basispraktikum als einen Ort, an dem sich die Studierenden kennenlernen, Ängste abbauen und sich austauschen können (vgl. ebd., Zeile 124–127). Auch im Hinblick auf den Glauben spielt für Hilde Kommunikation und das Fragenstellen eine wesentliche Rolle. Glaube hat in ihren Augen „*etwas mit Auseinandersetzung zu tun*" (ebd., Zeile 1173). Hilde versprachlicht diese Auseinandersetzung folgendermaßen: „*Das kann ich jetzt nicht verstehen. Hilf mir beim Verstehen. Oder hilf mir beim Nachvollziehen.*“ (ebd., Zeile 1174f.) Auch ist es für sie selbstverständlich „*Gott in Frage zu stellen*“ (ebd., Zeile 2553). Hilde nimmt in ihrer Beziehung zu Mehtap zunehmende Reibungen und Unstimmigkeiten wahr: Zunächst hätten sie im Laufe der Vorbereitung „*eine ganz schöne persönliche Beziehung im Rahmen der Arbeit*“ (ebd., Zeile 411f.) gehabt. Allerdings hätte diese sich im Zuge des gemeinsamen Unterrichtens verändert, das Verhältnis zwischen ihr und Mehtap sei nun „*nicht mehr so spannungsfrei*“ (ebd., Zeile 416).

Die Kommunikation zwischen den Studierenden schätzt Hilde als ambivalent ein. Die muslimischen Studierenden hätten sich in einer Art „*Diasporasituation*“ (ebd., Zeile 426) befunden. Auch habe es ihrer Meinung nach „*zwei Gruppen gegeben [...], innerhalb dieser einen großen Seminargruppe*“ (ebd., Zeile 254–256). Hilde beschreibt, dass in der zweiten Einheit Spannungen zwischen Mehtap und den katholischen Studierenden aufgekommen seien, bei denen sich jede der zwei Parteien von der anderen nicht ernst genommen gefühlt habe (vgl. ebd., Zeile 1091, 1096).

Aus den Studierendenäußerungen lassen sich im Hinblick auf die individuellen Bedingungen unterschiedliche Facetten erkennen. Auf der einen Seite findet sich auch hier die Vorstellung, dass der universitäre Teil des Basispraktikums dem Erlernen von (neuen) Methoden diene (vgl. IP Klaus, Zeile 371–374). Auf der anderen Seite wird auf das interreligiöse Lernen, den respektvollen Umgang (vgl. IP Esra, Zeile 649–656), die offene Grundhaltung (vgl. IP Elmas, Zeile 237) sowie die persönliche Präferenz, wie z. B. das Unterrichten in der Volksschule (IP Emine, Zeile 698–700), Bezug genommen. Als wichtiger Einflussfaktor ist auch die Haltung zum interreligiösen Dialog zu bewerten. Für Meltem ist es im Dialog unabdingbar, fundierte Kenntnisse über die eigenen religiösen Inhalte zu haben:

> *„Mir ist es zu peinlich, wenn ich manche Sachen einfach nit weiß und ich muss es zuerst selber lernen, damit ich mal das den Kindern übermitteln kann. Oder den interreligiösen, also in den Gruppen der anderen Studenten, den katholischen Studenten übermitteln kann.“ (IP Meltem, Zeile 1164–1168)*

In dieser Situation sieht Meltem persönliches Entwicklungspotential: „*Da muss man schon einen Weg finden, wie man klarkommt.*“ (ebd., Zeile 441–443)

Vonseiten der katholischen Studierenden werden vor allem die Fronten- und Blockbildung zwischen beiden Gruppen als strukturelle Einflussfaktoren auf die Lernbedingungen genannt. So zeigten sich Grenzziehungen zwischen katholischen und muslimischen Studierenden nicht nur in sprachlicher Hinsicht, sondern auch in räumlichen Konstellationen. Klaus weist auf die Blockbildung in Form der getrennten Sitzordnung hin, die sich im Laufe des Kurses entwickelte. Seiner Schilderung nach saßen die muslimischen Studierenden in einem Teil des Raumes zusammen und die katholischen Studierenden verteilten sich auf den übrigen Raum. So bildete sich seiner

Ansicht nach ein „*ihr und wir oder wir und ihr*" heraus (IP Klaus, Zeile 133). Eine Thematisierung dieser Ingroup-Bildung hält Klaus nur für schwer möglich, da die Dauer des Basispraktikums zu kurz sei, um eine „*gemeinsame Atmosphäre*" (ebd., Zeile 141) schaffen zu können. Diese Gruppenbildung war anfangs nicht als solche intendiert, verfestigte sich aber zu einer dichotomen Gegenüberstellung.

Ähnlich wie Klaus ortet auch Max eine Blockbildung und er fügt hinzu, dass er das anfangs für normal hielt, sich die „*klare Blockbildung*" (IP Max, Zeile 398) dann aber nicht auflöste. Dadurch fand, so Max, während der Lehrveranstaltung auch wenig interreligiöses Miteinander statt (vgl. ebd., Zeile 412). Zudem nahm Max die muslimischen Studierenden als sehr zurückhaltend und „*nicht sehr kommunikativ*" (ebd., Zeile 412) wahr.

Auch Sonja spricht über die Frontenbildung zwischen muslimischen und katholischen Studierenden. Diese zeigte sich, laut Sonja, in der Raumaufteilung:

> *„Also das war so eine U-Form im Prinzip und auf der einen Seite sind wir Römisch-Katholischen gehockt und auf der anderen Seite dann die muslimischen Studierenden." (IP Sonja, Zeile 33–36)*

Klara empfindet die Blockbildung als unangemessen und beschreibt ihre Suche nach Strategien, sie zu überwinden. Um diese ‚Aufstellung' aufzubrechen, setzte sie sich – demonstrativ – auf die Seite der muslimischen Studierenden. Sie hat eine positive und offene Einstellung diesen gegenüber, kennt sie aus vergangenen Semestern und ist „*ganz froh*" (IP Klara, Zeile 90), dass sie mit ihnen gemeinsam das Basispraktikum absolviert. Klara ist zudem sehr bemüht, die Kommunikation und Interaktion zu initiieren und weiterzuführen. Dabei erfolgt die Kommunikation mit den muslimischen Studierenden meist in den Pausen: „*Es sind dann auch in den Pausen immer wieder ein paar Dialoge entstanden, auch mit den muslimischen Kolleginnen*" (ebd., Zeile 18–21).

Klara hat Interesse am Islam und nutzte die Möglichkeit einer religiös gemischten Besetzung der Lehrveranstaltung, um mithilfe der muslimischen Studierenden bestimmte Fragen über den Islam zu klären: „*[D]a hab ich dann immer wieder Fragen gehabt, die sie mir gerne beantwortet haben*" (ebd., Zeile 38f.).

Generell sollte eine gesamte Lehrveranstaltungsgruppe die Bezugsgruppe für die Studierenden sein. Dennoch zeigten sich in den Schilderungen der Studierenden Grenzziehungen zwischen den muslimischen und den katholischen Studierenden, die die Gruppe in zwei Teile aufspalteten. Die Identifikation einzelner Studierender erfolgte in erster Linie nicht über die gesamte Lehrveranstaltungsgruppe, sondern über ein mehr oder minder ‚fiktives imaginiertes Wir'[364]. Dabei wurde religiöse Zugehörigkeit zum Identifikationsmarker. Die entstehenden Subgruppen ließen sich, wie anhand dieser Beispiele deutlich wird, kaum aufbrechen. Vielmehr entstand eine Dynamik der Ab- und Ausgrenzung vom religiösen Gegenüber.

### 5.3.2 Umgangsformen und Interaktionen

Im Sprechen über den Anderen/die Anderen fällt auf, dass Hilde, wenn sie die interreligiöse Gruppe meint, von den ‚Studierenden' spricht. Durch das Hinzufügen der Adjektive ‚muslimisch' oder ‚katholisch' unterscheidet sie die Gruppen: „*Und da hat es keinen Unterschied gegeben zwischen muslimischen Studierenden und katholischen Studierenden.*" (IP Hilde, Zeile 810) Hilde verwendet hin und wieder auch die substantivischen Ausdrücke „*Muslimische*" oder „*Katholische*" (vgl. ebd., Zeile 1335, 2099 bzw. 2020).

In der Interaktion zwischen den beiden LehrveranstaltungsleiterInnen zeigen sich Konflikte, die vielfach nicht ausgetragen wurden. So fühlte sich Mehtap nicht ernst genommen von Hilde, thematisierte dies aber nicht (vgl. IP Mehtap, Zeile 1781–1783, 1391f.). Ein besonders eindrückliches Beispiel zeigte sich im Rahmen der gemeinsamen Planung einer Lehrveranstaltungseinheit. Hilde bot während dieser Planung an, das Besprochene zu verschriftlichen und an Mehtap mit der Bitte um Rückmeldung zu senden. Als Mehtap das Dokument erhielt, stellte sie fest, dass Teile enthalten waren, mit denen sie sich nicht identifizieren konnte. Sie gab aber keine Rückmeldung darüber, sondern übernahm diese Teile nicht für ihren Unterricht (vgl. ebd., Zeile 766–772). Laut Mehtap stimmten von Hilde verschriftlichte Passagen nicht mehr mit dem Besprochenen überein. Mehtap fühlte sich übergangen, kommunizierte dies aber nicht:

> *„Nach unserem Treffen war schon der Plan verschriftlicht; des war von ihr [Hilde (Anm. d. Verf.)] die Verschriftlichung. Ich hab dann zugesagt deshalb, weil die Gruppe so klein war [...] und weil ich der Meinung bin, dass die katholischen Studenten auch [ein] Recht auf eine angemessene Leitung haben, wo sie dann ihre Frage stellen können, also sie haben das Recht, mit einer Expertin zu reden." (ebd., Zeile 1653–1657)*

Hilde wiederum war verunsichert und verärgert darüber, dass sie keine Rückmeldung bekam und wusste nicht, wie sie die Vorgehensweise von Mehtap einordnen soll (vgl. IP Hilde, Zeile 1466–1478).

An einer anderen Stelle wird ein Konflikt rund um Leitung und Leitungsverständnisse sowie um den praktischen Umgang mit Leitung sichtbar. Mehtap äußert Unbehagen im Hinblick auf die kurzfristige bzw. spontane Übernahme von Leitung in der Lehrveranstaltung und gibt zu erkennen, dass sie mit dem Konzept grundsätzlich nicht zurechtkam:

---

364 Vgl. Eickelpasch / Rademacher, Identität.

*„‚Ja magst du des jetzt nicht übernehmen?‘ Damit habe ich ein Problem, ich kann mich nicht wiederfinden und ich habe dann eben nach diesen vier Nachmittagen, habe ich verstanden, in dem Konzept, so wie es ist, so wie es durchgeführt wird, [...] will ich nicht sein.“ (IP Mehtap, Zeile 1405–1409)*

Es zeigen sich große Unterschiede zwischen den LeiterInnen der Lehrveranstaltung und ihren Zugängen sowie differierende Konzepte und – korrespondierend damit – normative Erwartungen bzw. Erwartungshaltungen. Durch die eingeschränkten Möglichkeiten und Bereitschaften zur Metakommunikation ergibt sich eine Reihe von Verwicklungen in den Konstellationen von Erwartungen erster und zweiter Ordnung (Erwartungen und Erwartungserwartungen).

Dieses Geflecht von Erwartungen hat Mehtap im Blick, wenn sie sich bezüglich der Interaktion sowohl mit ihrer Kollegin als auch mit Studierenden während des Unterrichts als genaue Beobachterin bezeichnet: „*Aus der Körpersprache einer Person kann man sehr viel herauslesen*“ (ebd., Zeile 1126). Ein weiterer wichtiger Aspekt ist für sie der Blickkontakt:

*„Der Blickkontakt ist für mich äußerst wichtig. Und ich hab gemerkt, während ich unterrichte, dass manche mich gar nicht anschauen, andere sehr wertschätzend und mich um persönliche Meinungen, um Erfahrungen bitten.“ (ebd., Zeile 1131–1133)*

Die wahrgenommene Ablehnung verdichtet sich für Mehtap am Beispiel eines katholischen Studierenden, von dem sie sich ignoriert fühlte. Sie nahm das zur Kenntnis, thematisierte es aber nicht, sondern entwickelt im Interview eine Reihe von ‚Theorien‘ darüber, woher sein Verhalten rühren könnte. Sie bleibt dabei sehr vage, meint, „*vielleicht ist es ja was anderes*“ (ebd., Zeile 1045) oder „*vielleicht will er jetzt seinen Satz zu Ende bringen*“ (ebd., Zeile 1050) oder formuliert: „*Es können so viele verschiedene Faktoren sein [...], das muss jetzt nicht mich persönlich betreffen*“ (ebd., 1108–1110). Nach längerer Überlegung kommt Mehtap aber zu dem Schluss, dass die Verstimmtheit des Studierenden ihr galt. Sie sprach den Studierenden nicht an, denn sie hält ihre Handlungsmöglichkeiten für beschränkt, da ihre persönliche Lehrveranstaltungskonzeption vorsieht, dass sie nur für die muslimischen Studierenden zuständig ist und Hilde für die katholischen (vgl. ebd., Zeile 1163–1225). Ausgehend von dieser Konzeption würde eine Aussprache mit dem Studierenden für Mehtap einem Eindringen in einen fremden Zuständigkeitsbereich gleichkommen. Vor allem in den Äußerungen Mehtaps wird indirekt eine Konkurrenzsituation zwischen den beiden AkteurInnen deutlich. Für Mehtap steht die Frage im Raum, wer welches Handlungsfeld ‚besetzt‘. Die Lehrende gibt zu verstehen, dass sie Verständnis dafür aufbringen könne, wenn die Studierenden häufiger Hilde nach Informationen fragen würden, da das Setting das Knowhow einer katholischen Religionslehrerin verlangen würde. Mehtap antizipiert hierfür die Perspektive eines/einer katholischen Studierenden:

*„Ich würde mich […] auch nicht fragen, wenn ich weiß, ich hab bis nächste Woche […] einen Stundeneinstieg über die Caritas, da frag ich die Muslimische nicht. Die wird sich nicht auskennen. […] Warum soll ich sie fragen?" (ebd., Zeile 1263–1266)*

Mehtap beschreibt, dass sie sich zunehmend aus der Leitungsrolle zurückzog. Als Gründe führt sie zum einen an, dass sie die zweite Einheit wegen der Krankheit von Hilde allein geleitet hatte und dies folglich bei der dritten Einheit ausgleichen wollte, zum anderen sei durch die Abwesenheit der muslimischen Studierenden ihre Rolle obsolet geworden (vgl. ebd., Zeile 1805–1807). Mehtap zeigt sich auch unzufrieden mit dem Verlauf der Lehrveranstaltung, artikuliert dies aber Hilde gegenüber nicht. Insgesamt lässt sich im Interviewmaterial ein passives und inkonsequentes Verhalten Mehtaps erkennen.

Hilde wiederum ist sich im interreligiösen Leitungsteam unsicher darüber, welches Verhalten gegenüber der muslimischen Partnerin, aber auch gegenüber den muslimischen Studierenden bzw. im Islam überhaupt möglich ist. Sie stellt sich die Frage, „*inwieweit das [Gott in Frage stellen (Anm. d. Verf.)] erlaubt ist im Islam*" (IP Hilde, Zeile 2560). Sie versucht, eine Klärung herbeizuführen, indem sie mit Mehtap darüber spricht und erfährt, dass Mehtap persönlich Zweifel zulassen kann, aber Bedenken hat, diese offen im Religionsunterricht anzusprechen (vgl. ebd., Zeile 2588–2590). Hilde kann diesen Gedanken bis zu einem gewissen Grad nachvollziehen, da sie selbst bisweilen mit konservativen Eltern konfrontiert ist, die ihren Unterricht für „*nicht katholisch*" (ebd., Zeile 2599f.) halten. Dieser Kritik setzt Hilde ihre eigene Überzeugung entgegen. Sie habe „*ganz viele Argumentationshilfen, die ganz klar sagen – bis hin zum Lehrplan: ‚Das ist sehr wohl katholisch*'" (ebd., Zeile 138–140).

Eine der hervorstechenden Problematiken ist für Hilde ihre eigene Unsicherheit im Hinblick auf die Ziele des Basispraktikums. Darüber unterhielt sie sich mit Mehtap wiederholt „*ziemlich lang*" (ebd., Zeile 135f.). Hilde beschreibt, dass sie sich mit Mehtap im Anschluss an die Lehrveranstaltung häufig intensiv austauschte, sodass sie fast nach jeder Lehrveranstaltung zu spät nach Hause kam (vgl. ebd., Zeile 446f.). Hilde kritisiert an Mehtaps Unterrichtsstil vor allem, dass sie – aus Hildes Sicht – die Studierenden nicht auf Augenhöhe behandelte, sondern belehrte (vgl. ebd., 1225–1232). Im Interviewverlauf zeigten sich tiefgreifende Schwierigkeiten in der Kommunikation zwischen Hilde und Mehtap. Hilde zufolge waren sie „*beide vorsichtig […], dass es nicht zum Konflikt kommt*" (ebd., Zeile 2441). Es war, so Hildes Beschreibung,

*„sowas zwischen den Zeilen. Und vielleicht hat's auch damit zu tun, dass wir uns unseren Auftrag eben nicht gut geklärt haben, also unseren Auftrag als Lehrveranstaltungsleiterinnen miteinander in diesem gemischten Setting drinnen." (ebd., Zeile 427–433)*

Hilde stellt sich auch die Frage, ob diese Veränderung in der Beziehung zu Mehtap hinsichtlich der Leitungsfunktion in der Lehrveranstaltung mit „*Konkurrenz*" (ebd., Zeile 1206) zusammenhängen könnte.

Speziell im Hinblick auf die Interaktion mit den Studierenden zeigt sich aus den Sichtweisen der LehrveranstaltungsleiterInnen, dass sich Mehtap – speziell von den katholischen Studierenden – „*als Expertin*" (ebd., Zeile 1115) nicht ernst genommen fühlte. Hilde wiederum sah sich verpflichtet, die „*Sichtweise, die Mehtap wunderbar eingebracht hat*" (ebd., Zeile 554f.) zu bewahren, als diese „*zurückgegangen und zurückgewichen*" (ebd., Zeile 1107) sei. Hilde glaubt, Mehtap sei bereitwillig in den Hintergrund getreten – zweimal habe sie zu ihr gesagt: „*Ich bin froh, wenn du in der Leitung bist*" (ebd., Zeile 1500). An dieser Stelle zeigen sich gravierende Unterschiede in den Wahrnehmungen von Hilde und Mehtap. Zudem wird das jeweilige Unbehagen nicht auf eine Art und Weise artikuliert, die eine Bearbeitung möglich bzw. unumgänglich macht, da die Lehrveranstaltungsleiterinnen sich nicht über ihre Wahrnehmungen und Wünsche austauschten.

Aus der Perspektive der Studierenden auf die LehrveranstaltungsleiterInnen wird deutlich, dass die in der Lehrveranstaltung notwendigen Rollenwechsel (Studierende – PraktikantInnen – probeweises Einnehmen der SchülerInnenrolle) nicht leicht voneinander abzugrenzen waren und dass mitunter auch den Lehrenden diese Rollenwechsel wenig bewusst waren. So zitiert Hilde einen katholischen Studierenden, der in der Feedbackrunde, insbesondere an Mehtap adressiert, geäußert habe, dass er sich „*manchmal gefühlt [habe] wie ein Volksschüler*" (ebd., Zeile 1129). Hilde reagierte darauf, indem sie diplomatisch antwortete: „*Danke für die Rückmeldung. Die nehmen wir mit für uns und werden die miteinander besprechen.*" (ebd., Zeile 1131f.)

Machtungleichgewichte zeigen sich im Hinblick auf die Aktivitäten beider LehrveranstaltungsleiterInnen und die von ihnen gewählten Strategien. So lässt sich erkennen, dass Hilde stärker die aktivere Rolle einnahm und häufiger das Gespräch suchte als Mehtap. Wenngleich interpersonelle Aspekte, die psychische Disposition der AkteurInnen sowie soziale Faktoren ebenso zu berücksichtigen sind, so können sich hier auch gesellschaftlich-politische Machtdynamiken zeigen. Diese lassen sich insofern in interkulturellen Kontexten ausmachen, als VertreterInnen von Gruppen, die sich in politischen Machtpositionen befinden, auch sichtbare Machtpositionen in interkulturellen Bildungskontexten einnehmen. Makrogesellschaftliche Verhältnisse spiegeln sich demgemäß in den hier identifizierten Mikroprozessen wider. Insgesamt wird auch insofern eine Machtasymmetrie deutlich, als – abseits der organisatorischen Problematik – auch ein Dominanzdiskurs über Zugänge, Verständnisse, Lehrerfahrung, Transparenz, Opferrolle, Kompetenz etc. stattfindet.

Wenn man die Interaktion und Kommunikation der Studierenden genauer betrachtet, stellt man fest, dass die konkreten Sichtweisen und Handlungen folgende Themen bzw. Diskurse widerspiegeln: Mehrheits-/Minderheitsverhältnisse, Dominanz, Kompetenz, Vertrautheit und Fremdheit, epistemologische Themen wie Richtig-Falsch-Diskurse o. Ä. Eine besondere Bedeutung kommt dem Raum zu, der einer Person zugestanden oder entzogen wird, um mit den jeweils eigenen Ansichten präsent zu sein.

Die unterschiedlichen Perspektiven in den Diskursen zwischen katholischen und muslimischen Studierenden thematisiert Esra und streicht deutlich heraus, wie oft diese mit Angst vor Missverständnissen verbunden waren. Eine Barriere stellten ihrer Ansicht nach die kulturellen Unterschiede dar, welche von muslimischer Seite eine besonders präzise Sprechweise erforderten. Die Angst, missverstanden zu werden, und sich rechtfertigen zu müssen, erkennt Esra bei vielen muslimischen KollegInnen:

> *„Ja, die haben ein Kopftuch zum Beispiel. Ganz einfach. Die meisten denken, dass wir unterdrückt werden. Alles Mögliche. Und wenn eine Studierende daherkommt und sagt: ‚Ja, meine Mama wollt es, dass ich mein Kopftuch trag.' Kommt unter uns ganz anders an als in der interreligiösen Gruppe." (IP Esra, Zeile 452–472)*

Ähnlich geht es Esra auch im Hinblick auf Wissensfragen. Sie kontrolliert sich stark, um Fehler oder unangenehme Situationen zu vermeiden: „*Vor allem von den Studierenden. […] Ich zieh mich da eher zurück. Bevor ich was Falsches sag, sag ich eh lieber nichts.*" (ebd., Zeile 241f.)

Vor diesem Hintergrund entwickelt Esra auch eine positive Beziehung zur muslimischen Lehrenden. Für sie ist Mehtap vertrauter und im Hinblick auf den islamischen Religionsunterricht kompetenter als Hilde:

> *„Eben, wenn man in der Kleingruppe ist, war's halt besser, weil sie [Mehtap (Anm. d. Verf.)] eben viel mehr Erfahrung hat in der Praxis." (ebd., Zeile 61f.)*

Esra bezeichnet die Beziehung zwischen der katholischen und der muslimischen Lehrveranstaltungsleiterin als „*normal*" (ebd., Zeile 493) und unauffällig. Im Hinblick auf die Verteilung der Gruppen schildert die Studierende, dass zwar eine Blockbildung spürbar war, aber andererseits auch immer wieder in religiös gemischten Gruppen gearbeitet wurde, sodass „*Interaktion, ja, eher, Kommunikation zwischen uns […] schon da [war], ja*" (ebd., Zeile 197). Zudem berichtet Esra von Diskussionen über Themen, bei denen man die Sichtweisen ausgetauscht habe und auf diese Weise zu einer Verständigung gekommen sei:

> *„Da haben wir halt mehr diskutiert, aber es war nicht schlimm. Es war […] eigentlich auch gut. […] Es war halt so ein Thema, das es im Katholischen und im Islam auch gibt. Von deren Sicht und von unserer Sicht; da gab es keine Probleme. Wir haben uns schon ausreden können." (ebd., Zeile 204–211)*

Esra sieht eine Schwierigkeit durch den christlichen Charakter des Religionsunterrichts begründet: Die SchülerInnen sind vertraut mit den christlichen Inhalten und der christlichen Herangehensweise. In diesem Kontext sieht es Esra als schwierig an, die Rolle der muslimischen Expertin zu übernehmen. Vor allem auf die Fragen, die ihr gestellt werden, ist Esra mitunter nicht vorbereitet. Sie erwähnt ein Beispiel: Während des Basispraktikums hatte sie die Aufgabe, gemeinsam mit einer katholischen Kollegin die Bedeutung der Engel in beiden Traditionen zu erklären. Ein Schüler fragte genauer nach und Esra konnte ihm keine Antwort geben. Sie fühlte sich überfordert.

> *„Bei uns gibt's ja Engel, die für die Hölle zuständig sind, Zebani. [...] Sagt man dazu. Da habe ich eben gesagt gehabt: ‚Es gibt Engel, die für die Hölle zuständig sind.' und dann fragt er: ‚Ja, wenn die Engel sind, wieso sind sie dann in der Hölle?'" (ebd., Zeile 750–755)*

Eine Schwierigkeit bei der Bearbeitung dieser Frage scheint für Esra darin zu liegen, dass sie zu wenig Kenntnisse über den Background der christlichen Tradition hat, um die Frage verstehen und adäquat antworten zu können. Hier könnte eine katholische Studentin bzw. ein katholischer Student eine Vermittlerrolle einnehmen. Insgesamt zeigen sich an den geschilderten Beispielen Dynamiken, die deutlich machen, dass das interreligiöse Teamteaching herausfordernd ist.

Eine weitere muslimische Studierende, Elmas, thematisiert häufig die Rolle der muslimischen Leiterin und die Interaktion der Studierenden. Sie setzt die zahlenmäßig kleine muslimische Studierendengruppe in Beziehung zur Rolle der muslimischen Leiterin und sieht ihre Einflussmöglichkeiten daher ebenfalls geschmälert bzw. in Frage gestellt.

> *„Die Mehtap konnte sich auch nicht gut einmischen, weil wir nur zu viert waren. Ich mein, die anderen waren nur katholische [...]. Die Fragen sind ja auch viel mehr von dieser Richtung [gekommen]." (IP Elmas, Zeile 139–141)*

Aus der Sicht der Studierenden Elmas konnte sich die muslimische Lehrveranstaltungsleiterin im interreligiösen Lehrveranstaltungssetting *„nicht so gut einführen [...], obwohl sie eine sehr offene Person ist"* (ebd., Zeile 145f.). Obwohl Elmas der Meinung ist, dass sich die Leiterinnen *„davor gut abgesprochen"* (ebd., Zeile 530) haben, betont sie, dass Hilde *„eher im Mittelpunkt"* (ebd., Zeile 530f.) stand. Im Hinblick auf die Einbeziehung der muslimischen Studierenden schildert Elmas, dass die Mitarbeit *„eigentlich gut gepasst"* (ebd., Zeile 245) habe. Einschränkend habe aus ihrer Sicht ein Merkmal der muslimischen Studierenden gewirkt:

> *„Nun des ist halt in unserer Dings so. Wir tun uns nicht einmischen, ohne dass – Wenn wir müssen, dann tun wir uns einmischen und wenn nicht, dann genügt das. Aber die waren ja auch so, ich mein, das war nicht nur von unserer Seite so." (ebd., Zeile 245–248)*

Elmas nahm keine gravierenden Konflikte zwischen den muslimischen und katholischen Studierenden wahr. Sie selbst setzte sich kaum dafür ein, dass die ungleichen Diskussionsanteile ausgeglichen wurden und vermied es, in das Unterrichtsgeschehen involviert zu sein.

Auch hier werden die bereits mehrfach aufgezeigten Dynamiken deutlich, die auf strukturellen Ungleichheiten beruhen. An der Passivität und den

Konfliktvermeidungsstrategien von Elmas wird die Internalisierung von Machtverhältnissen ersichtlich.

Elmas' Kollegin Emine geht auf die Beziehung zwischen den Studierenden und den LehrveranstaltungsleiterInnen ein und charakterisiert diese Beziehung als freundschaftlich: „*wie Freundebeziehungen, also nicht so Lehrer und Schüler*" (IP Emine, Zeile 446f.). Außerhalb der Praktikumsgruppe habe sie mit den katholischen KollegInnen nur im Rahmen der Gruppenarbeiten Kontakt gehabt. In den Pausen sei sie lieber mit den muslimischen KollegInnen beisammen gewesen (vgl. ebd., 218–228). Die beiden Gruppen hätten voneinander profitiert, sowohl in inhaltlicher als auch in didaktischer Hinsicht:

> *„Als wir haben vieles von ihnen gelernt, sie haben von uns erfahren. Das war schon recht gut, dass man zusammen war [...]. Zum Beispiel, ja, sie haben wenig Erfahrung gehabt über den Islam. Sie haben mehr erfahren. Und wir haben auch erfahren, wie sie in den Stunden, was sie machen alles." (ebd., Zeile 179–184)*

Die muslimische Studentin Meltem betont die ausgeglichene und entspannte Atmosphäre, die sie in der Lehrveranstaltung wahrgenommen hat. Die intrareligiösen Phasen hätten ihr Sicherheit vermittelt:

> *„Wenn Fragen aufgetaucht sind, wo man sich nie getraut hat, die zu stellen, dann hat man das die Mehtap fragen können. Also weil das ist dann schon eine Gruppe, wo man sagt: ‚Okay, da fühle ich mich ein bisschen wohler.'" (IP Meltem, Zeile 804–810)*

Aus Meltems Sicht haben sich die LehrveranstaltungsleiterInnen „*sehr, sehr, sehr gut*" (ebd., Zeile 846f.) verstanden. Sie haben abwechselnd Teile geleitet und sollten die Lehrveranstaltung „*auf alle Fälle so weiterführen*" (ebd., Zeile 854). Dabei wünscht sich Meltem, dass die LeiterInnen den Studierenden „*näherkommen unter Anführungszeichen*" (ebd., Zeile 856f.). Sie schlägt vor,

> *„mehr mit den Studenten auch zu diskutieren, reden, auf sie eingehen, auch hingehen und sagen: ‚So habt's Fragen? Was stellt ihr euch darunter vor? Was glaubt ihr, was vermittelt werden sollte?' Mehr mit den Studenten ins Gespräch kommen" (ebd., Zeile 859–864).*

Klara gibt zunächst an, dass keine gravierenden Konflikte in der Lehrveranstaltung aufgetreten seien.

> *„Also, es hat keine großen Schwierigkeiten geben, die in der ganzen Gruppe zum Thema geworden sind und die kleinen Schwierigkeiten, die kann ich natürlich nicht alle wahrnehmen." (IP Klara, Zeile 224–227)*

Im Hinblick auf die Interaktion zwischen den Studierenden äußert sie sich vor allem zur Interaktion mit den muslimischen Studierenden. Ihrer Meinung nach bot die Lehrveranstaltung zahlreiche Gelegenheiten für „*gegenseitiges*

*Fragenstellen*“ (ebd., Zeile 42). Sie konnte mit den muslimischen Studentinnen über „*Sachen*“ reden, „*wo man sonst nicht so zum Reden kommt*“ (ebd., Zeile 45).

Klara verspürte dadurch aber auch Angst, eine „*dumme Frage*“ (ebd., Zeile 47) zu stellen. Sie beschreibt, dass anfänglich „*Berührungsängste*“ (ebd., Zeile 180) zwischen den muslimischen und den katholischen Studierenden in der Lehrveranstaltung bestanden haben. Den Grund dieser Zurückhaltung sieht sie aber nicht im Religionsbekenntnis,

> *„sondern das ist auch so, wenn eine Gruppe in die Lehrveranstaltung reinkommt, die immer schon was miteinander getan hat und dann sind da neue Personen [...]“ (ebd., Zeile 181–183).*

Im Laufe der Lehrveranstaltung sei das Kursklima jedoch „*lockerer*“ (ebd., Zeile 186) geworden und unter den Studierenden habe sich ein „*Austausch*“ (ebd., Zeile 186) entwickelt. Klaras Schilderungen zufolge sagte die muslimische Lehrveranstaltungsleiterin – vermutlich vor allem dann, wenn sie allein unterrichtete – wiederholt, dass ihr die Kompetenz im Bereich bestimmter christlicher Themen fehle. Klara hält das aber nicht für problematisch, da in diesen Fällen katholische Studierende Fragen von den muslimischen Studierenden beantworten konnten (vgl. ebd., Zeile 155–159). Die LehrveranstaltungsleiterInnen erlebte Klara als „*sehr offen*“ (ebd., Zeile 142). Sie betont, dass man bei Fragen oder Problemen gut mit beiden reden konnte. Sie hätte auch dann nicht gezögert, sich an sie zu wenden, wenn sie „*mit etwas nicht zufrieden gewesen wäre*“ (ebd., Zeile 144).

Im Hinblick auf das Verhältnis zwischen Studierenden und LeiterInnen spricht Klara von einem guten Zusammenspiel. Ein „*typisch[es]*“ Gefälle – „*der Professor hoch oben und der Student irgendwo unten*“ (ebd., Zeile 236–238) habe sie nicht wahrgenommen. Aus ihrer Perspektive fand vielmehr ein „*Miteinander*“ (ebd., Zeile 240) von Lehrenden und Studierenden statt. Dieses gute Miteinander sei auch durch das angebotene ‚Du‘ der beiden LeiterInnen gegenüber den Studierenden gefördert worden (vgl. ebd., Zeile 240–245).

Mit dem theoretischen Konzept der sozialen Identität nach Turner und Tajfel werden Ingroup/Outgroup-Dynamiken deutlich, die man als das Verschmelzen von Ingroup und Outgroup-Konstruktionen zwischen LeiterInnen und Studierenden zu einem gemeinsamen Wir beschreiben kann (siehe Kapitel **2.1**). Dies wirkt sich auch positiv auf das Verhältnis der Studierenden untereinander und auf die Gruppenkohäsion aus. Durch gemeinsame Ziele, Interessen und Interaktionen im Rahmen der Lehrveranstaltung werden die bestehenden (religiösen) Gruppengrenzen und Identifikationsmuster aufgebrochen.

Insgesamt beurteilt Klara die Atmosphäre in der Lehrveranstaltung als „*gut*“ (ebd., Zeile 242), wenngleich in ihrer Praktikumsgruppe einmal ein Problem auftrat, welches sie nicht näher beschreibt, das jedoch gemeinsam mit den LehrveranstaltungsleiterInnen behoben werden konnte.

Der katholische Student Klaus ist der Meinung, Mehtap habe sich in erster Linie mit den muslimischen Studierenden identifiziert. Im Hinblick auf diese Interaktion bemerkt Klaus kritisch, dass sich Mehtap einseitig mit den muslimischen Studierenden beschäftigte: „*so ein bisserl so, ja, wir gehören ja eh zusammen*" (IP Klaus, Zeile 189). Klaus hat den Eindruck, dass Mehtap sich mit den muslimischen Studierenden „*auf einer gleichen Ebene*" (ebd., Zeile 194) sah und „*wir dann halt die Katholischen*" (ebd., Zeile 196) weniger beachtet ‚mitliefen'. Er ortete auch Beziehungsprobleme zwischen der muslimischen Lehrveranstaltungsleitung und den katholischen Studierenden und verspürte bei ihr Widerstand. Seiner Ansicht nach war Mehtap ihnen gegenüber „*nicht offen*" (ebd., Zeile 658), was sich für ihn zum Beispiel im Gespräch über den christlich-katholischen Brauch des Kerzenanzündens zeigte:

> *„Und das war dann für sie so, ja, sie kennt eigentlich nur das [Kerzenanzünden (Anm. d. Verf.)] vom Katholischen und hat sich eigentlich gar nicht interessiert, was wir noch zum Erzählen haben" (ebd., Zeile 212–214).*

Für Klaus besteht die Problematik nicht nur in der starren Position von Mehtap, sondern auch darin, dass sie die Expertise der katholischen Studierenden nicht ernst nahm. Klaus hält es nicht für angebracht, dass Mehtap als muslimische Leiterin über ein katholisches Ritual alleinig aus einer Außenperspektive heraus spricht. Das authentische Sprechen über das religiös Eigene beansprucht er für sich und die eigene Gruppe (vgl. ebd., Zeile 204–216).[365]

Auch Max kommt auf diese Thematik zu sprechen und beschreibt, dass Mehtap die Expertise der katholischen Studierenden im Hinblick auf die Adventkranzfeier missachtet habe. Sie erklärte den katholischen Studierenden, wie eine solche Adventkranzfeier aufgebaut ist und wurde mit Alternativvorstellungen konfrontiert, die sie, laut Max, nicht gelten ließ. Max deutet ihr Verhalten als Arroganz: „*das ist so wie sie das erzählt, nur so ist es richtig*" (IP Max, Zeile 87f.). Er stellt die Kompetenz der muslimischen Lehrveranstaltungsleiterin infrage:

> *„Und das ist dann eben, wo ich mir denk: Dann frag uns nicht oder recherchiere es vorher anders. Aber dann eben sich dann hin zu stellen und zu sagen: ‚Ich kenn das und so ist es und so muss es sein', ist schwierig, grad, wenn es dann um Sachen geht, die sie jetzt nur indirekt über ihre Religion betreffen" (ebd., Zeile 87–92).*

Max hält diesen Vorfall für den Ausgangspunkt eines sichtbaren Konflikts zwischen der muslimischen Lehrveranstaltungsleiterin und den katholischen Studierenden. Im Zuge des geschilderten Vorfalls habe es Meinungsverschiedenheiten zwischen Mehtap und den katholischen Studierenden, speziell Max und Klaus, gegeben. Daraufhin schrieben die beiden eine E-Mail an Hilde. Als Klaus von dieser Begebenheit im Interview erzählt, wirkt er

---

[365] Ein ähnliches Spannungsfeld um Kompetenz und Lehrbefugnis findet sich am Schauplatz Schule im Konfliktherd ‚Identität und Konfessionalität' (vgl. Kapitel **4.4**).

verunsichert oder beschämt. Auch scheint ein unausgesprochenes Ziel der E-Mail gewesen zu sein, Mehtap zu umgehen und Hilde während des noch ungeklärten Konfliktes zu informieren bzw. sie dadurch möglicherweise für die eigene Seite gewinnen zu können.

> *„Tja, mir zwei haben dann – das war dann vor allem in der Stunde, wo sie den ganzen Nachmittagsblock alleine gemacht hat – mir haben daraufhin der Hilde eine E-Mail geschrieben und ihr des geschildert. Ja, aber dann hat's sich's irgendwie a bissl verlaufen. Also dann, dann war nur eine Einheit irgendwie, glaub ich, und mir haben zwar gesagt: ‚Ja, mir, wir sprechen's mal noch an in der Gruppe' oder so, aber irgendwie. [...] Also sie [Hilde (Anm. d. Verf.)] hat dann irgendwie nicht zurückgeschrieben und hat gesagt: ‚Wir können's ja am besten, wir sprechen's dann in der nächsten Stunde noch an.' Und irgendwie hat sich's dann aber verlaufen und das Seminar war dann auch aus und ja." (IP Klaus, Zeile 223–236).*

Klaus beobachtet dabei Mehtaps Reaktion und stellt fest, dass Mehtap in der nächsten Einheit, in der Hilde die Leitung vollständig übernahm, zu spät eintraf und nur „*am Rande*" (ebd., Zeile 328) „*eher als Zuhörende*" (ebd., Zeile 330) anwesend war.

Der Inhalt der E-Mail wird im Rahmen der Lehrveranstaltung nicht mehr aufgegriffen. Im Interview mit Hilde gibt es keine Indizien dafür, dass sie dieses Thema Mehtap gegenüber transparent gemacht hat. Ein möglicher Beweggrund dafür könnte in einer Konfliktvermeidungsstrategie liegen.

Dieses Beispiel veranschaulicht, wie bestehende Machtasymmetrien durch die Intervention der katholischen Studierenden verfestigt werden. Die symbolische Macht der VertreterInnen der Mehrheitsgesellschaft, wie dies von Bourdieu konstatiert wurde, wird in der sich den Dynamiken und Machstrukturen unterwerfenden muslimischen Lehrveranstaltungsleiterin sichtbar. Auch im weiteren Verlauf dieses Konfliktes werden Ingroup-Outgroup-Dynamiken durch die Identifikation mit der eigenen und die gleichzeitige Abwertung der anderen Gruppe deutlich.

Obwohl der Konflikt im Rahmen der Lehrveranstaltung nicht mehr thematisiert wurde, fühlten sich die katholischen Studierenden laut Klaus von Mehtap „*manchmal nicht ernst genommen*" (ebd., Zeile 246f.). Er leitet daraus ab, dass durch diesen Konflikt die katholischen Studierenden ihrerseits Schwierigkeiten hatten, Mehtap ernst zu nehmen (vgl. ebd., Zeile 219f.).

Max sieht den universitären Teil der Lehrveranstaltung geprägt von Widerständen in der Interaktion mit der muslimischen Lehrveranstaltungsleitung. Er fühlt sich von Mehtap „*wie so ein kleiner Volksschüler*" (IP Max, Zeile 51) behandelt. Max führt dies darauf zurück, dass die Lehrveranstaltungsleiterin in der Rolle einer Volksschullehrerin blieb (vgl. ebd., Zeile 133–143). Dies zeigt sich für Max deutlich beim Erproben neuer Methoden in der Rolle von SchülerInnen und der anschließenden Reflexion als Studierende. Zwischen Mehtap und den katholischen StudentInnen nimmt Max eine „*unterschwellige Spannung*" (ebd., Zeile 455) seit der zweiten Einheit wahr, in der die katholische Lehrende krankheitsbedingt fehlte und sich die bereits angesprochenen Meinungsverschiedenheiten im Hinblick auf das Kerzenanzünden entwickelten. Dabei bezeichnet er sich selbst als „*Hauptspannungsträger*" (ebd., Zeile 457) und erklärt, dass die katholischen Studierenden „*die Schnauze gehörig voll hatten von diesem Wir-sind-Volksschüler*" (ebd., Zeile 438f.). Das Gefühl, als Student nicht ernstgenommen zu werden, und die Überzeugung, die Zeit der Lehrveranstaltung sinnvoller verbringen zu können, nennt Max als Gründe für diese Spannung: „*Ich müsste noch das tun, das tun, das tun und jetzt sitz ich hier und lass mich wie mein kleiner Bruder behandeln*" (ebd., Zeile 458–460). Auffällig aus ForscherInnenperspektive ist die aggressive Wortwahl von Max, mit der er seine Sicht auf die Ereignisse schildert.

### 5.3.3 Konsequenzen

In einem nächsten Schritt soll auf die Konsequenzen aus den Interaktionsdynamiken des Basispraktikums eingegangen werden. Wir beginnen bei der Perspektive der LehrveranstaltungsleiterInnen. Aus Mehtaps Sicht ist die Rolle innerhalb der Lehrveranstaltung ein zentrales Thema, eine Rollenklärung wurde nicht in ausreichendem Maße vorgenommen.

> *„Es ist jetzt keine Spannung da, aber ich [...] hab zwei Möglichkeiten: Entweder nehm ich das so an, entweder bin ich als Gast da und schaue zu, wie die Hilde unterrichtet, wie sie mit den Studenten umgeht, aber ich wollte eben absichtlich nicht in der Position sein und sagen: [...] es gibt verschiedene Methoden, man kann innerhalb einer Gruppe voneinander lernen." (IP Mehtap, Zeile 1163–1167)*

In ihrer Selbsteinschätzung sieht Mehtap sich in der Stellvertretungsrolle, was auf symbolische Macht und Machtasymmetrie zurückzuführen ist, wie hier schon mehrmals aufgezeigt wurde. Sie hat den Eindruck, nur dann aktiv gewesen zu sein, wenn die muslimische Perspektive explizit gefragt war bzw. wenn ihre Kollegin ausfiel. Deshalb wähnt sie sich in einer untergeordneten Außenseiterposition.

> *„In einer Gruppe, wo ich als außenstehende Person anwesend bin, eine Beobachterrolle übernehme, nur dann eingesetzt werde, wenn dies notwendig ist so quasi, kann ich der Leiterin auch zustimmen und sagen: ‚Ok, wir machen des so, wie sie es will.'" (ebd., Zeile 1788–1790)*

In diesem Kontext nimmt Mehtap auch Stellung zur weiteren Besetzung des Basispraktikums. Aus der momentanen Situation heraus würde sie die Rolle der Lehrveranstaltungsleiterin nicht noch einmal übernehmen, weil sie sich damit nicht identifizieren konnte: „*Ich mach das nicht. Ich mach das nicht. [...] Ich muss mich wiederfinden können. Und das ist nicht der Fall.*" (ebd., Zeile 2141–2145)

Hilde ist angesichts von Mehtaps fehlender Reaktion auf ihre gemeinsame Planung irritiert. Sie beschreibt, dass sie *„immer leicht verunsichert [ist], wenn [sie] keine Rückmeldung auf so eine Umstellung bekomm[t]“* (IP Hilde, Zeile 1477f.). Als Konsequenz aus der gemeinsamen Arbeit zieht Hilde den Schluss, dass schwierige Themen hätten angesprochen werden sollen. In der Planung, so die katholische Lehrveranstaltungsleiterin, sei zu wenig geklärt worden, was das Basispraktikum leisten solle. Auch die grundsätzlichen Fragen rund um die Ziele, Inhalte und Rollen seien zu wenig beachtet worden (vgl. ebd., Zeile 144–147). So ist laut Hilde eine Verständigung über die Chancen bzw. den Mehrwert des interreligiösen Arbeitens nötig (vgl. ebd., Zeile 2294f.). Dazu zählen folgende Fragen:

> *„Was ist die Rolle, was sind die Rollen im Basispraktikum? Ob ich mich als zuständig für eine Gruppe fühle oder [für] die gesamte Gruppe fühle, irgendwie.“ (ebd., Zeile 1120–1122)*

Auch brauche es Zeit, Raum und Ermutigung für Veränderung und gemeinsames Lernen (vgl. ebd., Zeile 975f.). Hilde ist der Meinung, dass die Verständigung in Form einer bilateralen Auseinandersetzung nicht zielführend ist, sondern anstehende Klärungen mit der Gruppe der LeiterInnen von interreligiösen Lehrveranstaltungen und mit den universitären Instituten erforderlich wären (vgl. ebd., Zeile 2056, 2446–2449).

Als weitere Konsequenz aus der Leitung des Basispraktikums möchte Hilde weniger dominant auftreten. Gleichzeitig glaubt sie aber, dass eine Zurücknahme während der vergangenen Lehrveranstaltung nicht bewirkt hätte, dass Mehtap sich stärker in der Leitung engagiert hätte (vgl. ebd., Zeile 506–528). Hilde stellt sich dabei jedoch auch die grundsätzliche Frage, ob sie durch eine eingenommene Leitungsrolle nicht automatisch auf die muslimische Gruppe übergriffig wirkt und dadurch die Entwicklung einer eigenständigen islamischen Religionspädagogik verhindert (vgl. ebd., Zeile 2496–2501). Bei Hilde bleiben Selbstzweifel und Unsicherheit bestehen: Was ist möglich und erlaubt? Wo sind die Grenzen? Wo verletzt man Andere?

Aufseiten der Studierendengruppe stehen bei den Konsequenzen die Gruppenarbeiten im Rahmen der Lehrveranstaltung im Mittelpunkt. Aus Esras Sicht bietet die interreligiöse Lehrveranstaltung eine Chance, sich kennenzulernen und Gemeinsamkeiten zu finden:

> *„Man lernt auch von einer anderen Sicht die Sachen. Man hat auch eine andere Perspektive dann. [...] Und man lernt auch viel. [...] was die über gewisse Themen denken und was die über Islam denken.“ (IP Esra, Zeile 229–232)*

Auffällig ist hier, dass Esra in einem distanzierenden Ton spricht und die katholische Studierendengruppe mit „*die*“ bezeichnet. Im weiteren Verlauf des Interviews betont Esra, dass die Gruppenarbeiten ein angemessenes Instrument sind, um Gemeinsamkeit zu stiften (vgl. ebd., Zeile 182–197).

Auch Elmas ist der Überzeugung, dass durch die Gruppenarbeiten im Gegensatz zu anderen Sozialformen gemeinsames Lernen ermöglicht wird: *„Das Problem ist, man redet nicht, ohne dass es nötig ist. Aber wenn wir mal zusammenarbeiten sollen, dann passt es.“* (IP Elmas, Zeile 237f.)

Emine hebt neben den verschiedenen Sachaufgaben, die in einer Gruppenarbeit gelöst werden, besonders die Bedeutung der Beziehung hervor: *„Die Beziehung, des isch in der Gruppenarbeit.“* (IP Emine, Zeile 620) Grundsätzlich bewertet sie den interreligiösen Charakter des Basispraktikums als positiv: *„Und des isch so gut, dass man da gemischt sein im universitären Teil.“* (ebd., Zeile 599f.)

In der Einschätzung von Meltem waren Sozialformen wie die Gruppenarbeiten wichtig für das Gelingen interreligiösen Lernens. Diese Erfahrung war für Meltem *„super“* (IP Meltem, Zeile 152) und sie wünscht sich dies *„öfters“* (ebd., Zeile 153). Hinsichtlich der Vorgangsweise empfiehlt Meltem, dass

> *„am Anfang die Professoren ihnen die Aufgabe erklären und dann setzt man sich gemischt in Gruppen. Dann entwickeln sich vielleicht –, mehr auch zwischenmenschlich – man nimmt auch viel von der anderen Religion mit.“ (IP Meltem, Zeile 485–489)*

Als spezielle Konsequenz, die sie aus der Lehrveranstaltung zieht, formuliert Meltem, dass sie durch den Umgang mit dem Anderen zur Selbstreflexion angeregt worden sei, die mit einem gesteigerten Interesse an ihrem eigenen Glauben einhergehe. So erzählt sie, dass sie angefangen habe, den Koran auf Türkisch zu lesen, *„dass ich das mal versteh“* (ebd., Zeile 1191).

Für Klara ist gegenseitiges Zuhören wichtig. Ihrer Meinung nach sollten die Lernenden die Möglichkeit haben, die andere Religion fragend entdecken zu können. Eine religiöse Durchmischung der Lerngruppe stellt für sie dabei eine Grundbedingung dar (vgl. IP Klara, Zeile 79–86).

Klaus formuliert als Fazit aus der Lehrveranstaltung, dass er und die anderen Studierenden *„als wissenschaftliche Personen oder als Studierende“* (IP Klaus, Zeile 286) wahrgenommen werden wollen. Er kritisiert damit den ‚Rollentausch‘, den Mehtap initiiert hatte. Zudem wirft er Mehtap vor, dass sie nicht zwischen reflexiver und methodisch-praktischer Ebene unterscheiden könne (vgl. ebd., Zeile 247f.). Als Konsequenz aus dem Konflikt mit Mehtap will Klaus seine Sicht auf den Sachverhalt *„in die Evaluation“* (ebd., Zeile 347f.) einbringen. Er bedauert zwar, dass er den Konflikt in der Gruppe nicht thematisiert hat. Gleichzeitig gibt er aber zu erkennen, dass er die für ihn ‚angenehmere‘ Methode gewählt habe: *„und ich habe mich irgendwie auch drücken können davor, es irgendwie persönlich anzusprechen“* (ebd., Zeile 354–356). Zudem wird deutlich, dass Klaus die ihm in seiner Position zur Verfügung stehenden Machtmittel (die Evaluierung) wählt, um den Konflikt schlussendlich zur eigenen Zufriedenheit lösen zu können.

Sonja, eine weitere katholische Studierende, schätzt die Praxisgruppe als Ort des interreligiösen Austausches (vgl. IP Sonja, Zeile 463). Auch sie ortete einen Konflikt der katholischen Studierenden mit der muslimischen Leitung, als sie über interreligiöse Feiern sprachen. Sonja übte wegen des großen Aufwandes und der Verwechslungsgefahr mit einer Messe Kritik an solchen Feiern. Daraufhin entstand eine Diskussion zwischen ihr und der muslimischen Leiterin, an der sich nach und nach mehrere katholische Studierende beteiligten. Sonja berichtet über dieses Ereignis folgendermaßen:

> *„Und dann haben sich plötzlich mehrere zu mir gestellt und dann war eben die blöde Situation, dass die anderen halt zugehorcht haben und sich halt so rundherum gestellt haben. Und dann war halt so ein bisserl dann die ungute Situation, dass sie uns gegenüber gestanden ist und dann plötzlich aber alle römisch-katholischen Studierenden um uns herum gestanden sind und das war dann ein bisserl das Schwierige, weil sie sich dann noch mehr angegriffen gefühlt hat, weil wir halt alle rundherum gestanden sind." (ebd., Zeile 194–201)*

Sonja bewertet das Gespräch der katholischen Studierenden einerseits als „*Dialog*" (ebd., Zeile 204), gleichzeitig artikuliert sie Aspekte, die auf eine „*üble Nachrede*" (ebd., Zeile 249f.) gegen Mehtap hindeuten. Sonjas Art, sich hier auszudrücken, wirkt ambivalent. Sie scheint sich in einem Dilemma zu befinden und in manchen ihrer Aussagen klingt an, dass in der Konfliktsituation nicht alles ehrlich und transparent verlaufen ist. Es ist zu vermuten, dass einerseits Sprechtabus existierten: Es scheint nicht erlaubt, offen über den Konflikt zu reden. Zum anderen lag möglicherweise eine ausgeprägte Machtfrage zugrunde, d. h. dass sich starke ProtagonistInnen dafür einsetzten, dass das Thema tabu blieb und die Rolle und Anteile der Einzelnen nicht offensichtlich wurden. An diesem Beispiel wird deutlich, dass eine Konsequenz nicht ausgetragener Konflikte darin bestehen kann, dass Studierende im Nachhinein zu problematischen Strategien wie intransparentem Handeln greifen könnten.

Die in diesem Konfliktherd aufgezeigten Spannungen spiegeln Machtverhältnisse wider, wie sie theoretisch im ‚Kampf um Anerkennung' fundiert sind. Diese Konstellationen sind als das Resultat von gesellschaftlichen Positionierungen, sozialem Status und entsprechenden Aushandlungen zu betrachten.

### 5.3.4 Zwischenresümee

Im Zentrum des Spannungsfeldes ‚Ablauf, Kommunikation und Gruppendynamik' stand das Teamteaching und hierbei die Leitungsfrage sowie deren Auswirkungen auf die Studierenden und die Dynamik der Gruppen. Indem sich die muslimische Leiterin vor allem für die muslimischen Studierenden zuständig fühlte, beantwortete sie auch deren Anfragen bezüglich der Stundenüberschneidung mit einer anderen Lehrveranstaltung und der damit verbundenen Abwesenheit jeweils alleine mit den muslimischen Studierenden und ging mit ihnen die beschriebene Lösung ein, ohne diese Problematik mit der Gesamtgruppe und mit Hilde zu besprechen. Dieses Vorgehen verärgerte die katholischen Studierenden.

Insgesamt erscheint es aufgrund der Befunde notwendig, mit den LehrveranstaltungsleiterInnen gemeinsam ein interreligiöses Leitungskonzept zu erarbeiten und es transparent zu kommunizieren. In diesem Zusammenhang ist die Klärung von Verantwortlichkeiten wichtig. Auch erscheint es ratsam, dass mindestens eine Lehrveranstaltungsleiterin/ein Lehrveranstaltungsleiter eine Festanstellung am Institut für Praktische Theologie oder am Institut für Islamische Theologie und Religionspädagogik innehat.

Ein weiterer zentraler Bereich betrifft die Wahrnehmung und Bearbeitung von Konflikten. Sowohl aufseiten der Studierenden wie auch aufseiten der Lehrenden wurden die Konflikte nicht offen angesprochen. Es zeigt sich, dass für Leitungspersonen ein gutes zwischenmenschliches Miteinander Voraussetzung dafür ist, dass Konflikte angesprochen und bearbeitet werden.

Um im interreligiösen Kontext erfolgreich miteinander kommunizieren zu können, wird Ambiguitätstoleranz benötigt. Darunter wird die Fähigkeit verstanden, ‚Störungen' und Widersprüche aushalten und ggf. bearbeiten zu können. Dazu gehört auch das Wissen, dass Probleme und Schwierigkeiten auftauchen können. Für den Umgang damit ist bedeutsam, dass keine Schuldzuweisungen vorgenommen werden, sondern gemeinsam versucht wird, die Situation zu analysieren, die Anliegen zu erfassen und mögliche Lösungen anzuzielen.

Gemeinsame Planung mit allen Lehrenden in interreligiösen Lehrveranstaltungen ist empfehlenswert. Für die Weiterentwicklung der Lehrveranstaltung soll das Feedback der Fachbereiche eingeholt werden, um den Austausch und die Entwicklung zu fördern. Vonseiten der Fachbereichsleitungen ist die Kommunikation von Zielen und Aufgaben der interreligiösen Lehrveranstaltungen zentral.

## *5.4 Konfliktherd 3: Ringen um den ‚idealen' Religionsunterricht und Anerkennung*

Der dritte Konfliktherd am Schauplatz Universität umfasst die divergenten Konzepte der Beteiligten in Bezug auf einen gelungenen oder ‚idealen' Religionsunterricht. Eng verbunden sind damit die gesellschaftliche Anerkennung der eigenen Religion sowie der gesellschaftliche und religionsgemeinschaftliche Status des Religionsunterrichts. Dementsprechend betrifft dieser Konfliktherd auch die Wahrnehmung des öffentlichen Diskurses und seiner Auswirkungen, die den Hintergrund der universitären Lehrveranstaltung bilden.

Der Blick des Konfliktfeldes richtet sich stärker nach innen und untersucht – intensiver als bei den bisherigen Spannungsfeldern –, welche Erwartungen die eigene Glaubensgemeinde und die Eltern an den Religionsunterricht stellen. Ausgehend davon findet in diesem Konfliktfeld eine Verknüpfung der beiden Schauplätze Schule und Universität durch den Religionsunterricht statt. Eine zentrale Bedeutung nimmt dabei auch die Selbstwirksamkeitsüberzeugung der ReligionslehrerInnen und der LehrveranstaltungsleiterInnen ein: Erleben sich ReligionslehrerInnen bzw. universitär Lehrende in ihrem Unterrichts- und Kommunikationshandeln als wirkmächtig in den entsprechenden Bildungskontexten, speziell in der Schule gegenüber den verschiedenen VertreterInnen der Schulpartnerschaft (DirektorInnen, KollegInnen, SchülerInnen, Eltern, Gesellschaft), so steigt die Motivation und die Überzeugung, professionell zu handeln.

Eine wichtige Rolle für die Herausbildung wie auch für das Fehlen von Selbstwirksamkeitsüberzeugung spielen die gesellschaftlichen Folien, vor deren Hintergrund sich LehrerInnen wahrnehmen bzw. mit denen sie sich identifizieren oder dagegen abgrenzen müssen. Das bedeutet, dass, ebenso wie in den vorangegangenen Kapiteln, gesellschaftliche, religionsgemeinschaftliche und politische Macht und Machtasymmetrien betrachtet werden müssen, die zum Verständnis von Konflikten in interreligiösen Dynamiken beitragen.

### 5.4.1 Ursachen und Einflussfaktoren

Wie bei den anderen Spannungsfeldern wenden wir uns auch bei diesem Konfliktherd zuerst den strukturellen Bedingungen zu.

Bei den LehrveranstaltungsleiterInnen zeigen sich im Hinblick auf den Religionsunterricht Ungleichheiten, die einerseits auf Machtasymmetrien und Ungleichheitsverhältnisse hinweisen können, andererseits aber auch auf die geltenden Rahmenbedingungen. Diese Rahmenbedingungen sind häufig Spiegelbild gesellschaftlicher Verhältnisse – und damit gesellschaftlicher Gleich- oder Ungleichbehandlung. Mehtap berichtet davon, dass die islamischen ReligionslehrerInnen an mehreren Schulen unterrichten müssen, um entsprechend ihrer Anstellung ausreichend Unterrichtsstunden zu leisten. Zudem verhinderten die Unterrichtszeiten am Nachmittag, dass die islamischen ReligionslehrerInnen in das Schulleben und die Schulgemeinschaft eingebunden werden können:

> *„Unsere Lehrer unterrichten an mindestens vier, fünf verschiedenen Schulen. Und sie fühlen sich nicht hundertprozentig in dieser [...] Schule integriert; sie können auch nicht integriert werden, [...], weil sie eben an Nachmittagen unterrichten." (IP Mehtap, Zeile 221–223)*

Einen weiteren Unterschied zwischen dem katholischen und islamischen Religionsunterricht sieht Mehtap in der Gruppe der SchülerInnen ohne Bekenntnis, die bevorzugt den katholischen Religionsunterricht besuchen.

Mehtap, die auch als Religionslehrerin tätig ist, nimmt an, dass hierbei das Interesse der Eltern an Wertevermittlung eine Rolle spielt, die sie im katholischen Unterricht gewährleistet sehen:

> *„Und im katholischen Religionsunterricht, so wie ich's von meiner Kollegin wahrgenommen hab, ist es so, dass ich die Kinder, die ohne Bekenntnis sind, dass sie sich noch einmal anmelden, weil […] den säkularen Eltern wichtig ist, dass gewisse Werte vermittelt werden." (ebd., Zeile 336–339)*

Einen weiteren Umstand, der sich zuungunsten des islamischen Religionsunterrichts auswirkt, sieht Mehtap darin, dass die muslimischen ReligionslehrerInnen größerem Druck ausgesetzt seien, der von den Konzepten und Vorstellungen der Eltern, der Glaubensgemeinschaft sowie von internen fachlichen Aspekten herrühre. Insbesondere die Eltern seien ein nicht zu vernachlässigender Einflussfaktor im islamischen Religionsunterricht. Denn deren Vorstellung von Religionsunterricht, der laut Mehtap oftmals am religiösen Unterricht in Moscheen orientiert ist, sei entscheidend dafür, ob sie die Kinder für den Unterricht anmelden. Aus Mehtaps Schilderungen wird die Konkurrenz zwischen Moscheeunterricht und Religionsunterricht deutlich:

> *„So habe ich zumindest erfahren, dass die Eltern ein bestimmtes [Verständnis (Anm. d. Verf.)] vom islamischen Religionsunterricht haben. Es gibt […] Erwartungen von den Eltern. […] Ein Beispiel wäre das Auswendiglernen der Suren. Man kann als Lehrperson sagen, […] ich verzichte [darauf], man wird aber […] merken, die Eltern sind nicht zufrieden oder sie werden als Konkurrenz […] ihre Kinder entweder in die Moschee schicken oder […] die werden sagen […]: ‚Ich melde mein Kind einfach ab.'" (ebd., Zeile 236–238; 255–259)*

Mehtaps Einschätzungen lassen vermuten, dass hier Diskussionen und Austausch über Anliegen, Ziele und Inhalte eines zeitgemäßen Religionsunterrichts nicht möglich sind. Mehtap beschreibt, dass sie als Religionslehrerin „*mit dieser religiösen Sozialisation der Eltern mithalten*" müsse; allerdings spricht sie auch davon, dass die elterlichen Vorstellungen „*auch […] variieren voneinander*", insofern darin „*nicht immer das gleiche Verständnis*" (ebd., Zeile 476–478) von Religionsunterricht sichtbar wird.

Diese Erwartungshaltungen der muslimischen Eltern, die sich laut Mehtap oftmals einen instruktionistischen Religionsunterricht im Sinne einer religiösen Unterweisung wünschen, stellen große Herausforderungen für ReligionslehrerInnen dar. Mehtap macht in diesem Zusammenhang darauf aufmerksam, dass dadurch sehr hohe Ansprüche an die Differenzierungsfähigkeit der muslimischen ReligionslehrerInnen gestellt werden, was auch hohe Ansprüche an Mehtap als Lehrende in der Ausbildung zur Folge habe.

> *„Von der Lehrerrolle her ist es so, dass sie […] aus einem unterschiedlich religiösen Hintergrund stammen. […] Jeder Religionslehrer von uns […], je nach Herkunft […] hat ein anderes Islamverständnis, was dazu führt, dass es auch im Islamunterricht irgendwie Auswirkungen haben muss. Das ist die Realität." (ebd., Zeile 229–234)*

Flexibilität bezüglich der Themen im Religionsunterricht sei, so Mehtap, auch durch die zeitlichen Rahmenbedingungen des Unterrichts gefordert. Ihrer Auffassung nach ist die Zeit speziell wegen des notwendigen Raumwechsels oder des Schulwechsels der LehrerInnen knapp bemessen, sodass die Umsetzung einer großen Themenbreite kaum möglich sei:

> *„Ich habe nur [...] 50 Minuten [...]. Von diesen 50 Minuten muss ich 5 wegrechnen, weil ich die Kinder abholen muss, 5 Minuten, weil ich sie wieder zurückbringen muss, 5 Minuten brauche ich, um ansatzweise zu fragen, ob sie Suren gelernt haben, [...] wo sie für zwei, drei Minuten die Möglichkeit haben, die richtige Aussprache zu lernen. [...] Die Zeit wird für mich knapp. [...] Und wenn ich noch rechnen muss, dass ich nach der Stunde [...] in einer anderen Volksschule zu unterrichten hab." (ebd., Zeile 427–445)*

Abseits der zeitlichen Begrenztheit des Unterrichts sieht Mehtap den islamischen Religionsunterricht durch die Frage nach der Unterrichtssprache herausgefordert. Als eine besondere Schwierigkeit nennt Mehtap die Problematik, dass einige muslimische SchülerInnen nicht auf Deutsch beten wollen:

> *„Ich hab auch Schüler, die sagen: ‚Na, wir machen kein Dua, kein Bittgebet auf Deutsch. Anstatt dass ich ein Bittgebet auf Deutsch mache, werde ich eine Sure aufsagen!' [...] Letzte Woche [...] hatte ich einen Schüler, der hat gsagt: ‚Ich werde ein ‚Amena Rasulu' [aufsagen (Anm. d. Verf.)].' Stell dir vor [...] [das] hatte er auswendig gelernt. Der Schüler hat gesagt: ‚Ich will kein Gebet auf Deutsch.'" (ebd., Zeile 1508–1512)*

Mehtap erläutert, dass die religiöse Sprache der Kinder an die Muttersprache gebunden ist und es eine besondere Herausforderung darstellt, Glaubensinhalte auf Deutsch zu lernen.

> *„Und zu dem kommt noch, dass die gefühlte religiöse Sprache von den Kindern immer noch ihre Muttersprache ist [...] und ich kann nur ansatzweise langsam Schritt für Schritt sie darauf vorbereiten, dass man sich auch in Deutsch äußern kann." (ebd., Zeile 1506–1508)*

Selbst für die Studierenden, so Mehtap, sei es schwierig, auf Deutsch zu sprechen, da die religiöse Sprache viele Metaphern enthielte, die nicht leicht übersetzt werden können:

> *„Ja, diese metaphorische Sprache [...]. Letztes Jahr hab ich auch gemerkt, die muslimischen Studierenden sogar, die mussten mit der Sprache vertraut werden, mit der religiösen Sprache, sozusagen mit Deutsch. Die haben schon Schwierigkeiten." (ebd., Zeile 1544–1547)*

Hildes Perspektive ergänzt Mehtaps Eindrücke. Auch sie beschreibt, dass auf dem islamischen Religionsunterricht Druck lastet, den sie in besonderer Weise bei Mehtap wahrnimmt (vgl. IP Hilde, Zeile 927–946). Ihrer Meinung nach werden Kinder und Jugendliche von Moscheen und Familien rigide erzogen bzw. sozialisiert, sodass die Begegnung mit anderen Konzeptionen oder religiösen Traditionen Gefühle von Bedrohung auslöse. Dies habe erheblichen

Einfluss auf den Religionsunterricht und wirke sich auch auf die Situation im Basispraktikum aus:

> *„Und vielleicht ist das schon so auch noch, dass die, die jetzt da studieren kommen, ganz stark von der Familie her oder von den Moscheegemeinden her sozialisiert sind, und für die ist diese Weite manchmal auch eine Gefahr und eine Bedrohung und die verlieren das Eigene dann, oder?" (ebd., Zeile 2640–2643)*

Laut Hilde bestehen die Herausforderungen für die islamischen ReligionslehrerInnen vor allem darin, mit dem Druck von Moscheegemeinden und Familien umgehen zu lernen. Auch sei die Heterogenität in den muslimischen Klassen groß und die Deutschkenntnisse vieler SchülerInnen unzureichend (vgl. ebd., Zeile 914–927).

Bemerkenswert ist an Hildes Aussage, dass sie ausführlicher über den islamischen Religionsunterricht spricht als über den katholischen. Hierzu merkt sie lediglich an, dass aus ihrer Sicht weniger Druck durch Familie und Kirche ausgeübt wird (vgl. ebd., Zeile 946–950).

Grundsätzlich zeigt sich in diesem Abschnitt besonders deutlich am Beispiel der muslimischen Lehrveranstaltungsleiterin, dass die Schule ein Beziehungs- bzw. Erwartungsgeflecht darstellt, in dem durch die Nichterfüllung von Erwartungen eines oder mehrerer Teile der Schulpartnerschaft Konflikte entstehen können. Aus der Sicht der muslimischen Religionslehrerin und Leiterin der Lehrveranstaltung ist der Konflikt zwischen Religionsunterricht, Religionslehrperson und Eltern besonders markant. Die Religionslehrpersonen sind in diesen Erwartungskontext eingebunden und können sich ihm nicht entziehen. Ihr Unterrichtshandeln ist also nicht frei bestimmbar, sondern muss sich an den Erwartungen der einzelnen AkteurInnen der Schulpartnerschaft ausrichten. Dies gilt insbesondere im Hinblick auf die Eltern. Sie stellen offensichtlich die größte Konfliktquelle für die islamische Religionslehrerin dar und von ihrer Seite drohen verschiedene Sanktionen, u. a. die Abmeldung der Kinder vom Religionsunterricht.

### 5.4.2 Umgangsformen und Interaktionen

In diesem Abschnitt werden Umgangsformen und Interaktionen betrachtet, die durch die vorab geschilderten Ausgangsbedingungen ausgelöst wurden. Dabei soll mit der Sichtweise der LehrveranstaltungsleiterInnen begonnen werden.

In den bisherigen Ausführungen kam zum Ausdruck, dass zahlreiche Zwänge bestehen, denen insbesondere die islamischen ReligionslehrerInnen und der islamische Religionsunterricht ausgesetzt sind. Mehtap beschreibt, wie sie sich von den Erwartungen der Eltern und der Religionsgemeinschaft unter Druck gesetzt fühlt:

> *„Wenn ich als eine aufgeschlossene Lehrperson hingehe und sage [...]: ‚Ich gestalte solche Stunden, wo die Kinder mehr zum Nachdenken angeregt werden, aber losgelöst von religiösen Inhalten', dann werde ich früher oder später meine*

> *Schüler verlieren. Es geht um die Sicherung des Arbeitsplatzes. Wenn ich dann nicht den Erwartungen der Eltern entspreche, wird es auch Konsequenzen haben." (IP Mehtap, Zeile 357–361)*

Mehtap beschreibt, dass sie davor zurückschreckt, die Stunden spielerischer zu gestalten. Die negativen Reaktionen der Eltern, die die bisherige ‚klassische' Form des Unterrichts wünschen, erlebt sie als eine Art ‚Kontrolle' (vgl. ebd., Zeile 404–410; 422f.) – die auch bei Unterrichtsausfällen sichtbar werde:

> *„Also ich kann nur Folgendes sagen: Ich habe an zwei Montagen nicht unterrichten können, aufgrund von diesen Feiertagen. [...] Und ich bin von den Eltern angesprochen worden, eben, was da los ist, weil sie schon seit zwei Wochen keinen Religionsunterricht gehabt haben. Ich bin zu 90 Prozent sicher, dass die Inhalte, die ich den Kindern vermittle, [...] weitererzählt werden und die Eltern hören sich das an, sie bejahen es oder [...] sie stellen es infrage." (ebd., Zeile 369–374)*

Das Interesse der Eltern an den Inhalten des Religionsunterrichts, das hier deutlich wird, ist prinzipiell nicht als negativ zu bewerten. Mehtap erlebt es aber als Einschränkung. Ob die geschilderten Zwänge tatsächlich existieren, lässt sich nicht zweifelsfrei klären – wichtig ist in diesem Zusammenhang aber, dass Mehtap die Reaktionen auf ihren Unterricht subjektiv in dieser Form wahrnimmt und sich daraus reale Konzepte und Konsequenzen ergeben.

Die oben genannten Äußerungen verweisen auf innerreligiöse Konfliktdynamiken, die unter dem Aspekt der symbolischen Macht interpretiert werden können. So befinden sich muslimische ReligionslehrerInnen im Kontext ihrer religiösen Gemeinschaften in Dynamiken, die auf ‚interne' Machtasymmetrien hinweisen. Da sich der islamische Religionsunterricht erst in den letzten Jahrzehnten an Schulen etabliert hat, sehen sich die LehrerInnen herausgefordert, ihren sozialen Status und Anerkennung – sowohl innerhalb als auch außerhalb ihres religiösen Kontextes – auszuhandeln und sich gegen Widerstände durchzusetzen. Das Konzept vom ‚Kampf um Anerkennung' nach Honneth stellt hierbei einen möglichen Analyserahmen für die Erfassung und Deutung interreligiöser und intrareligiöser Konflikte dar.

In den Äußerungen Mehtaps lässt sich erkennen, dass den islamischen Religionsunterricht (und insbesondere dessen Konzeption vonseiten der Eltern) noch weitgehend ein materiales Bildungsverständnis prägt, das auf Inhalte fokussiert ist und dem einzelnen Lernenden oder der Lerngruppe wenig Aufmerksamkeit zugesteht. Insofern sieht sich Mehtap auch aufgrund der inhaltlichen Vorgaben als Religionslehrerin gegenüber der katholischen Lehrerin eingeschränkt. An dieser Stelle wird ihr Bild von katholischen ReligionslehrerInnen deutlich, die sie argumentativ als Kontrastpersonen verwendet: Sie könnten viel freier mit Inhalten verfahren und auch aktuelle Kontexte in den Unterricht einbeziehen. Mehtap ist der Ansicht, dass ihr diese Handlungsoptionen aufgrund der vorgeschriebenen Inhalte prinzipiell nicht zur Verfügung stehen:

> *„Und ich aber als islamische Religionslehrerin […] bin gebunden an den Inhalt. Ich kann jetzt nicht nach Lust und Laune irgendetwas ansprechen oder irgendetwas thematisieren über die Politik oder was halt in den Medien ist, das kann ich nicht." (ebd., Zeile 345–348)*

Hier wird erkennbar, dass Mehtap für aktuelle Themen unter den Rahmenbedingungen des muslimischen Religionsunterrichts keinen Raum sieht. Sie fühlt sich durch verschiedene Umstände unter Druck gesetzt und nicht in der Lage, anderen außer den vorgeschriebenen Inhalten Priorität einzuräumen.

Bei der Auswahl von Strategien und Umgangsformen für den eigenen Religionsunterricht stellt sich Mehtap häufig die Frage, wie man mit der Vielfältigkeit der Glaubensverständnisse umgehen kann, ohne beliebig zu werden. Ihr Vorschlag ist eine Standardisierung, die für sie der Lehrplan darstellt:

> *„Ja, um das Problem zu vermeiden, dass jeder Religionslehrer nach […] Lust und Laune unterrichtet […], was ihm näherkommt, sozusagen, gibt es ja den Lehrplan […]. Das hat den Vorteil, dass sich alle Religionslehrer, wir sind über 400 österreichweit, dass sich alle an den Lehrplan halten müssen." (ebd., 314–330)*

Hinsichtlich des Lehrplans hebt Mehtap stark dessen normierende Rolle hervor und weist auf die großen Differenzen zwischen dem islamischen und dem katholischen Lehrplan hin: „*und wenn du unseren Lehrplan angeschaut hast […], der unterscheidet sich extrem vom katholischen Religionsunterricht*" (ebd., Zeile 316f.).

Aus der Analyse der Interviewtexte wird deutlich, dass Mehtap gegenüber zahlreichen Aspekten des Lehrplans Bedenken hegt, wie etwa gegenüber einer möglichen fehlenden Normierung, einer zu starken Relativierung oder einer zu großen Offenheit. Möglicherweise setzt sie sich vor diesem Hintergrund im Handeln und in der Kommunikation Grenzen, die sie dann wiederum belasten. Immer wieder hebt Mehtap hervor, dass der katholische Lehrplan im Vergleich zum muslimischen mehr Handlungsspielraum für die Lehrpersonen und den Religionsunterricht insgesamt gewährt. Sie betont, dass der katholische Lehrplan „*losgelöst von […] jeglichen Inhalten*" ist; es seien „*nur mehr diese zehn Kompetenzen da*", die „*eine Freiheit für den Lehrenden*" (ebd., Zeile 331–336) darstellen.

Die Freiheit, die aus Mehtaps Sicht den katholischen Religionsunterricht charakterisiert, ist für sie tendenziell problematisch, da sie auch Beliebigkeit und Willkür beinhalte. Vieles sei im katholischen Unterrichtskonzept der einzelnen Lehrperson überlassen. Gleichzeitig lässt sich aus ihren Aussagen aber die Tendenz ablesen, dass sie sich für sich selbst mehr Freiheit im Bereich des Religionsunterrichts wünscht.

Die katholische Lehrveranstaltungsleiterin Hilde vertritt in diesem Zusammenhang eine konträre Meinung. Sie verwehrt sich gegen zu strenge Unterrichtsprinzipien. Stattdessen tritt sie für einen kreativeren, ungezwungeneren Umgang mit Inhalten und Methoden als Mehtap ein. Ihre Haltung stützt sie auf eine theologische Aussage: Sie stellt den liebevollen Blick ins

Zentrum und meint, man könne *„darauf vertrauen, dass dieser Gott liebevoll auf uns schaut und dass wir selber auf uns liebevoll schauen*" (IP Hilde, Zeile 2650f.).

Grundsätzlich unterscheiden sich die Sichtweisen der Lehrenden darin, dass Mehtap stärker von einem didaktischen Konzept geprägt ist, das auf Vorgaben und Nachahmung beruht, und die Frage nach konkreten Methoden und Handlungsanweisungen in den Mittelpunkt rückt. Dies zieht eine kontrollierende Herangehensweise nach sich. Hilde hingegen stellt thematische und methodische Angebote in den Raum und überlässt es den Studierenden, sich selbstverantwortlich darin zu bewegen und einen eigenen Unterrichtsstil zu entwickeln.

Im Vergleich zu Mehtap äußert sich Hilde kaum zu den Herausforderungen des katholischen Religionsunterrichts. Sie beschreibt allgemein ihre Sicht auf die Rolle von ReligionslehrerInnen und verwendet dabei die Metapher eines Pakets:

> *„Ich bekomme ein Paket [...] von meiner Glaubensgemeinschaft [...]. Das ist so der Inhalt, das ist mein Paket. Ich nehm das Paket, mach das Paket auf, schau hinein, lass es durch mich durchgehen und das [...] – auch mit Blick auf die SchülerInnen: was können die aus dem Paket brauchen? – [...] versuche ich mit denen zu bearbeiten." (ebd., Zeile 986–990)*

Mehtaps Rolle und Haltung nimmt Hilde folgendermaßen wahr:

> *„Ich bekomme ein Paket, ich nehme das Paket und gebe dieses Paket den Schülerinnen und Schülern weiter." (ebd., Zeile 984f.)*

Hilde nimmt dabei implizit Bezug auf ein instruktionistisches Lehr- und Lernparadigma, in dem der/die Lehrende den Lernprozess steuert. Der/die Lehrende ist aktiv, während die Lernenden passive Empfänger des Lerninhaltes oder Lernstoffs sind. Lernen ist in diesem Paradigma eine ‚Einbahnstraße' vom Lehrenden zu den Lernenden. Hildes Metapher des Pakets veranschaulicht, dass die SchülerInnen in einem solchen Lernverständnis keine Möglichkeiten haben, sich an der Konstruktion des Inhalts zu beteiligen bzw. beteiligt zu werden, da dieser nach Bemessen der LehrerInnen bzw. der Glaubensgemeinschaft vorstrukturiert ist. Das instruktionistische Lehr- und Lernparadigma, das Hilde bei Mehtap wahrnimmt, betreffe, so Hilde, aber nicht nur den schulischen Religionsunterricht, sondern zeige sich auch in den Schwerpunkten, die ihre Kollegin in der universitären Begleitlehrveranstaltung lege. So sähe es Mehtap als ihre Aufgabe, die Studierenden vor Anfeindungen und vor *„Eingriffen aus den Moscheegemeinden und den Eltern aus diesen unterschiedlichen Strömungen und Kulturen*" (ebd., Zeile 935f.) zu schützen, indem sie ihnen *„einen bestimmten Ablauf*" (ebd., Zeile 937) beibringe und ihnen klare Anweisungen gebe. In der Beschreibung zeigen sich Anklänge an die ‚Meister-Lehrling-Didaktik', in welcher der Lehrling die Anweisungen des Meisters befolgt, aber keine eigene Professionalität entwickelt.

Machtasymmetrien und eine darauf gründende Unsicherheit der muslimischen ReligionslehrerInnen werden von den LehrveranstaltungsleiterInnen deutlich wahrgenommen: Hilde bezeichnet es als „*riesengroßes Manko*" (ebd., Zeile 2067), dass das Praktikum nur im katholischen Religionsunterricht stattfindet. Sie wünscht sich mehr Mut von den islamischen ReligionslehrerInnen, ihren Religionsunterricht mit der Haltung zu öffnen: „*Das ist bei uns jetzt so und soll man anschauen und dann kann man daraus was entwickeln.*" (ebd., Zeile 2169)

Bei den Studierenden kommen unterschiedliche Sichtweisen auf den islamischen bzw. katholischen Religionsunterricht und auf die Verknüpfung mit dem Basispraktikum zur Sprache, die die gesellschaftliche Anerkennung der eigenen Religion sowie Vorstellungen des Religionsunterrichts im Fokus haben. Die muslimische Studentin Esra bemängelt zwar die Ausrichtung des Basispraktikums auf den katholischen Religionsunterricht, hebt aber die Möglichkeit des Vergleichs hervor, den sie als Chance sieht, sich mit anderen Sichtweisen auseinandersetzen zu können (vgl. IP Esra, Zeile 291f.). Sie zählt dabei die verschiedenen Dimensionen, Anforderungen und Methoden des Religionsunterrichts auf, die sich im Falle des islamischen Religionsunterrichts beispielsweise besonders auf Inhalte (‚Bedeutungen') beziehen:

> *„Wenn's jemand machen kann, dann schon, aber die [KatholikInnen (Anm. d. Verf.)] haben ja keine Suren, keine Verse, keine Bedeutungen, die müssen das alles nicht machen. Aber, bei uns ist es so, man legt im schulischen Teil viel Wert darauf, dass die Schüler das mit Bedeutung lernen. Wenn man das interreligiös so gut rüberbringen kann, dann warum nicht. […] Aber, ich glaube, dass es dann für die Anderen irgendwie […] nicht nötig [ist], für die Katholischen." (ebd., Zeile 343–355)*

Die Einblicke in den katholischen Religionsunterricht im Basispraktikum führen bei Esra dazu, dass sie im intrareligiösen muslimischen Fachpraktikum große Unterschiede zum katholischen Unterricht wahrnimmt:

> *„Jetzt beim Fachpraktikum sieht man, dass es ganz andere Welten sind eigentlich. Schon die beiden Religionsunterrichte, aber, es sind schon verschiedene Welten. […] Also die machen das alles spielerisch – kann man nicht sagen – aber ebenso mit, also anders. Und bei uns geht's eher um die Informationen; die Informationen gut rüber zu bringen. Deswegen war's a bissel anders." (ebd., Zeile 105–108)*

Am Beispiel von Esra können die unterschiedlichen Konzepte von Religionsunterricht, von Glaube, möglicherweise auch von Offenbarung verdeutlicht werden: In ihrer Interpretation von islamischem Religionsunterricht steht die Weitergabe von Informationen, also der Inhalt, im Zentrum. Das Konzept des katholischen Religionsunterrichts kann Esra nicht klar definieren. Ihr fällt aber das spielerische Element auf.

Elmas, eine andere muslimische Studentin, ist ebenso der Ansicht, dass die zwei Unterrichtskonzepte unterschiedlich sind. Sie sieht es als Ziel einer gelungenen LehrerInnenausbildung, zu lernen, wie man Kinder zum Nachdenken anregt:

> *„Aber ich habe halt gemerkt, nicht nur von diesem Unterricht – wir haben ja jetzt Basis-Uni-Teil gehabt. Wir haben Fachdidaktik, wir haben auch Fachpraktikum Uni-Teil mit der Mehtap und von denen aus kann ich einfach nur sagen: ‚Wir lernen ja wie man die Kinder zum Nachdenken bringt.' Und wenn man des wirklich schafft, dann ist es gelungen, finde ich." (IP Elmas, Zeile 555–559)*

Im Hinblick auf die Wahrnehmung des muslimischen Religionsunterrichts reflektiert Elmas ihre eigene religiöse Sozialisation und betont die einseitige Schwerpunktsetzung auf das Lernen von Inhalten: „*Wir haben nur inhaltlich gelernt, gelernt, gelernt.*" (ebd., Zeile 665f.)

In Bezug auf die interreligiösen Komponenten des Basispraktikums äußert Elmas Bedenken. So stellt sich für sie die Frage, weshalb sie überhaupt Methoden des katholischen Religionsunterrichts lernen sollte (vgl. ebd., Zeile 222f., 410f.). In diesem Zusammenhang führt sie ein ähnliches Argument an wie die Lehrveranstaltungsleiterin Mehtap. Mit Blick auf die Eltern ist sie der Meinung, dass man nicht alles vom katholischen Religionsunterricht übernehmen könne,

> *„weil da auch ein Druck von den Eltern aus ist [...], weil, wenn man da von der Islamstunde nichts lernt und nach Hause geht und die Kinder, sagen wir, haben nur gemalt, das kommt dann nicht positiv an." (ebd., Zeile 487–490)*

Ungeachtet dessen ist sie aber fasziniert vom ruhigen Charakter des katholischen Religionsunterrichts: „*Da ist keine Hast; es ist nicht hektisch und ich hab das halt noch nie davor mitgemacht.*" (ebd., Zeile 590f.)

Die Studentin Emine nimmt andere Differenzen zwischen den verschiedenen Formen des Religionsunterrichts wahr. Unterschiede zwischen katholischem und muslimischem Lehrplan macht sie an der Kompetenz- und Zielorientierung fest:

> *„Zum Beispiel, dass die SchülerInnen nach dem Unterricht auch selbst denken können also, und wenn ein Problem ist, das lösen können. Dass sie im Unterricht gelernt haben. [...] Aber in unserem Lehrplan steht das nicht ganz so, da steht nur zum Beispiel: ‚SchülerInnen sollen dies können und dies können.'" (IP Emine, Zeile 585–595)*

Des Weiteren will Emine auch anregen, dass man im islamischen Religionsunterricht die Orte aufsucht, an denen Religion gelebt wird; also Moscheebesuche macht.[366]

Meltem, eine weitere muslimische Praktikantin, legt für einen gelungenen Religionsunterricht großen Wert auf die „*Motivation*" (IP Meltem, Zeile 893). Mehrmals wiederholt sie die Bedeutung der Motivation, die sie bei den

---

366 Siehe hierzu die Ausführungen zum Konfliktherd ‚Identität und Konfessionalität' am Schauplatz Schule (Kapitel **4.4**).

Rückmeldungen interessierter Kinder wahrnimmt, und veranschaulicht dies an Beispielen. So habe sie ein Kind fragen hören: „*Können wir noch eine Stunde Religion machen?*“ (ebd., Zeile 942). Solche Begebenheiten motivieren dann wiederum auch Meltem als Religionslehrerin.

Neben der Motivation spielt für Meltem nicht nur die Qualifikation in der eigenen Theologie eine zentrale Rolle, sondern in ihrem Grundverständnis als Religionslehrerin sind auch Einblicke in die christliche Theologie von großer Bedeutung: „*Wenn man ein Religionslehrer sein will, dann muss man schon Religionen vergleichen können.*“ (ebd., Zeile 639)

Im Hinblick auf die universitäre Begleitlehrveranstaltung zeigen sich Gemeinsamkeiten zwischen der muslimischen Lehrveranstaltungsleiterin und den Studierenden. Alle setzten die Schwerpunkte eher auf Methodenvermittlung und weniger auf didaktische Fragestellungen. Die Studentin Emine zeigt sich beispielsweise zufrieden über die „*Informationen [...], wie man Stunden gestaltet*“ (IP Emine, Zeile 129).

Auch aufseiten katholischer Studierender findet diese Ausrichtung durchaus Zuspruch. So hat Max die „*[Lehr-]Veranstaltung schon dezidiert als Handwerkszeugveranstaltung wahrgenommen*“ (IP Max, Zeile 532f.). Denn im Zentrum der Lehrveranstaltung stand der Wille, die Studierenden

> *„reflektieren [zu] lassen über unseren Weg als LehrerIn, dass wir uns nicht über Dinge in die Wolle kriegen, die damit jetzt überhaupt nichts zu tun haben, weil diese theologischen Streitigkeiten nützen uns in der Schule relativ wenig.“ (ebd., Zeile 537–540)*

Für Max ist die Schule kein angemessener Ort für theologische Streitigkeiten. Sein Konzept von Religionsunterricht ähnelt tendenziell dem von Mehtap. Für beide sind vor allem Methoden wichtig, um SchülerInnen im Religionsunterricht religionsbezogene Inhalte nahe zu bringen.

Für Klaus war es ebenfalls ein Anliegen, durch die Begleitlehrveranstaltung auf einer „*praktischen, beispielhaften Ebene*“ (IP Klaus, Zeile 249) den Umgang mit religiösen Inhalten und Themen im Unterricht kennen zu lernen: „*Ich hab so einen Methodenkoffer und da hab ich wieder mal ein bisschen was reinschmeißen können.*“ (ebd., Zeile 371–374)

Unterschiede in den Vorstellungen von Religionsunterricht bestehen aber durchaus auch darin, welche Methoden der jeweiligen Religion angemessen oder nicht angemessen sind. Dabei ist Mehtaps Anliegen, im Basispraktikum einen Schwerpunkt auf methodische Fragen zu legen – wie die vorangegangenen Beispiele zeigen –, stärker auf die muslimischen Studierenden hin ausgerichtet. Dies wird von jenen auch befürwortet und geschätzt. Einige katholische Studierende kritisieren jedoch aus diesem Grund Mehtaps Kommunikationsstil: sie habe sich darauf fokussiert, den Studierenden Vorgegebenes und Geplantes zu vermitteln, sei dabei aber nicht in einen kritischen selbstreflexiven Dialog mit ihnen getreten, selbst wenn sie als muslimische Lehrveranstaltungsleiterin über katholische Glaubensinhalte oder Rituale sprach (vgl. ebd., Zeile 193–220). Diese Vorgehensweise, die durchaus im Sinne eines eher instruktionistischen Religionsunterrichts gedeutet werden könnte, führte zu Spannungen mit katholischen Studierenden (siehe Kapitel **5.3**).

Die katholische Studierende Klara wiederum betont – im Unterschied zu ihren KollegInnen Max, Klaus und Sonja – im Rückblick auf die Konzeption der Lehrveranstaltung eher Schwerpunkte, die Hildes Vorstellung von einem idealen Religionsunterricht entsprechen. Zwar begrüßt sie grundsätzlich auch den „*Praxisbezug*“ sowie die „*Werkzeuge*“ (IP Klara, Zeile 105–110), die sie in der Lehrveranstaltung kennen gelernt hat und die sie im konkreten Unterrichtsgeschehen selbst anwenden könne, ihrer Meinung nach ist aber vor allem das interreligiöse Lernen ein Merkmal qualitätsvollen Religionsunterrichts:

> *„Naja, schon allein durch das, dass ich quasi für mich persönlich eine Position oder mir eine Meinung über interreligiösen Dialog, über auch vielleicht den Islam bilden kann, im Austausch mit Personen aus der Religion, bereichert das natürlich dann auch meinen Unterricht, weil ich dann diesen Zugang auch vermitteln kann vielleicht, den ich für mich als richtig entdeckt habe.“ (ebd., Zeile 346–352)*

Klara beschreibt folglich ein Lernen, das „*über das eigentliche Lernen in der Lehrveranstaltung drüber hinaus*“ (ebd., Zeile 331f.) geht. Besonders wichtig sei hierbei die Möglichkeit, im Austausch mit Angehörigen anderer Religionen eine eigene Meinung zu entwickeln. Sie vertritt folglich ein Konzept von Religionsunterricht, das keine starren Inhalte oder Wahrheiten vermittelt, sondern eher eine persönliche Auseinandersetzung mit religionsbezogenen Inhalten – auch außerhalb des schulischen Kontextes – anstößt. Ähnlich wie Hilde steht bei ihr „*ein anderes Lernen*“ (ebd., Zeile 335f.) im Zentrum, das im Kontakt und im Miteinander geschieht.

Insgesamt wird aus diesem Abschnitt deutlich, dass Religion ein zentraler Baustein von Identität ist. Es werden Elemente sichtbar, die auf die theoretische Konstruktion eines ‚fiktiven imaginierten Wir‘ hinweisen, in der die Dynamik der Stabilisierung nach innen und der Abgrenzung nach außen vom religiös ‚Anderen‘ manifest wird. Darin liegt ein erhebliches Konfliktpotential für interreligiöse Bildungsprozesse.

### 5.4.3 Konsequenzen

Als Konsequenzen zeigen sich Gesichtspunkte, die auf gesellschaftliche Machtasymmetrien verweisen. Theoretisch beziehen sich diese auf das Konzept vom ‚Kampf um Anerkennung‘ nach Honneth sowie auf die von Scotson und Elias beschriebene Theorie der Etablierten-Außenseiter-Beziehung.

Die Lehrveranstaltungsleiterin Mehtap nennt die deutsche Sprache im islamischen Religionsunterricht als Herausforderung. Auch müsse sie stets

Vorleistungen erbringen, damit Kommunikation möglich würde. Dies gelte auch für die Studierenden, die im Praktikum für eine ‚gelingende' Kommunikation Verantwortung tragen und die Probleme der Mehrheitsgesellschaft mit MuslimInnen auffangen müssten. Mehtap nennt als Beispiel aus dem eigenen privaten Bereich das Kopftuch und schildert die Herausforderungen und Unannehmlichkeiten, die damit für sie als muslimische Frau verbunden sind. Sie betont, wie häufig sie auf das Kopftuch angesprochen werde, auch in der universitären Lehrveranstaltung.

> *„Ich weiß, womit ich zu kämpfen habe als eine muslimische Frau mit Kopftuch. Ich bin immer mit Vorurteilen [...] konfrontiert, ich muss diese Hürden [...] überwinden, damit eine normale Kommunikation zwischen mir und meinen Gesprächspartnern überhaupt möglich ist. [...] Diese Hürde habe ich immer im Vorhinein schon fixiert." (IP Mehtap, Zeile 756–759)*

Mehtap nimmt diese Problematik auch bei muslimischen Studentinnen wahr. Sie berichtet von einer Studentin, die ihren Berufswunsch wegen ihres Kopftuches nicht realisieren konnte:

> *„Manchen fehlt ein theologisches Wissen, weil sie aus der Gesellschaft heraus dazu gezwungen sind, jetzt dieses Studium zu machen. Ich kenne vom letzten Jahr eine Dame, die hat mich vor drei bis vier Jahren kontaktiert und hat mich [...] gebeten, ob ich ihr helfen kann, weil sie unbedingt Architektin sein will. Dann habe ich gesagt: Ist es denn so schwierig, dass du jetzt eine Stelle findest und die hat ihre Probleme erzählt, aufgrund des Kopftuches und die hat dann letztes Jahr bei uns angefangen, Islamische Religionspädagogik zu studieren." (ebd., Zeile 926–931)*

Mehtap macht zudem deutlich, dass katholische und muslimische Studierende unterschiedliche Beweggründe für ein Religionsstudium haben (vgl. ebd., Zeile 935f.).

Hilde ist der Meinung, dass das Konzept und die inhaltlichen Wünsche von Mehtap stark geprägt sind von der gesellschaftlichen Situation der MuslimInnen. Sie beschreibt den „*Wunsch von der Mehtap [...], ganz viel Methodisches und Didaktisches weiter zu geben*" (IP Hilde, Zeile 154f.) und führt dies auf Mehtaps Sorge vor einer unreflektierten Übertragung von katholischer didaktischer und theologischer Kultur auf die muslimischen Studierenden zurück. Hilde glaubt, Mehtap befürchte, dass muslimische Studierende katholische Methoden unreflektiert übernähmen, weil diese schön oder ansprechend seien (vgl. ebd., Zeile 185–188, 319–322). Hilde ist angesichts von Mehtaps Konzepten verunsichert und fragt sich, ob sie mit dem eigenen Konzept zu dominant sei. Dieses Dilemma löst Hilde im Interviewverlauf auf, indem sie ihre Verärgerung artikuliert und die Verantwortung den muslimischen ReligionspädagogInnen zurückspielt:

> *„Verdammt, das ist eure Arbeit, selber zu schauen, was ihr zu tun habt. Und wieso hängt ihr euch an einem Bild an, das vielleicht gar nicht das eure ist?" (ebd., Zeile 2531f.)*

Hilde scheint in ihrer Rolle in eine *double-bind*-Situation geraten zu sein: Sie kann ihre eigene Überzeugung nicht aufgeben und gleichzeitig ist ihre eigene Überzeugung mit der Einstellung von Mehtap und mancher muslimischer Studierender nicht kompatibel. So überlegt sie und sucht nach Lösungen. Schließlich sieht sie nur die Möglichkeit, die Lehrveranstaltungsleitung für das kommende Studienjahr nicht wieder zu übernehmen:

> *„Ich glaub, Hilde, du musst aus dem Projekt aussteigen, weil da tust du etwas, das den Studierenden nicht guttut, den muslimischen Studierenden nicht guttut. Da kommt etwas, das gegen vieles von dem geht [...], was sie in ihrer, in ihrer Sozialisation, in ihrer Kultur oder dann halt, wie sie Religion erleben [...] und denken." (ebd., Zeile 2733–2740)*

Die Konsequenzen aufseiten der Studierenden lassen sich wie folgt zusammenfassen: Die muslimischen Studierenden bewegt stark die Frage nach islamischen bzw. katholischen Methoden. Diese Differenzierung ist charakteristisch für ihre Sichtweise und hat weitreichende Auswirkungen auf die Beurteilung des Basispraktikums. Es wird deutlich, dass es große Unterschiede in der methodischen und didaktischen Auffassung der muslimischen Lehrveranstaltungsleiterin bzw. der Studierenden zum katholischen Religionsunterricht gibt. Als Beispiel hierfür kann die Vorstellung von Esra angeführt werden: Esra ist der Meinung, das Basispraktikum sollte im islamischen Religionsunterricht stattfinden, da sie die gelernten Methoden nicht umsetzen könne:

> *„Aber trotzdem hat man Bilder von den katholischen, von christlichen Sachen. Man hat Kerzen im Seminar und, ja, des gibt's bei uns eigentlich nicht. Und ich kann auch nicht in einem islamischen Religionsunterricht in der Mitte eine Kerze reintun und anzünden, ja, halleluja, kann ich nicht machen." (IP Esra, Zeile 164–171)*

Als weitere Konsequenz im Hinblick auf den Religionsunterricht wird deutlich, dass Esra, die ein eher inhaltsbezogenes Verständnis von Religionsunterricht hat, dem katholischen Religionsunterricht weniger inhaltlichen Lernaufwand beimisst (vgl. ebd., Zeile 346–348). Daneben erkennt sie auch große Unterschiede zur christlichen Religion. Diese veranschaulicht sie am Beispiel der Jesus-Geschichte:

> *„Isa, alihi salam, zum Beispiel. Mir haben ein anderes Bild von ihm und sie haben ganz an anderen. Also sie haben a ganz, ganz andere Geschichte. [...] Es ist – ja das, was mittlerweile, glaube ich, eh schon jeder –, es ist gut, dass man das hört einmal. Aber eben für die islamische Sicht bringt's nicht viel, denk ich." (ebd., Zeile 277–288)*

Emine wiederum sieht weniger Probleme in der Übernahme von Methoden aus dem katholischen Religionsunterricht für den islamischen Unterricht (vgl. IP Emine, Zeile 101, 534–539).

Meltem hinterfragt das Konzept des schulischen Religionsunterrichts, der aus ihrer Sicht „*langweilig*“ (IP Meltem, Zeile 899) ist. Sie ist überzeugt, dass die interreligiöse Zusammenarbeit an der Universität und in der Schule weiterbestehen muss. Dass „*muslimische Studenten die christlichen, also katholischen Kinder unterrichten oder umgekehrt*“ (ebd., Zeile 218–220), hält sie für wichtig und unterstreicht das Konzept: „*Das muss auf jeden Fall sein.*“ (ebd., Zeile 220) Meltem wünscht sich nicht nur eine Weiterführung des Projekts, sondern eine Ausweitung dahingehend, dass die katholischen Studierenden künftig auch den islamischen Religionsunterricht besuchen.

### 5.4.4 Zwischenresümee

Macht und Machtasymmetrien werden auch im dritten Konfliktherd deutlich, in dem die gesellschaftliche Anerkennung der eigenen Religion und des Religionsunterrichts sowie das Ringen um einen ‚idealen‘ Religionsunterricht im Zentrum stehen. Besonders die muslimischen Befragten nehmen die aktuellen Diskurse hierzu wahr und thematisieren diese. Es werden ebenfalls Dynamiken sichtbar, die auf Etablierte-Außenseiter-Konstellationen hinweisen.

Aus der Aussageform und den Redeanteilen der LehrveranstaltungsleiterInnen zum katholischen bzw. islamischen Religionsunterricht ergibt sich ein Spiegelbild der gesellschaftlichen Verhältnisse zur christlichen/islamischen Religion bzw. zum islamischen/katholischen Religionsunterricht. Hilde thematisiert die Herausforderungen der eigenen Religion bzw. des katholischen Religionsunterrichts kaum – insbesondere hinsichtlich der Einstellungen der Eltern. Mehtap hingegen sieht sich mit vielen Schwierigkeiten und Herausforderungen konfrontiert. Aus ihrer Sicht hat sie permanent Erklärungsbedarf, fühlt sich vor allem vonseiten der Eltern unter Druck gesetzt und weist auf ihr Abhängigkeitsverhältnis hin (Abmeldemöglichkeit vom Unterricht). Konkret spürt sie auch Druck vonseiten der Glaubensgemeinschaft. Ob diese impliziten oder expliziten Anforderungen auf einem realen Hintergrund beruhen oder ob sie im Sinne von sich selbst erfüllenden Prophezeiungen Mehtaps Konzept beeinflussen und ihr Handeln steuern, wird aus den Interviews nicht ersichtlich.

Im Hinblick auf die Akzeptanz der Religion bzw. des Religionsunterrichts schildert Hilde zwar die Probleme Mehtaps, spricht aber kaum über eigene Schwierigkeiten und Herausforderungen, weder im katholischen Religionsunterricht noch in der katholischen Glaubensgemeinschaft. Sie beschreibt auch nicht, dass sie sich von Eltern unter Druck gesetzt fühlt. Die Gründe für diese Nicht-Thematisierung sind nicht leicht zu rekonstruieren. Sie können in der Verfasstheit der Mehrheitsgesellschaft liegen, aber auch in der geringeren Bedeutung, die die Mehrheitsgesellschaft der Religion beimisst. Nicht zuletzt können auch Hildes Selbstverständnis und ihre Selbstwirksamkeitsüberzeugung in dieser Frage eine wichtige Rolle spielen.

Großen Einfluss auf den Konfliktherd haben die unterschiedlichen Vorstellungen vom ‚idealen' Religionsunterricht. Hier gehen die didaktischen und inhaltlichen Vorstellungen der beiden LehrveranstaltungsleiterInnen weit auseinander. Bei Mehtap sind Inhalte und Methoden zentral, bei Hilde sind es Kontextsensibilität und Interaktion. Auch darüber, was man im Religionsunterricht tun darf bzw. was man unterlassen sollte, haben die beiden Lehrenden fundamental verschiedene Auffassungen. Bei Mehtap kommt zwischen den Zeilen immer wieder eine Angst vor einer unzulässigen Vermischung des islamischen Religionsunterrichts mit dem katholischen zum Ausdruck. Ihr ist es wichtig, die Grenzen aufrecht zu erhalten. Für Hilde existieren diese Grenzen in didaktischer Hinsicht nicht. Allerdings fühlt sie sich durch Mehtaps Konzepte stark verunsichert, was ihr die interreligiöse Begegnung und das Teamteaching erschwert.

# Zusammenführung und Impulse

# 6 Perspektiven für interreligiöse Bildungsprozesse

In der Zusammenschau zeigten sich bei der Auswertung des empirischen Materials verschiedene Spannungsfelder in zwei unterschiedlichen Settings: am Schauplatz Schule und am Schauplatz Universität. In beiden Settings konnten jeweils drei Konfliktherde identifiziert und detailliert beleuchtet werden.

Der erste Konfliktherd am Schauplatz Schule, bezeichnet als ‚(religiöse) Gruppendynamik', beinhaltet die spannungshaltigen Implikationen von asymmetrischen Ausgangsbedingungen, religiösen Grenzziehungen und der inter- oder intrareligiöse Subgruppenbildung. Das zweite Spannungsfeld ‚Themen und Didaktik' hat die Frage nach den zu behandelnden Themen sowie nach deren Aufbereitung zum Gegenstand und reflektiert didaktisch-methodische Herausforderungen und Schwierigkeiten ebenso wie auch Potentiale in interreligiösen Lehr- und Lernsettings. Im Mittelpunkt des dritten Konfliktherds am Schauplatz Schule steht die Thematik ‚Identität und Konfessionalität'. Darin werden unter anderem die Grenzen interreligiöser Kooperation in Bildungskontexten verhandelt und es wird der Frage nachgegangen, inwiefern Begegnungen mit dem religiösen Gegenüber als angemessen oder kontraproduktiv für die Identitätsbildung von SchülerInnen betrachtet werden.

Am Schauplatz Universität zeigten sich ebenfalls drei Spannungsfelder. Der erste Konfliktherd ‚Planung, Konzept, Erwartungen' fokussiert die Konzeptualisierung und Zielsetzungen der universitären Lehrveranstaltung und legt unterschiedliche, mitunter gegenläufige Erwartungshaltungen und Wünsche im interreligiösen Setting offen. Der zweite Konfliktherd betrifft den Bereich ‚Prozess, Kommunikation und Gruppendynamik' und zeigt manifeste Spannungen zwischen LehrveranstaltungsleiterInnen untereinander sowie zwischen LehrveranstaltungsleiterInnen und Studierenden, die sich an Kommunikationsdynamiken, Zuständigkeiten und Verantwortlichkeiten oder an Leitungsfragen entzündeten. Beim dritten Konfliktherd steht das ‚Ringen um den ‚idealen' Religionsunterricht und Anerkennung' im Fokus. Zum Ausdruck kamen darin Diskrepanzen und Divergenzen zwischen den Beteiligten hinsichtlich der Fragen, was einen gelungenen Religionsunterricht ausmacht, welche Aufgaben eine ReligionslehrerIn zu erfüllen hat und welchen Erwartungen der AkteurInnen der Schulpartnerschaft Genüge getan werden müsse.

In der Zusammenschau des empirischen Datenmaterials lassen sich Themenkomplexe verdichten, die Konfliktpotentiale beinhalten. Sie überlappen sich z. T. in den Schauplätzen, greifen dabei Aspekte der Konfliktherde auf und bringen diese auf eine abstrakte globale Ebene.

Für die folgende Darstellung wurden sieben Themenkomplexe ausgewählt:
– Interaktion in interreligiösen Settings,

- Leitung von interreligiösen Prozessen,
- Didaktische und methodische Konzepte,
- Themenentwicklung und Themenfindung,
- Interreligiöses Lernen in einem konfessionellen Kontext,
- Bedeutung des Religiösen,
- Binäre Räume – Dritte Räume sowie
- Konflikt und Kommunikation.

Um die Ergebnisse möglichst vielen zugänglich zu machen, die sich mit interreligiöser Arbeit in der Bildung auseinandersetzen, wird in der folgenden Darstellung von den konkreten Kontexten der Studie, Schule und Universität, weitgehend abgesehen. Im Fokus steht die Frage nach den zentralen Konfliktfeldern in der interreligiösen Bildungsarbeit.

Interaktion in interreligiösen Settings

Eine Herausforderung und ein mögliches Konfliktfeld in interreligiösen Kontexten und gemischt-religiösen Gruppen stellt die Gruppendynamik dar.

- Einen besonderen Einfluss auf mögliche Konfliktpotentiale innerhalb einer interreligiösen Lerngruppe hat deren Zusammensetzung. So ist – je nach Kontext – in vielen Lerngruppen nicht steuerbar, wie hoch der Anteil der Mitglieder der einzelnen Religionsgemeinschaften ist. Aus der Zusammensetzung können unausgewogene und asymmetrische Gruppenverhältnisse entstehen. Die Herausforderung besteht darin, diesen Umständen in der didaktischen und methodischen Konzeptualisierung von Bildungsprozessen Rechnung zu tragen. Dabei sollte Didaktik in einem ganzheitlichen und mehrperspektivischen Sinn verstanden werden, in dem die individuell-biografischen Zugänge ebenso berücksichtigt werden wie die Dynamik der Gruppe, der Kontext oder die sachlich-inhaltliche Perspektive.
- Neben der Zusammensetzung stellt die Differenzierung der Gruppe eine wichtige Größe dar. Dabei sind besonders die intrareligiösen Ingroup-Bildungen relevant. Ingroup-Bildungen können eine Exklusionsdynamik erzeugen. Der daraus resultierende Ausschluss einzelner Gruppenmitglieder von der Teilhabe am Gesamtprozess würde das Ziel der Bildungsprozesse gefährden. Dabei, so zeigt unsere Forschung, haben die LeiterInnen von Bildungsprozessen einen wesentlichen Einfluss auf die (religiöse) Subgruppenbildung. Sowohl ihre Interaktionen und Rollenbilder untereinander als auch mit bzw. von den Gruppenmitgliedern können diese verstärken oder verringern – dies wird beispielsweise im Teamteaching deutlich. Gleichzeitig konnten wir nachweisen, dass Subgruppenbildungsprozesse zwar entlang religiöser Grenzen stattfinden, die Motivation hierfür jedoch nicht zwangsläufig religiös begründet ist. Hier spielen Faktoren wie persönliche Kompetenzen und Eigenschaften sowie

die Frage, ob sich (manche) TeilnehmerInnen der Lerngruppe bereits schon vorher kennen und somit eingespielte Kommunikationsgewohnheiten haben, eine entscheidende Rolle.

- In Situationen, in denen die Asymmetrie (bspw. aufgrund der Rahmenbedingungen) unausweichlich ist, ist es für die Balance in der Gruppendynamik von Vorteil, wenn die TeilnehmerInnen, insbesondere diejenigen, die sich in der Minderheitenposition befinden, diese durch Flexibilität, Aktivität und Kommunikationsbereitschaft ausgleichen. Damit ist aber eine, für heterogene Gruppen typische, Auswirkung verbunden, die die Asymmetrie und Machtbeziehungen verstärken kann: Die TeilnehmerInnen der Minderheit müssen in dieser Kommunikationsdynamik gegenüber der Mehrheit in Vorleistung gehen. Dies kann als belastende Verpflichtung wahrgenommen werden, zum Gelingen der Kommunikation beizutragen.
- Eine besonders heikle Kommunikationsdynamik zeigt sich mit Blick auf die AkteurInnen in interreligiösen Lerngruppen, die, bei gemischtreligiöser Leitung, eine ‚Dreieckskommunikation' bilden können: Sowohl die gemischtreligiöse TeilnehmerInnengruppe als auch die gemischtreligiöse LeiterInnengruppe ist intra- und interreligiös orientiert. Dabei agieren die einzelnen AkteurInnen bzw. Gruppen nicht notwendigerweise im Einklang miteinander, sondern – je nach Kombination, die sich bildet – mitunter auch heterogen oder gegeneinander. Dadurch ergibt sich immer wieder eine Dreieckskonstellation, in der zwei AkteurInnen kommunizieren, ohne den/die Dritte/n mit einzubeziehen.

Leitung von interreligiösen Prozessen

Wie schon im vorigen Abschnitt deutlich wurde, nimmt die gemischtreligiöse Leitung breiten Raum im Hinblick auf die Konfliktträchtigkeit in Bildungsprozessen ein. Zentral sind hierbei das Verständnis von Leitung im Team bzw. von Teamteaching und der Umgang damit. Dabei haben Leitungsstile und Persönlichkeitsmerkmale großen Einfluss.

- Bei der Entstehung von Konflikten spielen die unterschiedlichen theologischen, didaktischen, methodischen sowie persönlichen Konzepte und Zugänge eine erhebliche Rolle. Diese Konzepte haben meist vorreflexiven Charakter, treffen in der Regel unmittelbar aufeinander, erzeugen Unvereinbarkeiten und Widersprüche und steuern implizit das Handeln der beteiligten Personen. Aus diesem Konfliktpotential wird deutlich, welche Bedeutung die (Selbst-)Explikation bzw. (Selbst-)Aufklärung subjektiver Konzepte individuell und kollektiv in der Aus-, Fort- und Weiterbildung von LeiterInnen haben sollte. Dies betrifft auch die individuellen Rollen- und Aufgabenverständnisse, über die kein Austausch stattfindet.

- Die Leitung bzw. das Teamteaching bringt eine neue Konstellation mit sich. Sie beinhaltet mehr als die bloße ‚Addition' von zwei oder mehreren LeiterInnen/Lehrpersonen. Auch bisher routinierte LeiterInnen können in der Leitung/im Teamteaching eine neue Situation vorfinden, in der für sie bisher fest definierte Zuständigkeiten oder Verantwortlichkeiten neu zu klären sind.
- Auch innerhalb des Leitungsteams können Asymmetrien entstehen. Hier betreffen sie Einschätzungen und Bewertungen (Kompetenzen, Konzepte, Zuständigkeiten usw.). Auf deren Basis können sich Dominanz-/Marginalisierungskonstellationen herausbilden, die oft mit den gesellschaftlichen Mehrheits-/Minderheitsverhältnissen korrespondieren oder durch diese verstärkt werden. Mitunter können sich aber die Mehrheits- und Minderheits- bzw. die Etablierten- und Außenseiterverhältnisse in solchen Settings im Vergleich zu gesellschaftlichen Verhältnissen auch umkehren.
- Konfliktpotential beinhaltet auch die gegenseitige Bewertung der Personen, die in der Leitung und/oder im Teamteaching involviert sind. Diese Bewertung kann sich auf die theologischen, didaktischen oder methodischen Konzepte, die Lehr- und Lernpraktiken und Handlungsstrategien sowie auf Persönlichkeitsmerkmale beziehen. Vergleichsdynamiken, Mimesis- und Konkurrenzverhältnisse spielen hier eine zentrale Rolle. Auch hier können Aus-, Fort- und Weiterbildung im Bereich der Leitung/des Teamteachings erheblich dazu beitragen, durch Stärkung des Persönlichkeits- und Rollenbewusstseins sowie durch die Aufmerksamkeit auf die gemeinsame Aufgabe die individuellen, sozialen und kontextuellen Bedingungen für die gemeinsame Leitung von Bildungsprozessen zu verbessern.
- Deutlich wurde auch, dass die LeiterInnen/Lehrpersonen im Teamteaching von ihren Vorgesetzten bzw. ProjektleiterInnen individuell und in Teams begleitet werden sollten. Gegenstand dieser Begleitung kann sowohl Selbstreflexion als auch die Reflexion von Kommunikations- und Handlungsmustern sein. Darüber hinaus haben Treffen in Peer-Groups und die Einübung von gegenseitigem Feedback zentrale Bedeutung. Zudem sind Sensibilität für Selbst- und Fremdwahrnehmung sowie Identifikations- und Spiegelphänomene zentral, die darauf zurückgehen, dass Menschen die Emotionen und das Handeln anderer simulieren und antizipieren können.

### Didaktische und methodische Konzepte

Aus der vorliegenden empirischen Studie wurde deutlich, dass im Leitungsteam bzw. Teamteaching, aber auch unter den TeilnehmerInnen, die Frage der Qualität der Lehr- und Lernkonzepte bzw. – was den Kontext Schule betrifft – der Qualität des Religionsunterrichts präsent ist und weitreichendes

Konfliktpotential enthält. Dabei hängt die Wahrscheinlichkeit für und die Art der Ausprägung der Konflikte bzw. deren Intensität offenbar von den interreligiösen Bildungsfeldern ab. So ist anzunehmen, dass das Konfliktpotential in Settings der Erwachsenenbildung, der Gemeindearbeit bzw. in Freiwilligengruppen geringer ist als in obligatorischen Gruppen in Schule oder – mit Einschränkungen – Universität.

- Aus der Analyse der empirischen Ergebnisse wurde deutlich, dass sich in interreligiösen Lernsettings, speziell in schulischen Handlungsfeldern, Konfliktpotential rund um die didaktische Konzeption entwickeln kann. Dabei stehen Ansätze, die stärker auf Inhalte fokussiert und eher instruktionistisch akzentuiert sind, jenen gegenüber, die die TeilnehmerInnen- und Kontextorientierung sowie Kreativität in den Vordergrund stellen. Beide Konzepte werden mit normativen Ansprüchen vertreten.
- In manchen Kontexten haben dritte Personen oder Personengruppen mit ihren Vorstellungen und Ansprüchen (meist indirekten) Einfluss auf die LeiterInnen und somit auch auf die didaktische und methodische Gestaltung der Lehr- und Lernprozesse durch die Lehrperson.
- In der Auseinandersetzung um didaktische Konzepte wird mitunter auch religiöse Authentizität benannt, d. h. dass aus der Perspektive von Leitenden oder anderen Personen ein normativ konstituierter Zusammenhang zwischen der jeweiligen Religion und der Beschaffenheit der didaktischen Konzepte besteht.
- Ähnliche normative Konnexe werden mitunter auch bezüglich der Methodenwahl konstatiert, was bedeutet, dass in der interreligiösen Konzeptualisierung von Lehr- und Lernprozess Sensibilität für die unterschiedlichen Zugänge zur Methodenwahl zentral ist.

### Themenentwicklung und Themenfindung

Zentralen Raum in der interreligiösen Bildungsarbeit nimmt die Themenentwicklung und Themenfindung im interreligiösen Kontext ein. Dabei wird die Wahl der Themen als besonders sensibler Aspekt betrachtet.

- Die weitgehend angewandte Strategie bei der Themenfindung orientiert sich am Kriterium der sogenannten Neutralität. Darunter werden allgemein anthropologische oder gesellschaftliche Themen verstanden, bzw. Themen zu Islam und Christentum, die eine Außenperspektive zulassen, mitunter auch komparative Themen. Oft liegt dieser Themenfindung ein enger Religions- oder Theologiebegriff zugrunde. Weiter gefasste Themen werden mitunter nicht als religiöse oder theologische erkannt und verortet.
- Insgesamt zeigte sich, dass der Themenfindungsprozess schwierig ist und die Aushandlung von Themen und Inhalten erfordert, die für die kooperative Arbeit (gemeinsame Leitung/Teamteaching) in Frage kommen.

Deutlich wurde auch, dass die Leitenden von interreligiösen Gruppen Begleitung in der Themenfindung benötigen.

- Des Weiteren wurde deutlich, dass ein gemeinsamer Rahmen – eine Art gemeinsame Lebens- und Begegnungsform – notwendig ist, in dem alle AkteurInnen involviert sind und innerhalb dessen Verständigung möglich ist. Ebenso bedarf es eines didaktischen Konzepts, aufgrund dessen – etwa durch die didaktische Analyse und Reflexion von Kontext, Gruppe, eigenen Zugängen und Inhalten – gemeinsam Themen entwickelt und Kompetenzen formuliert werden können. Daneben ist für einen interreligiösen Bildungsprozess auch die didaktische Verständigung über die methodische und inhaltliche Strukturierung der Themen zentral.
- Ein weiterer wichtiger Gesichtspunkt, der sich in der empirischen Untersuchung zeigte, ist die Bedeutung der Arbeit an Begriffen: In diesem Zusammenhang ist vor allem darauf zu achten, dass dieselben Begriffe in den jeweiligen religiösen Traditionen unterschiedliche Bedeutungen haben können. Oft kann dies zu Missverständnissen führen, weil dieselben bzw. ähnlichen Begrifflichkeiten unterschiedlich gedeutet werden. Daher ist die Explikation und Differenzierung der Begriffe zentral. Erst dadurch können interreligiöse Bildungsprozesse produktiv gestaltet werden. Auch ist es durch die Arbeit an den Begriffen möglich, unnötigen Schwierigkeiten und Missverständnissen vorzubeugen.

Interreligiöses Lernen in einem konfessionellen Kontext

- Ein weiterer Themenbereich, der für interreligiöse Arbeit zentral und gleichzeitig konfliktanfällig ist, entfaltet sich um die Auseinandersetzung mit der Frage, was interreligiöses Lernen in einem konfessionellen Kontext bedeutet. In der Untersuchung wurde ersichtlich, dass sich die Lehrenden bei Themen in den Bereichen ‚Religiosität/Spiritualität', ‚Glaubensüberzeugungen' sowie ‚religiöse Erfahrung' vor Schwierigkeiten im Hinblick auf die interreligiöse Arbeitsteilung gestellt sahen. Hier bestand auf beiden Seiten die klare Position, dass die Behandlung der Spiritualität, Glaubensüberzeugungen oder des Glaubensbekenntnisses des religiös Eigenen – im konfessionell konnotierten Setting – ausschließlich Angehörigen der eigenen Konfession/Ingroup vorbehalten sei.
- Diese Einstellung wurde durch die kirchlich-konfessionellen Rahmenbedingungen noch verstärkt. Die positiven Auswirkungen der interreligiösen Begegnungen wurden von den LeiterInnen stark im eigenen, binnenkonfessionellen Bereich verortet, vor allem im Sinne der Bereicherung des Katholisch-Konfessionellen.
- Gleichzeitig zeichneten sich die Lernenden durch Offenheit für interreligiöse Begegnungen aus. Sie zeigten sich interessiert an Andersgläubigen

und ließen erkennen, dass sie die Auseinandersetzung mit einem religiösen Gegenüber, das sich vom religiös Eigenen unterscheidet, entsprechend einordnen können.

- Aus der empirischen Studie lassen sich zudem neue Perspektiven im Hinblick auf Identitätsmodelle ableiten. Frühe interreligiöse Begegnungen können positiv zur religiösen Identitätsentwicklung beitragen. Auch den Vorurteilen und der Stereotypenbildung wird durch die Begegnung mit Andersgläubigen entgegengewirkt. Insgesamt kann konstatiert werden, dass die interreligiöse Zusammenarbeit und die Begegnungen im Rahmen des konfessionellen Religionsunterrichts sich sowohl positiv auf die eigenen Ängste und Vorbehalte in Bezug auf das religiöse Gegenüber und Andersgläubige auswirken, als auch eine vorbeugende Wirkung hinsichtlich möglicher Ressentiments gegenüber dem religiös Anderen aufweisen.

Bedeutung des Religiösen

Interessante Perspektiven zeigten sich im Hinblick auf die Sichtbarkeit bzw. Unsichtbarkeit des Religiösen.

- Die Befragungen machten deutlich, dass religiöse Bildung (in der Schule) als wichtiger Faktor für die religiöse Sozialisation von Kindern wahrgenommen wird und daher aus der Sicht der LehrerInnen bzw. ReligionspädagogInnen an gesellschaftlicher Bedeutung gewonnen hat.
- Religiöse Bildung wird von allen Beteiligten als sehr wichtig und zentral für die Identitätsentwicklung von Kindern angesehen.
- Unterschiede bestehen darin, ob die Begegnung mit dem religiös Anderen als konstitutiv oder als destabilisierend für die religiöse Sozialisation der Heranwachsenden angesehen wird. So sprachen sich bspw. vereinzelt Eltern vehement gegen die interreligiöse Kooperation aus, weil sie die religiöse Identitätsbildung der Kinder gefährdet sahen.

Binäre Räume – Dritte Räume[367]

Ein weiterer Themenkomplex betrifft die Räume bzw. Rahmenbedingungen interreligiöser Bildungsprozesse.

- So wird der eigene religiöse Raum zunächst als der vertraute Raum empfunden und der Raum des Anderen als der fremde. Dadurch kann eine binäre Struktur entstehen, in der Alternativen in dualistischem Sinne als Entweder-Oder konstruiert werden.
- Auch können Räume asymmetrische Bedingungen aufweisen. Der andersreligiöse Raum wird als Herausforderung empfunden, da wenig Wissen

[367] Siehe hierzu auch Fußnote 32.

über Inhalte und Praxis der anderen Religion vorhanden ist und weder die Berührungspunkte noch die Grenzen bekannt sind.
- In manchen Situationen, in denen die interreligiöse Beziehung auf binäre Räume oder duale Konzepte zuläuft bzw. sich auf dualistische Entweder-Oder-Anforderungen hin entwickelt – sei es in privaten Beziehungen oder in öffentlichen, religionsgemeinschaftlichen oder bildungspraktischen Kontexten – ist Öffnung auf weitere Möglichkeiten hin notwendig. Das kann die Eröffnung weiterer Räume (‚Dritter Räume') bedeuten. Ein Beispiel für die Entwicklung von weiteren (‚dritten') Möglichkeiten findet sich im Umgang mit Ritualen, die gemischt konfessionelle bzw. gemischt religiöse Paare bzw. Familien pflegen. Um nicht auf die Gepflogenheiten und Rituale einer einzigen Religion festgelegt zu sein, entwickeln sich in diesen Beziehungen und Familien immer wieder neue (‚dritte') Formen, die weder der einen noch der anderen Religion eindeutig zuzuordnen sind. Einen solchen Raum weiterer Möglichkeiten kann die Schule darstellen oder – wie im Fall der Einrichtung des Studiengangs Islamische Religionspädagogik – die Universität.

Konflikt und Kommunikation

Konflikte können bei interreligiösen Kooperationen in Schulkontexten mit den unterschiedlichen beteiligten Personengruppen (Eltern, Schulleitung, LehrerkollegInnen) auftreten.
- Bewährt hat sich die Strategie der offenen Kommunikation mit allen Beteiligten, um möglichen Spannungsfeldern vorzubeugen.
- Bei der Planung interreligiöser Projekte ist auf konkrete Informationsweitergabe an die Beteiligten im Vorfeld der Durchführung zu achten.
- Diese antizipierende Kommunikation sollte nicht nur mit Erwachsenen erfolgen, sondern auch mit den SchülerInnen, um die Voraussetzungen dafür zu schaffen, dass sie die interreligiösen Erfahrungen adäquat reflektieren können.
- Gleichzeitig konnten wir auf die Wichtigkeit der Entlarvung von Machtasymmetrien hinweisen, die sich in interreligiösen Bildungsprozessen zeigen. Um einen Unterricht auf Augenhöhe gestalten zu können, gilt es, diese zu identifizieren, zu benennen und ihnen entgegenzuwirken. Da die Islamische Religionspädagogik in Österreich eine verhältnismäßig junge akademische Disziplin darstellt, sehen sich interreligiöse Bildungskooperationen vor zahlreiche Herausforderungen gestellt, wie in dieser Studie aufgezeigt werden konnte. Religionsunterricht bzw. die Religion reflektiert hier auch gesellschaftliche Dynamiken.
-

In der Rückschau auf diese Studie zu Konflikten und Konfliktpotentialen in interreligiösen Bildungsprozessen wird die Intensität und Differenziertheit dieses Forschungsprozesses deutlich. Die Arbeit erfolgte konsequent in einem interreligiös zusammengesetzten Forschungsteam. Die empirischen Interpretationen wurden in zahlreichen Diskussionen dieser doppelten Perspektive unterzogen. Inhaltlich haben sich viele Spannungsfelder gezeigt, es konnten Denk- und Handlungsmuster identifiziert, Perspektiven aufeinander bezogen und Wirkungen benannt werden. Ein weites Feld mit unmittelbarem Handlungsbedarf in Richtung Bildung hat sich aufgetan.

Als zentrale Schlussfolgerung aus den gewonnenen Erkenntnissen betrachten wir die Notwendigkeit einer Weiterführung der interreligiösen Lehre und Forschung und insbesondere deren Vertiefung. So werden sich nächste Schritte der Grundlagenforschung widmen. Eine Sichtung und Systematisierung der vorhandenen interreligiösen Theorien und Konzepte ist angesichts der Zunahme und Bedeutung der interreligiösen Zusammenarbeit in Forschung, Lehre und Praxis an den verschiedensten Standorten dringlich. Auf dieser Grundlage sollte die Konzeptualisierung und Entwicklung interreligiöser Bildungsprozesse in Theorie und Praxis geleistet werden – speziell in den Bereichen Religionsunterricht und Schulkultur sowie in der LehrerInnenbildung und Weiterbildung von pädagogischen Führungskräften.

# Literaturverzeichnis


*Adorno, Theodor W.,* Negative Dialektik. Frankfurt a. M. 1966.

*Al-Ghazali,* On the Treatment of Anger, Hatred and Envy. (Übersetzt von Muhammad Nur Abdus Salam). Chicago 2002.

*Arenhövel, Mark,* Über das Befriedungspotential der Religion in den ‚postsäkularen Gesellschaften'. In: Brocker, Manfred / Hildebrandt, Mathias (Hg.), Friedensstiftende Religionen? Religion und die Deeskalation politischer Konflikte. Wiesbaden 2008, 158–178.

*Asbrand, Barbara,* Zusammen Leben und Lernen im Religionsunterricht. Eine empirische Studie zur grundschulpädagogischen Konzeption eines interreligiösen Religionsunterrichts im Klassenverband der Grundschule. Frankfurt a. M. 2000.

*Aslan, Ednan / Kolb, Jonas / Yildiz, Erol,* Muslimische Diversität: Ein Kompass zur religiösen Alltagspraxis in Österreich. Wiesbaden 2017.

*Assmann, Jan,* Das kulturelle Gedächtnis. Schrift, Erinnerung und politische Identität in frühen Hochkulturen. München [6]2007.

*Auernheimer, Georg,* Einführung in die interkulturelle Erziehung. Darmstadt 1990.

*Baier, Karl,* Transreligiöse Theorie und existentiale Interpretation. In: Interdisziplinäre Phänomenologie (2005) 1, 65–86.

*Bar-On, Dan,* Die ‚Anderen' in uns. Dialog als Modell der interkulturellen Konfliktbewältigung. Hamburg 2003.

*Bauer, Nicole Maria,* Kabbala und religiöse Identität: Eine religionswissenschaftliche Analyse des deutschsprachigen Kabbalah Centre. Bielefeld 2017.

*Baumann, Ulrike,* Interreligiöses Lernen in der Aus- und Fortbildung von Pädagoginnen und Pädagogen. In: Schreiner, Peter / Sieg, Ursula / Elsenbast, Volker (Hg.), Handbuch interreligiöses Lernen. Gütersloh 2005, 533–542.

*Behr, Harry Harun,* Yusuf oder Joseph? Eine Probe dialogischer Didaktik in der Lehrerbildung. In: van der Velden, Frank (Hg.), Die heiligen Schriften des anderen im Unterricht. Bibel und Koran im christlichen und islamischen Religionsunterricht einsetzen. Göttingen 2011, 221–242.

*Behr, Harry Harun,* Mit dem Vaterunser in den Islamunterricht. In: van der Velden, Frank (Hg.), Die heiligen Schriften des anderen im Unterricht. Bibel und Koran im christlichen und islamischen Religionsunterricht einsetzen. Göttingen 2011, 83–101.

*Bellah, Robert N.,* Civil Religion in America. In: Daedalus (1967) 1, 1–21.

*Béraud, Céline,* The role of religion in students' lives and their surroundings. In: Valk, Pille / Bertram-Troost, Gerdien / Friederici, Markus / Dies. (Hg.), Teenagers' perspectives on the role of religion in their lives, schools and societies. A European quantitative study. Münster 2009, 397–408.

*Berger, Peter L.,* The Sacred Canopy: Elements of a Sociological Theory of Religion. Garden City, N.Y. 1967.

*Bergunder, Michael,* Was ist Religion? Kulturwissenschaftliche Überlegungen zum Gegenstand der Religionswissenschaft. In: Zeitschrift für Religionswissenschaft (2011) 1/2, 3–55.

*Bergunder, Michael,* Hinduismus und Gewalt. In: Biehl, Michael / Ekué, Amélé Adamavi-Aho (Hg.), Gottesgabe. Vom Geben und Nehmen im Kontext gelebter Religion. Festschrift zum 65. Geburtstag von Theodor Ahrens. Frankfurt a. M. 2005, 215–237.

*Bernhardt, Reinhold*, „Synkretismus" als Deutekategorie für multireligiöse Identitätsbildungen. In: Ders. / Schmidt-Leukel, Perry (Hg.), Multiple religiöse Identität. Aus verschiedenen Traditionen schöpfen. Zürich 2008, 267–290.

*Bernhardt, Reinhold / Schmidt-Leukel, Perry* (Hg.), Multiple religiöse Identität. Aus verschiedenen religiösen Traditionen schöpfen. Zürich 2008.

*Betz, Andrea,* Interreligiöse Bildung und Vorurteile. Eine empirische Studie über Einstellungen zu religiöser Differenz. Berlin 2018.

*Bhabha, Homi K.*, The Location of Culture. London 1994.

*Bös, Matthias,* Konfliktdynamiken der Bevölkerungsentwicklung in Deutschland nach dem Zweiten Weltkrieg. In: Imbusch, Peter / Zoll, Ralf (Hg.), Friedens- und Konfliktforschung. Eine Einführung. Wiesbaden [5]2010, 383–404.

*Bohnsack, Ralf,* Rekonstruktive Sozialforschung. Einführung in qualitative Methoden. Opladen [3]1999.

*Bonacker, Thorsten* (Hg.), Sozialwissenschaftliche Konflikttheorien: eine Einführung. Wiesbaden [4]2008.

*Bonacker, Thorsten*, Konflikttheorien, in: Kneer, Georg / Schroer, Markus (Hg.), Handbuch Soziologische Theorien. Wiesbaden 2013, 178–198.

*Boulding, Kenneth E.*, Conflict and Defense. A General Theory. New York 1962.

*Bourdieu, Pierre*, Die verborgenen Mechanismen der Macht. Hamburg 2015.

*Breuer, Franz*, Reflexive Grounded Theory. Eine Einführung für die Forschungspraxis. Wiesbaden [2]2010.

*Brocker, Manfred*, Einleitung: Friedensstiftende Religionen? Religion und die Deeskalation politischer Konflikte. In: Ders. / Hildebrandt, Mathias (Hg.), Friedensstiftende Religionen? Religion und die Deeskalation politischer Konflikte. Wiesbaden 2008, 9–25.

*Brocker, Manfred / Hildebrandt, Mathias* (Hg.), Friedensstiftende Religionen? Religion und die Deeskalation politischer Konflikte. Wiesbaden 2008.

*ten Broek, Bart*, Die interkulturelle und interreligiöse Juliana van Stolbergschule in Ede in den Niederlanden. In: Rickers, Folkert / Siedler, Dirk C. (Hg.), Interreligiöses Lernen in den Niederlanden. Ein Beitrag zur Vergleichenden Religionspädagogik. Berlin 2001, 11–19.

*Cavis, Fatima / Juen, Maria*, „Zwischen Spannung und Sehnsucht" – Einblicke in forschungsgeleitete interreligiöse Lehrentwicklung unter Berücksichtigung des Aspekts Sprachsensibilität. In: Hinger, Barbara (Hg.), Zweite „Tagung der Fachdidaktik" 2015. Sprachsensibler Sach-Fach-Unterricht – Sprachen im Sprachunterricht. Innsbruck 2016, 257–273.

*Cornille, Catherine* (Hg.), The Wiley-Blackwell Companion to Inter-Religious Dialogue. Chichester 2013.

*Cornille, Catherine*, The Im-possibility of Interreligious Dialogue. New York 2008.

*Dalferth, Ingolf U.,* Einleitung. Religionen und Konflikte. Konflikthermeneutische Vorüberlegungen. In: Dalferth, Ingolf U. / Schulz, Heiko (Hg.), Religion und Konflikt. Grundlagen und Fallanalysen. Göttingen 2011, 9–22.

*Dalferth, Ingolf U. / Schulz, Heiko* (Hg.), Religion und Konflikt. Grundlagen und Fallanalysen. Göttingen 2011.

*Danzl, Clemens*, Interreligiös oder multireligiös? In: Kraml, Martina / Sejdini, Zekirija (Hg.), Interreligiöse Bildungsprozesse. Empirische Einblicke in Schul- und Hochschulkontexte. Stuttgart 2018, 35–47.

*Dehn, Ulrich*, Einleitung: Brauchen wir für den interreligiösen Dialog eine Theologie der Religionen? In: Ders. (Hg.), Handbuch Dialog der Religionen. Christliche Quellen zur Religionstheologie und zum interreligiösen Dialog. Frankfurt a. M. 2008, 13–27.

*Derichs, Claudia*, ‚Form follows function?' Popular Islamic Discourse in Malaysia. In: Brocker, Manfred / Hildebrandt, Mathias (Hg.), Friedensstiftende Religionen? Religion und die Deeskalation politischer Konflikte. Wiesbaden 2008, 121–138.

*Dickopp, Karl-Heinz*, Erziehung ausländischer Kinder als pädagogische Herausforderung. Das Krefelder Modell. Düsseldorf 1982.
*DBK – Sekretariat der Deutschen Bischofskonferenz* (Hg.), Leitlinien für das Gebet bei Treffen von Christen, Juden und Muslimen. Eine Handreichung der deutschen Bischöfe. Bonn [2]2008.
*Donals, Merlin*, Origins of the Modern Mind. Three Stages in the Evolution of Culture and Cognition. Cambridge, MA, US 1991.
*Döring, Nicola*, Evaluationsforschung. In: Baur, Nina / Blasius, Jörg (Hg.), Handbuch Methoden der empirischen Sozialforschung. Wiesbaden 2014, 167-181.
*Döring, Nicola / Bortz, Jürgen*, Forschungsmethoden und Evaluation in den Sozial- und Humanwissenschaften. Berlin [5]2016.
*Dommel, Christa*, Interreligiöses Lernen im Elementarbereich: Kindertagesstätten und Kindergärten. In: Schreiner, Peter / Sieg, Ursula / Elsenbast, Volker (Hg.), Handbuch interreligiöses Lernen. Gütersloh 2005, 434–452.
*Eckert, Julia M.* (Hg.), Anthropologie der Konflikte. Georg Elwerts konflikttheoretische Thesen in der Diskussion. Bielefeld 2004.
Eickelpasch, Rolf / Rademacher, Claudia, Identität. Bielefeld 2004.
*Eisenstadt, Shmuel N.*, Die Achsenzeit in der Weltgeschichte. In: Joas, Hans / Wieglandt, Klaus (Hg.), Die kulturellen Werte Europas. Frankfurt a. M. 2005, 40–68.
*EKD – Kirchenamt der Evangelischen Kirche in Deutschland* (Hg.), Klarheit und gute Nachbarschaft. Christen und Muslime in Deutschland. Hannover 2006.
*EKD – Kirchenamt der Evangelischen Kirche in Deutschland* (Hg.), Religionsunterricht für muslimische Schülerinnen und Schüler (Nachdruck des Originals von 1999; Hannover). In: Schreiner, Peter / Wulff, Karen (Hg.), Islamischer Religionsunterricht. Ein Lesebuch. Münster 2001, 57–60.
*Eklaude, Dagmar*, Koran in der Klasse, in: Unizeit. Das Forschungsmagazin der Karl-Franzens-Universität Graz (2018) 2, 8–9.
*Elias, Norbert / Scotson, John L.*, Etablierte und Außenseiter. Frankfurt a. M. 1993.
*Englert, Rudolf*, Wissenschaftstheorie der Religionspädagogik. In: Ziebertz, Hans-Georg / Simon, Werner (Hg.), Bilanz der Religionspädagogik. Düsseldorf 1995, 147 – 174.
*Erikson, Erik H.*, Jugend und Krise. Stuttgart [3]1980.
*Erikson, Erik H.*, Identität und Lebenszyklus. Frankfurt a. M. 1973.
*Erikson, Erik H.*, Das Traummuster der Psychoanalyse. In: Psyche (1955) 8, 561–604.
*Faber, Roland*, Der transreligiöse Diskurs. Zu einer Theologie transformativer Prozesse. In: polylog (2003) 1, 65–94.
*Falaturi, Abdoldjavad*, Der Islam im Dialog: Aufsätze. Köln [4]1992.
*Fath, Markus*, Wenn Weltbilder kollidieren. Potentielle Konflikte und potentielle Lösungen. In: bildungsforschung (2010) 1, 55–77.
*Fechler, Bernd*, Dialog der Anerkennung. Möglichkeiten und Grenzen der Mediation bei ‚interkulturellen' Konflikten an der Schule. In: Kloeters, Ulricke / Lüddecke, Julian / Quehl, Thomas (Hg.), Schulwege in die Vielfalt. Handreichung zur Interkulturellen und Antirassistischen Pädagogik in der Schule. Frankfurt a. M. 2003, 103–148.
*Fischer, Dietlind*, Interreligiöses Lernen in der Grundschule. In: Schreiner, Peter / Sieg, Ursula / Elsenbast, Volker (Hg.), Handbuch interreligiöses Lernen. Gütersloh 2005, 453–464.
*Flick, Uwe*, Qualitative Sozialforschung. Eine Einführung. Reinbek bei Hamburg [5]2012.
*Foucault, Michel*, Subjekt und Macht. In: Ders. (Hg.), Analytik der Macht. Frankfurt a. M. 2005, 240–263.
*Freud, Sigmund*, Abriss der Psychoanalyse: Einführende Darstellungen (Neuausgabe). Frankfurt a. M. [4]2009.

*Fritsch-Oppermann, Sybille C.*, Globalisierung als Bedingung interreligiösen Lernens. In: Schreiner, Peter / Sieg, Ursula / Elsenbast, Volker (Hg.). Handbuch interreligiöses Lernen. Gütersloh 2005, 18–27.
*Fuchs, Stephen*, Against Essentialism. A Theory of Culture and Society. Cambridge, MA, US 2001.
*Fuchs, Thomas*, Reformatorische Auseinandersetzungen in der Stadt. Das Religionsgespräch der Reformationszeit als Konfliktlösungsstrategie. In: Brocker, Manfred / Hildebrandt, Mathias (Hg.), Friedensstiftende Religionen? Religion und die Deeskalation politischer Konflikte. Wiesbaden 2008, 71–84.
*Garcia Sobreira-Majer, Alfred*, „Das Kennenlernen des Fremden baut Vorurteile ab". Interreligiöse Studierenden-Begegnungen an der KPH Wien/Krems und der IRPA. In: Schluss, Henning / Tschida, Susanne / Krobath, Thomas / Dansgen, Michael (Hg.): Wir sind alle »andere«. Schule und Religion in der Pluralität. Göttingen 2015, 139–144.
*Garcia Sobreira-Majer, Alfred / Abuzahra, Amani / Hafez, Farid / Ritzer, Georg*, Interreligiöses Lernen in Begegnung – Evaluation von Begegnungslernen in der ReligionslehrerInnenausbildung, in: Krobath, Thomas / Ritzer, Georg (Hg.), Ausbildung von ReligionslehrerInnen. Konfessionell – kooperativ – interreligiös – pluralitätsfähig. Wien 2014, 155–184.
*Girard, René*, Figuren des Begehrens. Das Selbst und der Andere in der fiktionalen Realität. Wien ²2012.
*Girard, René*, Gewalt und Religion: Ursache oder Wirkung? (Herausgegeben von Wolfgang Palaver). Berlin 2010.
*Girard, René*, Ich sah den Satan vom Himmel fallen wie einen Blitz. Eine kritische Apologie des Christentums. München 2008.
*Grimmitt, Michael*, Religious education and human development. The relationships between studying religions and personal, social and moral education. Great Wakering 1987.
*Grimmitt, Michael / Grove, Julie / Hull, John / Spencer, Louise*, A Gift to the Child. Religious Education in the Primary School. London 1991.
*Gronover, Matthias / Hiller, Simone*, Religionen und Gewalt. In: Schweitzer, Friedrich / Bräuer, Magda / Boschki, Reinhold (Hg.), Interreligiöses Lernen durch Perspektivenübernahme. Eine empirische Untersuchung religionsdidaktischer Ansätze. Münster 2017, 186–232.
*Gronover, Matthias / Schnabel-Henke, Hanne*, Möglichkeiten der didaktischen Umsetzung – Einführung in die Unterrichtseinheiten. In: Schweitzer, Friedrich / Bräuer, Magda / Boschki, Reinhold (Hg.), Interreligiöses Lernen durch Perspektivenübernahme. Eine empirische Untersuchung religionsdidaktischer Ansätze. Münster 2017, 70–80.
*Grümme, Bernhard*, Heterogenität in der Religionspädagogik. Grundlagen und konkrete Bausteine. Freiburg 2017.
*Güttler, Peter O.*, Sozialpsychologie. München ³2000.
*Hall, Stuart*, Rassismus und kulturelle Identität. Hamburg ⁴2008.
*Hall, Stuart*, Ethnizität. Identität und Differenz. In: Engelmann, Jan (Hg.), Die kleinen Unterschiede. Der Cultural Studies-Reader. Frankfurt a. M. 1999, 83–98.
*Hall, Stuart*, Die Frage der kulturellen Identität. In: Ders. (Hg.), Rassismus und kulturelle Identität. Ausgewählte Schriften. Hamburg 1994, 180–222.
*Halstead, J. Mark*, Islamic Education in the United Kingdom. In: Aslan, Ednan (Hg.), Islamische Erziehung in Europa. Islamic Education in Europe. Wien 2009, 179–202.
*Hammer, Hermann*, Islamische Studenten in katholischer Religionsstunde. In: ORF Tirol, Beitrag vom 12.10.2014. In: https://tirol.orf.at/news/stories/2673084/, [abgerufen am 15.07.2018].

*Hansen, Hendrik*, Ein Strukturvergleich von Sayyid Qutbs Islamismus mit Marxismus und Nationalismus. In: Hildebrandt, Mathias / Brocker, Manfred (Hg.), Unfriedliche Religionen? Das politische Gewalt- und Konfliktpotenzial von Religionen. Wiesbaden 2005, 67–94.

*Harms, Klaus*, Prinzip Dialog. Entwicklung und Inhalt interreligiösen Lernens im Kontext religionstheologischer und religionskundlicher Orientierung. Ein Handbuch zum Verstehen eigenen und fremden Glaubens. Darmstadt 1997.

*Hasenclever, Andreas*, Merkmale gewaltresistenter Glaubensgemeinschaften. Überlegungen zum Schutz religiöser Überlieferung vor politischer Vereinnahmung. In: Brocker, Manfred / Hildebrandt, Mathias (Hg.), Friedensstiftende Religionen? Religion und die Deeskalation politischer Konflikte. Wiesbaden 2008, 179–201.

*Haumersen, Petra / Liebe, Frank*, Multikulti: Konflikte konstruktiv. Trainingshandbuch. Mediation in der interkulturellen Arbeit. Mühlheim a. d. Ruhr 1999.

*Haußmann, Werner*, Universität und Lehrerausbildung als Orte interreligiösen Lernens. In: Schreiner, Peter / Sieg, Ursula / Elsenbast, Volker (Hg.), Handbuch interreligiöses Lernen. Gütersloh 2005, 508–519.

*Haynes, Jeff*, Religion in African Civil Wars. In: Hildebrandt, Mathias / Brocker, Manfred (Hg.), Unfriedliche Religionen? Das politische Gewalt- und Konfliktpotenzial von Religionen. Wiesbaden 2005, 277–298.

*Heine, Susanne / Lohlker, Rüdiger / Potz, Richard*, Muslime in Österreich. Geschichte – Lebenswelt – Religion – Grundlagen für den Dialog. Innsbruck 2012.

*Helfferich, Cornelia*, Die Qualität qualitativer Daten. Manual für die Durchführung qualitativer Interviews. Wiesbaden $^{4}$2011.

*Hellmann, Christian*, Religiöse Bildung, Interreligiöses Lernen und interkulturelle Pädagogik. Eine religionsgeschichtliche Untersuchung zur religiösen und interkulturellen Erziehung in der Moderne. Frankfurt a. M. 2000.

*Hemel, Ulrich*, Ziele religiöser Erziehung. Beiträge zu einer integrativen Theorie. Frankfurt a. M. 1988.

*Hildebrandt, Mathias*, Einleitung: Unfriedliche Religionen? Das politische Gewalt- und Konfliktpotenzial von Religionen. In: Ders. / Brocker, Manfred (Hg.), Unfriedliche Religionen? Das politische Gewalt- und Konfliktpotenzial von Religionen. Wiesbaden 2005, 9–38.

*Hildebrandt, Mathias*, Mittelalterliche Religionsdialoge: Auf der Suche nach einer interreligiösen Hermeneutik. In: Brocker, Manfred / Hildebrandt, Mathias (Hg.), Friedensstiftende Religionen? Religion und die Deeskalation politischer Konflikte. Wiesbaden 2008, 29–70.

*Hildebrandt, Mathias / Brocker, Manfred* (Hg.), Unfriedliche Religionen? Das politische Gewalt- und Konfliktpotenzial von Religionen. Wiesbaden 2005.

*Hock, Klaus*, Einführung in die Religionswissenschaft. Darmstadt $^{3}$2008.

*Honneth, Axel*, Kampf um Anerkennung. Zur moralischen Grammatik sozialer Konflikte. Frankfurt a. M. $^{6}$2010.

*Hopmann, P. Terrence*, The Negotiation Process and the Resolution of International Conflicts. Columbia, SC, US 1996.

*Hubel, Helmut*, Wie viel Religion ist in den Konflikten des Vorderen Orients? In: Hildebrandt, Mathias / Brocker, Manfred (Hg.), Unfriedliche Religionen? Das politische Gewalt- und Konfliktpotenzial von Religionen. Wiesbaden 2005, 179–192.

*Hug, Theo / Poscheschnik, Gerald*, Empirisch forschen. Die Planung und Umsetzung von Projekten im Studium. Wien $^{2}$2015.

*Hull, John*, How can we make children sensitive to the values of other religions through religious education? In: Lähnemann, Johannes (Hg.), Das Projekt Weltethos in der Erziehung. Hamburg 1995, 301–314.

*Huntington, Samuel P.*, Der Kampf der Kulturen: die Neugestaltung der Weltpolitik im 21. Jahrhundert. München 1996.

*Imbusch, Peter / Zoll, Ralf* (Hg.), Friedens- und Konfliktforschung. Eine Einführung. Wiesbaden [5]2010.

*Institut für Islamische Studien der Universität Wien* (Hg.), Projektbericht. Evaluierung ausgewählter Islamischer Kindergärten und –gruppen in Wien (verfasst von Ednan Aslan). Wien 2016. In: https://iits.univie.ac.at/fileadmin/user_upload/p_iits/Dateien/Abschlussbericht__Vorstudie_Islamische_Kindergarten_Wien_final.pdf, [abgerufen am 01.03.2019].

*Institut für Katechetik und Religionspädagogik der Universität Graz* (Hg.), Islamischer Religionsunterricht im Süden Österreichs: Präsentation der ersten Studienergebnisse. Presseerklärung vom 22. März 2018

*Ipgrave, Julia*, Relationships between local patterns of religious practice and young people's attitudes to the religiosity of their peers. In: Journal of Beliefs & Values (2012) 3, 261–274.

*Jäggle, Martin*, Religionen in der Schule – interreligiöser Ansatz oder Religionsunterricht für alle? In: Ucar, Bülent / Blasberg-Kuhnke, Martina / von Scheliha, Arnulf (Hg.), Religionen in der Schule und die Bedeutung des Islamischen Religionsunterrichts. Göttingen 2010, 179–188.

*Jank, Werner / Meyer, Hilbert*, Didaktische Modelle. Berlin [10]2011.

*Jetzinger, Judith / Plankensteiner-Spiegel, Maria*, „... und wie sieht die Realität in der Schule aus?" Überlegungen aus dem Bischöflichen Schulamt zur gemeinsamen Ausbildung katholischer und muslimischer ReligionslehrerInnen. In: Kraml, Martina / Sejdini, Zekirija (Hg.), Interreligiöse Bildungsprozesse. Empirische Einblicke in Schul- und Hochschulkontexte. Stuttgart 2018, 173–184.

*Jozsa, Dan-Paul*, Religious Education in North-Rhine Westphalia: Views and Experiences of Students. In: Knauth, Thorsten / Ders. / Bertram-Troost, Gerdien / Ipgrave, Julia (Hg.), Encountering Religious Pluralism in School and Society. A Qualitative Study of Teenage Perspectives in Europe. Münster 2008, 173–206.

*Jozsa, Dan-Paul / Knauth, Thorsten / Weiße, Wolfram*, Religion in der Schule. Eine Vergleichsstudie zwischen Hamburg und Nordrhein-Westfalen. In: Dies. (Hg.), Religionsunterricht, Dialog und Konflikt. Analysen im Kontext Europas. Münster 2009, 199–240.

*Jozsa, Dan-Paul / Knauth, Thorsten / Weiße, Wolfram* (Hg.), Religionsunterricht, Dialog und Konflikt. Analysen im Kontext Europas. Münster 2009.

*Jozsa, Dan-Paul / Friederici, Markus*, European Comparison: Personal Views and Experiences of Religion. In: Knauth, Thorsten / Jozsa, Dan-Paul / Bertram-Troost, Gerdien / Ipgrave, Julia (Hg.), Encountering Religious Pluralism in School and Society. A Qualitative Study of Teenage Perspectives in Europe. Münster 2008, 375–388.

*Juergensmeyer, Mark*, Terror im Namen Gottes. Freiburg 2004.

*Jung, Dietrich*, ‚Der Islam gegen den Westen'. Zur Genealogie eines internationalen Konfliktparadigmas. In: Hildebrandt, Mathias / Brocker, Manfred (Hg.), Unfriedliche Religionen? Das politische Gewalt- und Konfliktpotenzial von Religionen. Wiesbaden 2005, 39–66.

*Jung, Matthias*, Gewalt als Gewissheit. Deformation religiöser Welterfahrung. In: Dalferth, Ingolf U. / Schulz, Heiko (Hg.), Religion und Konflikt. Grundlagen und Fallanalysen. Göttingen 2011, 101–116.

*Kaufmann, Jean-Claude*, Das verstehende Interview. Konstanz 1999.

*Kellermann, Kerstin*, Christus. Stein des Anstoßes: Über ‚kulturelle Friedfertigkeiten' jenseits von Siegerlogiken in Religion und Politik. In: Brocker, Manfred / Hildebrandt, Mathias (Hg.), Friedensstiftende Religionen? Religion und die Deeskalation politischer Konflikte. Wiesbaden 2008, 138–157.

*Keupp, Heiner*, Identitätskonstruktionen. Das Patchwork der Identitäten in der Spätmoderne. Reinbek bei Hamburg $^{4}$2008.

*Kirste, Reinhard*, Interreligiöses Lernen im Sekundarbereich (Sekundarstufe I und II). In: Schreiner, Peter / Sieg, Ursula / Elsenbast, Volker (Hg.), Handbuch interreligiöses Lernen. Gütersloh 2005, 465–475.

*Kißler, Leo*, Arbeitsbeziehungen – Die ‚Konfliktpartnerschaft' zwischen Kapital und Arbeit". In: Imbusch, Peter / Zoll, Ralf (Hg.), Friedens- und Konfliktforschung. Eine Einführung. Wiesbaden $^{5}$2010, 459–484.

*Kleber, Hubert*, Reale Gewalt – Mediale Gewalt. Förderung der Konfliktlösungsfähigkeit von Schülern im Rahmen der moralischen Erziehung. Entwicklung, Erprobung und Evaluation eines Interventionsprogramms zur gewaltfreien Konfliktlösung (Dissertation an der Universität Erlangen-Nürnberg). Erlangen 2001.

*Kleemann, Frank / Krähnke, Uwe / Matuschek, Ingo*, Interpretative Sozialforschung. Eine Einführung in die Praxis des Interpretierens. Wiesbaden $^{2}$2013.

*Klinkhammer, Gritt / Frese, Hans-Ludwig / Satilmis, Ayla / Seibert, Tina*, Interreligiöse und interkulturelle Dialoge mit MuslimInnen in Deutschland. Eine quantitative und qualitative Studie. Bremen 2011.

*Klinkhammer, Gritt / Satilmis, Ayla* (Hg.), Interreligiöser Dialog auf dem Prüfstand. Kriterien und Standards für die interkulturelle und interreligiöse Kommunikation. Münster 2008.

*Klutz, Philipp*, Religionsunterricht vor den Herausforderungen religiöser Pluralität. Eine qualitativ-empirische Studie in Wien. Münster 2015.

*Knauth, Thorsten / Jozsa, Dan-Paul / Bertram-Troost, Gerdien / Ipgrave, Julia* (Hg.), Encountering Religious Pluralism in School and Society. A Qualitative Study of Teenage Perspectives in Europe. Münster 2008.

*Knoblauch, Hubert*, Populäre Religion. Frankfurt a. M. 2009.

*Kolb, Jonas*, Präsenz durch Verschwinden. Sprache und Ethnizität in der Alltagspraxis junger Kärntner Slowen_innen. Bielefeld 2018.

*Koppe, Karlheinz*, Zur Geschichte der Friedens- und Konfliktforschung im 20. Jahrhundert. In: Imbusch, Peter / Zoll, Ralf (Hg.), Friedens- und Konfliktforschung. Eine Einführung. Wiesbaden $^{5}$2010, 17–66.

*Koslowski, Peter*, Der Dialog der Weltreligionen und die Philosophie der Offenbarungen. In: Brocker, Manfred / Hildebrandt, Mathias (Hg.), Friedensstiftende Religionen? Religion und die Deeskalation politischer Konflikte. Wiesbaden 2008, 111–122.

*Krainz, Ulrich*, Religion und Konflikt. (K)ein Thema für Organisationen und ihre Beratung? In: Gruppendynamik und Organisationsberatung (2015) 2, 105–123.

*Krainz, Ulrich*, Religion und Demokratie in der Schule. Analysen zu einem grundsätzlichen Spannungsfeld. Wiesbaden 2014.

*Kraml, Martina / Sejdini, Zekirija* (Hg.), Interreligiöse Bildungsprozesse. Empirische Einblicke in Schul- und Hochschulkontexte. Stuttgart 2018.

*Kraml, Martina / Sejdini, Zekirija*, Der Forschungskontext. In: Dies. (Hg.), Interreligiöse Bildungsprozesse. Empirische Einblicke in Schul- und Hochschulkontexte. Stuttgart 2018, 13–19.

*Kraml, Martina / Sejdini, Zekirija*, Methodologie. In: Dies. (Hg.), Interreligiöse Bildungsprozesse. Empirische Einblicke in Schul- und Hochschulkontexte. Stuttgart 2018, 21–34.

*Kraml, Martina / Sejdini, Zekirija*, Plötzliches Eintauchen in ein religiös kooperatives Praxisprojekt zur Begleitung Studierender. Die PraxislehrerInnen im Gespräch. In: Dies. (Hg.), Interreligiöse Bildungsprozesse. Empirische Einblicke in Schul- und Hochschulkontexte. Stuttgart 2018, 125–150.

*Kraml, Martina / Sejdini, Zekirija*, Religiöse Unterschiedlichkeit als Potenzial. Innsbrucker Interreligiöse Religionspädagogik und Religionsdidaktik. In: Österreichisches Religionspädagogisches Forum (2015) 1, 29–37.

*Kraml, Martina*, Anderes ist möglich. Eine theologiedidaktische Studie zu Kontingenz in Forschungsprozessen. Ostfildern 2019.

*Kraml, Martina*, Religionspädagogik im Kontext der Rede von ‚transreligiös', ‚transversal' und ‚interreligiös'. In: Sejdini, Zekirija (Hg.), Islam in Europa. Begegnungen, Konflikte und Lösungen. Münster 2018, 175–194.

*Kraml, Martina*, What about knowing? Überlegungen zur Konzeptualisierung religionspädagogisch-empirischer Forschung im Gespräch mit ‚anderen' Orten. In: Österreichisches Religionspädagogisches Forum (2011) 1, 32–38.

*Kron, Friedrich W.*, Grundwissen Didaktik. München ²1994.

*Kruse, Jan*, Qualitative Interviewforschung. Ein integrativer Ansatz. Weinheim 2014.

*Laack, Isabel*, Religion und Musik in Glastonbury. Eine Fallstudie zu gegenwärtigen Formen religiöser Identitätsdiskurse. Göttingen 2011.

*Laclau, Ernesto*, Was haben leere Signifikanten mit Politik zu tun? In: Mesotes. Zeitschrift für philosophischen Ost-West Dialog (1994) 2, 157–165.

*Laclau, Ernesto / Mouffe, Chantal*, Hegemonie und radikale Demokratie. Wien 1991.

*Lähnemann, Johannes*, Evangelische Religionspädagogik in interreligiöser Perspektive. Göttingen 1998.

*Lamnek, Siegfried / Krell, Claudia*, Qualitative Sozialforschung. Weinheim ⁶2016.

*Langenhorst, Georg*, Trialogische Religionspädagogik. Interreligiöses Lernen zwischen Judentum, Christentum und Islam. Freiburg 2016.

*Langenohl, Andreas*, Inter- und Transkulturalität. In: Leggewie, Claus / Meyer, Erik (Hg.), Global Pop. Das Buch zur Weltmusik. Stuttgart 2017, 54–59.

*Largen, Kristin Johnston*, Interreligious Learning and Teaching. A Christian Rationale for a Transformative Praxis. Minneapolis, MN 2014.

*Leimgruber, Stephan*, Interreligiöses Lernen. München 2007.

*Linger-Ali, Ulrike / Mecheril, Paul*, Religion als soziale Deutungspraxis. In: Österreichisches Religionspädagogisches Forum (2016) 2, 17–24.

*Linde, Gesche*, Religion als implizite Sozialitätstheorie. Eine handlungstheoretische Skizze. In: Dalferth, Ingolf U. / Schulz, Heiko (Hg.), Religion und Konflikt. Grundlagen und Fallanalysen. Göttingen 2011, 47–84.

*Lott, Jürgen / Schröder-Klein, Anita*, Religion unterrichten in Bremen. In: Theo-Web. Zeitschrift für Religionspädagogik (2006) 1, 68–79.

*Luckmann, Thomas*, Die unsichtbare Religion. Frankfurt a. M. 1967.

*Märkt, Claudia / Schnabel-Henke, Hanne*, Islamic Banking – Zum Umgang mit Geld in Christentum und Islam. In: Schweitzer, Friedrich / Bräuer, Magda / Boschki, Reinhold (Hg.), Interreligiöses Lernen durch Perspektivenübernahme. Eine empirische Untersuchung religionsdidaktischer Ansätze. Münster 2017, 147–185.

*Marcia, James E.*, The ego identity status approach to ego identity. In: Ders. / Waterman, Alan / Matteson, David / Archer, Sally / Orlofsky, Jacob (Hg.), Ego identity. A handbook of psychosocial research. New York 1993.

*Maslow, Abraham H.*, Motivation und Persönlichkeit. Reinbek bei Hamburg ¹⁵1981.

*Mead, George Herbert*, Geist, Identität und Gesellschaft aus der Sicht des Sozialbehaviorismus. Frankfurt a. M. ¹⁷1973.

*Mecheril, Paul*, Migrationspädagogik – ein Projekt. In: Ders. (Hg.), Handbuch Migrationspädagogik. Weinheim 2016, 8–30.

*Mecheril, Paul*, Prekäre Verhältnisse. Über natio-ethno-kulturelle (Mehrfach-)Zugehörigkeit. Münster 2003.

*Mecheril, Paul / Scherschel, Karin / Schrödter, Mark*, ›Ich möchte halt nur wissen, wie es ist, du zu sein‹. Die Wiederholung der alienierenden Zuschreibung durch qualitative Forschung. In: Badawia, Tarek / Hamburger, Franz / Hummrich, Merle (Hg.), Wider die Ethnisierung einer Generation. Beiträge zur qualitativen Migrationsforschung. Frankfurt a. M. 2003, 93–110.

*Mendl, Hans*, Religionsdidaktik kompakt: Für Studium, Prüfung und Beruf. München 2012.

*Mey, Günter / Mruck, Katja*, Grounded-Theory-Methodologie. Entwicklung, Stand, Perspektiven. In: Dies. (Hg.), Grounded Theory Reader. Wiesbaden ²2011.

*Mey, Günter / Mruck, Katja*, Methodologie und Methodik der Grounded Theory. In: Kempf, Wilhem / Kiefer, Markus (Hg.), Forschungsmethoden der Psychologie. Zwischen naturwissenschaftlichem Experiment und sozialwissenschaftlicher Hermeneutik. Band 3: Psychologie als Natur- und Kulturwissenschaft. Die soziale Konstruktion der Wirklichkeit. Berlin 2009, 100–152.

*Meyer, Joseph*, Meyers großes Konversations-Lexikon: ein Nachschlagewerk des allgemeinen Wissens. Leipzig ¹⁰1986.

*Michalke-Leicht, Wolfgang* (Hg.), Kompetenzorientiert unterrichten. Das Praxisbuch für den Religionsunterricht. München 2011.

*Mohagheghi, Hamideh*, „Tötet sie, wo ihr sie trefft." – Eine Auslegung zu Q2:190–195. In: Dies. / von Stosch, Klaus (Hg.), Gewalt in den Heiligen Schriften von Islam und Christentum. Paderborn 2014, 73–91.

*Moltmann, Bernhard*, Die religiöse Dimension des Nordirlandkonfliktes. Risiken der Konfliktverschärfung und Chancen der Friedensstiftung. In: Hildebrandt, Mathias / Brocker, Manfred (Hg.), Unfriedliche Religionen? Das politische Gewalt- und Konfliktpotenzial von Religionen. Wiesbaden 2005, 207–224.

*Moltmann, Bernhard*, Irritationen des Friedens. Die nordirischen Kirchen auf der Suche nach ihrer Rolle als Friedensstifter. In: Brocker, Manfred / Hildebrandt, Mathias (Hg.), Friedensstiftende Religionen? Religion und die Deeskalation politischer Konflikte. Wiesbaden 2008, 246–268.

*Nehring, Andreas*, Religion und Gewalt. Ein leerer Signifikant in der Religionsbeschreibung. In: Schweitzer, Friedrich (Hg.): Religion, Politik und Gewalt. Kongressband des XII. Europäischen Kongresses für Theologie. München 2006, 809–821.

*Neuser, Bernd* (Hg.), Dialog im Wandel. Der christlich-islamische Dialog. Anfänge – Krisen – neue Wege. Neukirchen-Vluyn ³2007.

*Nieke, Wolfgang*, Interkulturelle Erziehung und Bildung. Wertorientierung im Alltag. Opladen ²2000.

*Niethammer, Lutz*, Kollektive Identität. Reinbek bei Hamburg 2000.

*Nipkow, Karl Ernst*, Ziele interreligiösen Lernens als mehrdimensionales Problem. In: Schreiner, Peter / Sieg, Ursula / Elsenbast, Volker (Hg.), Handbuch interreligiöses Lernen. Gütersloh 2005, 362–380.

*Nipkow, Karl Ernst*, Multikulturelle und multireligiöse Erziehung in der Schule. In: Zeitschrift für Pädagogik und Theologie (2002) 2, 101–118.

*Nipkow, Karl Ernst*, Bildung in einer pluralen Welt. Band 2: Religionspädagogik im Pluralismus. Gütersloh 1998.

*Nitsche, Bernhard*, Raimon Panikkar. Multiple Identität als gelebte inter-intra-religiöse Transversalität. In: Bernhardt, Reinhold / Schmidt-Leukel, Perry (Hg.), Multiple religiöse Identität. Aus verschiedenen religiösen Traditionen schöpfen. Zürich 2008, 59–77.

*Noack, Juliane*, Erik H. Erikson. Identität und Lebenszyklus. In: Jörissen, Benjamin / Zirfas, Jörg (Hg.), Schlüsselwerke der Identitätsforschung. Wiesbaden 2010, 37–54.

*Nuscheler, Franz*, Migration als Konfliktquelle und internationales Ordnungsproblem. In: Imbusch, Peter / Zoll, Ralf (Hg.), Friedens- und Konfliktforschung. Eine Einführung. Wiesbaden $^{5}$2010, 273–286.

*Nusser, Barbara*, Kebab und Folklore reichen nicht. Interkulturelle Pädagogik und interreligiöse Ansätze der Theologie und Religionspädagogik im Umgang mit den Herausforderungen der pluriformen Einwanderungsgesellschaft. Oldenburg 2005.

*Obermann, Andreas*, Religion unterrichten zwischen Kirchturm und Minarett. Perspektiven für einen dialogisch-konfessorischen Unterricht der abrahamischen Religionsgemeinschaften an berufsbildenden Schulen. Münster 2006.

*Obermann, Andreas*, »Religion unterrichten zwischen Kirchturm und Minarett« - Entwürfe eines interreligiösen Religionsunterrichts an der Berufsschule. In: Schreiner, Peter / Sieg, Ursula / Elsenbast, Volker (Hg.), Handbuch interreligiöses Lernen. Gütersloh 2005, 476–485.

*Obst, Gabriele*, Anforderungssituationen als Ausgangspunkt kompetenzorientierten Lehrens und Lernens im Religionsunterricht. Ein Werkstattbericht aus der Praxis des Religionsunterrichts in der Sekundarstufe II. In: Feindt, Andreas / Elsenbast, Volker / Schreiner, Peter / Schöll, Albrecht (Hg.), Kompetenzorientierung im Religionsunterricht. Befunde und Perspektiven. Münster 2009, 181–196.

*Ornig, Nikola*, Die Zweite Generation und der Islam in Österreich. Eine Analyse von Chancen und Grenzen des Pluralismus von Religionen und Ethnien. Graz 2006.

*Palaver, Wolfgang*, Girard und Hölderlin: Die Bedeutung der *kenosis* für Girards apokalyptisches Denken. In: Guggenberger; Wilhelm / Palaver; Wolfgang (Hg.), Eskalation zum Äußersten? Girards Clausewitz interdisziplinär kommentiert. Baden-Baden 2015, 135–155.

*Pew Research Center* (Hg.), Christ sein in Westeuropa. In: http://assets.pewresearch.org/wp-content/uploads/sites/11/2018/05/24143201/Being-Christian-in-Western-Europe-FINAL-GERMAN.pdf, [abgerufen am 10.09.2018].

*Pfahl-Traughber, Armin*, Vom Aufbau von Parallelgesellschaften bis zur Durchführung von Terroranschlägen. In: Hildebrandt, Mathias / Brocker, Manfred (Hg.), Unfriedliche Religionen? Das politische Gewalt- und Konfliktpotenzial von Religionen. Wiesbaden 2005, 153–178.

*Pirker, Vera*, Fluide und fragil. Identität als Grundoption zeitsensibler Pastoralpsychologie. Ostfildern 2013.

*Pollack, Detlef*, Säkularisierung – ein moderner Mythos? Tübingen 2003.

*Prengel, Annedore*, Perspektivität anerkennen – Zur Bedeutung von Praxisforschung in Erziehung und Erziehungswissenschaft. In: Friebertshäuser, Barbara / Dies. (Hg.), Handbuch Qualitative Forschungsmethoden in der Erziehungswissenschaft. Weinheim 1997, 599–627.

*Przyborski, Aglaja / Wohlrab-Sahr, Monika*, Qualitative Methoden. Ein Arbeitsbuch. München $^{4}$2014.

*Reckwitz, Andreas*, Subjekt. Bielefeld $^{2}$2010.

*Redžepović, Samir*, Chancen und Herausforderungen des islamischen Religionsunterrichts in Österreich. Reflexionen angesichts der interreligiösen Zusammenarbeit im Rahmen des Basispraktikums. In: Kraml, Martina / Sejdini, Zekirija (Hg.), Interreligiöse Bildungsprozesse. Empirische Einblicke in Schul- und Hochschulkontexte. Stuttgart 2018, 185–194.

*Rickers, Folkert*, Interreligiöses Lernen. In: Mette, Robert / Ders. (Hg.), Lexikon der Religionspädagogik. Band 1: A-K. Neukirchen-Vluyn 2001, 874–881.

*Rickers, Folkert*, Interreligiöses Lernen. Die religionspädagogische Herausforderung unserer Zeit. In: Ders. / Gottwald, Eckart (Hg.), Vom religiösen zum interreligiösen Lernen. Wie Angehörige verschiedener Religionen und Konfessionen lernen. Möglichkeiten und Grenzen interreligiöser Verständigung. Neukirchen-Vluyn 1998, 119–139.

*Riesebrodt, Martin*, Die Rückkehr der Religionen: Fundamentalismus und der „Kampf der Kulturen“. München 2000.

*Röhrich, Wilfried*, Die Macht der Religionen: Glaubenskonflikte in der Weltpolitik. München 2004.

*Rösel, Jakob*, Buddhismus und Nationalismus: Feindbilder und Geschichtsbilder des Singhalesischen Nationalismus. In: Hildebrandt, Mathias / Brocker, Manfred (Hg.), Unfriedliche Religionen? Das politische Gewalt- und Konfliktpotenzial von Religionen. Wiesbaden 2005, 245–276.

*Rötting, Martin*, Religion in Bewegung. Dialog-Typen und Prozess im interreligiösen Lernen. Münster 2012.

*Rötting, Martin / Sinn, Simone / Inan, Aykan* (Hg.), Praxisbuch interreligiöser Dialog. Begegnungen initiieren und begleiten. Sankt Ottilien 2016.

*Rosenzweig, Armour*, Gesellschaftliche Vielfalt und Interkulturelle Kompetenz: Leitlinien für Training und Schulung in Organisationen. Frankfurt a. M. 2000.

*Ruf, Werner*, Islamischer Fundamentalismus. In: Imbusch, Peter / Zoll, Ralf (Hg.), Friedens- und Konfliktforschung. Eine Einführung. Wiesbaden $^{5}$2010, 309–332.

*Sachse, Rainer*, Konflikt und Streit. Wie wir konstruktiv mit ihnen umgehen. Heidelberg 2017.

*Sajak, Clauß Peter* (Hg.), Trialogisch lernen. Bausteine für interkulturelle und interreligiöse Projektarbeit. Seelze 2010.

*Sarrazin, Thilo*, Feindliche Übernahme: Wie der Islam den Fortschritt behindert und die Gesellschaft bedroht. München 2018.

*Schambeck, Mirjam*, Interreligiöse Kompetenz. Basiswissen für Studium, Ausbildung und Beruf. Göttingen 2013.

*Scharer, Matthias*, Der Universitätslehrgang „Kommunikative Theologie“ als Modell theologisch inspirierten Konflikt- und Versöhnungshandelns. In: Schwager, Raymund / Niewiadomski, Józef (Hg.), Religion erzeugt Gewalt – Einspruch! Innsbrucker Forschungsprojekt ‚Religion – Gewalt – Kommunikation – Weltordnung‘. Münster 2003, 273–286.

*Scharer, Matthias*, Begegnungen Raum geben. Kommunikatives Lernen als Dienst in Gemeinde, Schule und Erwachsenenbildung. Mainz 1995.

*Schart, Aaron / Obermann, Andreas* (Hg.), Kompetenz Religion. Religiöse Bildung im Spannungsfeld von Konfessionalität und Pluralität. Nordhausen 2010.

*Scheffler, Thomas*, Dialog und Dialog, Frieden und Frieden: Zur Ambivalenz von interreligiösem Dialog und Friedensarbeit im Nahen Osten. In: Brocker, Manfred / Hildebrandt, Mathias (Hg.), Friedensstiftende Religionen? Religion und die Deeskalation politischer Konflikte. Wiesbaden 2008, 284–298.

*Schieder, Rolf*, Zivilreligionen als Friedensstifter? In: Brocker, Manfred / Hildebrandt, Mathias (Hg.), Friedensstiftende Religionen? Religion und die Deeskalation politischer Konflikte. Wiesbaden 2008, 123–137.

*Schlerka, Sebastian Mathias*, Säkularisierung als Kampf. Entwurf eines feldtheoretischen Zugangs zu Säkularisierungsphänomenen. Wiesbaden 2017.

*Schluifer, Winfried*, Organisation – Schulrecht – Praxis. Die Perspektive des Bischöflichen Schulamtes auf die gemeinsamen Ausbildungselemente von ReligionslehrerInnen. In: Kraml, Martina / Sejdini, Zekirija (Hg.), Interreligiöse Bildungsprozesse. Empirische Einblicke in Schul- und Hochschulkontexte. Stuttgart 2018, 195–200.

*Schmid, Michael*, Christen und Muslime in der Schule. Möglichkeiten und Wege interreligiöser Begegnungen. Berlin 2010.

*Schmidt-Leukel, Perry*, Multireligiöse Identität. Anmerkungen aus einer pluralistischen Sicht. In: Bernhardt, Reinhold / Ders. (Hg.), Multiple religiöse Identität. Aus verschiedenen Traditionen schöpfen. Zürich 2008, 243–265.

*Schnell, Tatjana*, Religiosität und Identität. In: Bernhardt, Reinhold / Schmidt-Leukel, Perry (Hg.), Multiple religiöse Identität. Aus verschiedenen religiösen Traditionen schöpfen. Zürich 2008, 163–183.

*Schreiner, Peter / Sieg, Ursula / Elsenbast, Volker* (Hg.), Handbuch interreligiöses Lernen. Gütersloh 2005.

*Schröder, Anna-Konstanze*, Was verbindet, trennt zugleich. Die sozialpsychologische Social Identity Theory zur Erklärung von religiösen Identitäten und interreligiösen Konflikten. In: Antes, Peter / Fügmann, Dagmar / Führding, Steffen / Deppe, Arvid S. / Neumaier, Anna (Hg.), Religion/en als gesellschaftliche/r Integrations- und Konfliktfaktor/en? Religionswissenschaftliche Perspektiven. Göttingen 2013, 61–73.

*Schulz, Heiko*, Sind Religionen konfliktfähig? Vorüberlegungen zum themenspezifisch relevanten Begriffsfeld. In: Dalferth, Ingolf U. / Ders. (Hg.), Religion und Konflikt. Grundlagen und Fallanalysen. Göttingen 2011, 23–46.

*Schwarz, Gerhard*, Konfliktmanagement. Konflikte erkennen, analysieren, lösen. Wiesbaden [9]2014.

*Schweitzer, Friedrich*, Interreligiöse Kompetenz: Stand der Diskussion – Aufgaben der Forschung – Ausgangspunkte für die empirische Untersuchung. In: Schweitzer, Friedrich / Bräuer, Magda / Boschki, Reinhold (Hg.), Interreligiöses Lernen durch Perspektivenübernahme. Eine empirische Untersuchung religionsdidaktischer Ansätze. Münster 2017, 56–69.

*Schweitzer, Friedrich*, Interreligiöse Bildung. Religiöse Vielfalt als religionspädagogische Herausforderung und Chance. Gütersloh 2014.

*Schweitzer, Friedrich*, Entwicklung und Identität. In: Bitter, Gottfried et al. (Hg.), Neues Handbuch religionspädagogischer Grundbegriffe. München [2]2006, 188–193.

*Schweitzer, Friedrich*, Religiöse Identitätsbildung. In: Schreiner, Peter / Sieg, Ursula / Elsenbast, Volker (Hg.), Handbuch interreligiöses Lernen. Gütersloh 2005, 294–303.

*Schweitzer, Friedrich*, Kooperativer Religionsunterricht: Hindernis oder Voraussetzung interreligiösen Lernens? In: Gottwald, Eckart / Mette, Robert (Hg.), Religionsunterricht interreligiös. Hermeneutische und didaktische Erschließungen. Festschrift für Folkert Rickers. Neukirchen-Vluyn 2003, 97–108.

*Schweitzer, Friedrich*, Nachdenken. In: Scheilke, Christoph T. / Ders. (Hg.), Kinder brauchen Hoffnung. Religion im Alltag des Kindergartens. Band 1: Mit Geheimnissen leben. Münster 1999, 137–166.

*Schweitzer, Friedrich / Boschki, Reinhold*, Zur Bedeutung der Befunde – Konsequenzen für religionsdidaktische Forschung und religionspädagogische Theoriebildung. In: Schweitzer, Friedrich / Bräuer, Magda / Boschki, Reinhold (Hg.), Interreligiöses Lernen durch Perspektivenübernahme. Eine empirische Untersuchung religionsdidaktischer Ansätze. Münster 2017, 133–138.

*Schweitzer, Friedrich / Bräuer, Magda / Losert, Martin*, Einführung und zusammenfassende Darstellung des Forschungsprojekts. In: Schweitzer, Friedrich / Bräuer, Magda / Boschki, Reinhold (Hg.), Interreligiöses Lernen durch Perspektivenübernahme. Eine empirische Untersuchung religionsdidaktischer Ansätze. Münster 2017, 11–29.

*Schweitzer, Friedrich / Bräuer, Magda / Boschki, Reinhold* (Hg.), Interreligiöses Lernen durch Perspektivenübernahme. Eine empirische Untersuchung religionsdidaktischer Ansätze. Münster 2017.

*Sejdini, Zekirija*, Interreligiöser Dialog aus muslimischer Perspektive. In: Gmainer-Pranzl, Franz / Ingruber, Astrid / Ladstätter, Markus (Hg.), „... mit Klugheit und Liebe" (Nostra aetate 2). Dokumentation der Tagungen zur Förderung des interreligiösen Dialogs 2012-2015 (St. Virgil, Salzburg). Linz 2017, 241–251.

*Sejdini, Zekirija / Kraml, Martina / Scharer, Matthias*, Mensch werden. Grundlagen einer interreligiösen Religionspädagogik und -didaktik aus muslimisch-christlicher Perspektive. Stuttgart 2017.

*Sellmaier, Stephan*, Enger und weiter religiöser Dissens. In: Dalferth, Ingolf U. / Schulz, Heiko (Hg.), Religion und Konflikt. Grundlagen und Fallanalysen. Göttingen 2011, 85–100.

*Sellmaier, Stephan*, Ethik der Konflikte. Über den moralisch angemessenen Umgang mit ethischem Dissens und moralischen Dilemmata. Stuttgart 2008.

*Simon, Fritz B.*, Einführung in die Systemtheorie des Konflikts. Heidelberg $^{3}$2015.

*Sonnenschmidt, Reinhard W.*, Dialog der Religionen? Das Modell Eric Voegelins: ‚The Christian idea of mankind' oder ‚Gnostizismus als Wesen von Modernität'? In: Brocker, Manfred / Hildebrandt, Mathias (Hg.), Friedensstiftende Religionen? Religion und die Deeskalation politischer Konflikte. Wiesbaden 2008, 98–107.

*Stockinger, Helena*, Umgang mit religiöser Differenz im Kindergarten. Eine ethnographische Studie an Einrichtungen in katholischer und islamischer Trägerschaft. Münster 2017.

*Straub, Jürgen*, Identitätstheorie, empirische Identitätsforschung und die ‚postmoderne' armchair psychology. In: Zeitschrift für qualitative Bildungs-, Beratungs- und Sozialforschung (2000) 1, 167–194.

*Strauss, Anselm L. / Corbin, Juliet*, Grounded Theory. Grundlagen Qualitativer Sozialforschung. Weinheim 1996.

*Stricker, Mirjam*, Analyse interreligiöser Begegnung in der Praxis. Kontext, Bedingungen, Strategien und Konsequenzen am Beispiel lebensgeschichtlicher Erzählungen aus einem christlich muslimischen Begegnungszentrum in Deutschland. In: Forum Qualitative Sozialforschung / Forum: Qualitative Social Research (2016) 1, In: http://nbn-resolving.de/urn:nbn:de:0114-fqs1601174, [abgerufen am 10.09.2018].

*Strutzenberger-Reiter, Edda*, Religion in der Schulentwicklung. Eine empirische Studie. Stuttgart 2016.

*Stübig, Frauke / Stübig, Heinz*, Kategoriale Bildung und Kompetenzorientierung. Ist Wolfgang Klafkis Theorie noch zeitgemäß? In: Laging, Ralf / Kuhn, Peter (Hg.), Bildungstheorie und Sportdidaktik. Ein Diskurs zwischen kategorialer und transformatorischer Bildung. Wiesbaden 2018, 29–48.

*Sturm, Gabriele*, Das gesellschaftliche Geschlechterverhältnis als Konfliktfeld. In: Imbusch, Peter / Zoll, Ralf (Hg.), Friedens- und Konfliktforschung. Eine Einführung. Wiesbaden $^{5}$2010, 405–440.

*Tajfel, Henri*, Gruppenkonflikt und Vorurteil. Bern 1982.

*Tajfel, Henri / Turner, John C.*, The social identity theory of intergroup behavior. In: Worchel, Stephen / Austin, William G. (Hg.), Psychology of intergroup relations. Chicago 1986, 7–24.

*Thiel, Ansgar*, Soziale Konflikte. Bielefeld 2003.

*Thurner, Samuel*, Eltern laufen gegen interreligiöses Pilotprojekt an der Volksschule Wattens Sturm. Kritik wegen Muslimen im Unterricht. In: Kurier, Ausgabe vom 11.10.2014.

*Thurner, Samuel*, Aufregung um Pilotprojekt an Schule. LA Schwaiger empört. FPÖ fordert „Islamprojekt" im Religionsunterricht zu stoppen. In: Tiroler Krone, Ausgabe vom 11.10.2014.

*Ulich, Dieter*, Konflikt und Persönlichkeit: psychologische Modelle und ihre Bedeutung für die Pädagogik. München 1971.

*von Unger, Hella.* Partizipative Forschung. Einführung in die Forschungspraxis. Wiesbaden 2014.

*Valk, Pille / Bertram-Troost, Gerdien / Friederici, Markus / Béraud, Céline* (Hg.), Teenagers' perspectives on the role of religion in their lives, schools and societies. A European quantitative study. Münster 2009.

*van der Ven, Johannes A. / Ziebertz, Hans-Georg*, Religionspädagogische Perspektiven zur interreligiösen Bildung. In: Ziebertz, Hans-Georg / Simon, Werner (Hg.), Bilanz der Religionspädagogik. Düsseldorf 1995, 259–273.

*Voigt, Uwe*, ‚Allen alles auf allseitige Weise lehren' (Johann Amos Comenius). Das Menschenrecht auf Bildung als Bedingung und Inhalt eines interreligiösen Dialogs. In: Brocker, Manfred / Hildebrandt, Mathias (Hg.), Friedensstiftende Religionen? Religion und die Deeskalation politischer Konflikte. Wiesbaden 2008, 85–97.

*Waldenfels, Bernhard*, Der Stachel des Fremden. Frankfurt a. M. 1990.

*Walther, Manfred*, Strategien der politischen Neutralisierung des Gewaltpotenzials monotheistischer Offenbarungsreligionen. In: Hildebrandt, Mathias / Brocker, Manfred (Hg.), Unfriedliche Religionen? Das politische Gewalt- und Konfliktpotenzial von Religionen. Wiesbaden 2005, 95–117.

*Weber, Max*, Wirtschaft und Gesellschaft: Grundriss der verstehenden Soziologie. Tübingen $^{5}$1980.

*Wecker, Christof / Fischer, Frank*, Lernen in Gruppen. In: Seidel, Tina / Krapp, Andreas (Hg.), Pädagogische Psychologie. Weinheim 2014, 277–296.

*Weiß, Anja*, Was macht interkulturelle Konflikte aus? Kulturelle Differenzen, ethnische Identitäten und die Frage der Macht. In: Journal für Konflikt- und Gewaltforschung (2001) 2, 87–110.

*Weiße, Wolfram*, Interreligiöse Bildung in Europa. Neue Entwicklungen in der öffentlichen Debatte, in der Forschung und im Trialog an Schulen. In: Sajak, Claußß Peter (Hg.), Trialogisch lernen. Bausteine für interkulturelle und interreligiöse Projektarbeit. Seelze 2010, 25–39.

*Weiße, Wolfram*, Interreligiöse Bildung in Europa. In: epd-Dokumentationen (2009) 20, 12–14.

*Weiße, Wolfram*, Der Hamburger Weg eines dialogischen „Religionsunterrichts für alle" im Kontext gegenwärtiger Debatten. Eine Einführung. In: Ders. (Hg.), Dialogischer Religionsunterricht in Hamburg. Positionen, Analysen und Perspektiven im Kontext Europas. Religionen im Dialog – Band 2. Münster 2008, 9–18.

*Welsch, Wolfgang*, Was ist eigentlich Transkulturalität? In: Kimmich, Dorothee / Schahadat, Schamma (Hg.), Kulturen in Bewegung. Beiträge zur Theorie und Praxis der Transkulturalität. Bielefeld 2012, 25–40.

*Willems, Joachim*, Interreligiöse Kompetenz. Theoretische Grundlagen – Konzeptualisierungen – Unterrichtsmethoden. Wiesbaden 2011.

*Willems, Joachim*, Zum Verhältnis von interreligiösem und interkulturellem Lernen. In: epd-Dokumentationen (2009) 20, 43–46.

*Willems, Joachim*, Interreligiöses und interkulturelles Lernen: notwendige Bezüge und notwendige Unterscheidungen. In: interculture journal. Online-Zeitschrift für interkulturelle Studien (2009) 9, 23–44.

*Witzel, Andreas*, Verfahren der qualitativen Sozialforschung. Überblick und Alternativen. Frankfurt a.M. 1982.

*Witzel, Andreas*, Das problemzentrierte Interview. In: Jüttemann, Gerd (Hg.), Qualitative Forschung in der Psychologie. Grundfragen, Verfahrensweisen, Anwendungsfelder. Heidelberg 1989, 227–256.

*Yildiz, Erol*, Ideen zu einer transreligiösen Bildung: Kontrapunktische Betrachtungen. In: Kraml, Martina / Sejdini, Zekirija (Hg.), Interreligiöse Bildung zwischen Kontingenzbewusstsein und Wahrheitsansprüchen. Stuttgart 2020 [*im Erscheinen*].

*Yildiz, Erol*, Konstruktion des Anderen als ethnisch Fremder: Zur Notwendigkeit eines Perspektivenwechsels in der interkulturellen Bildung. In: Karakasoglu, Yasemin / Lüddecke, Julian (Hg.), Migrationsforschung und Interkulturelle Pädagogik. Aktuelle Entwicklungen in Theorie, Empirie und Praxis. Münster 2004, 145–157.

*Zick, Andreas*, Die Konflikttheorie der Theorie sozialer Identität. In: Imbusch, Peter / Zoll, Ralf (Hg.), Sozialwissenschaftliche Konflikttheorien. Eine Einführung. Wiesbaden [3]2005, 409–426.

*Ziebertz, Hans-Georg*, Religionspädagogik und Empirische Methodologie. In: Schweitzer, Friedrich / Schlag, Thomas (Hg.), Religionspädagogik im 21. Jahrhundert. Gütersloh 2004, 209–222.

*Zirfas, Jörg*, Identität in der Moderne. Eine Einleitung. In: Jörissen, Benjamin / Ders. (Hg.), Schlüsselwerke der Identitätsforschung. Wiesbaden 2010, 9–18.

*Zuschlag, Bernd / Thielke, Wolfgang*, Konfliktsituationen im Alltag. Ein Leitfaden für den Umgang mit Konflikten in Beruf und Familie. Göttingen [3]1998.